괴짜사회학

**GANG LEADER FOR A DAY**
by Sudhir Venkatesh

Copyright © 2008 by Sudhir Venkatesh
Published by arrangement with William Morris Agency, Inc.
All rights reserved.

Korean Translation Copyright © 2009 by Gimm-Young Publishers, Inc.
Korean edition is published by arrangement with William Morris Agency, Inc.
through Imprima Korea Agency.

수디르 벤카테시
# 괴짜사회학

김영선 옮김

GANG LEADER
FOR A DAY

김영사

## 괴짜 사회학

지은이_ 수디르 벤카테시
옮긴이_ 김영선

1판 1쇄 발행_ 2009. 7. 20.
1판 15쇄 발행_ 2022. 5. 1.

발행처_ 김영사
발행인_ 고세규

등록번호_ 제406-2003-036호
등록일자_ 1979. 5. 17.

경기도 파주시 문발로 197(문발동) 우편번호 10881
마케팅부 031)955-3100, 편집부 031)955-3200, 팩스 031)955-3111

이 책의 한국어판 저작권은 Imprima Korea Agency를 통해
Sudhir Venkatesh, c/o William Morris Agency, Inc.와의 독점 계약으로
김영사에 있습니다. 저작권법에 의해 한국 내에서 보호를 받는 저작물이므로
무단전재와 무단복제를 금합니다.

값은 뒤표지에 있습니다.
ISBN 978-89-349-3520-9 03300

홈페이지_ www.gimmyoung.com     블로그_ blog.naver.com/gybook
인스타그램_ instagram.com/gimmyoung     이메일_ bestbook@gimmyoung.com

좋은 독자가 좋은 책을 만듭니다.
김영사는 독자 여러분의 의견에 항상 귀 기울이고 있습니다.

우리가 알고 있는 사회학 통계와 처방은 가짜다.
거리로 나선 괴짜 사회학자,
살아 있는 세상을 만나다!

차례

추천의 말 | 괴짜 사회학자가 그린 가난한 사람들의 초상 • 9
머리말 | 빈민가의 삶을 들여다본 어느 아웃사이더의 하루 • 13

 컴퓨터 앞인가, 거리로 나설 것인가? • 15

역사책보다 더 생생한 노인들 이야기 • 21 | 흑인, 아프리카계 미국인, 그리고 깜둥이 • 26 | 갱단과의 하룻밤 • 37 | 갱들은 질문을 싫어해! • 41

 어둠의 입법자, 검은 왕들 • 47

코카인 경제 • 52 | 무법적 자본주의 • 59 | 갱단 보스의 어머니 • 63 | 우리는 한 공동체에서 살고 있어 • 67 | 무단 입주자들 • 71 | '감방 복도'에서의 밤 생활 • 79 | 무법자이자 입법자 • 89

 문제가 생기면 넌 경찰을 부를 거야, 우린 킹스를 불러 • 99

영화 〈대부〉의 한 장면 • 102 | 정치인과 지역 단체 • 105 | 투표의 미덕과 책임 있는 마약 판매 • 111 | 당황한 꼬마 리 • 115 | 확대 가족 • 120 | 야간 농구 대회 • 135 | 갱스터랩 뮤직비디오 같은 풍경 • 142 | 블랙 킹스 대 디사이플스 • 147 | 갱단 전쟁 중재 전문가 • 152

 갱단 보스가 된 괴짜 사회학자 • 157

일생일대의 제안 • 160 | 누구에게 청소시킬 것인가 • 164 | 갱단 모임은 교회에서 • 170 | 전직 갱 보스인 편의점 주인과의 협상 • 174 | 처벌받을 자는 누구인가? • 179 | 농축 코카인 제조를 하청주는 이유 • 187

## 베일리 부인의 동네 • 199

소크라테스식 호통에 항복하다 • 202 | 로버트 테일러의 긍지 • 207 | 네가 엄마야? • 211 | 코카인 판매 갱단을 칭찬하는 주민 대표 • 218 | 그 사람들은 안 와! • 226 | 자경주의적 정의 • 233 | 지미네에서 모자를 갈아 쓰다 • 240 | 중산층 백인들이 가장 이해하기 어려운 것 • 243 | 윌슨 씨네 현관문 달기 • 248

## 너도 부정 수익자야! • 253

흑인 편에 설 것인가, 경찰 편에 설 것인가 • 256 | 여자들을 위한 시간, 여자들을 위한 장소 • 260 | 교환 네트워크 • 268 | 부정 수익자들 • 270 | 밀고자 • 273 | 너도 부정 수익자야! • 277 | 캐트리너의 죽음 • 283 | 섹스는 화폐 대용 • 286 | 왜 자넨 내 딸하고 잠을 자는 게야? • 294

## 악질 경찰 • 299

차량 총격전 • 302 | 갱 단원들의 선생이 되다 • 309 | 갱단을 터는 용감한 경찰 • 312 | 경찰도 하나의 갱단이야 • 318 | 지역 경찰과 FBI • 326 | 도시 재개발 계획 혹은 흑인 제거 계획 • 331 | 제이티의 승진 • 332

## 콘크리트 위에 핀 꽃 • 337

고위급 갱 단원 클럽 • 342 | 갱단의 회계 장부 • 347 | 철거 • 354 | 도로시 아주머니의 이주 작전 • 360 | 희망: 긍지 있는 고집 • 366 | 갱단의 위기와 티본의 죽음 • 372 | 마지막 인사 • 380

감사의 말 • 385
옮긴이의 말 • 389

**일 러 두 기**
--------------------

이 책에 등장하는 일부 인물들, 장소와 조직들의 이름을 바꾸었다. 하지만 모든 주민과 장소, 지역 단체 들은 실제 그대로이며 조합하지도 꾸며내지도 않았다. 그리고 대부분 현장 기록에 쓰인 자료에 바탕을 두었다. 하지만 몇몇 이야기들은 기억을 더듬어 재구성했다. 기억으로 기록을 완전히 대신하지는 않았지만 가능한 한 충실히, 최선을 다해 대화와 사건을 재현했다.

# 괴짜 사회학자가 그린
# 가난한 사람들의 초상

　이 책의 저자인 수디르 벤카테시는 비정상적이라 할 수도 있는 두 가지 성격을 타고났다. 과도하게 발달한 호기심과 두려움을 모르는 저 대담무쌍함. 이 밖에 그를 달리 어떻게 설명할 수 있을까?
　벤카테시는 다른 수많은 사람들과 마찬가지로 어느 가을 대학원에 들어갔고 그의 학과 교수들에게서 조사 과제를 받았다. 그는 이 조사를 하기 위해 시카고에 있는 미국 최악의 빈민가인 로버트 테일러 홈스Robert Taylor Homes로 갔다. 하지만 조사 초기에 무장한 코카인 판매 갱단과 맞닥뜨리게 되었을 때, 저 비상한 호기심과 대부분의 사람이 느낄 만한 상식적인 두려움에서 자유로웠던 그의 성격 덕분에, 벤카테시는 좀 더 오랫동안 이 빈민가를 드나들 수 있었다.
　나는 몇 년 전, 경제학자 스티븐 레빗Steven Levitt과 함께 쓴 《괴짜 경제학Freakonomics》을 위해 인터뷰하면서 벤카테시를 만났다. 벤카테시와 레빗은 값싼 농축 코카인의 경제학에 관한 몇 편의 학술 논문을 함께

썼다. 이들 논문들은 두말할 나위 없이 흥미로웠는데, 벤카테시는 전혀 새로운 차원의 매력을 보여주었다.

벤카테시는 친절하면서도 말수가 적은 편이었고, 자신이 먼저 많은 정보를 내주는 스타일은 아니었다. 그러나 그에게 질문을 던질 때면 마치 오래된 태피스트리에서 실올 한 가닥을 잡아당기는 듯한 느낌이었다. 사연이 술술 풀려나와 발치에 그득 쌓이는 것이다. 지역 주민을 위협하는 악질 경찰, 조악한 지하 경제망(빈곤 가정들은 먹고살기 위해 이를 통해 부정한 수단으로 돈을 번다), 벤카테시 자신이 하루 동안 갱단 보스가 된 일 등, 그가 펼쳐놓는 이야기보따리는 보석처럼 빛나는 생생한 묘사와 더불어 오랜 시간에 걸쳐 힘겹게 얻어낸 값진 통찰로 인상적이었다.

우리는 《괴짜 경제학》에서도 언급된 벤카테시에 대한 부분이 많은 독자들의 호응을 얻었지만, 그에 대해 자세히 다룰 여유가 없었다. 다행히도, 벤카테시가 자신이 겪은 온갖 모험과 불운한 사건들을 상세히 다룬 훌륭한 책을 우리 앞에 내놓았다. 그가 들려주는 이야기들은 소설보다 더 놀랍고 설득력 있으며, 또한 더 가슴 아프면서도 유쾌하다. 그는 흔히 왜곡되어 묘사되곤 하는 빈민가 사람들의 진실된 초상을 그려냈다.

나 같은 저널리스트는 그런 빈민 지역에서 일주일, 한 달, 1년이나 버틸 수 있을지 모르겠다. 대부분 사회 과학자들과 자선 사업가들은 종종 그들의 대상이 되는 사람들과 어느 정도 거리를 두려는 경향이 있다. 하지만 벤카테시는 실제로 거의 10년을 이 지역에서 살았다.

벤카테시는 아웃사이더의 시각으로 이 빈민가에 들어갔다가 인사이더의 접근법을 가지고 떠났다. 빈민을 다룬 많은 저서들이 사실, 이들도 살아 숨쉬고 농담하고 고민하는 감정적이고도 도덕적인 인간인데 보이지 않는 힘에 떠밀리는 꼭두각시로 격하시키는 경향이 있다. 그러나 이 책은 이와 반대이다. 코카인을 파는 갱 단원, 주민 대표, 매춘부, 부모, 협잡꾼, 경찰, 그리고 벤카테시 자신도 어떻게 수준 이하의 경제적 환경에서 행복을 이루려고 매일매일 노력하는지 몸소 잘 보여주고 있다.

벤카테시를 좋아하고 존경하는 만큼 나는 혹시라도 그의 가족이 되라고 하면 그러고 싶지 않다. 그의 무모할 정도의 용기가 때때로 걱정스러울 테니 말이다. 그리고 그의 연구 대상이 되라고 하면 그것도 원치 않을 것이다. 그의 호기심이 끝까지 물고 늘어질 게 틀림없을 테니까. 하지만 벤카테시가 쓴 책을 읽는 최초의 독자가 된다는 것은 아주 행복한 일이다. 그만큼 그는 괴짜이기 때문이다.

스티븐 더브너_《괴짜 경제학》저자

머리말

## 빈민가의 삶을 들여다본
## 어느 아웃사이더의 하루

　7시 30분, 코카인 소굴에서 나는 잠이 깨었다. 로버트 테일러 홈스 2301번지 아파트 건물에 있는 1603호였다. 이 1603호는 아주 높아서 '꼭대기'라고 불렸다. 보통 우리가 보는 빌딩들의 꼭대기층보다 훨씬 더 높았다.
　눈을 떴을 때 스무 명이 넘는 사람들이 소파와 바닥에 널브러져 자고 있었다. 한동안 이 아파트에는 사람이 살지 않았다. 벽의 회칠은 벗겨져 있고 바퀴벌레가 리놀륨 바닥을 가로질러 잽싸게 도망갔다. 코카인을 피우고 술을 마시고 섹스를 하고 속의 것을 게워내는 간밤의 열락은 새벽 2시쯤 절정에 이르렀다. 그때쯤에는 정신을 잃은 사람들이 정신을 차리고 있는 사람들보다 더 많았다. 정신이 온전한 축들 중에 돈이 있어서 코카인을 더 피울 수 있는 사람은 몇 명 안 되었다. 블랙 킹스Black Kings는 더 이상 코카인을 팔 수 없다고 보고 밤 장사를 접었다.
　나 역시 바닥에 곯아떨어졌다. 하지만 코카인을 피우러 온 것은 아니었다. 다른 일이 있어서 이곳에 왔다. 시카고 대학의 대학원생으로, 설문 조사를 하기 위해 이 지역의 마약 판매 갱단인 블랙 킹스와 어울리게 된 것이었다.

나를 깨운 것은 '꼭대기'의 문간으로 들이치는 햇살이었다. 문 자체는 오래전에 떨어져 나가고 없었다. 나는 널브러진 사람들을 타 넘어 패턴 씨 가족이 살고 있는 10층으로 내려왔다. 이 가족을 알게 된 것은 설문 조사 과정에서였다. 이들은 법을 잘 지키는 평범한 가족으로, 나를 친아들처럼 대해주었다.

나는 패턴가의 어머니에게 인사를 건넸다. 패턴 부인은 남편의 아침 식사를 준비하고 있었다. 부인의 남편은 일흔 살 노인으로, 공장 노동자로 일하다가 오래전에 퇴직했다. 나는 세수하고 옥수수빵 한 조각을 집어들었다. 그리고 산들바람이 부는 상쾌한 3월의 아침의 거리로 걸어 나왔다.

이것이 바로 빈민가에서의 하루다.

이 책은 아웃사이더로서 빈민가에 들어와 철저히 그들과 함께 하루를 지낸 삶의 기록이자, 이후 10년 동안 함께 정을 나눠온 시카고 빈민가 사람들의 이야기다.

1

컴퓨터 앞인가,
거리로 나설 것인가?

　1989년 가을, 시카고 대학에서 지낸 첫 몇 주 동안 나는 다양한 신입생 오리엔테이션에 참석해야 했다. 우리는 오리엔테이션 때마다 학사學事에 관한 길고 지루한 설명에 이어, 순찰이 활발하게 이루어지는 지역을 벗어나 돌아다니지 않도록 대학 경찰대로부터 주의를 들었다. 나는 주변 지역으로부터 조그맣게 고립된, 하이드 파크가 시작되고 끝나는 곳(여기까지가 안전한 지역이었다)이 표시된 상세한 지도도 받았다. 단체로 가거나 공식 행사에 참석하는 경우가 아닌 한, 그 경계 너머에 있는 멋진 공원들도 출입 금지 구역이라고 했다.
　상아탑은 상앗빛 요새이기도 했다. 나는 하이드 파크 남서쪽 언저리에 위치한 대학원생들에게 제공되는 기숙사에서 살았다. 내 아파트는 커티지 그로브 대로大路에서 약간 벗어난 10층짜리 건물에 있었다. 이 대로는 하이드 파크와 흑인 빈민 거주 지역인 우드론을 가르는 역사적으로 유명한 경계선이었다.

이런 대비는 미국 도시에 있는 대학 근처에서 지낸 사람이라면 익숙했다. 한편에는 대부분 백인으로 특권을 누리는 학생들이 수업과 스포츠를 하러 다니는 아름다운 고딕 양식의 캠퍼스가 있었고, 다른 편에는 값싼 노동력과 서비스(기름 교환, 창 닦기, 마약 판매)를 제공하거나 길모퉁이에서 구걸하는 무일푼의 아프리카계 미국인들이 있었다.

나는 친구가 많지 않았다. 남는 시간에는 멀리까지 산책을 나가면서 이 도시를 서서히 알아갔다. 나 같은 신참 사회학자에게 시카고 거리는 향연 그 자체였다. 한 동네에서 어우러져 살아가는 다양한 인종들, 손으로 느껴질 듯한 문화와 전통이 내 호기심을 끌었다. 특히 인도인, 파키스탄인, 방글라데시인들이 모여드는 로저스 파크가 좋았다. 내가 자란, 주로 백인들이 거주하는 남부 캘리포니아 근교와는 달리 이곳에는 남아시아 출신의 이민자들 자손인 인도유럽 인종이 나머지 다른 이들과 함께 인종적 풍경 속에 한 자리를 차지하고 있는 듯 보였다.

나는 특히 대학 주변에 있는 흑인 빈민 거주 지역에 관심이 갔다. 이곳에서는 인구의 거의 절반이 일하지 않았고 범죄와 갱단이 판쳤으며 생활 보호 대상자가 수두룩했다. 1980년대 후반에는 이들 도심의 고립 지역이 전 국가적 주목을 끌었다. 나는 자주 그곳으로 산책하러 가서 공원에서 농구를 하곤 했지만, 범죄 현장을 목격하기는커녕 별로 위험하다는 생각도 들지 않았다. 어째서 대학 당국은 학생들에게 그곳에 가지 말라고 하는지 의아스러웠다.

마침 나는 그 동네 사람들의 적잖은 호기심을 끌었다. 아마도 동네 공원에 흑인 외의 다른 인종은 잘 오지 않기 때문이거나, 어쩌면 내가 당시 데드헤드*처럼 차려입고 다녔기 때문일 것이다.

나는 인도에 대해 궁금한 게 많았지만 대부분 답을 얻을 수가 없었다. 어릴 적에 미국으로 이민을 온 탓이다. 때로 소풍 나온 사람들과 마주치면 그들은 내게 흑인들이 먹는 고유 음식을 나눠주기도 했다. 내가 채식주의자라며 거절하면 그들은 당황했다.

내가 그들에게 외계인으로 비치듯 그들도 내게는 외계인이나 다름없었다.

시카고 대학의 엄격한 학위 과정의 일부로, 나는 사회학의 고전적인 문제들을 분석하는 세미나에 참석하기 시작했다. 이를테면 '한 개인의 선택은 어떻게 발전되는가?', '인간 행동을 예측할 수 있는가?', '미래 세대 교육의 장기적 결과는 어떤 것인가?' 등이다.

이 질문들의 모범 답안을 구하는 방법은 광범위한 조사를 실시한 뒤, 복잡한 수학 기법을 이용해 조사 자료를 분석하는 것이다. 이 자료들에 근거해, 사람들이 왜 취직에 실패하고 혹은 감옥에 가거나 사생아를 갖게 되는지를 예측하는 데 의미 있는 통계학적 결과를 얻을 수 있었다. 훌륭한 연구 방법을 수립하는 열쇠는 우선 충실한 과학적 연구를 체계화하는 것이라고 여겨졌다.

나는 이 연구자들이 던진 질문들이 퍽 마음에 들었다. 하지만 시카고 거리에서 본 약동하는 삶에 비하면 세미나에서 이루어지는 논의는 어쩐지 차가운 거리감이 느껴졌고 추상적이고 생기 없어 보였다. 연구자들 대부분이 자기가 연구하고 있는 대상인, 살아 있는 사람들을 만나는 데

---

■ Dead-head. 무대에서 LSD를 복용하며 관객과 교감하면서 순간적인 감흥에 따라 공연한 그레이트풀 데드Greatful Dead라는 밴드 이름과 LSD의 일종인 '애시드헤드Acidhead'를 결합한 낱말로, 이 밴드를 따라다닌 광적인 팬들을 일컫는다.

는 별 관심이 없다는 점에서 특히 내 호기심이 꿈틀거렸다. 이는 연구자들이 어떤 악의를 품고 있어서라기보다는(이들은 거의 모두 선의를 가지고 있었다) 연구 대상과 실제로 이야기를 나누는 행위는 감상적이고 비과학적이며 편견을 불러오는 원인으로 치부되었기 때문이다.

나의 문제 제기는 새로운 것이 아니었다. 실제로, 사회학 분야는 오랫동안 이 두 가지 입장, 곧 양적·통계학적 기법을 이용하는 입장과 흔히 사람들과 함께 생활하면서 직접적인 관찰을 통해 삶을 연구하는 입장으로 나뉘어 있었다.

대체로 민족지학자라 불리는 두 번째 집단은, 이를테면 '사람들은 어떻게 주변화된 지역 사회에서 살아남는가?' 또는 '왜 정부 정책이 어떤 가정에는 잘 작동하고 어떤 가정에는 작동하지 않는가?'와 같은 특정 종류의 문제에 답을 얻기 위해 직접적인 접근법을 이용한다.

한편 양적 분석을 이용하는 사회학자들은 민족지학자들의 접근법을 비판하곤 한다. 그러한 접근법은 터무니없게 비과학적이며 직접 관찰을 통해 얻은 답들은 관찰 대상인 특정 집단에 대해서만 유의미하다는 주장이었다. 다시 말해, 일반화할 만큼의 중요한 결론에 도달하려면 미국 인구 조사나 다른 대규모 조사 같은 방대한 자료의 통계학적 분석을 토대로 해야 한다는 것이다.

사실 과학적인 사회학 분파에 대해 불만은 없었다. 하지만 하루 종일 교실에 처박혀 수학 이야기를 하는 것보다는 다른 일을 해보고 싶었다. 그래서 나는 인종과 빈곤 문제에 관심 많은, 지각 있는 학생이라면 할 법한 일을 했다.

나는 복도로 걸어가, 생존한 이들 가운데 이 주제에 관한 한 가장 뛰어난 학자이자 사회학 분야에서 가장 걸출한 아프리카계 미국인인 윌리엄 줄리어스 윌슨William Julius Wilson 교수의 방문을 두드렸다. 윌슨 교수는 시카고 대학에서 20년째 학생들을 가르치고 있었다. 그는 학자들과 정책 입안자들에게 도시 빈민 문제에 대해 다시 생각하게 만든 책을 두 권 출간했다.

나는 겨우 시간에 맞춰 윌슨 교수를 만나볼 수 있었다. 그는 안식년을 보내러 파리로 가려던 참이었다. 윌슨 교수는 새 연구 프로젝트를 시작할 예정이라며 내가 원한다면 참여해도 좋다고 말했다.

짙은 파란색 양복을 입은 윌슨 교수는 조용하고 사색적인 인물이었다. 이미 오래전에 자신의 트레이드마크인 파이프 담배를 끊었지만 여전히 영화에나 나올 법한 교수의 전형이었다. 질문하면 한참 말이 없다가(그래서 적잖이 겁을 집어먹게 했다) 사려 깊은 대답을 해주곤 했다.

윌슨 교수는 연령이 낮은 흑인들이 어떻게 특정한 지역적 요인에 영향을 받는지, 예를 들어 '공영 주택단지에서 성장하는 빈곤층 자녀는 그 바깥에서 성장하는 또래의 빈곤층 자녀보다 교육과 직업에서 더 나쁜 결과에 이르게 되는가?', '다른 빈곤 지역에 둘러싸인 곳에서 성장하는 것과, 가난하지만 근처에 부유한 지역이 있는 곳에서 성장하는 것 사이에는 어떤 차이가 있는가?', '후자의 집단은 부유한 지역의 학교, 서비스, 고용 기회를 이용했을까?'와 같은 문제들을 좀 더 잘 이해하고 싶다고 말했다.

윌슨 교수의 연구는 아직 계획 단계에 있었다. 첫 단계는 기초 조사 질문서를 구성하는 것이었고, 윌슨 교수는 내게 다른 대학원생들을 도와 무엇을 물어볼지 질문을 뽑는 일을 해보는 게 어떠냐고 제의했다. 그러려면 먼저 흑인 청년에 관한 이전 연구들에서 사회학자들이 어떤 주제와 질문들을 선택했는지 훑어보아야 했다.

윌슨 교수는 옛 질문지들이 담긴 상자를 하나 건네주었다. 일부 질문은 빌려 쓰고 필요하면 새 질문을 개발해서 실험해야 할 거라고 말했다. 사회학자들은 비교 가능한 결과를 얻기 위해 앞서 다른 동료들이 이용한 질문들을 즐겨 썼다. 이는 사회학에서 과학적 방식의 주요한 부분이었다. 나는 윌슨 교수에게 감사 인사를 하고 질문지들을 읽어보려고 도서관으로 갔다. 하지만 곧 내가 사람들을 인터뷰하는 방법을 전혀 모르고 있음을 알아차렸다.

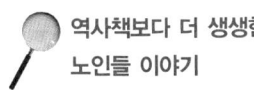

### 역사책보다 더 생생한 노인들 이야기

시카고 대학에서 커티지 그로브 대로 건너편에 있는 워싱턴 파크는 가장 훌륭한 공원 가운데 하나이다. 1870년대에 프레더릭 로 옴스테드와 캘버트 보크스가 조성한 이 공원에는 아름다운 수영장과 실내외 농구장, 화려한 화원, 그리고 거의 1,620제곱미터를 종횡으로 통하는 길고 구불구불한 길이 있다.

나는 공원을 감싸고 있는 흙길을 따라 조깅을 즐겼다. 이 흙길에서 수십 년 전에는 말과 자동차 경주가 열렸다. 1940년대까지 이 일대에는 주로 아일랜드계가 살았으나 흑인이 근처에 집을 구입하기 시작하면서 백인은 대부분 이사를 갔다. 학생들이 워싱턴 파크에서 시간을 보내는 것을 대학 당국에서 적극적으로 만류한다는 사실이 나는 늘 놀라웠다.

적어도 낮에는 위험한 점을 찾아보기 어려웠다.

흙길을 달리고 나면 이따금 공원 한가운데에 있는 늪 같은 넓은 연못에 들렀다. 늘 대여섯 명의 같은 흑인 노인들이 매일 그곳에 모여 카드놀이를 하고 맥주를 마시고 연못에서 농어와 숭어를 낚았다. 나는 몇 시간이고 노인들 옆에 앉아 그들의 이야기를 듣곤 했다. 지금까지 나는 아프리카계 미국인 문화를 접할 기회는 물론, 도시 빈민가를 경험해본 일도 거의 없었다. 1년 전 캘리포니아에서 시카고로 이사를 왔고, 주로 백인 학생이 다니는, 해변에 위치한 캘리포니아 주립대 샌디에이고 캠퍼스에만 머물렀다.

나는 시카고 흑인 사회에 관한 역사책을 몇 권 읽었다. 가끔씩 이 노인들에게 책에 나오는 인물과 사건들을 물어보았다. 그들이 들려준 이야기는 여느 책에 기술된 설명보다 훨씬 더 생생했다. 노인들은 머신 정치■의 복잡성을 잘 이해하고 있었다. 예를 들어 일자리나 건축 허가를 받으려면 그것과 친구가 되어야 했다.

노인들은 자신들이 젊었을 때 활동한 흑인 운동 단체인 흑표범단Black Panther Party은 오늘날의 갱단과는 근본적으로 달랐다고 주장했다. "흑표범단은 아이들에게 무료로 아침을 주는 프로그램을 운영했어. 한데 요즘 갱들은 어린아이들에게 총질을 일삼고 마약을 대주지!" 한 노인이

■ '머신machine'이란 그 구성원들이 서로 다른 기능을 맡아 다양한 역할을 수행하며 다양한 지위를 점하고 있는 위계 조직을 의미한다. 지도력, 위계 체제, 규율 있는 구성원들을 가진 안정적이고 효율적인 정치 조직은 정치적 머신이라고 할 수 있다. 머신 정치machine politics란 주로 정치 권력의 획득, 유지, 확대를 위해 이러한 정치적 머신을 이용하는 행태이다. 시카고의 흑인 정치를 연구한 해럴드 F.고스넬은 머신이 흑인과 소수 인종을 보호하고 이들에게 각종 혜택을 주는 역할을 했다고 주장한다.

안타까워했다.

나는 이 흑표범단이 1950~60년대의 흑인 민권 운동 시기에 시카고에서 어떤 영향을 미쳤는지, 좀 자세히 알고 있던 터였다. 하지만 오늘날의 갱단에 대해서는 영화와 신문에서 본 정보가 알고 있는 전부였고, 물론 시카고 대학에서는 특정 지역을 피하도록 지속적으로 경고했다.

특히 인종 문제를 바라보는 노인들의 시선에 흥미가 쏠렸다. 요컨대 백인과 흑인은 같이 살아가기는커녕 결코 서로 속내를 터놓고 이야기할 수 없을 거라고 했다. 노인들 가운데 가장 입담을 즐기는 할아버지가 있었다. 레너드 콤브스라는 이름의 이 할아버지는 별명이 '올드타임'이었다. "백인을 절대로 믿지 말게나." 어느 날 올드타임 할아버지가 내게 조언했다. "그렇다고 흑인이 그보다 더 나을 거라고도 생각지 말고."

올드타임 할아버지는 매일 낚시 도구와 점심 도시락, 맥주를 챙겨 들고 워싱턴 파크로 왔다. 낡아빠진 베이지 낚시 모자를 눌러 쓰고 이가 많이 빠져서 말할 때면 껌 씹는 소리가 쩝쩝 났다. 올드타임 할아버지는 특히 시카고에 대해 이야기하기를 좋아했다.

"우리는 도시 안의 도시에 사는 셈이지. 그들은 그들대로, 우리는 우리대로. 그게 결코 바뀌지 않으리라는 걸 알면 이 도시가 어떻게 돌아가는지 이해하게 될 거야."

"백인과 흑인은 결코 사이좋게 지낼 수 없다는 말씀인가요?" 내가 물었다.

찰리 버틀러라는 노인이 끼어들었다. "이 도시에는 두 종류의 백인과 두 종류의 흑인이 있네. 그들 동네에 들어온 자네를 두들겨 패는 유의 백인들이 있는데, 그놈들은 브리지 포트 근처와 사우스웨스트 사이드에 살고 있어. 그리고 자네를 달갑잖아 할 또 다른 부류의 백인들이 있지. 그자들은 자네가 그들 동네(자네가 살고 있는 하이드 파크와 같은)에 들어오면 경찰을 부를걸세. 그러면 경찰이 자네를 두들겨 패지."

공장 노동자로 일하다가 퇴직한 찰리 할아버지는 잘 단련된 팔에 문신을 새겼으며 근육이 좋았다. 오래전에 대학 축구 스타였다고 한다. 찰리 할아버지는 이따금 흑인들이 출입하는 간이식당에서 아침이나 점심 식사를 하려고 하이드 파크에 오지만 해 진 뒤에는 서둘러 자리를 떴고 주택가에는 얼씬도 하지 않았다. 경찰이 자신을 뒤따라올 것이라는 이유에서였다.

"흑인들은 어떤가요?" 내가 물었다.

"자네가 살고 있는 곳 같은 데서 살 수 있는 방법을 찾으려고 헛고생하는 부류의 흑인들이 있지!" 찰리 할아버지가 말을 이었다. "왜 그 노력이 헛되다고 하는지는 나한테 묻지 말게. 또 다른 부류는 그런 게 아무런 소용이 없다는 사실을 아는 많은 흑인들이지. 우리 같은 늙은이들 말일세. 우리는 이곳을 벗어나려고 애쓰느라 시간을 허비하면서 이곳에서 살고 있지. 이곳은 그리 유쾌하지 않지만 얻어맞는 일은 없을걸세. 적어도 경찰한테 말이지."

"그래서 흑인들이 이곳으로 오는 거지." 올드타임 할아버지가 말했다. "그건 절대 바뀌지 않을 거야."

"할아버지에겐 백인 친구가 없다는 말씀인가요?"

"자네한테는 흑인 친구가 있나?" 올드타임 할아버지가 짓궂게 웃으며 받아쳤다. 굳이 대답을 들으려고 한 질문은 아니었다. "자네 교수들에게 흑인 친구가 있는지 한번 물어보지 그러나." 올드타임 할아버지는 나를 몰아붙인 게 꽤 흡족한 기색이었다.

이 대화를 통해 나는 시카고에서 흑인으로 살아간다는 게 어떤 것인지 조금은 알 것 같았다. 우선 드는 소감은, 이 도시가 작동하는 기존 방식에 따른다면 사회적으로 의미 있는 진보의 기회는 거의 없으리라는 것이었다.

이런 운명론은 나에게 생소했다. 풍요로운 남부 캘리포니아에서 성장한 사람이라면, 게다가 나처럼 정치적으로 자유로운 사람에게도 서로의 차이, 인종적 차이까지 해소하는 길을 찾을 수 있으리라는 기본적인 믿음과 미국의 제도가 그것을 위해 작동하리라는 확고한 신뢰가 있었다. 나는 협소한 내 경험치의 한계를 깨달아가고 있었다.

올드타임 할아버지를 포함해 노인들과의 대화는 거의 모두가 정치와 인종의 교차 지점에서 끝맺어졌다. 특히 지역 정치 문제에 이르면 나는 도저히 노인들이 이야기하는 세세한 부분을 좇아갈 수 없었다. 노인들이 세상을 이해하는 방식과 사회학자가 도시 빈민의 삶을 들여다보는 방식 사이에는 커다란 간극이 있음을 인정해야 했다.

어느 날 올드타임 할아버지와 친구 분들에게 윌슨 교수의 조사를 위해 인터뷰에 응해달라고 부탁했다. 노인들이 흔쾌히 수락해주어서 나는 며칠 동안 인터뷰를 시도했지만 결과는 시원찮았다. 대화는 대부분 중단되거나 하다가 만 이야기처럼 흐지부지되고 말았다.

찰리 할아버지는 낙담한 나를 이렇게 위로했다. "포기하기 전에 자네가 정말로 이야기를 나누고 싶은 사람들, 그러니까 우리 늙은이들 말고 젊은 사람들하고 한번 대화를 해보게나. 자네가 필요한 걸 얻을 수 있을 테니까."

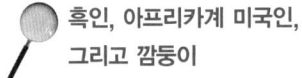 흑인, 아프리카계 미국인,
그리고 깜둥이

나는 흑인 청년들을 찾는 데 착수했다. 시카고 대학 도서관에서, 16세에서 24세 사이의 청년을 둔 흑인 빈민 가정이 밀집한 구역을 찾기 위해 인구 조사 기록을 뒤졌다. 기록상으로는 레이크 파크의 공영 주택단지가 유망해 보였다. 나는 인구 조사 출력 정보에 나와 있는 젊은 사람들이 사는 아파트들에 집중하여 임의로 4040번지 건물을 골랐다. 그곳의 가구들을 방문할 생각이었다.

올드타임 할아버지 말로는 아무 때든 가볼 수 있을 거라고 했다. "그 공영 주택단지에 사는 흑인들은 대부분 일하지 않아. 그러니 달리 갈 데도 없지." 그래도 나는 많은 사람들을 만나보려면 주말이 적당할 것이라고 생각했다.

11월의 어느 상쾌한 토요일 오후, 나는 오클랜드에 있는 몇 개의 고층 공영 주택단지들 중 하나인 사우스레이크 파크 4040번지를 찾아갔다. 그곳은 시카고 대학에서 북쪽으로 약 3킬로미터 떨어진 호숫가에 있었다. 오클랜드는 시카고에서 최빈곤층 지역으로 실업자와 생활 보호 대상자가 많고, 범죄율도 그와 비례하여 높았다. 인구는 흑인이 압도적으로 많았는데, 20세기 초에 남부 흑인들이 이주해오면서부터 그러했다.

레이크 파크 주택단지의 주변은 변변치 않았다. 거리에는 사람들이 별로 없었고 어떤 구역은 건물보다 공터가 더 많았다. 몇몇 주류 판매점과 초라한 식품 잡화점 외에는 별달리 상점도 없었다. 비록 도시에 세워졌지만 대부분의 공영 주택단지는 도시 생활의 개념과는 반대인 듯한 인상을 주었다. 도시는 분열적 다양성 때문에 매력적인 법이다. 훌륭한 도시의 거리를 거닐면서 우리는 온갖 종류의 높고 낮은 건물들, 상점과 오락 시설, 다양한 민족, 또 그만큼 다양한 공적 생활의 표현물들을 볼 수 있다. 하지만 공영 주택단지는, 겉으로 보기에는 생기 없는 단조로움의 견본처럼 보였다. 건물들이 빽빽하게 밀집해 있었지만 마치 유독성 물건이라도 되는 듯, 도시의 나머지 부분에서 외따로 떨어져 있었다.

우중충한 노란색 벽돌 벽에는 적막한 창문이 줄지어 있어 벽에 코를 들이대고 보면 건물은 긴 장기판처럼 생겼다. 군데군데 화재의 흔적을 드러낸 창문에는 검은 얼룩이 묘비 형태로 위쪽으로 뻗쳐 있었다. 건물에 하나씩 나 있는 입구는 대개 젊은 남자들이 가로막고 서 있었다.

흑인 거주 지역을 돌아다닐 때면 항상 조심스러운 시선들이 나를 관찰한다. 그날도 다르지 않았다. 레이크 파크의 주택단지에서 한 건물로 가까이 다가서자 청년 대여섯이 나를 쏘아보았다. 어쩌면 그럴만도 했다. 오랫동안 그레이트풀 데드를 좇아다닌 나는 겨우 몇 개월 전에야 그에게서 벗어났으나, 여전히 그레이트풀 데드의 제리 가르시아와 흥청거리는 그의 밴드에는 빠져 있었다. 머리를 뒤로 묶고 홀치기 염색된 셔츠를 입은 내 차림새는 그곳 분위기와는 영 어울리지 않게 요란스러웠을 것이다. 나는 영적으로 충만한 언어로 주로 도보 여행의 힘에 대해 이야기하는 경향이 있었고, 우리 학과의 동기 대학원생들조차 나를 약간 순진하고 적잖이 미친 놈으로 취급했다. 돌이켜보면 그들이 잘못 본 거라고 할 수는 없었다.

그렇다고 지금 이 건물 로비에서 무슨 일이 일어나고 있는지 모를 정도로 순진하지는 않았다. 흑인과 백인 고객들이 마약을 사기 위해 도보로 혹은 차를 타고 와서 서둘러 안으로 들어갔다가 되돌아 나왔다. 이 건물이 4040번지인지 아닌지는 확실히 알 길이 없었고 어디에서도 번지를 찾아볼 수 없었다. 일단 안으로 들어갔다.

출입구 통로에는 알코올, 매연, 오줌 냄새가 코를 찔렀다. 청년들은 서 있거나 플라스틱 우유병 나무상자 위에 쪼그리고 앉아 있었다. 그 가운데 두 사람은 추위를 쫓으려고 발을 동동 굴렀다. 나는 고개를 수그린 채 숨을 한 번 들이쉬고는 재빠르게 그들 곁을 지나갔다.

청년들의 강렬한 시선이 느껴졌다. 키가 2미터는 족히 되어 보이는 덩치 큰 떡대가 꿈쩍도 않고 버티고 서 있었다. 그를 스쳐 지나가다가 나는 하마터면 몸의 균형을 잃을 뻔했다.

그때 눈앞에, 길게 늘어선 금속제 우편함들이 나타났다. 우편함은 대부분 문짝이 떨어져나가 있었다. 천장에서 물이 뚝뚝 떨어져 바닥 곳곳에는 물웅덩이가 있었다. 위층에서 들리는 고함과 비명이 건물 전체를 텅텅 울려 마치 지하 공동묘지를 걷는 것 같았다.

입구를 지나자 더 어두워졌다. 승강기를 찾으려 했지만 눈앞이 캄캄해서 단추를 찾을 수가 없었다. 젊은 친구들이 여전히 나를 지켜보고 있어 얼른 단추를 눌러야 한다는 것을 알았지만 허공만 더듬거릴 뿐이었다. 계단통을 찾았지만 그것도 찾을 수가 없었다. 왼편에 무슨 커다란 장벽이 있었는데 왠지 불안해서 그것을 돌아갈 수가 없었다. 오른편은 복도였다. 계단통이나 적어도 두드릴 만한 문을 만날 수 있으려니 하는 희망에 나는 그쪽으로 가기로 마음먹었다. 오른쪽으로 돌자마자 손 하나가 내 어깨를 움켜쥐었다.

"이봐, 여긴 무슨 일로 왔지?" 나만 한 키에 나처럼 피부색이 검은 20

대 청년이었다. 목소리는 굵고 나지막했으며 힘이 있었지만 매일 똑같은 질문을 해온 듯 건조했다. 늘어진 청바지에 헐렁한 윗도리를 입고 야구 모자를 쓰고 있었다. 귀고리가 앞쪽 금니와 함께 번쩍거렸다. 그리고 비슷하게 차려입은 다른 청년 몇 명이 그의 뒤에 서 있었다.

나는 이곳에 사는 가구家口들을 인터뷰하러 왔다고 말했다.

"여긴 아무도 안 살아."

"난 대학에서 설문 조사를 하러 나온 사람입니다. 610호와 703호에 가야 해요."

"오랫동안 저 아파트들에는 아무도 안 살았다니까."

"잠깐 뛰어 올라가서 문을 두드려보면 안 될까요?"

"안 돼."

나는 다시 시도해보았다. "어쩌면 번지를 잘못 찾았을 수도 있어요. 여기가 4040번지에요?"

그 친구가 고개를 저었다. "여긴 아무도 안 살아. 그러니까 이야기 나눌 만한 사람도 없을 거야."

그 자리를 뜨는 게 낫겠다 싶었다. 나는 손에 가방과 종이 집게가 달린 필기장을 들고서 로비를 지나 되돌아 나왔다. 건물 앞에서 길을 건너, 누렇게 죽은 잔디 위로 탄산 음료 캔과 깨진 유리 조각으로 어질러진 널찍한 곳으로 걸어갔다. 돌아서서 다시 건물을 올려다보니 꽤 많은 창문에 불이 밝혀져 있었다. 나의 새 친구가 어째서 그 건물에 사람이 살지 않는다고 했는지 의아했다. 곧이어 나는 갱들은 늘 "그런 이름 가진 사람은 여기 안 살아"라는 말로 방문객을 죄다 퇴짜 놓는다는 사실을 깨달았다. 사회사업가, 교사, 보수補修 직원 들이 안에 들어와 마약 거래를 방해하지 못하게 하려는 수작이었다.

그 건물의 청년들은 계속 나를 노려보았지만 따라오지는 않았다. 다음 고층 건물에 당도했을 때 연노랑 벽돌에 어렴풋이 4040번지라고 표시되어 있는 게 보였다. 어쨌든 이젠 제대로 찾아왔다. 복도는 텅 비어 있었다. 나는 역시 상태가 말이 아닌 우편함들을 재빨리 지나 축축한 복도를 걸어갔다. 승강기는 아예 없어져 문이 있어야 할 자리에 커다란 구멍만 뻥 뚫려 있었다. 벽은 낙서로 빼곡했다.

계단을 오르기 시작하자 지린내가 확 끼쳐왔다. 어떤 층의 복도는 어두웠고 어떤 층에는 촉수 낮은 백열등이 켜져 있었다. 나는 층수를 헤아리며 4, 5층쯤으로 올라갔다. 이윽고 층계참에 이르렀을 때 고등학생으로 보이는 어린 친구들이 돈을 걸고 내기하고 있었다.

"이봐, 여기서 뭘 하는 거야?" 그들 가운데 하나가 소리쳤다. 얼굴을 보려고 눈을 찌푸렸지만 희미한 불빛 아래서는 도통 아무것도 보이지 않았다.

나는 다시 설명하려고 했다. "난 연구 조사를 하는 대학원생인데 여기 살고 있는 가구들을 찾고 있어."

어린 친구들이 재빨리 나에게 다가섰다. 누군가 내게 거기서 뭘 하고 있냐고 재차 물었다. 나는 찾고 있는 아파트 호수를 말했다. 그들은 이 건물에는 아무도 살지 않는다고 대답했다.

문득 더 많은 청년들이 보였다. 그들 중 몇몇은 10대 이상인 듯했다. 대략 내 또래인, 특대형 야구 모자를 쓴 친구가 필기장을 잡아채며 뭘 하고 있냐고 물었다. 설명하려고 했지만 그는 별 관심이 없었다. 그는 큰 모자가 얼굴을 가리자 모자를 고쳐 썼다.

"여기 있는 훌리오가 학생이라는군." 그가 모두에게 말했다. 어조로 보아 내 말을 믿지 않는다는 것을 알 수 있었다. 그러고 나서 내 쪽으로 돌아섰다. "누가 널 보냈지?"

"누가 날 보냈냐고?" 내가 되물었다.

"이 자식!" 좀 더 어려 보이는 친구가 소리쳤다. "네놈이 누군가와 한통속이란 거 다 알아. 그게 누군지만 말해, 어서!"

또 다른 친구가 웃으며 허리춤에서 뭔가를 꺼냈다. 처음에는 알아보지 못했지만 잠시 후 반짝이는 빛을 보고서 권총임을 알아차렸다. 그는 총을 이리저리 옮겨 쥐며 이따금 내 머리를 겨누기도 하면서 거듭 뭐라고 중얼거렸다. 아마도 "없애버리겠어"라고 말하는 것 같았다.

그러고 나더니 싱긋 웃었다. "킹스를 화나게 하고 싶진 않을 거야. 네가 알고 있는 걸 그냥 내가 말해주지."

"잠깐." 또 다른 친구가 끼어들었다. 그는 날이 족히 15센티미터는 됨직한 칼을 쥐고 있었다. 그는 손가락 사이로 칼을 빙글빙글 돌리기 시작했다. 칼자루가 그의 손바닥 안에서 맴돌았다. 근데 나는 그게 시에라네바다에서 내 친구 브라이언이 텐트를 칠 때 구멍 파는 데 쓰던 것과 똑같은 칼이라는, 이상하기 짝이 없는 생각이 들었다.

"이 녀석하고 재미있게 놀아볼까. 이봐, 훌리오, 어디 살아? 이스트사이드지, 맞지? 웨스트사이드에 사는 멕시코인 같지는 않고. 오른쪽으로 돌려 써, 아니면 왼쪽으로 돌려 써? 다섯 개, 아니면 여섯 개? 너흰 킹스하고 동맹을 맺었어, 그렇지? 우리가 알아낼 거라는 걸 알 텐데. 그러니 네 입으로 부는 게 나아."

킹스냐 샤크스냐, 오른쪽으로 돌려 쓰냐 왼쪽으로 돌려 쓰냐, 다섯 개냐 여섯 개냐? 나는 이스트사이드 출신의 멕시코인 갱 단원인 훌리오인 모양이었다. 하지만 그게 좋은 건지 나쁜 건지 분명치 않았다.

다른 청년 둘이 내 가방을 뒤지기 시작했다. 두 사람은 설문지, 펜, 종이, 사회학 책 몇 권, 열쇠를 끄집어냈다. 다른 누군가가 나를 가볍게 툭툭 쳤다. 내 필기장을 낚아챈 큰 모자를 쓴 친구가 설문지들을 휙 훑어보더니 다시 돌려주었다. 그는 어서 질문해보라고 했다.

날씨가 제법 쌀쌀했지만 나는 진땀을 훔쳤다. 설문지를 불빛에 비추어 보려고 몸을 뒤로 젖혔다. 첫 질문은 다른 비슷한 조사들의 질문을 바꿔서 만든 것이었다. 젊은이들의 자아 인식을 알아보기 위한 질문 중 하나였다.

"흑인이면서 가난한 것은 어떤 느낌인가?" 질문을 읽은 뒤 선다형 답을 제시했다. "아주 안 좋다, 다소 안 좋다, 좋지도 나쁘지도 않다, 다소 좋다, 아주 좋다."

큰 모자를 쓴 친구가 웃기 시작했다. 그러자 다른 친구들도 따라서 낄낄거렸다.

"빌어먹을!" 큰 모자 쓴 친구가 말했다. "농담하는 거지?"

그가 고개를 돌린 채 친구들에게 뭐라고 중얼거렸다. 그 말에 모두가 참을 수 없다는 듯 웃음을 터뜨렸다. 그들은 다시 내가 누군지를 놓고 설전을 벌였다. 말이 너무 빨라서 좀처럼 그들을 따라잡을 수가 없었다. 그들도 나만큼이나 혼란스러운 모양이었다. 나는 무기를 지니지도, 문신을 하지도, 다른 갱단에게 충성을 보이는 옷 따위를 입지도 않았다. 예를 들어 모자를 왼쪽이나 오른쪽으로 돌려 쓰지도 않았고, 파란색이나 빨간색 옷을 입지도 않았으며, 대여섯 개짜리 별 문장紋章을 지니고 있지도 않았다.

　날 어떻게 처리할지를 놓고 두 사람이 입씨름했다. "이 친구가 여기서 돌아가지 않으면 그놈들이 찾으러 올 거야."

　"좋아, 그럼 내가 첫 방을 쏘겠어." 다른 친구가 말했다. "지난번엔 집을 봐야 했거든, 우라질. 이번엔 차에 올라타서 그놈들한테 총알 세례를 퍼부어줄 테야."

　"이 멕시코 녀석들은 그런 건 안 무서워해. 감옥에서도 걸핏하면 서로 죽여대는 놈들이라구. 내가 처리하는 게 나아. 넌 멕시코 말도 못 하잖아."

　"이봐, 난 감방에서 온갖 잡놈들을 다 만났어. 며칠 전에는 세 놈의 목숨을 끊어놨지."

　두 사람이 서로 고집을 부릴수록 욕설의 강도도 심해졌다.

　"그래, 하지만 너희 엄마는 나하고 할 때 멕시코 말을 하던걸."

　"이 자식! 너희 아빠도 멕시코 사람이잖아."

　나는 차가운 콘크리트 계단에 앉았다. 두 사람이 하는 대화를 알아들으려고 애썼다. 그들 가운데 몇몇은 내가 차량 총격을 위해 사전 답사를 하러 온 멕시코인 갱단의 정찰병쯤으로 생각하는 것 같았다. 주위들은 정보를 종합해볼 때, 흑인 갱단과 멕시코인 갱단은 동맹을 맺기는 했지만 다른 경우에서는 경쟁 상대인 모양이었다.

　갑자기 두 사람이 입을 다물었다. 몇 명의 사람들이 계단통으로 들어서고 있었다. 맨 앞에 선 친구는 체격이 다부지고 덩치가 컸지만 얼굴은 순진해 보였다. 그 친구 역시 내 또래이거나 몇 살 위로 보였는데 차분한 인상이었다. 입안에 이쑤시개, 혹은 막대사탕 같은 것을 물고 있었으며 거동으로 보아 보스임이 분명했다. 자리에 있는 사람들을 주욱 살펴보면서 마치 그들 각자가 하는 일을 머릿속으로 헤아리고 있는 듯했다. 그의 이름은 제이티J.T.였다. 그 순간에 나는 알지 못했다. 제이티가 그 후 오랫동안 내 인생에서 가장 만만찮은 인물이 될 운명이라는 것을.

제이티가 무슨 일이냐고 패거리에게 물었다. 아무도 선뜻 대답하지 못했다. 그러자 제이티가 나를 돌아보았다. "여기서 뭘 하는 거지?"

금니를 번쩍거리며 큼지막한 다이아몬드 귀고리를 한 제이티는 우묵한 눈으로 나를 똑바로 쳐다보았다. 나는 다시 한 번 사기 행각을 떠벌여야 했다. 나는 대학원생인데…… 어쩌고저쩌고.

"에스파냐 말 해?" 제이티가 물었다.

"못 해!" 누군가가 큰 소리로 대답했다. "하지만 아마 멕시코 말은 할 걸!"

"야, 닥쳐." 제이티가 말했다. 그러자 누군가가 내 설문지에 대해 말했다. 그게 제이티의 관심을 끈 모양이었다. 제이티는 설문지에 대해 이야기해보라고 내게 말했다.

나는 최선을 다해 연구 프로젝트를 설명했다. 국가의 빈곤 문제 전문가들이 더 나은 공공 정책 수립을 위해 흑인 청년들의 삶을 이해한다는 목적하에 실태 조사를 진행 중인데, 내가 맡은 부분은 기초 조사로서 연구 자료를 모으기 위해 설문 조사를 하고 있다고 했다. 말을 마치자 등골이 오싹해지는 침묵이 감돌았다. 모두가 제이티를 쳐다보며 그의 말을 기다렸다.

제이티는 내 손에서 설문지를 낚아채어 한 번 스윽 보더니 다시 돌려주었다. 제이티가 하는 모든 행동, 모든 움직임 하나하나는 침착하고 힘이 있었다.

나는 좀 전에 다른 친구들에게 읽어준 것과 동일한 질문을 그에게 읽어주었다. "흑인이면서 가난한 것은 어떤 느낌인가?" 제이티는 소리 내어 웃지는 않았지만 미소를 지었다.

"난 흑인이 아냐." 제이티가 일부러 다른 패거리들을 둘러보며 대답했다.

"그럼 아프리카계 미국인이면서 가난한 것은 어떤 느낌인가?" 나는 제이티의 감정을 상하게 할까 봐 조심스러운 말투로 물었다.

"난 아프리카계 미국인도 아니야. 깜둥이야."

이제 뭐라고 물어야 할지 알 수 없었다. 제이티에게 깜둥이라는 건 어떤 느낌이냐고 묻기가 꺼려졌다. 제이티는 내 설문지를 도로 가져가서 좀 더 주의 깊게 훑어보았다. 페이지를 넘기면서 질문들을 소리 없이 읽었다. 제이티는 실망한 듯했지만 그 실망은 나를 향한 것이 아님을 곧 알 수 있었다.

"이 건물에 살고 있는 사람들은 깜둥이야." 제이티가 마침내 입을 열었다. "아프리카계 미국인들은 교외에 살지. 아프리카계 미국인들은 넥타이를 매고 일해. 우리 깜둥이들은 일자리를 얻을 수조차 없어."

고개를 젓던 제이티가 그들도 그렇게 생각하지 않냐는 듯, 우두커니 서 있던 좀 더 나이 든 갱 단원들을 흘긋 쳐다보았다. 그러고는 내 쪽으로 몸을 숙이더니 나직이 속삭였다. "우리가 누군지도 모르고 우리에 대해 전혀 아는 것도 없으면서 넌 어떻게 이런 일을 하게 된 거지?" 제이티의 말투는 힐난조라기보다는 실망한 듯했고 어쩌면 약간 당황한 것 같기도 했다.

나는 어찌할 바를 몰랐다. 일어나서 이곳을 떠나야 할까? 그때 제이티가 재빠르게 돌아서서 뒤에 남은 청년들에게 "이 친구 잘 감시하고 있어" 하고는 자리를 떴다. '이 친구'란 나를 가리켰다.

남은 친구들은 뭔가 흥미롭게 돌아가는 판국에 약간 흥분되는 모양이었다. 제이티가 있을 때는 대부분 조용히 서 있던 이들이 점점 열기를 띠었다. "이봐, 그러게, 왜 쓸데없이 참견질이냐." 한 친구가 내게 말했다. "네놈 정체를 똑바로 불지 그랬어. 그럼 지금쯤 집으로 돌아갈 수 있었을 텐데. 제이티가 널 놔줬을지 모른다구."

"맞아, 바보짓 했어, 자식아." 또 다른 친구가 말했다. "완전히 잘못 꼬인 거야."

나는 차가운 계단에 서서 몸을 뒤로 젖힌 채 내가 무슨 '바보짓을 했는지' 알고 싶었다. 문득 나는 그날 처음으로 지금 내게 일어난 이 사태를 곰곰 되짚어보았다. 두서없는 생각들이 몰려 다녔다. 하지만 이상하게도 내 신변 안전에 대해서는 걱정이 되지 않았다. 윌슨 교수가 이 일을 알게 되면 뭐라고 할까? 인터뷰 대상을 흑인이라고 부를지, 아프리카계 미국인 또는 깜둥이라고 부를지, 어떻게 알 수 있지? 박사 과정 학생들은 모두 이런 일들을 겪나? 화장실에는 갈 수 있을까? 날은 점점 어둑해지고 바람은 차가워지고 있었다. 나는 겨울바람을 막아보려 윗도리를 더 꽁꽁 여미고 몸을 옹송그렸다.

### 갱단과의 하룻밤

"어이! 프리즈, 하나 마실래?"

나이가 좀 더 많아 보이는 친구가 맥주로 가득 찬 식료품 가방을 가지고 와서 나를 지키고 있던 청년들 가운데 하나에게 한 병을 건넸다. 그는 거기에 있는 모두에게 맥주를 돌렸고, 곧 그들은 모두 기분이 좋아졌다. 나한테도 맥주를 한 병 주었다.

이윽고 밤이 깊어졌다. 모두들 아무 데도 갈 곳이 없는 모양이었다. 청년들은 계단통에 앉아, 자기가 따먹은 여자들, 마리화나를 피우는 가장 좋은 방법, 섹스하고 싶은 학교 여선생, 점점 더 많이 드는 옷값, 때려죽이고 싶은 짭새, 이 주택단지가 철거되면 어디로 가야 할지 등 시시껄렁한 잡담을 나누었다. 나는 마지막 이야기에 놀랐다. 대학에서 보았던 기록 어디에도 이 주택단지가 폐쇄된다는 말은 없었던 것이다.

"이곳을 떠나야 한다고?" 내가 물었다. "어떤 지역으로 갈 건데?"

"자식아, 누가 너한테 입 열어도 된대?" 그중 하나가 말했다.

"그래, 훌리오." 또 다른 친구가 가까이 다가오며 말했다. "네가 낄 데가 아냐."

한동안 나는 입을 다물고 있었지만 다른 청년들이 들르자 그들은 더 수다스러워졌다. 나는 실제로 시카고 주택공사CHA가 분양 아파트와 타운 하우스를 짓기 위해 레이크 파크 주택단지를 철거할 계획임을 알게 되었다. 일부 주민들이 이곳에서 무단 입주자로 지내고 있었고, 이 갱단은 전기를 훔쳐 그들의 생활을 돕고 있었다.

계단통에서 마주친 이 청년들은 값싼 농축 코카인을 파는 블랙 킹스 갱단의 하급 단원임이 분명했다. 광범위한 지역에 걸쳐 퍼져 있는 블랙 킹스는 철거를 막으려 하지만 그것이 순수한 동정심에서 나온 행동은 아니라고 나이 든 갱 단원들이 설명했다. 건물이 철거되면 블랙 킹스는 최적의 마약 판매 장소를 잃게 될 판이었다.

이따금 나는 대화 중간에 설문지에 씌어 있는 질문을 던져보려고 했다. 이곳 주민들은 어떤 직업을 가지고 있는지? 왜 이 건물에는 경찰이 없는지? 하지만 그 친구들은 내 질문에 답하기보다는 자기네끼리 섹스, 권력, 돈 등에 대해 떠들어대는 데 더 관심이 많은 듯했다.

몇 시간 후, 제이티가 다른 사람들 몇 명을 데리고 돌아왔다. 그들은 각자 식료품 가방을 들고 있었다. 맥주를 더 가져온 것이었다. 시간이 늦어지면서 모두들 약간 비틀거리기 시작했다. 공기는 퀴퀴하고 일부 청년들은 언제 이 자리를 뜰 수 있을지 눈치를 살폈다. 하지만 당장은 맥주가 그들을 주저앉히는 것 같았다.

"자." 제이티가 다시 맥주 한 병을 내게 건넸다. 그러더니 조금 더 가까이 다가왔다. "넌 여기 있어선 안 돼." 제이티가 빠르게 말했다. 나를 딱하게 여기는 동시에 내 존재에 호기심이 이는 모양이었다. 그때 제이티 역시 레이크 파크 주택단지가 철거될 예정이라고 말했다. 제이티는 자신의 갱단이 부분적으로는, 자기네를 몰아내려는 주택공사의 결정에 이의를 제기하기 위해 이곳 주민들과 합심하여 항의하는 차원에서 이 건물에서 버텨왔다고 말했다.

갑자기 그가 내게 어디 출신이냐고 물었다.

"캘리포니아." 나는 화제가 바뀐 데 놀라며 대답했다. "태어난 곳은 인도이고."

"정말로 너 에스파냐 말 못 하는구나."

"응, 못 해."

"이봐! 내가 이 자식은 멕시코 놈이라고 했잖아." 한 어린 갱 단원이 손에 맥주병을 쥔 채 벌떡 일어났다. "아까 저 자식을 혼내줘야 했어! 저놈을 자기네 패거리에게 돌려보내. 오늘 밤에 그놈들이 몰려올 거야. 대비해야 한다구."

제이티가 어린 친구를 힐긋 보더니 내 쪽으로 돌아섰다. "그럼 시카고 출신이 아니군. 절대 이 주택단지를 돌아다니지 마. 다칠 수 있어."

제이티는 내게 질문을 던지기 시작했다. 설문지를 가지고 또 어느 흑인 거주 지역으로 갈 거냐? 왜 연구원들은 네가 사용하는 것과 같은 선다형 설문지를 쓰냐? 왜 그들은 사람들과 이야기를 나누지 않는 거냐? 교수면 돈은 얼마나 버냐?

그런 뒤, 흑인 청년들을 연구해서 뭘 얻으려는 거냐고 물었다. 나는 사회학자들이 답을 찾고 있는 몇 가지 긴급한 도시 빈민 문제를 늘어놓았다.

"사회학 수업을 잠시 들었지." 제이티가 말했다. "대학에서 말이야. 딱 질색이더군."

'대학'은 내가 제이티의 입에서 나오기를 기다렸던 결정적인 단어였다. 하지만 그뿐이었다. 나는 운에다 몸을 내맡겼더라도 위험한 짓은 하고 싶지 않았다. 계속 제이티의 이야기를 들으면서 그의 이력을 물어볼 기회를 기다려야겠다고 생각했다.

다들 어지간히 취한 것 같았는데, 멕시코인 갱단과의 전쟁에 대한 기대로 흥분해 있다는 점이 불안했다. 좀 더 나이든 축들 중 일부는 전쟁을 위해 갱 단원들이 어디에 위치를 잡아야 하는지, 빈 아파트들 중에서 어디가 망보기에 적당한지 등 병참술에 대해 떠들어댔다.

　제이티는 그날 밤에 무슨 일인가 벌어질 거라는 갱 단원들의 믿음을 간단히 걷어치웠다. 그는 다시 한 번 어린 두 친구에게 나를 지키고 있으라고 지시했다. 그러고는 자리를 떴다. 나는 다시 내 자리로 돌아와 이따금 맥주를 홀짝였다. 그 밤을 꼬박 이 친구들과 함께 보내야 할 판이었다. 나는 내 운명을 받아들이기로 했다. 소변을 보러 가도 좋다는 말을 듣고 기뻐했지만 결국 몇 층 위쪽 계단통에서 볼일을 봐야 했다. 물과, 어쩌면 오줌이 우리가 있는 층계참으로 줄줄 흘러내릴 텐데, 왜 이 친구들은 낮은 층을 이용하지 않는지 궁금해졌다.

　청년들은 술을 마시고 담배를 피우면서 밤을 꼬박 새웠다. 일부는 건물 앞에 차가 서지 않는지 살펴보려고 이따금 발코니로 나갔다. 그들 중 하나가 6층 아래 땅바닥으로 빈 맥주병을 내던졌다. 유리병 깨지는 소리가 계단통을 울려 나는 소스라치게 놀랐다. 하지만 다른 친구들은 미동도 하지 않았다.

　이따금 새로운 사람 몇 명이 언제나 그렇듯이 더 많은 맥주를 가지고 도착했다. 그들은 갱단의 문제와 다른 갱단이 지닌 무기의 종류에 대해 막연하게 이야기를 늘어놓곤 했다. 나는 가능한 한 주의 깊게 들을 뿐 질문하지 않았다. 때때로 누군가 내 이력을 물어왔다. 일부 무리는 여전히 내가 '멕시코 말을 한다'고 의심스러워했지만 적어도 내가 멕시코 갱단원이 아님을 모두 수긍하는 눈치였다. 몇몇은 콘크리트 바닥에 앉아 머리를 벽에 기댄 채 꾸벅꾸벅 졸았다.

　나는 튀어나온 금속붙이들을 피하려고 애쓰면서, 그날 밤 내내 차가운 계단에 앉아서 보냈다. 자고 싶었지만 불안해서 잠이 오지 않았다.

마침내 제이티가 돌아왔다. 이른 아침 해가 계단통을 밝게 비추었다. 제이티는 피로하고 어딘가 정신이 팔린 듯이 보였다.

"네가 온 곳으로 돌아가." 제이티가 말했다. "그리고 여기 돌아다닐 때는 좀 더 조심해." 내가 가방과 필기장을 주섬주섬 챙겨 들자 제이티가 문득 이곳 사람들을 연구하는 적절한 방법을 일러주었다. "얼간이 같은 질문이나 하면서 돌아다녀선 안 돼. 우리 같은 사람들하고 어울려야 한다고. 그들이 무슨 일을 하고 왜 그러는지 알아야 해. 젊은 청년들이 왜 거리에서 살고 있는지 이해해야 한다구."

나는 제이티가 사려 깊은 사람으로 보여서 깜짝 놀랐다. 어쩐지 제이티가 내 앞날에 마음을 써주는 것 같았다. 아니면, 적어도 나의 안전에 책임지려는 것처럼 보였다. 나는 일어나 계단으로 향했다. 나이 든 축들 중 누군가가 손을 내밀었다. 나는 순간 멈칫했다. 내가 악수를 하자 그 친구가 고개를 끄덕여 보였다. 잠깐 뒤돌아보니 제이티를 비롯해 모두가 나를 지켜보고 있었다.

이런 밤을 보낸 후에 무슨 인사를 해야 하나? 적당한 말을 고를 수가 없어 나는 그냥 돌아서서 자리를 떴다.

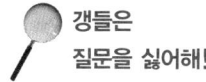
갱들은
질문을 싫어해!

하이드 파크의 내 아파트로 돌아왔을 때 모든 것이 완전히 달라 보였다. 동네들을 지나오면서 나는 갱단의 구역에 대해 생각했다. 길모퉁이에 모여 선 무리를 흘긋 쳐다보면서 그들이 자신의 영역을 지키고 있는 건가 싶기도 했다. 여러 의문이 들었다. 왜 그들은 갱단이 되었을까? 도대체 어떤 이익이 있기에? 그 젊은 친구들은 계단통에서 서성거리면서 지겨워하지 않았던가? 아니, 어떻게 그렇게 오랫동안 지린내를 견딜 수 있지? 내 가방 안의 설문지가 따분하고 쓸모없게 느껴졌다.

나는 윌슨 교수와의 관계가 슬슬 걱정되었다. 윌슨 교수는 분명 자기 동의 없이 이루어진 나의 이 실험적인 행보에 찬성하지 않을 것이었다. 내가 무슨 짓을 했는지 알면 아예 나를 프로젝트에서 빼버릴지도 몰랐다. 역시 교수로 재직 중인 아버지 말씀이 떠올랐다. 아버지는 항상 교육에 대해 충고하곤 하셨다. 나의 대학 시절 내내, 아버지는 교수님들 말씀을 귀담아들어야 한다고 강조했다. 나를 시카고로 보내면서, 대학원에서 성공하는 열쇠는 바로 지도 교수와 좋은 관계를 발전시키는 것이라고 말이다.

샤워하면서 나머지 일과를 떠올렸다. 읽어야 할 책과 써야 할 리포트, 그리고 밀린 빨래가 쌓여 있었다. 하지만 이 모든 일은 그다지 중요해 보이지 않았다. 잠을 청해보았지만 이룰 수가 없었다. 좀처럼 전날 밤 일이 머리에서 떨쳐지지 않았다. 누군가에게 전화를 걸어볼까 했지만 누구에게 전화를 한단 말인가? 윌슨 교수 연구원들 중에는 별로 친한 사람이 없었다. 게다가 그들 또한 내가 무슨 일을 했는지 알면 황당해할 것이다.

순간 나는 깨달았다. 진정으로 시카고 도심에 사는 흑인 청년들의 복잡한 삶을 이해하고 싶다면 바람직한 선택지는 단 하나뿐이라는 사실을. 바로 제이티의 충고대로 그들과 어울리는 것이었다. 제이티와 그의 패거리를 다시 볼 수 있을까 기대하며 나는 레이크 파크 주택단지로 향했다.

커티지 그로브 대로를 따라 북쪽으로 걸어가는 동안 나는 전혀 겁나지 않았다. 물론 약간 불안하기는 했지만 제이티가 나를 위험인물로 여기지 않는다는 것만은 확실했다. 최악의 시나리오를 가정한다면? 그럼 낭패였다. 제이티와 그의 갱 단원들은 내게 썩 꺼지라고 하거나, 자신들을 좀 더 잘 알아보고 싶다는 내 말에 콧방귀만 뀔 것이다.

도착했을 때는 오후 2시경이었다. 이번에 나는 맥주 여섯 개들이 한 꾸러미를 사가지고 왔다. 4040번지 앞에는 10여 명의 젊은 친구들이 있었다. 차를 세워둔 채였다. 일부 친구들이 나를 주시했다. 다른 몇 명은 건물 벽에 테니스공을 던지면서 핸드볼을 하고 있었다. 내가 가까이 다가가자 모두가 나를 쳐다보았다.

"장난하나." 누군가 말하는 게 들렸다. 그때 차에 기댄 채 싱긋 웃으며 고개를 내젓는 제이티가 눈에 띄었다.

"맥주 마실래?" 나는 제이티에게 한 병을 건넸다. "어떤 사람들의 삶이 알고 싶으면 그들하고 어울려야 한다며?"

제이티는 대꾸가 없었다. 몇몇 친구들이 내 말을 믿지 못하고 웃음을 터뜨렸다. "저 녀석은 정신이 나갔다고 내가 말했지!" 누군가가 말했다.

"저 자식이 우리하고 어울릴 생각을 하다니!"

"난 아직도 저 자식이 라틴 킹Latin King 패거리인 것 같아."

마침내 제이티가 입을 열었다. "좋아, 이 친구가 우리하고 어울리고 싶은 모양이군." 제이티는 태연히 말했다. "그렇게 하도록 해주자구!"

제이티는 이를 드러내고 싱긋 웃으며 맥주병을 땄다. 다른 친구들이 몰려들더니 재빨리 나머지 맥주들을 낚아채 갔다. 그리고 나서는 놀랍게도 모두가 다시 원래 하고 있던 일을 계속했다. 무슨 긴급한 사안을 의논하는 것 같지는 않았다. 어떤 범죄 행위에 대한 이야기도 없었다. 그들은 주로 자동차 바퀴에 어떤 외륜을 씌울지에 대해 의견을 주고받았다. 몇 명은 마약 고객에게 신경을 쓰고 있다가, 인근 건물에서 걸어오거나 낡아빠진 차를 몰고 오는 사람들에게 값싼 농축 코카인이 든 유리병을 건넸다.

멀리서 주일을 맞아 교회로 가는 사람들의 모습이 보였다. 한 무리의 갱 단원이 4040번지 앞을 지키고 서 있었다. 잠시 후 자동차 근처를 어슬렁거리던 친구들 중 일부가 그들과 보초를 교대해주었다.

제이티는 내게 이것저것 물어보았다. 항상 그 설문지를 사용해? 이 연구를 끝내고 나면 좋은 직업을 얻을 수 있는 거야? 너희 민족을 연구하는 건 어때?

제이티는 마지막 질문을 특히 잘 던졌다. 나는 다른 친구들과 가져왔던 유대감과는 다른 기묘한 친밀감을 제이티에게서 느꼈다. 당시에는 그것을 무어라고 설명하기가 어려웠다. 지금도 마찬가지지만 우리는 웬일인지 곧바로, 서로 깊이 통했다.

제이티의 질문에 나는 무심한 척했다. 하지만 내심 내가 하는 일에 제이티가 호기심을 느낀다는 사실이 기뻤다. 나는 대부분 사람들이 그에 대해 거의 아는 바가 없는 인물과 이야기를 나누고 있다는 느낌을 받았다. 우리 대화가 어떻게 이어질지는 예측할 수 없었지만 빈곤 지역의 삶에 대한 독특한 조망을 얻게 되리라는 점을 알 수 있었다.

경제적 이유로 선거권을 박탈당한 젊은이들에 관한 사회학 연구는 많았다. 하지만 대부분 실업, 범죄, 어려운 가정 형편에 관한 형식적인 통계에 의존했다. 나는 그 배경에 좀 더 가까이 접근하려는 바람에서 윌슨 교수 팀에 합류했다. 기회가 코앞에 와 있었던 것이다.

제이티는 때로 차를 몰고 온 누군가와 은밀한 만남을 갖기 위해 건물 안으로 들어갔다.

나는 잠시 공을 갖고 놀았다. 화려한 축구 기술을 으스대면서 테니스 공을 수십 번 머리로 받았다. 나이가 좀 더 많은 갱 단원들 중 일부는 나의 정체와 대학에서 맡은 역할, 그리고 물론 내가 이곳으로 다시 온 이유를 알고 싶어 했다. 그 친구들은 모두 나만큼이나 피로해 보였다. 우리 모두는 서로의 면전에서 기꺼이 긴장을 풀고서 숨 돌리고 있는 듯한 느낌이었다.

대체로 나는 거의 말하지 않았고 '중요한' 질문(차들이 왜 잭jack으로 들어올려져 있는지, 왜 자동차 기름을 바꾸는지와 같은, 대개 그들의 자동차에 대한 질문)을 하지 않았다. 실제로 이 방법이 더 효과적일지 모르겠다고 생각했다. 전날 밤, 나는 이 친구들이 질문받는 것을 그다지 좋아하지 않는다는 사실을 알아차렸다. 그들은 아마도 경찰, 사회사업가, 이따금 기자들로부터 많은 질문 세례를 당했을 것이다. 나는 말수를 줄이고 마치 익숙한 듯이 행동하면서 시간을 보내려고 애썼다.

제이티가 잠시 건물에 들어갔다가 나오자 모두가 똑바로 자세를 가다듬었다.

"좋아!" 제이티가 소리쳤다. "그 자식들은 준비가 돼 있어. 그리로 가자구." 제이티는 어린 갱 단원 몇 명에게는 건물 로비에 들어가 있으라고 지시하고 다른 친구들에게는 차에 타라고 말했다. 제이티가 나를 묘하게 쳐다보다가 싱긋 웃었다. 내게 무슨 말을 할지 망설이고 있는 게 분명했다. 나는 그 친구들이 가는 곳이 어디든 함께 가자고 제이티가 청해주기를 바랐다.

"공은 너 가져." 제이티가 말했다. "우리는 잠깐 다녀올 데가 있어. 다음 주 여기서 만나는 거 어때? 아침 일찍, 알았지?"

이 제의에 나는 깜짝 놀랐다. 물론 거절할 리 없었다. 제이티가 손을 내밀어 악수를 청해왔다. 나는 뭔가 재치 있는 말을 생각해내려 애썼다. "응, 물론이지. 하지만 다음번엔 네가 사는 거야."

제이티는 돌아서서 서둘러 자신의 차, 황금색 외륜을 씌운 반질반질한 자줏빛 말리부 클래식으로 갔다. 나는 순식간에 혼자 남겨진 채 우두커니 서 있었다.

2

어둠의 입법자,
검은 왕들

 나는 제이티와 시간을 보내기 시작했다. 보통 상급 갱 단원 몇 명과 함께 잠시 있다가 사우스사이드 근방을 한 차례 차를 타고 돌아다녔다.
 제이티의 인생에 대해 자세히 알게 되려면 몇 년이 걸리겠지만 우리가 함께한 지 몇 주가 지났을 때 제이티는 꽤 오랫동안 자기가 살아온 이야기를 들려주었다. 제이티는 이 동네에서 자란 후 체육 장학금을 받고 대학에 들어갔으며 역사와 정치에 관한 책 읽기를 좋아했다. 대학 졸업 후에는 시카고 도심에 있는 중견 회사에서 사무용품과 산업용 섬유를 판매하는 일자리를 얻었다. 하지만 자신이 흑인이라는 이유로 성공 기회가 제한되어 있음을 느꼈으며 자기보다 서툰 백인이 먼저 승진하는 것을 보고 화가 치밀었다. 2년이 못 되어 제이티는 주류 사회를 떠나 이곳 공영 주택단지와 갱단 생활로 돌아왔다.
 제이티는 차를 타고 다니면서 시카고의 흑인, 즉 거주 지역, 갱단, 지하 경제의 역사에 대해 즐겨 이야기했다. 워싱턴 파크를 자주 찾는 올드타임 할아버지나 다른 노인들처럼 제이티도 위대한 갱단 보스와 극적인 갱단 전쟁에 관한 무용담으로 가득 찬 역사에 대한 자신의 개인적인 해석을 가지고 있었다. 제이티는 자기가 좋아하는 식당들로 나를 데리고 다녔는데, 그 식당들은 저마다 생생한 역사를 지니고 있었다.

그중 '글래디스네Gladys's'는 흑인 음식을 전문으로 하는 식당이었다. 선거를 통해 선출된 지역 및 정치 지도자들이 사적인 만남을 가질 때 이곳을 자주 이용했다. 이 식당은 두 갱단이 전설적인 휴전을 조인했던 곳이기도 했다. 제이티는 항상 밥값을 자기가 내겠다고 했으며, 나는 학생이라 주머니가 가볍기도 했지만 또한 고마운 마음에 언제나 그러라고 했다.

한번은 제이티가 사회학자들이 갱단과 도심의 빈곤 문제를 어떻게 보는지 물었다. 나는 일부 사회학자들은 '빈곤 문화'를 인정한다고 말해주었다. 즉, 가난한 흑인은 다른 인종 집단만큼 직업을 갖는 것을 높이 평가하지 않기 때문에 일하지 않으며, 이런 태도가 세대에 걸쳐 전해 진다는 것이었다.

"그럼, 넌 내가 직업에 자부심을 갖길 바라는 거야? 최저 임금만 받으면서? 너야말로 직업에 대해 별로 생각 안 해본 것 같은데." 제이티의 어조는 변명을 한다기보다는 진심인 듯했다. 사실 제이티의 대답은 일부 사회학자들이 '빈곤 문화'라는 관점에 치우쳐 있다는 비판을 그대로 반영하고 있었다.

제이티와 나는 종종 간이식당에서 함께 시간을 보냈다. 제이티가 조용히 앉아서 갱단 운영상의 잡다한 일들을 처리하는 동안 나는 사회학 수업을 위해 책을 읽었다. 사업에 관한 확실한 증거를 남기고 싶어 하지 않은 까닭에 제이티가 무언가를 기록하는 일은 흔치 않았다. 하지만 200명이나 되는 갱 단원 각자의 임금과 업무 교대, 최근 수요나 공급에서의 급격한 상승 등 그는 아주 상세한 사항들을 정확히 기억하고 있었다. 어떤 때에는 중얼거리며 셈을 하다가 잠들기도 했다. 자세한 내용을 알려주지 않았지만 그는 가끔 내게 퀴즈 같은 것을 냈다.

"좋아, 널 위해 준비했어." 어느 날 제이티가 아침을 먹으면서 말했다. "두 사람이 나에게 가공하지 않은 물건을 상당량 공급하고 있다고 치자." 나는 '가공하지 않은 물건'이 가루로 된 코카인을 뜻함을 충분히 알아들었다. 제이티의 갱단은 이것을 농축 코카인으로 제조했다. "두 친구 가운데 하나가 평소 가격보다 20퍼센트 더 높게 처주면 지금부터 1년 동안 10퍼센트 할인해서 물건을 공급해주겠다고 해. 공급량이 줄어들면 자기가 거래하던 다른 사람들보다 나한테 먼저 팔아주겠다는 거지. 또 다른 친구는 지금부터 1년 동안 자기한테서 통상의 가격에 물건을 사면 지금 바로 10퍼센트를 할인해주겠다고 해. 그럼, 넌 어떻게 하겠냐?"

"지금부터 1년 동안 공급에 어떤 변화가 있을지 네가 어떻게 생각하느냐에 달렸지."

"음, 그래서……?"

"난 이 시장이 어떻게 움직이는지 몰라. 어떻게 해야 할지 확신이 안 서는걸."

"아니, 이건 어떻게 생각해야 하느냐의 문제가 아니야. 넌 이 게임에서 항상 돈을 걸고 있어. 공급량도, 그 어떤 것도 예측할 수가 없고. 지금부터 1년 동안 물건을 확보하고 있을 거라는 녀석은 거짓말하고 있는 거야. 녀석이 감방에 가거나 죽을 수도 있으니까. 따라서 당장 할인해주는 쪽을 선택해야 해."

이런 이야기는 퍽 흥미로웠다. 제이티가 혹 이런 이야기하는 것을 조심스러워하지 않을까 싶어서 나는 그의 면전에서는 좀체 관심을 드러내지 않았다. 대신에 기다렸다가 내 아파트로 돌아와 기억할 수 있는 한 많은 것들을 기록했다.

우리는 흔히 일주일에 몇 번씩 만나곤 했지만 제이티가 원할 때에 한해서였다. 제이티가 전화를 해서 만날 약속을 정했다. 때로는 만나기 직전에야 전화를 걸어오기도 했다. 제이티는 전화로 얘기하는 것을 좋아하지 않았다. 낮은 목소리로 만날 장소와 시간을 일러주고는 전화를 끊어버렸다.

어떤 때는 수업 때문에 만날 수 없다는 대답조차 할 시간이 없었다. 그러면 결국 수업을 빼먹고 제이티를 만나러 갔다. 갱단 보스가 만나자고 전화를 걸어오다니 그 자체만으로도 흥분되는 사건이 아닌가! 종종 수업에 빠지는 진짜 이유를 교수님에게 말하고 싶었지만, 그럴 기회가 있었도 나는 그러지 않았다.

아주 가끔은 진심으로 갱단 생활에 대해 좀 더 알고 싶다고 제이티에게 넌지시 비추곤 했다. 하지만 정식으로 어떻게 했으면 좋겠다고 부탁할 만한 배짱은 없었다. 제이티 역시 내게 어떤 제의를 하는 일은 없었다. 나를 내 아파트 앞에 내려줄 때면 그저 창밖을 쳐다볼 뿐이었다. 나는 '잘 가'라고 해야 할지, '다시 봐'라고 해야 할지, 또는 '전화해'라고 해야 할지 알 수가 없었다.

## 코카인 경제

제이티와 어울린 지 어느덧 8개월째 되던 어느 날 아침, 제이티는 다른 주택단지인 로버트 테일러 홈스에 갈 거라고 했다. 나는 로버트 테일러에 대해 들은 적이 있었고 사람들은 모두 로버트 테일러에 대해 익히 잘 알고 있었다. 이곳은 레이크 파크 주택단지보다 규모가 열 배쯤 큰, 미국에서 가장 넓은 공영 주택단지로, 28동의 칙칙한 고층 건물들이 약 3킬로미터에 걸쳐 늘어서 있었다. 시카고 대학과는 몇 킬로미터 떨어진 거리였다. 하지만 이 주택단지는 시카고의 주요 도로인 댄 라이언 고속 도로를 따라 서 있어서, 이 도시 사람들이라면 대개 차를 몰고 가다가 한두 번씩 지나치는 곳이었다.

"널 데리고 가서 누굴 만날 거야. 하지만 네가 입을 여는 건 원치 않아. 그럴 수 있겠어?"

"내가 언제 입 연 적 있어?"

"없지. 하지만 가끔 넌 좀 흥분하잖아. 특히 커피 같은 걸 마신 후에. 오늘 네가 입 열면 그걸로 끝이야. 알았어?"

제이티가 이처럼 강하게 말한 적은 예전에 딱 한 번밖에 없었다. 바로 우리가 레이크 파크 주택단지 4040번지 건물의 계단통에서 처음 만난 날 밤 말이다. 나는 재빨리 아침을 먹고서 제이티의 말리부에 함께 올라 탔다. 늦은 아침 하늘은 구름으로 덮여 있었다. 제이티는 내게 이따금 경찰이 따라오는지 살펴보라고 할 때 외에는 조용했다. 그전에는 제이티가 이런 말을 한 적이 없었다. 나는 처음으로 내가 하고 있는, 주요 마약 판매 갱단의 보스를 따라다니는 일이 어떤 것인지 체감할 수 있었다.

하지만 여전히 내 옆에 앉은 친구가 실은 범죄자라는 사실을 나는 인정하지 않았다. 나는 조직폭력배 생활을 직접 관찰할 수 있다는 것만으로도 전율에 사로잡혀 있었다. 내가 자란 평온한 교외 지역에서는 사람들이 거리에서 세차하는 일조차 없었다. 내 눈앞에 펼쳐진 이곳은 일상 속으로 쑤욱 들어온 한 편의 영화였다.

이러한 상황이 도덕성에서 문제의 소지가 있지 않냐는 주장을 간단히 묵살하게 만든 또 하나의 요인이 있었다. 사회학이 처음 정규 학문이 되었던 때로 거슬러 올라가보면, 시카고 대학의 학자들은 이 도시의 어두운 구석구석을 탐색하고 다님으로써 사회학 분야의 창설을 도왔다. 그들은 부랑자, 사기꾼, 사회적 명사들에 대한 밀착 연구로 유명했으며, 매음굴과 주류 밀매점, 그리고 정치가들이 부지런히 술수를 부리는 연기 자욱한 밀실을 출입했다. 최근에 나는 이 학자들의 작업에 관한 글을 읽었다. 그래서 마약을 팔고 절도하는 이들과 어울리지만 내심 나 스스로는 충실한 사회학자라고 생각했다.

로버트 테일러 홈스로 가는 길에는 오래되고 낡아빠진 자동차들이 줄지어 서 있었다. 초등학교 앞에서 교통정리를 하는 여자가 한 자동차 후드에 기대어 서 있었다. 아침 임무를 수행하는 그녀는 마치 전쟁을 치르는 듯했다. 우리가 지나갈 때 여자가 아는 체를 하며 제이티에게 손을 흔들었다.

우리는 한 고층 건물 앞에 차를 세웠다. 로비는 한 떼의 청년들로 붐볐다. 제이티의 차를 본 청년들이 차려 자세를 취하는 것 같았다. 거의 버려지다시피 한 레이크 파크 주택단지와 달리, 로버트 테일러는 활기에 넘쳤다. 스테레오에서 랩 음악이 크게 터져 나왔다. 사람들은 담배를 피우며 서 있었고, 마리화나 피우는 냄새도 났다. 이따금 부모가 아이를 데리고 여기저기 흩어져 있는 청년들 사이를 헤집고 지나갔다.

제이티는 말리부를 주차시킨 후, 선술집으로 들어가는 거칠고 난폭한 카우보이처럼 건물을 향해 성큼성큼 걸어갔다. 그러더니 문득 입구 바로 앞에서 걸음을 멈추고 주변을 둘러보며 누군가 자신을 맞으러 오기를 기다렸다. 젊은 친구들이 길을 비켜줄 때마다 제이티는 상냥하게 손을 내밀었다. 짤막한 인사가 오갔고 대화의 대부분은 나를 제외한 모두에게 익숙한 신호, 곧 고개를 살짝 끄덕이는 형태로 이루어졌다.

"나 보러 언제 와, 자기?" 한 여자가 큰 소리로 반기는가 싶더니 또 다른 여자가 "나한테 사기칠 작정이야, 여보?" 하며 달려들었다. 제이티는 싱긋 웃으며 손을 흔들어주고 지나가면서 여자들의 아이들 머리를 장난스럽게 톡톡 건드렸다. '주민 순찰대'라고 쓰인 연한 파란색 윗도리를 입은 나이든 여자 둘이 다가와 제이티를 꼭 끌어안으며 왜 자주 들르지 않느냐고 물었다. 왜 그런지는 모르겠지만 분명 이 사람들은 제이티를 잘 아는 것 같았다.

그때 누군가가 로비에 나타났다. 살이 투실투실 찐 남자는 대충 제이티 또래였는데 숨을 가쁘게 몰아쉬었다. 남자의 이름은 커를리였다. 틀에 박힌 나의 선입견을 조롱하듯, 커를리는 〈세상에 무슨 일이야!〉■에 나오는 뚱뚱하고 익살스러운 리런을 쏙 빼닮은 것 같았다. 커를리와 굳게 악수를 나눈 다음, 제이티는 내게 따라오라고 손짓했다.

"너희 엄마 집에 갈까, 아니면 우리 집에 갈까?" 커를리가 물었다.

---

■ 〈What's Happening!〉은 1976~79년 방영된 미국 텔레비전 시트콤으로, 1985~88년에는 속편 〈세상에 지금 무슨 일이야! What's Happening Now!〉가 방영되었다. 리런은 이 시트콤에 나오는 뚱뚱하고 익살스러운 인물이다.

"우리 엄만 내게 화나 있을 거야." 제이티가 말했다. "너희 집으로 가자."

나는 두 사람을 따라 몇 개의 계단을 올라갔다. 우리는 커다란 텔레비전을 마주 보고 있는 소파와 몇 개의 안락의자가 있는 아파트로 들어갔다. 텔레비전에서는 기독교 프로그램이 방영되고 있었다. 벽에는 가족사진과 예수 그리스도의 그림이 걸려 있었다. 장난감들이 바닥 여기저기 흩어져 있고 부엌 조리대에는 시리얼과 과자 상자들이 가득했다. 레인지에서는 닭고기와 밥 냄새가 풍겼다. 뜨개실 뭉치와 뜨개바늘이 단조로운 유리 탁자에 놓여 있었다.

이 가정적인 풍경에 나는 살짝 놀랐다. 어떻게 아이들이 부모 없이 뛰어 돌아다니는지, 어떻게 마약이 이 동네를 덮쳤는지, 로버트 테일러 주택단지의 빈곤과 위험성에 대해 쓴 많은 글을 읽은 터였다.

제이티는 내게 소파에 앉으라고 손짓하고는 커를리와 앉아서 이야기를 나누었다. 제이티는 나를 커를리에게 소개하지 않았다. 오래전에 나를 까맣게 잊어버린 것이다. 말 속도가 빠른 데다 갱 단원들 사이에 쓰는 용어가 섞여 있어서 둘의 대화를 거의 알아들을 수가 없었다. 하지만, 세稅, 물건, 월月 사용료, 코브라스, 킹스, 짭새, 시카고 주택공사 경비회사' 등, 몇 가지 주요 낱말들은 용케 귀에 들어왔다. 두 사람은 빠르고 진지하게 이야기를 나누었다.

잠시 후 모종의 협상을 하는 듯 그들은 수치들을 불러댔다. 한 청년이 몇 번인가 현관문 바깥쪽에 붙은 망을 친 문으로 다가와, 대화 도중에 끼어들어 "페더럴에 50" 또는 "26에 50"이라고 외쳤다. 뒤에 제이티는 자신들이 그런 식으로 경찰의 소재를 전달한다고 설명해주었다. '50'은 경찰, '26'은 로버트 테일러에 있는 건물의 번지수, '페더럴'은 이 주택단지 옆에 있는 번화가를 의미했다. 아직 휴대 전화가 나오지 않은 때여서(그해는 1989년이었다) 갱 단원들은 그런 정보를 직접 전해야 했다.

나는 화장실이 급했지만 그 집 화장실을 써도 좋은지 물어볼 수가 없었다. 우물쭈물하다가, 일어나 나가기로 결정했다. 내가 막 몸을 일으키자 제이티와 커틀리가 못마땅한 눈빛으로 쳐다보았다. 그래서 도로 주저앉았다.

두 사람의 대화는 그 뒤로도 두 시간 동안 계속되었다. "이만 끝!" 마침내 제이티가 말했다. "배가 고프군. 그건 내일 다시 의논하자고."

커틀리가 씩 웃었다. "네가 돌아오면 좋겠어. 네가 떠난 뒤로는 예전 같지 않거든."

그때 제이티가 나를 힐끗 돌아보았다. "이런, 깜박했군. 이 친구는 수디르야. 짭새지."

두 사람은 너털웃음을 터뜨렸다. "이제 가서 오줌을 싸도 좋아." 제이티가 말했다. 두 사람은 더 자지러지게 웃어댔다. 제이티에게 접근하는 대가로, 나는 그의 재밋거리가 되어주어야 하는 모양이었다.

하이드 파크로 돌아오는 차 안에서 제이티는 방금 있었던 일에 대해 이야기해주었다. 제이티는 우리가 방금 다녀온 로버트 테일러 주택단지에서 자랐다고 했다. 지난 2년 동안 제이티는 레이크 파크 주택단지에서 일해왔다. 시카고 시 전체를 총괄하는 블랙 킹스 지도부가 레이크 파크의 생산성을 올리고 싶어 했던 것이다. 하지만 곧 레이크 파크 주택단지가 철거될 예정이어서 제이티는 로버트 테일러로 돌아와 커틀리가 이끄는 블랙 킹스 분파와 자신이 이끄는 블랙 킹스 분파를 합칠 예정이었다.

이 합병은 블랙 킹스 갱단의 윗사람들 명령에 따라 진행되었다. 제이티가 레이크 파크에서의 사업을 활성화시키기 위해 파견되면서 커를리가 로버트 테일러의 임시 보스로 지명되었던 것이다. 커를리가 그다지 만족할 만한 책임자가 아니라는 건 사실이었고, 블랙 킹스 지도부는 제이티를 다시 단독 보스로 앉히기로 결정했다.

로버트 테일러나 스테이트가에 있는 주택단지들은 "돈벌이가 쉽다"고 제이티가 말했다. 고객들이 근처에 많이 사는 덕분이기도 했지만 "백인들이 차를 몰고 우리 물건을 사러 오기" 때문이기도 했다. 브리지포트, 아머 스퀘어, 그리고 주로 백인들이 살고 있는 댄 라이언 고속 도로 저쪽 동네에서도 고객들이 찾아와, 대개 코카인뿐 아니라 헤로인과 마리화나도 사 갔다.

제이티는 다시 로버트 테일러로 오게 되면 최근에 번 것보다 '백 배'는 벌어서, 여전히 로버트 테일러에 살고 있는 어머니에게 집을 사주고 싶다고 했다. 그리고 애인들과 아이들에게도 아파트를 사주고 싶다고 했다. 실제로 제이티는 몇 번 애인들을 언급하곤 했는데 이 애인들 각자의 아파트가 필요한 모양이었다.

레이크 파크 주택단지에서 제이티가 벌어들이는 수입은 연간 약 3만 달러에서 절정을 이루었다가 하락 추세에 있었다. 하지만 이제 로버트 테일러에서 7만 5,000달러, 사업이 안정되면 10만 달러는 벌고 싶어 했다. 그렇게 되면 블랙 킹스의 일부 고위층과 거의 같은 수준이었다.

제이티는 블랙 킹스의 위계 체계와 더 높은 지위로 올라가기 위한 자신의 노력에 대해 몇 번 이야기한 적이 있었다. 제이티 위에는 시카고 전역에 널리 퍼져 있는 수십 명의 블랙 킹스 고위급이 있었다. 이들은 제이티가 이끄는 갱단과 같은 몇 개 블랙 킹스 분파를 운영하여 돈을 벌었다. 이들은 '간부'와 '단장團長'으로 알려져 있었다. 이들 위에는 '이사회'로 불리는 또 다른 지위의 갱 단원들이 있었다. 나는 거리의 갱단 조직이 미국의 다른 기업 조직과 이처럼 흡사한 줄은 몰랐다.

만약 블랙 킹스에서 높은 위치까지 오르고 충분히 오래 산다면 엄청나게 큰돈을 벌 수 있을 거라고 제이티는 장담했다. 제이티가 승진에 대해 떠들어댈수록 나는 먹은 게 체하는 것 같았다. 제이티를 만난 이후, 어쩌면 내 학위 논문 주제가 제이티의 갱단과 이 갱단의 마약 밀매가 될지도 모르겠다는 생각을 품고 있었다. 나는 제이티한테서 그가 이끄는 분파뿐 아니라 시카고 시의 모든 블랙 킹스 분파들에 대해 이야기를 들었다. 그들이 어떻게 서로 영역을 두고 다투거나 협력하는지, 값싼 농축 코카인에 의해 돌아가는 경제가 어떻게 이 도시 거리 갱단의 성격을 근본적으로 바꾸어놓고 있는지 등.

갱단에 관한 사회 과학 문헌은 많아도 갱단의 실제 사업 거래에 대해 쓴 연구자는 거의 없었다. 게다가 갱단의 지도부에 직접 접근한 연구자는 더욱 드물었다. 내 아파트 앞에 차가 섰을 때 나는 결코 정식으로는 제이티의 생활과 일에 접근할 수 있도록 해달라고 부탁하지 못하리라는 것을 깨달았다. 마침 사업이 한층 활기를 띠어가면서 이제는 나의 접근이 차단될 수도 있을 듯했다.

"언제 로버트 테일러로 옮기게 돼?" 내가 물었다.

"확실치 않아." 제이티는 내 아파트 근처 주유소에서 구걸하는 거지들을 보면서 건성으로 대꾸했다.

"이제 넌 정말 바빠지겠구나. 지금보다 훨씬 더……. 고맙다는 말을 하고 싶어."

"이봐, 우리가 영영 끝인 거야?" 제이티가 웃음을 터뜨렸다.

"아니! 난 그냥……."

"네가 논문을 써야 한다는 거 알고 있어. 그런데 무엇에 관해 쓸 거야? 나에 관해서지, 그렇지?" 제이티가 낄낄거리며 여송연을 입에 물었다.

제이티는 꽤나 주목받고 싶은 모양이었다. 제이티에게 나는 단순한 재밋거리 이상인 것 같았다. 내가 자기 말을 진지하게 받아주니 말이다. 나는 내 연구 조사를 한 사람의 변덕에 의존할 생각은 없었다. 하지만 이제 계속 제이티와 이야기를 나눌 수 있다는 기대감에 현기증이 일었다. "그래, '존 헨리 토런스*의 삶과 시간', 어때?"

"좋은걸, 좋아." 제이티는 잠시 말을 멈추었다. "알았어, 썩 꺼져. 그만 가봐."

자동차 문을 열자 제이티가 손을 내밀었다. 나는 악수하고 제이티에게 고개를 끄덕였다.

### 🔍 무법적 자본주의

이제 나는 북쪽 레이크 파크 주택단지로 산책을 나가는 대신, 주로 버스를 타고 로버트 테일러 주택단지로 좀 더 먼 길을 오가게 되었다. 제이티는 자리 이동 때문에 몇 주간 연락할 수 없을 거라고 알려주었다. 이 틈을 이용해 나는 주택단지 전반과 특히 로버트 테일러 주택단

■ John Henry Torrance. 제이티의 본명.

지를 조사하기로 마음먹었다.

시카고 주택공사가 1958년에서 1962년 사이에 건설한 로버트 테일러 주택단지는 최초 아프리카계 미국인인 대행 회사의 사장 이름을 땄다. 이 주택단지는 4,400호 세대의 아파트에 3만 명이 거주하는 거의 소도시 규모였다. 1930년대와 40년대의 대대적인 이주 기간 동안 남부의 가난한 흑인들이 대거 시카고로 몰려왔고 이들을 수용하는 것이 당면한 급선무였다.

이 주택단지는 처음에는 상당히 환영을 받았지만 곧 흉물로 변하고 말았다. 시카고 정치인들이 도시의 백인 주거 지역은 비워둔 채 이미 혼잡한 흑인 빈민가 한가운데에 떡하니 주택단지를 지어놓자 흑인 운동가들은 분노를 터뜨렸다. 38만 8,500제곱미터 부지 중에서 단 7퍼센트에 불과한 면적에다 28동의 건물을 빼곡히 채워 넣어, 남겨진 거대한 공터에 의해 이 주택단지가 나머지 지역 사회로부터 고립되었다고 도시 설계가들은 한탄했다. 비록 설계는 유명한 프랑스의 도시 계획 원칙들에 근거하고 있지만 이 건물들은 미관이 썩 아름답지 않고, 특히 애초부터 사람이 살 만한 데가 아니었다고 건축가들은 단언했다.

무엇보다 경찰들이 로버트 테일러는 순찰을 돌기에는 매우 위험한 지역이라고 생각했다. 주민들이 스스로 범죄를 억제하고, 경찰이 나타날 때마다 창문으로 병을 내던지거나 총을 쏘아대는 일을 그만두지 않는 한, 경찰은 보호를 제공하고 싶어 하지 않았다.

비교적 신축 건물이었을 때도 로버트 테일러는 신문 헤드라인에서 '콩고 힐튼', '지옥', '아버지 없는 세계' 따위로 불렸다. 1970년대 말에 상황은 더 악화되었다. 좀 더 안정된 노동자 가정들이 평등권 승리의 기회를 틈타 예전에는 흑인이 들어가 살지 못했던 인종 차별 지역으로 이사를 가면서, 이곳 사람들의 생활은 한결같이 빈곤선 이하에 머물게 되었다. 로버트 테일러에 거주하는 성인의 90퍼센트가 정부 보조금(현금 지불, 식권, 국민 의료 보조)만으로 생활을 꾸려가고 있었다.

1990년대에도 이 비율은 낮아지지 않았다. 거의 2만 명에 달하는 아이들을 단 두 곳의 사회 복지 센터에서 감당해야 했다. 게다가 건물들이 노후되면서 승강기 추락으로 최소 6명이 사망했다.

내가 시카고에 왔을 때인 1980년대 말, 로버트 테일러는 으레 시카고 '갱단과 마약 문제'의 근거지로 거론되었다. '갱단과 마약 문제'는 이 도시의 대중 매체, 경찰, 학술 연구자들이 늘 원용하는 관용구와 같았다. 물론 그들이 하는 말이 틀린 것은 아니었다. 시카고에서 최고 빈곤층 지역은 대개 블랙 킹스 같은 거리 갱단이 관리했다. 갱단은 마약 거래뿐 아니라 강탈, 도박, 매춘, 장물 매매, 그 밖에도 수많은 검은 사업들로 돈을 벌었다.

다양한 갱단의 보스들은 이러한 무법적 자본주의를 맹렬하게 가동하여 거금을 거둬들였다. 신문에서는 갱단 보스들이 보통 수백만 달러의 재산을 보유한 것으로 보도했다. 다소 과장되었을지 모르지만 경찰이 그들의 집을 급습하여 수십만 달러의 현금을 찾아낸 것은 사실이었다.

지역 사회 사람들에게 마약 중독, 공공연한 폭력 같은 불법 경제에의 지출이 곱게 보일 리 만무했다. 이 같은 위협이 수십 년간 정부의 방치와 결합되어, 로버트 테일러 주택단지의 수천 가구들은 살아남기 위해 몸부림치지 않을 수 없었다. 그것은 가난한 사람들이 사실상 주류 사회에서 분리된 채 힘겨운 삶을 살아가야 하는 '최하층' 도시 거주 지역의 축도였다.

하지만 놀랍게도 미국 도심 지역에 관한 보고는 거의 없었다. 갱단이 어떻게 그런 문어발식 사업체를 관리하는지, 또는 로버트 테일러 같은 거주 지역이 어떻게 이들 무법적 자본주의에 대처하고 있는지에 대한 보고는 더더욱 없었다. 운 좋게 제이티를 만나, 그를 따라다닐 수 있었던 덕분에 나는 이 세계의 문턱에 발을 디딜 수 있었다. 어쩌면 학술 연구자들은 아니어도 일반 시민들의 이해를 실제로 바꾸어놓을 수 있을지도 몰랐다.

윌슨 교수가 제이티에게 관심을 가지면 좋을 것 같았다. 하지만 어떻게 해야 할지 몰랐다. 나는 이미 윌슨 교수의 연구 프로젝트를 위해 일하고 있긴 했지만, 이것은 규모가 크고 한번에 수천 명에게 질문하는 조사에 근거한 연구였다. 윌슨 교수의 연구 팀에는 사회학자, 경제학자, 심리학자, 그리고 10여 명의 대학원생들이 포함되어 있었다. 이 대학원생들은 컴퓨터에 들러붙어 앉아서 빈곤의 원인을 밝혀줄, 조사 자료에 숨겨진 어떤 유형을 찾아내려고만 애썼다.

빈민가의 갱 단원들은 말할 것도 없고 그 지역 사람들과 이야기를 나누며 다각적으로 검토하는 사람은 아무도 없었다. 제이티의 삶 속으로 들어가는 것이 사회학이라는 학문 분야의 역사만큼이나 오래된 사회학의 연구 방식임을 알고 있었지만, 그런데도 여전히 내가 전례 없는 방식으로 건달의 행동에 접근하고 있다는 느낌이 들었다.

제이티와 어울려 다니는 동안, 나는 윌슨 교수나 다른 사람들에게 나의 현장 답사 연구 중 극히 일부분에 대해서만 이야기했다. 나중에 제이티와 관련된 구체적인 연구 주제를 찾을 수 있을 것이고, 그때 잘 다듬어진 생각들을 가지고 윌슨 교수와 이야기를 나눌 수 있으리라 생각했다.

## 갱단 보스의 어머니

늦은 봄, 커클리를 만난 지 몇 주 후에 제이티가 마침내 나를 로버트 테일러로 불러냈다. 제이티는 자기 어머니의 아파트로 이사했다. 그 주택단지 북쪽 끝에 있는 방 네 개짜리 집이었다. 제이티는 대개 다른 동네, 즉 여러 애인들을 위해 임대한 아파트들 중 하나에서 지냈다. 하지만 지금은 갱단이 새 구역으로 옮겨 와 확실히 자리 잡을 때까지는 자신이 항상 로버트 테일러에 있어야 한다고 했다. 그는 내게, 55번가 아래 하이드 파크에서 스테이트가까지 버스를 타고 오면 그곳 버스 정류장으로 갱 단원을 몇 명 보내겠다고 했다. 나 혼자 걸어가기에는 안전하지 않다는 것이었다.

제이티의 행동대원 셋이 나를 구식 커프리스Caprice에 태웠다. 그들은 나이가 어리고 무뚝뚝했으며 입을 꾹 다물고 있었다. 갱단 내에서 서열이 낮은 그들은 주로 제이티의 심부름을 다니면서 시간을 보냈다. 한번은 내가 자신의 전기傳記를 쓴다는 데 흥분해, 얼근하게 취한 제이티가 자기 갱단 부하 하나를 내 개인 운전기사로 쓰라며 선심을 쓴 적도 있었다. 하지만 나는 거절했다.

우리는 죽 늘어선 로버트 테일러의 고층 건물들을 지나 스테이트가를 차로 달리다가, 주택단지 한복판에 있는 작은 공원에 멈춰 섰다. 시원한 호수 바람이 불어오는, 햇빛 화사한 봄날이었다. 한여름 폭염이 시작되면 호수 바람은 사라질 것이다. 다양한 연령대로 이루어진 50여 명의 사람들이 야외에서 파티를 하고 있었다. 소풍용 탁자에는 '칼라의 생일을 축하합니다'라고 적힌 색색의 풍선들이 매여 있었다. 제이티는 놀거나 음식을 먹으면서 즐겁게 떠드는 많은 아이들을 둔 가족들에게 둘러싸인 채 한 탁자 앞에 앉아 있었다.

"이게 누구야!" 제이티가 소리쳤다. "교수님이시군. 귀환을 환영해."

제이티는 바비큐 양념으로 손이 끈적거려 고개만 끄덕였다. 그러고 나서 탁자에 있는 모든 사람에게 나를 소개했다. 나는 미시라는 이름으로 알고 있는 제이티의 애인과, 두 사람 사이에 난 어린 아들 재멜에게 인사했다.

"이 젊은이가 네가 얘기하던 그 젊은이냐?" 한 나이든 여자가 내 어깨에 팔을 얹으며 물었다.

"예, 엄마." 제이티가 음식을 우물거리며 대답했다. 제이티의 목소리는 어린 소년처럼 고분고분했다.

"교수님, 난 제이티 엄마예요."

"다들 메이 부인이라고 하지." 제이티가 말했다.

"그래요." 메이 부인이 말했다. "그쪽도 그렇게 불러도 좋아요." 메이 부인이 나를 이끌고 다른 탁자로 가서 커다란 접시에 음식을 챙겨주었다. 내가 고기를 먹지 않는다고 하자 스파게티, 맥 앤드 치즈, 야채, 옥수수빵을 담아주었다.

아이들이 뛰노는 동안 우리는 별 하는 일 없이 몇 시간을 앉아 있었다. 나는 주로 제이티의 어머니와 이야기를 나누었다. 우리는 곧 죽이 맞았다. 나의 관심사를 안 메이 부인은 공영 주택단지에서 가정을 꾸리는 일의 어려움을 토로했다. 부인은 바비큐 파티에 있는 다른 사람들을 가리키며 그들에 대해 얘기해주었다.

생일을 맞은 칼라는 이제 갓 돌이 된 여자 아이였다. 칼라의 부모는 둘 다 마약 판매 죄로 감옥에 들어가 있었다. 메이 부인이 살고 있는 건물의 어른들은 자신들이 이 아이를 키우기로 결정했다. 그러려면 칼라를 위탁 가정으로 보내려는 아동 복지부로부터 아이를 숨겨야 했다. 사회사업가들이 기웃거리는 낌새가 보일 때마다 아이를 이 아파트 저 아파트로 옮겼다. 메이 부인은 왜 10대 소녀들이 일찍 아이를 가져서는 안 되는지, 폭력에 휘말리게 된 아이들의 비극과 교육의 가치, 그리고 자신이 고집을 부려 제이티를 대학에 다니게 했던 일 등을 이야기했다.

그때 제이티가 다가와 블랙 킹스가 주최하는, 그날 오후 늦게 열릴 큰 파티에 대해 이야기했다. 사우스사이드 농구 선수권 대회에서 제이티의 갱단이 승리를 거두어 모두가 축하를 나눌 예정이었다. 제이티와 나는 그의 구역 내 건물을 향해 걸어갔다. 다시 나는 아주 많은 것들이 궁금해졌다. 제이티의 어머니는 아들이 선택한 삶을 어떻게 생각할까? 메이 부인은 얼마나 알고 있을까? 로버트 테일러 주민들은 제이티의 갱단을 어떻게 바라보고 있을까?

나는 직설적으로 묻는 대신 에둘러 말했다.

"왜 사람들이 모두 다 오늘 밤, 네 파티에 오는 거지? 그건 갱단 선수권 쟁탈전이라고 했던 것 같은데."

"봐, 여기 건물들은 각각이 하나의 조직이야." 제이티가 말했다.

갱 단원들은 때로 '조직'이라는 말로 자신의 갱단을 지칭했다. 다른 말로는 '파'와 '패밀리'가 있었다.

"우리는 서로 싸움질만 하는 게 아니야. 농구 선수권 대회, 소프트볼 선수권 대회, 카드놀이 같은 걸 하기도 하지. 우리 조직원들이 선수로 뛸 때도 있지만 주택단지에 사는 주민들 중에서 잘하는 사람을 찾기도 하지. 위스콘신 팀에서 뛰었던, 우리가 대릴이라 부르곤 하는 친구처럼 말이야. 그치는 우리 조직원이 아니야. 그러니까 이건 이 주택단지의 일인 셈이지."

"그러면 네 구역의 건물에 사는 사람들은 정말로 널 지지한다는 거야?" 나는 갱 단원이 아닌 사람들이 블랙 킹스를 어떻게 보는지 더 이해하기가 힘들었다.

"그래! 이상하게 생각될 거야. 하지만 모든 사람들이 우리를 미워하는 건 아니야. 이걸 알아야 해, 이건 지역 사회의 일이라는 거."

사실 제이티의 말은 그냥 하는 소리가 아니었다. 파티는 세 건물에 둘러싸인 안마당에서 열렸는데 수백 명의 사람들이 나와서 음식을 먹고 맥주를 마시면서 디제이의 음악을 들었다. 모든 비용은 블랙 킹스가 부담했다.

나는 제이티의 자동차 보닛 위에 앉아 그곳에서 일어나는 온갖 일들을 살피며 그의 옆에 있었다. 젊은 흑인 남자들이 무장한 부하들과 애인들을 거느린 채 고급 스포츠카를 타고 왔다. 그들은 모두 제이티에게 인사를 건네며 선수권 쟁탈전에서의 승리를 축하했다.

경기에서 진 갱단 보스들이 축하차 들르는 게 관례라고 제이티가 귀띔해주었다. "우리를 노리고 있는 자들은 우리 근처엔 얼씬도 않지." 제이티가 말했다. "하지만 싸우지 않고 그냥 경쟁 관계에 있는 조직들도 있어." 다양한 갱단의 고위 지도층들은 흔히 사업을 함께하기 때문에

10대 갱 단원들, 즉 '꼬마들'과 달리 서로 평화롭게 지내는 경향이 있다고 했다. "대개 고등학교 때나, 혹은 파티에서나 서로 치고받는 법이지."

제이티는 파티에 들른 많은 사람들에게 나를 소개하지 않았다. 나는 앉은 자리에서 떠나는 게 마음이 편치 않았다. 맥주 때문에 졸리기 시작할 때까지 그저 앉아서 지켜만 보았다. 해 질 무렵, 파티 분위기도 차츰 가라앉고 있었다. 그러자 제이티는 그의 '꼬마들' 중 하나에게 나를 다시 내 아파트로 데려다주게 했다.

### 우리는 한 공동체에서 살고 있어

제이티 구역의 건물을 들락거리기 시작한 지 한 달쯤 뒤, 나는 버스 정류장에서부터 호위할 필요는 없다고 제이티를 설득했다. 날씨가 좋으면 걸어가기도 했다. 그러면서 로버트 테일러 주변 동네를 살펴볼 수 있었다. 그들은 모두 가난했다. 여기저기 황폐해진 집과 버려진 공터가 있기는 해도 전혀 위험하지 않았다.

나는 로버트 테일러에 가까이 갈수록 항상 불안했다. 제이티가 없어서 그를 만날 수 없는 경우에는 더욱 그러했다. 그런데 이제 입구 바깥에 배치된 갱 단원들이 나를 알아보았다. 그들은 나를 유심히 살피는 대신(이들은 구급차 운전사나 전기공일지라도 낯선 사람이면 유심히 살폈다), 10층에 있는 메이 부인의 아파트로 올라가게 해주었다. 메이 부인은 내게 음식을 한 접시 안겨주었고 식사를 마치고 나서 우리는 앉아서 이야기를 나누었다.

제이티를 기다리는 동안, 메이 부인이 분명히 나를 즐겁게 해주리라는 것을 나는 알고 있었다. 다른 사람에게 음식을 나눠줄 만큼 부인의 형편이 여유로워 보이지는 않았다. 언젠가 메이 부인에게 음식 값으로 얼마를 주려고 했다. "젊은이, 다신 그러지 마우." 메이 부인은 내 쪽으로 지폐를 도로 밀어내며 꾸짖었다. "자네, 우리 얘기 좀 들어보게. 우리가 가난할지 몰라도 여기 오면 우리를 불쌍히 여기지 말게. 우리를 더 관대하게 봐주지 말란 소리네. 그리고 우리에게, 자네가 자네 자신에게 적용하는 것보다 더 낮은 기준을 적용하지 말게나."

메이 부인은 50대 후반의 몸집이 큰 여성으로, 교회에 가지 않을 때에는 항상 앞치마를 두르고 있었다. 언제나 집안일을 하고 있는 것처럼 보였다. 오늘 두른 앞치마는 '메이 부인'과 '신의 가호가 있기를'이라는 글자가 찍힌, 노란색과 분홍색의 꽃무늬가 있는 것이었다. 두꺼운 안경을 쓴 메이 부인의 얼굴은 따뜻하고 사람 마음을 잡아끌었다.

"난 옷 보따리를 싸들고 이곳으로 왔지." 메이 부인이 말했다. "아칸소였어. 우리 엄마가 나더러 더 이상 내려갈 데 없는 밑바닥 인생이라고 하지 뭔가. 엄마가 그랬어. '시카고에 있는 너희 아주머니한테나 가봐. 사내놈이랑 일을 구해. 그리고 다신 돌아오지 마.' 난 그 말대로 했지. 시카고에서 애들 여섯을 키웠어. 절대 뒤를 돌아보지 않았지."

메이 부인이 이야기를 하는 동안 나는 앉아서 음식을 먹었다. 내 접시에 수북이 담긴 음식만큼이나 메이 부인의 이야기도 놓치지 않으려고 애쓰면서.

"우린 한 공동체에서 살고 있어. 주택단지가 아니라, 알겠나? 난 주택단지라는 말이 딱 질색이네. 때로 우리는 도움이 필요하지만, 안 그런 사람이 누가 있겠나? 이 건물에 사는 모든 사람들이 자기가 할 수 있는 만큼 돕고 있네. 내가 자네에게 그러는 것처럼 우리는 음식을 나누어 먹지. 자네가 우리 아들의 삶에 대해 글을 쓰고 있다고? 아들이 그러더군. 이 공동체에 대해, 무엇보다 우리가 어떻게 서로 돕고 있는지에 대해 쓸 수 있을 거야. 만약 내가 자네 집에 가면 자네는 내게 음식을 나눠줄 테지. 내가 배고파하면 날 위해 음식을 만들어줄 거야. 하지만 이곳에 있을 땐 자네는 내 집과 내 공동체 안에 있는 거야. 그러니 당연히 우린 자넬 돌볼 거고."

메이 부인의 이야기에 나는 마음이 휘뚝거렸다. 부인의 온정과 공동체 개념은 확실히 내가 로버트 테일러에 대해 책에서 읽은 내용과는 한참 거리가 멀었다. 메이 부인은 학문적 질문에 답을 하는 것이 아닌, 아이에게 삶을 가르치듯 이야기했다. 실제로 이곳 가족들과 지내는 동안 나는 점점 내가 학술 연구자라는 생각을 잊게 되었다. 나란 인간에 대해 전혀 알지도 못하면서 나를 자신들의 세계로 받아들여준 그들의 열린 마음에 나는 감사했다. 아마도 그들은 자기 아이들에게 줄 음식을 내게 주었을 것이다.

시카고 대학에서, 연구 대상인 인물들에게 이렇듯 강한 정서적 유대감을 느끼게 되는 경우에 대비하도록 가르쳐준 학자는 아무도 없었다. 내가 읽은 민족지학 연구서들 중 어떤 것도 연구자가 현장 답사할 때 맺게 되는 관계들에 대해, 그들을 다루는 방법에 대해 그다지 많은 지침을 제공하지 못했다.

그 책들은 인터뷰할 때 질문하고 반응하는 올바른 방법은 다루고 있지만 연구자가 만나 어울리게 될 사람들과의 관계를 다루는 방법에 대해서는 거의 말해주는 바가 없었다. 마침 나는 인류학자 진 코마로프 Jean Comaroff를 만났다. 그는 나에게 연구 대상 인물에게 개인적으로 관심을 갖게 되는 경우의 이점과 위험성을 알려주었다. 하지만 그것은 아직 몇 년 후의 일이었다.

또한 메이 부인이 말하는 '공동체'는 내가 자란 환경에서 볼 때는 익숙하지 않았다. 내가 자란 교외의 인근 거리에 사는 사람들 가운데 내가 이름을 댈 만한 이는 몇 명 되지 않았다. 그리고 거기에서는 분명 서로 무언가를 빌리거나 어떤 활동을 함께 계획하는 일이 없었다. 나는 문득, 어느 날 내 아파트로 찾아와, 내가 유일하게 요리할 줄 아는 음식인 담백한 파스타와 찐 야채를 먹는 메이 부인을 상상했다.

우리는 계속해서 이야기를 나누었다. 나는 메이 부인이 소작인의 딸로 태어나, 20년 동안 보모와 가정부로 일했으며, 제이티의 아버지이자 부인의 남편이 심장병으로 사망하자 공영 주택단지로 이사 와야 했다는 사실을 알게 되었다. 부인의 남편은 시카고 시 교통부에서 일하던, 조용하고 태평스러운 남자였다. 로버트 테일러로 이사 온 것은 가족을 건사하기 위한 최후의 선택이었다고 메이 부인은 말했다.

마침내 제이티가 들어왔다. 제이티는 나를 보고는 웃음을 터뜨렸다. "또 먹어? 오로지 먹으려고 여기에 오는 것 같구나!"

메이 부인이 아들에게 입 다물고 내게 맛있는 감자 파이나 더 가져다 주라고 했다.

"자, 교수님, 그만 드시지." 제이티가 말했다. "건물을 둘러보자구."

### 무단 입주자들

제이티는 세 군데 건물(스테이트가에 하나, 페더럴가에 둘)을 완전히 장악했고, 일주일에 한 번씩 이 건물들을 둘러보았다. "주인은 시카고 주택공사지만, 사람들이 하지 말라는 것과 하라는 것을 제대로 지키고 있는지 우리가 또 확인하지." 함께 걸으면서 제이티가 말했다. "못된 짓 하는 놈들이 이곳에서 시끄럽게 굴게 놔둘 순 없어. 그러면 경찰이 몰려오고 고객들 발길이 끊어져 돈을 못 벌게 되거든. 간단해."

페더럴가 2315번지에 있는, 자기 구역의 한 건물 로비로 들어서자 제이티는 행동대원 몇 명을 급히 잡아채며 따라오라고 했다. 8월의 열기에 로비의 콘크리트 벽에는 물방울이 맺혀 있었다. 벽은 손으로 만지면 시원했지만 근처에 서성대는 모든 사람들처럼 축축했다.

"항상 계단통부터 시작해." 제이티가 말했다. 양옆으로 둘, 승강기 옆 중앙으로 올라가는 통로 하나 해서, 건물마다 세 개의 계단통이 있었다. "그리고 보통, 만약을 위해서 부하들을 데리고 다니지." 제이티는 내가 '만약을 위해서'라는 말의 의미를 알지 않냐는 듯 눈을 찡긋했다. 그 '만약'이 무슨 뜻인지 몰랐지만 나는 입을 다물었다. 번쩍거리는 싸구려 목걸이에다 헐렁한 운동복을 입은 고등학생인 갱 단원들은 다섯 발짝 정도 뒤에서 조용히 따라왔다.

계단을 오르기 시작했다. 평일 아침 11시였지만 계단통과 층계참은 벌써부터 술을 마시고 담배를 피우고 어슬렁거리는 사람들로 득실거렸다. 계단통은 불빛이 희미하고 환기가 안 되어 지독한 냄새가 났다. 어떻게 생겨난 것인지 모르는 게 나을 법한 작은 웅덩이들이 여기저기 눈에 띄었다. 계단은 위험했다. 금속 발판이 여럿 헐거워져 있거나 유실되어 있었다. 이 사람들은 모두 누굴까? 지나쳐온 모든 사람들이 제이티를 잘 아는 것 같았고, 제이티는 그들 각자에게 뭐라고 한마디씩 건네거나 고개를 끄덕였다.

5층에서 웃으면서 이야기를 나누고 있는 나이든 남자 세 명과 맞닥뜨렸다.

제이티가 그들을 훑어보았다. "당신네들 모두 11층에서 지내고 있지?"

"아니야." 그들 가운데 하나가 쳐다보지도 않고 말했다. "1206호로 옮겼어."

"뭐라고, 1206호로? 누구 허락을 받고?" 아무도 대답하지 않았다. "1206호에서 지내고 있다면 돈을 내야지. 당신들은 1102호에 머물도록 되어 있잖아, 안 그래?"

제이티의 질책에 움찔한 남자들은 고개를 숙인 채 들고 있던 맥주 깡통을 흔들어댔다.

제이티는 행동대원 하나를 큰 소리로 불렀다. "크리피! 이 자들을 티본에게 넘겨." 티본은 제이티의 절친한 친구이자 고참 갱 단원이었다.

다시 계단을 오르기 시작했을 때 제이티에게 어찌된 일이냐고 물었다.

"무단 입주자들이야. 여기 사는 많은 사람들이 임차권을 갖고 있지 않아. 바깥이 추워서 다들 계단에서 지내지. 단지 안전한 곳이 필요해서 그럴 때도 있고. 아마도 경찰한테 쫓기거나 누군가에게 빚을 졌을 거야. 우리는 그 사람들을 보호해줘. 때로는 감당 못 하는 경우도 있지만 대부분 사람들은 아주 얌전해. 어쨌든 그들은 여기서 지내지."

"갱단이 무단 입주자들을 보호해준다고?"

"응, 그들이 여기에 있어도 아무도 간섭 안 해. 장담해. 그렇다고 200

만 명을 데리고 있을 수야 없잖아? 그래서 행적을 파악해야 해. 대신에 그들은 우리에게 대가를 지불하지."

계속 계단을 올라가면서 우리는 가끔 파란색 주민 순찰대 윗도리를 입은 나이든 여자들을 지나쳤다. 각 건물에는 이런 여자들이 대략 12명 정도 있었다. "저 여자들은 노인네들이 잘 지내는지 확인하고 때로는 우리가 그 여자들을 돕기도 하지." 13층 정도에서, 맨바닥에서 몸부림치고 있는 한 남자를 향해 몸을 수그리고 있는 주민 순찰대를 보고 제이티가 걸음을 멈추었다.

"이즐리 부인, 안녕하세요?" 제이티가 말했다. 남자는 막 잠에서 깨어난 것 같았다. 토사물 냄새가 훅 끼쳤으며 몹시 괴로워 보였다. 소각실 바로 앞에 누워 있어서 쓰레기 냄새가 지독했다.

"쓰러졌어." 이즐리 부인이 제이티에게 말했다. "누가 자기에게 질 안 좋은 물건을 팔았다나 봐."

"음." 제이티는 못마땅한 표정을 지었다. "이런 작자들은 뭔가 잘못되면 죄다 그렇게 말하죠. 항상 우리 탓을 해요."

"자네 부하더러 이 남자를 병원에 데려가게 할 수는 없나?"

"빌어먹을! 이자는 오늘 밤에 또 올 거예요. 그리고 매번 똑같은 짓을 반복하겠죠."

"그래, 하지만 그냥 여기에다 내버려둘 수는 없잖아."

제이티는 손을 흔들어, 뒤에 남아서 우리를 따라오던 행동대원인 배리를 불렀다. "몇 명이서 이자를 제50으로 데려가." 배리는 지시받은 일에 착수했다. '제50'은 50번가에 있는 로버트 테일러 진료소를 이르는 말이었다.

"좋아요, 이즐리 부인. 하지만 내일 또 이자가 여기서 눈에 띄거나 허튼소리를 지껄여대면 크리피가 반은 죽여놓을 거예요." 제이티가 웃으면서 말했다.

"응, 알았네." 이즐리 부인이 말했다. "잠시 할 얘기가 있어." 두 사람은 잠시 걸었다. 제이티가 지폐 몇 장을 꺼내어 이즐리 부인에게 건네주는 게 보였다. 이즐리 부인은 빙그레 웃으며 내 쪽으로 되돌아오더니 계단통을 내려갔다. "고마워." 이즐리 부인이 제이티에게 소리쳤다. "애들이 아주 좋아할 거야!"

나는 제이티를 따라 주택단지 건물의 바깥쪽으로 나 있는 '감방복도'로 갔다. 이 복도는 아파트로 들어가는 통로였지만 바닥에서 천장까지 철책으로 둘러져 있어, 안이 훤히 들여다보이는 옥외 복도였다. '감방복도'라는 별칭은 창살로 입소자들을 가두어놓는 복도식 감방과 비슷해서 붙여진 거라고 한다. 제이티와 나는 철책에 기대어 사우스사이드의 전경全景과 그 너머 미시건 호를 내려다보았다.

나는 잠자코 있었지만 제이티가 먼저 방금 본 장면에 대해 말을 꺼냈다. "코카인 중독자들이야. 그치들은 가끔씩 코카인, 헤로인, 알코올, 약을 마구 섞어 먹어. 그래서 아침이면 눈을 똑바로 뜨지를 못하지. 주민 순찰대가 그들을 돌봐주고 있어."

"왜 구급차를 안 불러?" 내가 물었다.

제이티가 의심스러운 눈길로 나를 쳐다보았다. "농담하는 거야? 그놈들은 우리가 불러도 거의 안 오거나, 오더라도 한 시간은 족히 걸린다구!"

"그래서 네 부하들이 그 사람들을 병원으로 데려가는 거야?"

"내 부하들이 그 작자들 뒤치다꺼리 하는 건 싫지만 이따금 그들이 딱하기도 해. 어쨌든 그건 크리피가 결정할 문제야. 크리피가 계단통을 관리하거든. 그 문제는 대개 크리피의 뜻에 달려 있어. 이번에만 내가 이즐리 부인의 청을 들어준 거지."

이 건물에서 계단통은 공적 영역이었다. 갱단은 이곳에 무단 입주자들이 모여드는 것을 묵인했다. 어쩔 수 없이 이곳은 마약쟁이와 뜨내기들의 소굴이 되었다. 제이티의 행동대원들이 교대로, 이곳에서 싸움이 벌어지지 않도록 관리했다. "기분 좋은 일은 아냐." 제이티가 웃으면서 말했다. "하지만 그걸 통해 내 부하들은 저런 치들을 다루는 방법을 배우고 저런 치들에게 모질어지게 되지."

제이티는 건물에서 지내는 무단 입주자들에게 많은 세貰를 요구하지 않았고 그 대부분을 행동대원들이 가져가게 했다. 이 자릿세가, 행동대원들이 돈을 벌 수 있는 몇 안 되는 수단이었기 때문이다. 이들은 갱단 내에서도 말단이어서 아직 마약을 팔 자격조차 없었다.

제이티 입장에서는, 행동대원들에게 계단통의 치안을 유지하게 하는 데는 또 다른 중요한 목적이 있었다. 이를 통해 어린 갱 단원들 가운데 누구를 승진시킬지 고를 수 있었다. 그런 이유로 제이티는 크리피 같은 친구들한테 이런 일을 처리하게 했다. "크리피는 그치를 병원으로 데려가거나 아니면 건물 밖으로 끌어내거나 할 수 있어. 그건 크리피가 결정할 몫이야. 난 간섭 안 해. 크리피가 멍청한 짓을 해서 경찰이 오거나 이즐리 부인을 화나게 하지 않는 이상."

그제야 나는 예전에 계단통에서 제이티의 행동대원들과 마주쳐 밤새도록 붙들려 있었던 그날 밤, 제이티가 왜 그렇게 행동했는지 알 수 있었다. 제이티는 부하들이 낯선 자를 어떻게 다루는지 보고 싶었던 것이다. 부하들이 침착한가? 질문을 제대로 할 줄 아는가? 또는 주도권을 장악하지 못한 채 주민과 경찰의 주의를 끌 만한 일을 하지는 않는가?

"이즐리 부인하고는 어떻게 된 거야?"

"돈 준 거 말이야? 그게 알고 싶어?"

나는 고개를 끄덕였다. 에둘러 물어본 것을 제이티가 꿰뚫어보는 바람에 좀 당황스러웠다.

"주민 순찰대는 아이들을 위해 방과 후 모임을 운영하고 학용품을 사다주지. 난 순찰대에게 돈을 대주고. 그래서 그들이 우리에게 뭐라고 못 하는 거야."

제이티가 갱단을 못마땅하게 여기는 주민들을 다루는 방법을 언급한 것은 이번이 처음이었다. 나는 이즐리 부인이 혹시 어떤 부분에서 갱단을 불만스러워하지는 않냐고 물어보았다.

"우리를 좋아하지 않는다고는 말할 수 없어. 이즐리 부인은 다만 아이들이 다치지 않고 다닐 수 있기를 바랄 뿐이야. 또한 여자들이 안전하게 지낼 수 있기를 바라지. 많은 코카인 중독자들이 가끔 그 짓을 하고 싶어 해서 여자들을 덮칠 때가 있거든. 밤이 되면 이곳은 난장판이 돼. 그래서 우리는 평온을 유지하려고 하지. 대충 그래. 우리는 여기 사람들을 돕고 평화를 유지할 뿐이야."

"너희가 문제를 일으키는 사람들을 처리해주면 이즐리 부인도 너희가 원하는 걸 하게 놔두는 거구나? 오는 게 있으면 가는 것도 있다? 그런데 너희가 이즐리 부인을 화나게 하는 일은 없어?"

"우리는 평화를 유지시킬 뿐이야. 그게 다야." 제이티는 중얼거리며 자리를 떴다.

제이티는 이따금 이렇게 모호하게 말했고, 나는 이를 캐묻는 것을 그만두어야 하는 신호로 받아들였다. 가끔 제이티는 자신의 생활과 사업에 대해 툭 터놓고 이야기하기도 했지만 또 어떤 때는 에두르거나 대답을 흐리기도 했다. 제이티와 어울려 다니려면 이런 점을 알아두어야 했다.

우리는 아파트 꼭대기인 16층까지 올라갔다. 현관문이 없는 아파트에 이를 때까지 나는 제이티를 뒤따라 갔다. 제이티는 행동대원이 밖에서 보초를 서기 위해 우리와 동행했다고 말했다. 어린 행동대원이 공손히 고개를 끄덕였다.

제이티를 따라 안으로 들어가자, 토사물과 오줌, 태운 코카인의 독한 냄새가 한꺼번에 밀려왔다. 어두워서 앞이 잘 보이지 않았다. 여기저기 매트리스가 흩어져 있었다. 일부 매트리스에는 널브러진 사람 몸과, 더미로 쌓인 불결한 옷가지와 즉석음식 포장지들이 널려 있었다. 벽에 난 구멍은 쥐들이 들어오지 못하게 넝마로 메워져 있었다.

"수디르, 이리 와!" 제이티가 소리쳤다. 나는 아파트 안쪽에서 흘러나오는 흐릿한 불빛을 따라갔다. "이거 봐봐." 제이티는 줄줄이 늘어선, 오래되어 낡은 냉장고들을 가리켰다. "무단 입주자들이 음식을 보관해 두는 곳이지." 각 냉장고에는 묵직한 쇠사슬과 맹꽁이자물쇠가 둘러져 있었다.

"냉장고는 어디서 얻었어?"

"주택공사에서지!" 제이티가 웃으면서 말했다. "시카고 주택공사 책임자들은 냉장고를 수거해서 수리해주는 대신 몇 달러에 무단 입주자들에게 팔아버려. 모두가 다 그 사실을 알고 있지. 이것이 이 주택단지에 제이티는 이 아파트가 무단 입주자들이 '정해놓고' 지내는 곳이라고 설명해주었다. 이곳에서 잠자는 무단 입주자들은 갱단에게 자릿세를 내고 음식과 옷가지들을 보관할 수 있도록 허락받았다. 10명이 한 아파트에서 지냈다. 20년 넘게 이 지역에서 살아온 시노트라는 무단 입주자가 그 사람들의 우두머리였다. 숙소를 얻고자 하는 다른 무단 입주자들을 선별하고 그들이 음식과 거처를 구할 수 있도록 돕는 한편, 제이티가 내린 모든 결정에 따르도록 하는 것이 시노트의 일이었다. "우린 시노트가 세를 잘 내고 우리가 시키는 대로 하는 한, 그 사람들 내부의 일은 시노트에게 맡겨."

이 건물에는 무단 입주자들이 부정기적으로 이용하는 또 다른 아파트가 있었다. "우리는 기본적으로 매춘부들과 코카인 중독자들이 사용할 수 있는 아파트들을 많이 마련해두었어. 그 작자들은 약에 취해 몇 날 밤을 보내고는 떠나지. 결국 여기서 문제를 일으키는 건 그치들이야. 그러면 경찰이 쫓아오고, 그래서 우리는 그 작자들을 잘 단속해야 해."

나는 무단 입주자들이 정해놓고 지내는 아파트 밖 감방복도 바닥에 앉아서 마침내 신선한 공기를 들이켤 수 있었다. 새로 알게 된 정보들이 묵직하게 내 머리를 짓눌러왔다. 나는 제이티에게 좀 쉬어야겠다고 말했다. 제이티는 이해한다는 듯 싱긋 웃고는 혼자 나머지 두 건물을 둘러보겠다고 했다. 이런 기회가 다시없을지 몰라 얼른 따라나서려고 하자 제이티는 이런 내 초조감을 읽었는지 이렇게 말했다. "걱정 마셔, 교수님. 난 매주 이렇게 둘러보니까."

"그래, 맞아. 난 녹초가 돼버렸어. 너희 집에서 다시 만나. 이 일에 대해 네가 알아야 할 한 가지야."

해 적어두러 가야겠어."

말을 내뱉은 순간, 나는 아차! 하고 간담이 서늘해졌다. 실은 우리가 나눈 대화를 모두 기록하고 있다는 사실을 제이티에게 말하지 않았던 것이다. 나는 항상 제이티와 헤어지기를 기다렸다가 그날 있었던 일을 기록했다. 불법 행위를 포함해, 내가 자신과 함께 보고 이야기 나눈 것들을 떠올리고서 제이티가 더 이상 나를 데리고 다니지 않으면 어쩌나 두려워졌다.

하지만 제이티는 눈도 깜박이지 않았다.

"이봐, 꼬마! 수디르를 엄마 집으로 데려다줘." 제이티가 무단 입주자들이 정해놓고 지내는 아파트 밖에서 망보고 있던 어린 친구에게 일렀다. "난 한 시간 안에 갈게."

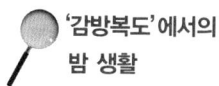
## '감방복도'에서의 밤 생활

나는 16층 계단을 조용히 걸어 내려와 메이 부인의 아파트가 있는 건물로 향했다. 로버트 테일러의 승강기들은 대중없이 작동했다. 굳이 승강기를 기다리는 사람들은 노인과 어린아이를 데리고 있는 엄마들뿐이었다. 메이 부인의 집으로 가는 길에 어린 행동대원이 나와 동행했지만 우리는 이야기를 나누지 않았다. 갱 단원들이 내게는 말을 걸지 않았기에 나도 그들에게 말을 걸지 않으려고 했다. 아마도 내게 말을 걸지 말도록 지시를 받은 모양이었다.

나는 메이 부인의 아파트에 있는 거실 탁자에 앉아 방금 있었던 일을 기록하면서 마무리를 짓고 있었다. 얼마 지나지 않아 이 아파트는 내가 휴식이 필요하거나 글을 쓰고 싶을 때마다 오는 장소가 되었다. 제이티의 가족들은 제이티가 바쁠 때 나 혼자 조용히 앉아 있거나 심지어 소파에서 졸고 있어도 아무렇지 않아했다.

이 아파트는 때로는 고요하고 때로는 분주했다. 그 무렵 제이티의 누이가 그랬던 것처럼, 제이티의 사촌과 그녀의 두 아이가 이 집에 머물고 있었다. 이 집에서 숙식하는 사람들은 꽤 유동적이었다. 이 주택단지에 있는 비교적 안정된 다른 많은 가정들이 그렇듯, 메이 부인의 아파트도 형편이 어려운 친척들이 하룻밤, 한 달, 또는 더 오래 머물다 가곤 하는 휴식처였다.

그들 가운데 일부는 실은 친척이 아니라 그저 머물 곳이 필요한 '부랑인'에 불과했다. 부랑인과 제이티의 친척을 구분하기란 쉽지 않았다. 제이티의 아저씨 몇 명이 갱단의 고위층임을 얼마 후 알게 되었다. 하지만 제이티에게 형제가 몇이나 되는지는 알지 못했다. 제이티가 가끔 '내 누이'나 '웨스트사이드에 있는 내 형제'에 대해 이야기하는 걸 듣긴 했지만 이들이 일가친척인지, 그저 가족의 친구일 뿐인지 알 도리가 없었다.

아무튼 그 사람들은 모두 내가 메이 부인의 집에 드나드는 것에 불만이 없는 것 같았다. 그리고 그 사람들 모두가 나 혼자서 동네를 돌아다니는 것을 제이티가 원치 않는다는 사실을 알게 되었다. 메이 부인이 켜놓은 기독교 라디오 방송을 배경으로 글을 쓰고 있을 때면 간혹 메이 부인이 말없이 내 앞에다 음식이 담긴 접시를 내려놓곤 했다.

이따금씩 제이티가 나를 넘겨다 보며 자신을 '잘생기게' 그렸냐며 농담을 건네기도 했지만 그를 포함해 가족 누구도 나에게 쓰고 있는 글을 보여달라고 한 적은 없었다. 제이티는 내가 자기 전기를 쓰고 있을 거라고 생각했다. 하지만 대체로 모든 사람들이 나의 사적 자유를 존중해주었고 내 일을 하게 내버려두었다.

얼마 후 메이 부인은 자신의 아파트의 한 귀퉁이를 치우고 내가 일부 옷가지와 책을 둘 수 있게 해주었다. 기록하는 일을 잠시 쉬는 동안에는 메이 부인이나 부인의 아파트에 사는 다른 사람들과 이야기를 나누곤 했다. 이 사람들은 모두 특정 질문에 대답하기를 망설이는 것 같았다. 나는 이미 이곳 주민들이 신문 기자들이나 사회사업가들과의 인터뷰를 얼마나 쑥스러워하고 기피하는지를 목격한 터였다.

하지만 자신들의 일상생활과 공동체의 기본적인 측면에 대해서는 언제나 주저함이 없었다. 워싱턴 파크의 올드타임 할아버지나 그 친구들처럼, 이들은 자신의 가족사, 시카고 경찰, 시카고 주택공사와 시의 다른 기관, 그리고 주택단지에서의 생활에 대해 터놓고 이야기했다.

내가 수입을 물어보거나 누가 아파트에 불법 거주하고 있느냐 따위의 지나친 참견을 하지 않는 이상, 이들은 쉴 새 없이 얘깃거리를 쏟아냈다. 마찬가지로 중요한 것은, 나도 내 무지를 숨기지 말아야 한다는 사실이었다. 그것은 어렵지 않았다. 사실 나는 미국 도시의 경찰이나 인종에 대해 아는 바가 전혀 없었기 때문이다. 이런 기본적인 문제에 대한 내 무지 덕분에 이 사람들에게서 사랑받을 수 있었을 것이다.

제이티와 그의 구역 내 건물에 살고 있는 다른 사람들을 잠시나마 접하면서 나는 벌써부터 당황스러웠다. 이들이 보여주는 인정과, 내가 사회학 연구 문헌들에서 읽은 빈민에 대한 모욕적인 묘사 사이에는 큰 차이가 있었던 것이다. 이들은 대개 지각이나 신중함이라고는 거의 없는, 어수룩해서 이용해먹기 딱 좋은 불운한 사람들로 기술되었다.

메이 부인이 보여준 관용과 주민들이 내게 가르쳐준 자발성은 놀랍고도 감사했다. 이들의 너그러움에 조금이라도 보답할 길은 없을 듯했다. 만약 편견 없는 충실한 학문적 연구를 내놓는다면 이들의 생활 여건을 개선하는 사회 정책의 개혁으로 이어질 수 있으리라는 희망에서 나는 위안을 얻었다. 하지만 좀 더 직접적인 방식으로 이들에게 보답할 수 없을지 궁리했다. 나는 학자금 융자를 받아서 공부하고 있던 처지라, 내 선택의 폭은 한정되어 있었다.

제이티가 자기 구역의 건물을 둘러보러 갈 때 내가 자신과의 동행을 얼마나 즐거워하는지 알게 된 그는 나를 꼭 데리고 다녔다. 하지만 제이티에게는 이따금 나 없이 처리해야 할 다른 일들이 있었다. 그럴 때면 제이티는 나 혼자 건물들 사이를 돌아다니지 못하게 했다. 그래서 나는 대개 메이 부인의 아파트에서 지냈다. 언제나 보살핌이 필요한 어린애 취급을 받는 것 같아 살짝 불만스러웠지만 일찍이 내가 보아온 세계와는 전혀 다른 세계로 들어갈 수 있게 해주는 제이티에게 불평할 수가 없었다.

메이 부인은 집에 들른 모든 사람에게 나를 소개했다. 그들 눈에 비친 나는 그저 학생일 뿐이었고, 분명 약간 괴짜로 보였을 것이다. 그들은 제이티가 하는 소리를 듣고서, 가끔씩 농담 삼아 나를 '교수님'이라고 불렀다. 제이티의 몇몇 아주머니들과 사촌들도 이 건물에 살았는데 그들도 나를 따뜻하게 대해주었다. 그들은 음식을 나누어 먹고, 서로 심부름을 해주면서 돕고, 무더운 여름날이면 감방복도에서 함께 어울리는 등, 모두가 아주 가까워 보였다.

감방복도에서의 생활은 활기가 넘쳤다. 저녁이면 여러 가족이 의자나 우유 상자 같은 앉을 것을 내와서 통구이 석쇠를 걸곤 했다. 아마도 내가 채식주의자가 아니었더라면 좀 더 빨리 많은 친구들을 사귈 수 있었을 텐데.

어린아이들과 10대 소녀들은 내가 지나갈 때면 뒤로 묶은 내 머리채를 잡아당기기 좋아했다. 다른 사람들은 나를 향해 '간디'나 '홀리오', '아랍인'을 일제히 외쳐대기도 했다. 나는 여전히 그곳 생활을 관찰하는 데 매료되어 있었다.

나는 감방복도에 둘러쳐진 철책을 볼 때마다 불안했다. 난간을 향해 달려가는 아이를 보면 본능적으로 뛰어가 붙잡곤 했다. 한번은 한 어린 소년의 엄마가 그런 나를 보고 빙긋 웃으며 말했다. "염려 붙들어 매, 수디르." '옛날에' 아이들이 몇 명 감방복도에서 떨어져 죽자 시카고 주택공사가 안전한 철책을 설치했다는 것이다. 하지만 애초에 바람이 거센 시카고에 옥외 복도를 만든 게 잘못이었다.

저녁 식사 후 부모들은 아이들을 집 안으로 들여보내고 탁자와 의자, 카드와 포커 점수패, 음식과 술을 내왔다. 감방복도는 흥겨운 무도장과 도박장으로 바뀌었다.

나는 감방복도에서의 밤 생활을 좋아했다. 밤이 되면 기분이 좋아진 주민들은, 코카인에 너무 취해 있거나 돈벌이에 바쁘지 않는 한 흔쾌히 자신들의 생활에 대해 들려주었다. 나는 사람들이 코카인에 취했는지 아닌지를 점차 판별할 수 있게 되었다. 코카인에 취한 이들은 마치 만취한 사람처럼 약간 비틀거렸으나 머리가 뒤로 젖혀져 눈이 치켜떠진 채

꿈꾸는 듯하면서 동시에 사악해 보였다.

주민들이 얼마나 코카인을 사용하는지 파악하기는 어려웠다. 많은 사람들이 그들을 '록스타'■나 '애용자' 또는 '중독자'로 부르면서 넌지시 누구누구는 코카인을 피우지만 자신은 절대로 피우지 않는다고 말했다. 제이티의 어머니 같은 몇몇 나이 지긋한 여인들을 제외하고는 대체로 모든 사람이 한두 번씩은 코카인을 흡입한 혐의가 있었다.

이 주택단지에서 코카인 흡입은 내가 자란 교외 지역에서 술을 마시는 것만큼이나 흔한 일이었다. 그래도 만성 중독자는 적었고 대부분 일주일에 며칠, 필요에 따라 소량의 코카인만 흡입했다. 코카인을 흡입하는 로버트 테일러의 많은 사람들은 가족을 돌보고 열심히 자기 일을 했다. 하지만 10, 20달러만 모여도 어느새 코카인에 취했다. 시간이 흐르면서 만성 중독자는 전체 주민의 약 15퍼센트, 간헐적으로 코카인을 이용하는 사람은 약 25퍼센트로 파악되었다.

클래리스는 감방복도에서 알게 된, 만성 중독자에 속하는 사람이었다. 30대 중반임에도 퍽 나이가 들어 보였으며 수척하고 멍든 살갗이 안쓰러웠다. 하지만 나는 언제든 웃을 준비가 된 아름답고 인정 넘치는 한 여인을 보았다. 클래리스는 이 건물에서 매춘부, 좀 더 완곡한 표현을 쓰자면 '꾼'■■으로 일했는데 자칭 '남자 킬러'였다. 클래리스의 말에 따르면, "내 사랑이 남자들을 완전 죽여놓기" 때문이었다. 클래리스는 감방복도에서 제이티네 가족과 어울리곤 했다. 그 광경을 보고 나는 놀

---

■ 코로 흡입하는 담배형 코카인을 가리키는 속어.
■■ hustler. 도박에서 돈을 잘 따는 사람, 이성을 잘 꼬드기는 사람, 속임수로 잇속을 챙기는 사람 등을 의미.

랐다. 제이티와 메이 부인은 이 건물 내의 매춘부를 대놓고 비난한다고 들었기 때문이다.

"그게 이곳 생활의 한 부분이긴 하지만 우리는 그런 여자들하고 가까이하지 않아. 난 아이들을 그 여자들과 거리를 두게 해. 우리는 그 여자들하고 교제하지 않아."

어느 조용한 저녁, 제이티네 가족이 바비큐를 준비하고 있을 때 나는 감방복도 철책에 기대어 어둠을 내다보고 있었다. 그때 클래리스가 옆으로 다가왔다. "어떤 스타일의 여자가 좋은지 정말 말 안 해줄 거야?" 클래리스는 생긋 웃으며 맥주를 땄다. 클래리스는 걸핏하면 내 애정 생활을 놓고 나를 곯려대곤 했다.

"말했잖아요. 내 여자 친구는 캘리포니아에 있다고."

"어머, 외롭겠다! 우리 클래리스가 도와줄 수 있을 텐데."

나는 낯을 붉히며 화제를 돌리려고 했다. "이 건물에 산 지 얼마나 됐어요? 제이티는 어떻게 알게 됐어요?"

"말 안 해줬나 보네!" 클래리스가 새된 소리로 말했다. "그래! 난처하겠지. 그 사람들은 날 가족으로 인정하고 싶어 하지 않거든."

"그쪽이 제이티네 가족이라고요?"

"난 제이티 사촌이야. 내가 왜 여기 있겠어. 난 내 남자하고 15층에서 살아. 이 건물에서 일을 하기도 하고. 그 사람들이 밝히고 싶지 않은 가족이지. 난 내가 하는 일을 쉬쉬하지 않거든. 아주 개방적인 여자니까. 난 누구에게도 아무것도 숨기지 않아. 메이 부인은 그걸 알지. 빌어먹을, 모두가 알지. 하지만 말했듯이, 사람들이 언제나 진실을 말하는 건 아니거든."

"그쪽은 어떻게 이 건물에서 살면서 일할 수 있는 거죠?"

"저 남자들을 봐." 클래리스는 자신들의 아파트 앞 감방복도에 나와 있는 주민들을 가리켰다. "자기는 저 남자들이 여자를 어떻게 대하는지 봐야 해." 나는 클래리스가 무슨 말을 하는지 알 수가 없었다. 얼빠진 내 표정을 보더니 클래리스가 웃음을 터뜨렸다. "아! 우리는 할 얘기가 많겠어. 내가 가르쳐주지."

클래리스는 의자에 앉아 있는 몇 명의 여자들 쪽을 가리켰다. "봐, 저 여자들은 모두 창녀야. 모두가 '꾼'들이지. 단지 나처럼 조용히 손님을 끄는 것뿐이라고. 우리는 이곳에 일정하게 붙어 있고 여기서 살지. 우리는 왔다 갔다 하는 마약쟁이년들이 아니라구."

'마약쟁이년들'과 '이곳에 일정하게 붙어 있는 여자들'은 무엇이 다른지 내가 물었다.

"나같이 이곳에 붙어 있는 여자들은 돈벌이로 손님을 끌긴 해도 아는 남자들하고만 해. 전업으로 하지 않는다는 거지. 아이들을 먹여 살리려고 부업 삼아 푼돈을 벌어보려는 것뿐이지. 난 애가 둘이야. 우리 집 남자가 늘 돈을 보태주진 않거든. 한데 마약쟁이년들은 단지 약값을 벌려고 이 일을 해.

마약쟁이 여자들이 여기 살지는 않지만 제이티는 그들이 여기서 일하게 해주고 대신 한몫 떼어 가지. 난 그 여자들 근처엔 얼씬도 하지 않아. 그년들은 꼭 말썽을 일으키거든. 어떤 여자들은 뚱쟁이고 어떤 여자들은 갱단을 위해 일해. 모두가 약 때문에 이 일을 하지.

난 약에는 손 안 대. 많은 사람들이 등 뒤에서 뭐라고 욕할지 몰라도 날 받아들이는 건 그런 이유에서야. 사람들은 우리가 자기네처럼 가족을 돌보려고 그런다는 걸 알아."

"언제 일을 할 거예요?" 내가 물었다.

"자기, 난 가격만 맞으면 항상 일해." 클래리스가 웃음을 터뜨렸다. "하지만 오늘 밤에는 내가 일하는 걸 제이티가 원치 않을 거야. 그래서 오늘은 손님을 받지 않을려고."

나는 혼란스러웠다. 제이티가 자신의 갱단은 불법 매매춘을 하지 않는다고 특별히 강조해서 말했기 때문이다. 대부분의 갱단들에게는 그리 큰돈이 되지 않기 때문에 매매춘을 하지 않는다고 제이티는 설명했다. 매춘부들은 관리하기도 어렵고 세심하게 주의를 기울여야 했다. 그들은 끊임없이 얻어맞고 체포되었는데 그러면 오랫동안 수입이 떨어졌다. 매춘부들은 먹여주고 입혀주어야 하는 데다가 마약을 하는 여자들은 도무지 종잡을 수가 없었다. 게다가 돈을 훔치기 일쑤였다.

"무슨 말이에요? 제이티가 그쪽을 관리한다는 거예요?"

"아니, 하지만 제이티가 자기 가족하고 어울리고 싶으면 자기 규칙에 따라야 한다고 하더군. 가족 행사가 열릴 때는 호객 행위를 하지 말라는 소리지. 오늘 밤처럼 말이야. 제이티가 이곳을 관리하고 있으니 규칙에 따라야지 뭐."

제이티의 갱단이 그의 구역 내 건물에 있는 매춘부들을 실제로 관리하지는 않았지만 제이티가 이곳에서 고정적으로 일하는 여자들과 마약을 위해 일하는 여자들 모두에게서 월세를 받는다고 클래리스가 귀띔해 주었다. 이곳에서 고정적으로 일하는 여자들은 보통 일정하게 정해진 금액(한 달에 15~75달러 사이)을 냈다. 대신에 갱단은 여자들을 못살게 구는 남자들을 손봐주었다. 한편 마약을 얻으려고 일하는 여자들은 제이티의 갱 단원들에게 수입의 일부(10~25센트까지 이른다)를 떼어주었다. 그래서 제이티의 갱 단원들은 그 여자들이 손님을 얼마나 받는지 파악하려고 애썼다.

클래리스는 제이티가 그래도 사우스사이드 갱단 보스들 가운데 인심이 후한 축에 속한다고 했다. 제이티는 그녀들에게 정기적으로 돈을 빌려주고 치료를 받을 수 있게 도와주었다. 심지어 매음굴로 쓸 수 있도록 몇 군데 아파트들을 비워주기도 했다. 매매춘 조직을 전문적으로 운영하지는 않았지만 제이티는 분명 자기 구역 내의 매매춘을 관리하면서 거기에서 이득을 챙겼다.

그날 밤, 클래리스와 나눈 대화를 통해 나는 내가 이 주택단지에서 제이티의 지시에 따르지 않고 움직이는 거의 유일한 사람이라는 사실을 깨달았다.

제이티와 함께 그의 구역 내 건물들을 둘러보러 갈 때마다 나는 제이티가 로비나 계단통, 감방복도, 주차장, 놀이터에서 마주친 다양한 사람들을 어떻게 다루는지를 보았다. 제이티는 매춘부들에게 대놓고 호객 행위를 하지 말라고 조심시켰다. 제이티의 갱 단원들이 마약을 팔고 있는 로비에서는 가짜 나이키인 듯한 운동화를 팔고 있는 남자에게 딴 데로 가라고 했다.

종종 뜨내기들이, 특히 술을 마시면서 놀이터에서 얼쩡거리지 못하게 하기도 했다. 또 자기 구역에서 낯선 사람을 보면 자신의 사업을 알고 있지는 않은지 고참 갱 단원에게 심문을 하게 했다. 제이티는 자기 구역 내 5,000여 명의 개개인을 거의 알지 못했지만 대개 어떤 사람이 그 동네 사람인지 아닌지를 용케 알아보았고, 설혹 그렇지 못하더라도 그 옆에는 물어볼 만한 사람이 많았다.

이런 모든 일이 별 소동 없이 이루어졌다. "딴 데 가서 해", 또는 "내가 아이들이 놀고 있을 때 공원에서 호객 행위를 하라고 했던가", 또는 "먼저 크리피하고 의논하지 않으면 이 아파트에 있을 수 없어"라고 제이티는 사무적으로 말하곤 했다. 몇몇은 반항하기도 했으나 오랜 시간을 버티는 사람은 없었다. 대부분 제이티의 권위를 존중하거나 어쨌든 두려워하는 것 같았다.

무법자이자
입법자

나는 대부분의 사회학 문헌들에서 갱단에 대한 내용을 읽어보았다. 갱단은 적어도 19세기 이래 미국 도시를 구성하는 일부분이었다. 갱단은 대체로 항상 학부모나 상인, 사회사업가나 경찰과 관계가 좋지 않았다. 그들은 기껏해야 성가신 존재, 혹은 좀 더 일반적이게는 주된 골칫거리로 묘사되었다.

하지만 제이티의 갱단은 달라 보였다. 이 갱단은 사실상 로버트 테일러 주택단지를 자체 관리했다. 제이티는 범죄자일지 모르지만 당당한 입법자이기도 했다. 그는 마치 자신의 조직이 진짜로 이 동네를 통치하기라도 하는 것처럼 행동했고 때로는 그러한 통치가 완벽해 보였다. '검은 왕들(블랙 킹스)'은 시카고 경찰 이상으로 적극적으로 건물들의 치안을 유지했다. 이들은 로비와 주차장을 통제하여 주민들이 마음대로 돌아다니지 못하게 했다.

그들은 한 달에 한 번 주말에 야구 시합을 열었다. 제이티가 후원하는 큰 동네잔치를 맞이해, 동네 놀이터와 주변 지역은 단장을 새로 했다. 한편 제이티의 이 같은 명령에 따라, 다른 주민들은 예정된 소프트볼 경기나 소풍을 취소해야 했다.

제이티는 시간이 흐를수록 나 혼자 로버트 테일러에 남겨두는 것에 개의치 않았다. 때로 일을 보러 가면서 "이봐, 꼬마! 수디르를 잘 보고 있어. 다시 올 테니까!"라고 소리치기도 했다. 보통 멀리 나가지는 않았지만, 나는 갱단 외의 사람들과 이야기를 나누게 되었다. 이를 통해 처음으로 갱단과 지역 사회 사이의 복잡한 역학 관계를 이해하기 시작했다.

어느 날 나는 무단 입주자들의 우두머리인 시노트 아저씨를 우연히 만났다. 아저씨는 메이 부인의 아파트에 에어컨을 설치하고 있었다. 시노트 아저씨는 재주꾼이자 사기꾼이었다. 아저씨는 5, 6달러를 받고 냉장고나 텔레비전을 수리해주었다. 몇 푼을 더 벌기 위해 전기와 가스를 몰래 끌어오는 방법도 찾아냈다. 집 안의 수리에 관한 한, 시노트 아저씨가 못 하는 일이 별로 없었다.

시노트 아저씨가 메이 부인 집의 일을 끝낸 후, 우리는 감방복도에 앉아 맥주를 마셨다. 시노트 아저씨는 여러 해 동안 이 건물에서 주인으로 살면서 합법적인 다양한 육체노동을 했었다고 했다. 하지만 몇 차례 해고당한 후 아파트 임차권을 잃고 무단 입주자가 되었다. 아저씨는 언제나 제이티의 구역 건물에서 소소한 일거리와 잠잘 곳을 얻었다. 아저씨는 다른 사람들 일에 참견하지 않으며, 시끄럽게 하지도, 마약을 하거나 폭력을 휘두르지도 않는다. 아저씨는 '100달러를 버는 100가지 방법'을 알고 있어서 '시노트C-Note'라는 지금의 별명을 얻었다고 한다.

많은 주민들이 시노트 아저씨를 기꺼이 자기 집 저녁 식사에 초대했고 자신의 아이들과 놀게 했으며 아저씨가 다치면 약 살 돈을 빌려주거나 병원에 데려다주었다. 하지만 제이티가 사업체를 로버트 테일러로 다시 옮겨오면서 사정이 달라졌다. 제이티는 무단 입주자들을 자선 대상이 아니라 수입원으로 보았다. 또한 시노트 아저씨가 주민들에게 호감을 얻고 있다는 사실을 좋아하지 않았다. 일부 주민은 제이티가 시노트 아저씨의 수입에 대해 세를 물리지 않도록 압력을 가했다. 제이티의 어머니도 이 문제에서는 시노트 아저씨 편이었다.

하지만 제이티도 돈에 대해서만큼은 양보할 인물이 아니었다. 여러 명의 애인과 몇 대의 차를 유지하려면 돈을 지출해야 했다. 제이티의 애인들은 각자의 아파트와 용돈이 필요했다. 제이티는 라스베이거스 도박장에 가는 것도 좋아했다. 더군다나 수십 켤레의 고급 구두와 값비싼 옷을 소유하고 있다는 사실을 적잖이 자랑스러워했다. 하지만 시노트 아저씨 같은 사람들에 대해서는 관대하지 못했으며, 그가 무임승차를 하고 있다며 노골적으로 분개했다.

어느 무더운 일요일 아침, 나는 제이티 구역의 건물에 있는, 농구장 길 건너편 주차장에서 시노트 아저씨를 포함한 무단 입주자들 몇 명과 어울리고 있었다. 그들은 야외 자동차 수리점을 열어, 바퀴를 갈아 끼우고 차 문이나 차체의 살짝 팬 곳을 펴주고 가벼운 엔진 수리를 해주었다. 수리비가 저렴해서 종일 쉴 새 없이 일거리가 밀려들었다. 온 주차장에 자동차들이 줄지어 서 있었다.

신이 난 그들은 한창 수다꽃을 피우면서 수리 장비를 옮기고 연장을 바꾸어가며 바삐 움직이고 있었다. 근처에는 난전을 펴고 냉각기의 탄산음료와 주스를 파는 무단 입주자들이 있었다. 나는 앉아서 음료수를 마시며 모처럼 활짝 핀 지하 경제의 한 장면을 흐뭇하게 지켜보고 있었다.

그때 제이티가 고참 갱 단원 넷을 대동한 채 자동차를 타고 왔다. 세 대의 자동차가 그 뒤에 멈추었다. 나는 다른 지역의 블랙 킹스 일파를 맡고 있는, 제이티와 동급의 몇몇 다른 갱단 보스들을 알아보았다.

제이티는 자동차 엔진을 들여다보고 있는 시노트 아저씨에게 다가갔다. 나는 흰색 유개 운반차 옆에 앉아 있어서 약간 가려져 있었다. 제이티는 나를 알아차리지 못했다. 하지만 나는 제이티가 기분 좋은 상태라는 것을 알 수 있었다.

"시노트!" 제이티가 소리쳤다. "대체 뭐 하는 거야?"

"내가 뭐 하는 거 같아?"

시노트 아저씨는 고개도 들지 않은 채 곧장 고함을 내질렀다. 그는 평소에 싸우는 것을 좋아하지 않았지만 돈 버는 일에서는 한 발짝도 물러서지 않았다.

"오늘 경기 있잖아." 매월 하는 농구 시합을 말했다. "이 우라질 차들을 좀 빼. 농구 코트에서 치우라구."

"에이, 빌어먹을! 미리 말했어야지." 시노트 아저씨가 기름 묻은 헝겊을 땅바닥에 내동댕이쳤다. "대체 어쩌라고? 일이 아직 덜 끝난 거 안 보여?"

제이티가 웃었다. 누군가 자신에게 대드는 것이 놀라운 모양이었다. "이봐, 장난해? 네 일 따윈 신경 안 써. 차들을 여기서 빼." 제이티가 자동차 아래쪽을 살펴보았다. "이런, 염병할! 온통 기름투성이잖아. 청소도 깨끗이 해놓는 게 좋을 거야."

시노트 아저씨가 제이티에게 삿대질을 하며 소리쳤다. "너 혼자만 벌어먹을 셈이야? 이 염병할 것들이 모두 네 거냐? 이 땅도 모두 네 거야? 말도 안 돼."

시노트 아저씨는 담배를 빼물고는 불을 붙인 뒤 계속 '말도 안 된다'며 투덜거렸다. 다른 무단 입주자들도 하던 일을 멈추고 상황을 주시했다. 아저씨는 자제심을 잃은 듯, 땅에 푹 전 채로 씩씩거렸다.

발치를 내려다보던 제이티가 손을 흔들어 차에서 기다리고 있던 고참 갱 단원들을 불렀다. 다른 갱단의 단원들도 타고 있던 차에서 내렸다. 부하들이 가까이 오자 제이티가 다시 시노트 아저씨에게 말했다. "다시 한 번 말하지. 이 차를 다른 데로 옮기거나……."

"허튼소리 마!" 시노트 아저씨가 소리를 질렀다. "난 아무 데도 안 가. 난 여기에 두 시간 동안 있었고 아직 일이 안 끝났다고 말했어. 그러니 어서 꺼져! 빌어먹을!" 시노트 아저씨는 다른 무단 입주자들 쪽으로 돌아섰다. "번번이 이런다니까, 젠장!"

제이티가 멱살을 움켜쥐었을 때 시노트 아저씨는 여전히 뭐라고 하고 있었다. 곧 제이티의 고참 갱 단원 둘이 시노트를 붙들었다. 세 사람은 로버트 테일러를 통근열차 철로와 갈라놓는 콘크리트 벽으로 시노트 아저씨를 끌고 갔다. 아저씨는 계속해서 고함을 질렀지만 몸으로 저항하지는 않았다. 다른 무단 입주자들이 쳐다보았지만 갱단 보스들은 아무렇지도 않은 듯 돈도 내지 않고 냉각기에서 탄산음료를 빼 갔다.

"우리한테 이러면 안 되지!" 시노트 아저씨가 소리쳤다. "이건 온당치 않아."

제이티가 아저씨를 콘크리트 벽에다 밀어붙였다. 근육이 잘 발달된 팔에 문신을 새긴 두 고참 갱 단원이 시노트 아저씨가 꼼짝 못 하도록 붙잡았다.

"내가 말했지, 자식아." 제이티가 시노트 아저씨에게 얼굴을 바짝 갖다대었다. "그런데 넌 내 말을 듣지 않았어." 제이티는 화난 목소리였다. 지금까지 한 번도 들어본 적 없는 불온한 어조가 깃들어 있었다. "왜 일을 어렵게 만드는 거지?"

제이티는 시노트 아저씨의 한쪽 머리를 철썩철썩 치기 시작했다. 칠 때마다 으르렁거리듯 말했다. 아저씨의 머리는 장난감처럼 앞뒤로 왔다 갔다 했다.

"엿이나 먹어!" 시노트 아저씨가 소리쳤다. 시노트 아저씨는 제이티를 마주 보려고 고개를 돌리다가, 제이티가 너무 가까이 있는 바람에 아저씨의 옆머리가 제이티의 옆머리를 받았다. 이것이 제이티를 더욱 격노하게 만들었다. 제이티는 팔을 구부려 아저씨의 갈빗대를 쳤다. 아저씨가 컥 기침을 토하며 배를 움켜쥐자 제이티 부하들이 그를 땅바닥으로 밀쳤다. 그들은 번갈아가며 아저씨의 등과 복부를 걷어찼다. 시노트 아저씨가 쓰러지자 이번에는 다리를 걷어찼다. "말을 들었어야지, 멍청아!" 부하들 중 하나가 소리쳤다.

아저씨는 겨우 숨을 헐떡이면서 뱃속 태아처럼 웅크린 채로 뻗어버렸다. 제이티가 시노트 아저씨의 몸을 굴려 그의 얼굴에다 마지막 일격을 가했다. "멍청한 자식!" 그러고 나서 제이티는 고개를 숙이고 시노트 아저씨의 두개골에 부딪쳐 다친 듯 손을 구부린 채로 우리가 있는 쪽으로 돌아왔다.

제이티는 탄산음료를 마시러 무단 입주자의 냉각기로 다가갔다. 내가 거기에 서 있는 것을 알아본 것은 그때였다. 나와 눈이 마주치자 제이티는 미간을 찌푸렸다. 제이티는 아무 말 없이 고층 건물 쪽으로 빠르게 걸어갔다. 그의 시선은 냉랭했다. 나를 보고 놀란 게 분명했고 약간 약이 오른 것도 같았다.

지금까지 제이티를 포함해 그의 갱 단원들과 어울리면서도 제이티가 폭력에 관여하는 모습을 본 일은 없었다. 나는 근 몇 달 동안, 주민들과 즐겨 농담을 나누고 한편으로 독단적일 필요가 있을 때는 침착하게 결행하는 한 강력한 지도자를 따라다니는 기록자가 된 기분이었다. 내가 순진했던 것일까. 폭력을 목격한 적이 없었던 나는 혼자 폭력이 존재하지 않는다고 다소 확신하고 있었던 것이다. 이 순간, 나는 제이티가 휘두르는 권력의 어두운 이면, 훨씬 더 거친 면을 본 것이었다.

몇 주 후에는 더 많은 폭력, 어쩌면 훨씬 더 치명적인 사건을 목격하게 될 수도 있었다. 여전히 나는 제이티의 갱단을 가까이에서 관찰할 수 있다는 기대에 부풀어 있었지만 왠지 수치심이 느껴졌다. 나는 단지 사심 없이 객관적인 사회학 관찰자일 뿐이라는 내 확신이 잘못되었다는 생각이 들었다. 누군가 부당하게 얻어맞고 있는 동안 나는 정말로 그저 서 있기만 했어야 했을까? 다른 학자들이 알리고 하지 않는 어두운 문화, 즉 폭력 세계에 가까이 접근하려는 내 욕망이 한없이 부끄러웠다.

누군가 갱단에게 폭행당할 때 그것을 막을 힘이 내게는 없었다. 생애 처음으로 나는 진정 내가 좋아하는 일을 하고 있었고 일이 순조롭게 진행되어 흥분 상태에 있었다. 대학에서도 나의 연구 조사가 슬슬 교수들의 관심을 끌기 시작했을뿐더러 나는 이 기회를 결코 놓치고 싶지 않았다.

나는 내가 만난 젊은이들이 갱단과 연루되어 있다는 사실을 윌슨 교수에게 이야기했다. 하지만 아주 추상적으로만 언급했을 뿐 내가 본 모든 것을 자세히 밝히지는 않았다. 윌슨 교수는 깊은 인상을 받은 것 같았고 나는 그의 지지를 잃고 싶지 않았다. 그래서 수치심은, 잊을 수 있다면 그냥 사라질 것으로 생각했다.

시간이 지날수록 나는 친구들과 가족에게 내가 하고 있는 연구 조사에 대해 말을 아꼈다. 그저 기록만 할 뿐, 이따금 지도 교수들에게 간단히 이야기하는 것 외에는 주의를 끌지 않으려고 노력했다.

방학이나 휴일을 맞아, 캘리포니아에 있는 부모님 집으로 갔을 때도 이 로버트 테일러 주택단지에서 하고 있는 내 일에 대해 입을 다물었다. 병원 원무과에서 일하는 어머니는, 그러잖아도 내가 집에서 멀리 떨어져 사는 것을 걱정했다. 갱단 폭력 따위의 이야기로 어머니의 걱정을 더 해주고 싶지는 않았다. 게다가 내가 지도 교수들에게 무언가 숨기고 있다는 것을 알면 아버지도 속상해할 것이었다. 나는 아버지한테도 내가 진행하고 있는 현장 답사 연구에 대해 함구했다. 다만 양친에게 좋은 성적을 보여주며 아무튼 잘해낼 거라고 너스레를 떨었다.

돌이켜보면, 시노트 아저씨 폭행 사건은 적어도 내가 제이티와의 관계를 좀 더 현실적인 시각으로 바라볼 수 있게 해주었다. 나와 블랙 킹스의 대화가 얼마나 제한적이었는가를 인식하게 해주었다. 나는 블랙 킹스의 실체를 몰래 관찰하고 있다고 생각했지만 내가 본 것은 실은 잘 편집된 모습에 불과했다. 갱단의 거짓된 면을 본 것은 아니었지만 분명 내가 접근할 수 없는 부분이 많았다.

나는 갱단이 아주 다양한 수법으로 거액을 벌어들인다는 사실을 알았다. 가령 그들이 가게 주인들을 강탈한다는 얘기를 듣긴 했지만 자세한 내용은 거의 알지 못했다. 내가 본 것은 보석, 자동차, 파티 같은 번지르르한 소비 행태가 전부였다.

갱단은 분명 좀 더 넓은 지역 사회에 엄청난 영향력을 행사하고 있었다. 그 영향력은 갱단의 통제에 따라 건물 로비를 마음대로 돌아다닐 수 없는 그곳 주민들에게만 미치는 것이 아니었다. 시노트 아저씨를 두들겨 팬 사실이 이를 분명히 드러냈다.

하지만 갱단의 활동에 관한 논문을 쓰려면 갱단이 어떻게 지역 사회의 다른 모든 사람들에게 영향을 미치는지, 더 많은 자료가 필요했다. 문제는 어떻게 제이티의 통제를 따돌리고 방법을 찾느냐였다.

3

문제가 생기면
넌 경찰을 부를 거야,
우리는 킹스를 불러

　시노트 아저씨의 친구들은 그를 병원으로 데려가, 타박상을 입은 늑골과 얼굴에 난 상처를 치료받게 했다. 시노트 아저씨는 두 달간 근처에 사는 한 친구의 아파트에서 지내면서 몸을 추스렸다. 마침내 아저씨가 로버트 테일러로 돌아왔다. 이곳은 제이티에게 그렇듯, 시노트 아저씨에게도 고향 같았다. 시노트 아저씨가 그렇듯 흠씬 얻어맞고 난 뒤에도 그가 동네에서 쫓겨나리라고 보는 사람은 아무도 없었다.

　나중에 나를 만나면 제이티의 반응이 어떨지 궁금했다. 그때까지 제이티는 나를 자신의 전기 작가로서 언제나 흔쾌히 데리고 다녔다. "그 친구는 내 삶에 대해 쓰고 있어." 제이티는 친구들에게 자랑하곤 했다. "너희 모두가 읽을 수 있다면 배울 점이 많을 거야." 사실 제이티는 내가 실제로 무엇을 쓰고 있는지 알지 못했다. 솔직히 말하면 나 자신도 그것이 무엇인지 몰랐다. 또한 시노트 아저씨에게 주먹질을 해대는 장면을 내가 봐서 제이티가 당혹스러운지, 아니면 다음부터 나를 검열하려 들지 알 수 없었다.

　제이티가 자신의 네 살배기 딸 서기의 생일잔치에 초대할 때까지, 나는 일주일 동안 로버트 테일러에 가지 않았다. 서기는 제이티와 애인 조이스 사이에 난 두 딸 가운데 하나였다. 또 다른 딸인 비비는 두 살이었다. 제이티와 조이스는 사이가 아주 좋아 보였다. 한편 제이티는 미시와의 사이에 둔 아들과도 그러했다.

　나를 신뢰하여 자신의 세계에 들여놓았지만 제이티는 자신의 사생활을 엄격하게 차단했다. 생일잔치 같은 경사가 있을 때 외에는 대개 내가 자기 애인들이나 아이들과 가까이 하지 못하게 했고, 종종 노골적으로 자신의 가정생활에 대해 상반된 정보를 흘리곤 했다. 한번은 그 부분에 대해 왜 그렇게 얼버무리느냐고 따졌지만 제이티가 노려보는 바람에 나는 입을 다물고 말았다.

　버스를 타고 로버트 테일러로 가는 내내 마음이 불안했지만 제이티와의 재회는 의외로 싱거웠다. 많은 친구와 가족 들이 모인 생일잔치는 그야말로 성대했다. 잔치는 메이 부인의 아파트와 제이티의 사촌인 라소나가 사는 위층의 다른 아파트에서 나뉘어 열렸다. 메이 부인은 엄청나게 많은 음식들을 준비했고 커다란 생일 케이크가 한가운데 놓여 있었다. 모두가 즐겁고 떠들썩한 시간을 보냈다.

　제이티는 곧바로 성큼성큼 다가와 나와 악수를 나누었다. "기분이 어때?" 제이티가 인사치레로 으레 하는 말이었다. 잠시 나를 쳐다보았지만 더는 아무 말이 없었다. 제이티는 눈을 찡긋하더니 맥주를 건네고는 자리를 떴다. 그러고서 잔치가 끝날 때까지 제이티를 보지 못했다. 메이 부인이 자신의 몇몇 친구들에게 나를 소개했다. 나는 '제이티의 친구인 교수님'이었다. 이 말이 즉시 나에게 정당성을 부여해줬다. 나는 몇 시간 동안 아이들과 이런저런 놀이를 하다가 버스를 타고 집으로 돌아왔다.

제이티와 나는 다시 평상시의 관계를 회복했다. 시노트 아저씨가 두들겨 맞은 일이 계속 떠올랐지만 그 의문은 마음속에 담아두기로 했다. 그 일이 있기 전까지 나는 갱 단원들이 마약을 팔고, 주민들이 마약을 하고, 많은 사람들이 돈을 벌려고 소소한 부정 수단을 쓰는 것을 보았다. 그동안 코카인을 흡입하는 마약 중독자를 지켜보는 게 결코 마음이 편치 않았는데, 시노트 아저씨의 일로 해서 나는 더욱더 주저하게 되었다. 시노트 아저씨는 건강 상태가 썩 좋지 않은 늙은 남자였다. 그런 아저씨가 자기보다 덩치가 두 배는 크고 나이는 반절밖에 안 되는 데다 총을 품고 다니는 사내들에게 맞서 싸워야 하는 상황이 발생할 줄이야 어찌 알았겠는가.

나는 공정한 관찰자(어쨌든 나는 나 자신이 그렇다고 생각했다)로서 이런 일을 보고서 어떻게 해야 했을까? 사실 그날 나는 경찰을 부를까도 생각했다. 결국 시노트 아저씨는 구타를 당했다. 하지만 나는 아무것도 하지 않았다. 부끄럽지만, 나는 이 사건이 있은 지 6개월이 지나도록 제이티에게 아무런 언급을 하지 않았고 내심 그에게 맞서면서도 몹시 주저했다.

### 영화 〈대부〉의 한 장면

내가 제이티에게 맞서게 된 것은 또 다른 무단 입주자와의 폭행 사건을 목격한 직후였다. 어느 날 나는 제이티를 포함해 다른 블랙 킹스 갱 단원들과 건물 출입구 통로에 서 있었다. 제이티는 매주 하는 건물 순찰을 막 마친 참이었다. 그는 최근 건물에서 새로 일하기 시작한 매춘부들을 만나 잠시 규율과 자릿세에 대해 설명하고 있었다. 그러는 사이 주민들은 세탁물을 나르고 우편함을 살피고 심부름을 가는 등, 일상의 일들을 계속했다.

제이티의 부하 몇 명이 다가와 브래스라는 무단 입주자가 세를 안 내려 한다고 보고했다. 그들은 브래스를 로비로 데려왔다. 나는 입구 통로를 통해 브래스를 볼 수 있었다. 40대 후반으로 보였으나 정확하게 단언하기는 어려웠다. 브래스는 이가 몇 개밖에 남아 있지 않았고 몸이 쇠약해 보였다. 나는 언젠가, 브래스가 매춘부들을 자주 두들겨 패는, 악명 높은 헤로인 중독자라고 들은 적이 있었다. 그는 이 건물 저 건물로 돌아다녔는데 모든 주민들과 친하게 지내는 시노트 아저씨와 달리 그는 이 건물에 붙어살지 않았다. 브래스는 종종 건물 내의 주민들을 화나게 해서 짐을 꾸려 다른 건물로 옮겨가곤 했다.

제이티는 고참 갱 단원인 프라이스에게 신속히 브래스를 처리하도록 했다. 살짝 저항만 하던 시노트 아저씨와 달리 브래스는 반격을 가하려 했다. 이것이 큰 실수였다. 프라이스는 그다지 참을성이 없는 데다가 누군가 호되게 손봐주는 일을 즐기는 인물이었다. 프라이스는 브래스의 얼굴과 복부에 거듭 주먹을 날렸다. 제이티는 꿈쩍도 하지 않았다. 갱단원과 주민을 막론하고 모두가 그냥 서서 지켜보았다.

브래스가 건물의 콘크리트 입구 통로로 우리를 향해 기어왔다. 그를 흠씬 두들겨 패던 프라이스도 지친 모양인지 잠시 쉬었다. 하급 갱 단원들이 브래스를 넘겨받은 것은 그때였다. 그들은 브래스를 무자비하게 발로 찍고 걷어찼다. 브래스는 끈질기게 저항했다. 얻어맞으면서도 의식을 잃을 때까지 계속해서 "엿 먹어!"라고 소리쳤다. 브래스의 입에서 피가 흘러내렸다.

갑자기 브래스가 발작을 일으키며 땅바닥에서 격렬하게 꿈틀거렸다. 가냘픈 팔이 새 날개처럼 파닥거렸다. 이제 브래스의 몸뚱이는 우리한 테서 겨우 몇 걸음 떨어진 지점에 축 늘어져 있었다. 나는 신음을 토했고 제이티가 나를 떼어놓았다. 여전히 아무도 브래스를 도우러 가지 않았다. 우리는 모두 배 밑창에서 서서히 죽어가는 물고기를 바라보는 어부들 같았다.

나는 충격에 휩싸여 제이티의 차에 기대어 섰다. 제이티는 나를 단단히 붙잡고서 진정시키려고 했다. "이게 이곳의 방식이지." 제이티가 동정 어린 말투로 귀엣말을 했다. "때로는 교훈을 가르치기 위해 손을 봐줘야 하거든. 걱정 마, 곧 익숙해질 테니."

'아니, 난 익숙해지고 싶지 않아'라고 나는 속으로 외쳤다. 만일 그렇게 된다면 나는 어떤 종류의 인간이 될까? 제이티에게 구타를 멈추고 브래스를 병원으로 데려가라고 부탁하고 싶었지만 귓속이 윙윙 울려 제이티가 하는 말에도 집중할 수가 없었다. 내 눈은 브래스에게 붙들려 있었고 나는 토하고 싶었다.

그때 제이티가 내 어깨를 그러쥐고 자리를 뜨게 하는 바람에 더 이상 브래스를 볼 수가 없었다. 곁눈으로 주민 몇몇이 마침내 브래스를 도와주러 다가가는 것을 보았다. 그러나 갱 단원들은 어떤 행동도 취하지 않은 채 곁에서 브래스를 지켜보고 있었다. 제이티가 위로하려는 듯 부축하려 했지만 나는 그의 자동차에 몸을 기대 지탱했다.

문득 시노트 아저씨가 떠오른 것은 그때였다.

"브래스는 내야 할 돈을 내지 않았지. 그건 알아. 하지만 너희는 시노트 아저씨를 때렸어. 아저씨는 아무 짓도 하지 않았는데 말이야." 내가 성급하게 말을 쏟아냈다. "이해가 안 돼."

"시노트는 내 권위에 도전했어." 제이티가 조용히 대답했다. "난 여러 달 전에 거기서 일하지 말라고 경고했었어. 시노트는 알았다고 해놓고 약속을 어긴 거야. 다만 난 할 일을 한 것뿐이야."

나는 좀 더 강하게 몰아붙였다. "세를 물리는 걸로 벌을 줄 수 없었어?"

"모두가 보스를 제거하고 싶어 하지. 그러니 미리 선수를 쳐서 그들을 해치워야 해." 이 말은 제이티의 트레이드마크였다. "다른 사람들이 날 지켜보고 있었어. 난 내가 할 일을 해야 했어."

시노트 아저씨가 덤볐던 날, 제이티가 다른 동네 블랙 킹스 보스 몇 명과 함께 차를 타고 왔던 것이 떠올랐다. 제이티는 갱단의 부하나 동료 보스들이 자기를 몰아내고 구역을 차지하고 싶어 한다며 항상 마음을 졸였다. 내가 보기에 편집증에 가까울 정도였다. 그들의 면전에서, 게다가 그 다리로는 학교 운동장 한 바퀴도 못 돌 늙은 사내가 자신의 권위에 도전하는 일은 용납할 수 없다고 생각했을 것이다. 하지만 제이티의 설명은 여전히 낯설어서, 영화 〈대부〉의 한 장면을 보는 듯한 느낌이었다.

### 🔍 정치인과 지역 단체

제이티 갱단과 어울린 지도 거의 1년이 되었다. 1990년은 시카고를 비롯한 미국의 대도시들에서 코카인 유행이 절정에 이른 때였다.

엄청난 코카인 수요에 부응해 킹스, 코브라스, 디사이플스(Diciples, 사도들), 바이스 로즈(Vice Lords, 악의 대왕들), 미키 코브라스MCs, 심지어 몇 년 전 일시적으로 해체된 스톤스를 포함하여 흑인 및 라틴계 갱단들이 막대한 돈을 벌어들였다.

예전에는 말썽 부리기 좋아하는 10대들이라고 해봤자 소소한 싸움질이나 가게에서 좀도둑질을 하는 데 그쳤지만, 이제는 대부분 마약 거래와 연루되어 있었다. 또한 예전에는 이웃들이 행실 나쁜 아이들에게 호통을 치고는 했지만 이제는 그럴 여유도 없었다. 아이들이 총을 소지하고 있기 십상이었기 때문이다.

정치가, 학자, 경찰 당국은 늘 아무런 쓸모가 없는 정책을 해법이라고 내놓았다. 제법 관대한 사람들은 청소년들을 학교로 돌아오게 하여 그들에게 비숙련직을 찾아주는 전통적인 전략을 펼쳤지만, 고작 그런 시시한 일을 하려고 자신의 신분과 큰돈에 대한 기대를 바꾸려는 갱 단원은 거의 없었다. 보수파들은 코카인의 유행을 비난하며 무더기 검거와 무거운 징역형을 지지했다. 이러한 조치로 부분적으로는 확실히 거리에서 마약 거래자들을 사라지게 할 수 있었지만, 자발적으로 열렬히 그 빈 자리를 메우고 싶어 하는 사람들은 언제나 넘쳐났다.

나라 안은 점점 극단적 응징을 가하는 분위기로 치달았다. 검찰은 갱단을 조직화된 범죄 단체로 다루는 권한을 얻어 징역형을 더욱 늘릴 수 있게 되었다. 재판관들은 경찰에게 영장 없이 수사할 수 있고 공공장소에서 서성거리는 수상쩍은 갱 단원들을 검거할 수 있도록 허가했다. 시장들은 갱 단원 표지가 될 만한 두건이나 복장을 금지했다. 신문에 연일 갱단의 폭력 사건에 대한 기사가 실리면서 이런 처벌 정책은 거의 아무런 정치적 저항을 받지 않았다. 그러나 효과는 전혀 없었다.

제이티 입장에서 이 모든 정부 대책들은 실제로 그가 흡족할 만큼의 큰돈을 벌어들이는 것을 어렵게 한다는 점에서 위기감을 안겨주었다.

제이티는 거리 모퉁이에서 코카인을 팔아치워 많은 양을 빠르게 회전시킴으로써 이익을 남겼다. 따라서 제이티는 24시간 내내 코카인 경제 동향을 감시해야 했다. 그는 사업을 운영하고 거액을 거머쥘 수 있는 이 일을 꽤 즐겼다. 모든 측면에서 갱단을 로버트 테일러 홈스로 옮겨온 것은 매우 성공적이었다. 이로써 제이티는 조직 간부들의 주목을 받게 되었다. 그들은 수십 명으로 구성된 블랙 킹스 이사회로, 감옥에 있거나 혹은 거리에서 활동했다.

그들은 고위 간부 모임에 제이티를 불러 사업의 밑그림을 논의했다. 제이티의 관리 능력과 세심한 업무 처리를 마음에 들어해 제이티에게 특별한 임무를 맡겼다. 이를테면 시카고 정계에 진출하여 갱단을 측면에서 도우라는 요청이었다.

"갱단도 연줄을 가진 친구들이 필요하거든." 제이티가 말했다. "사업이 호황이라 우리를 도와줄 친구들이 더 많이 필요하지."

"왜 갱단이 정치인들을 사귀고 싶어 하는지 모르겠군." 내가 말했다. "뭘 얻으려는 거지? 정치인들하고 어울리면 더 큰 기회를 잡을 수 있는 건가?"

제이티는 자신이 이끄는 블랙 킹스가, 이 도시에서 코카인을 팔아서 돈을 버는 약 200여 개 블랙 킹스 갱단 들 중 하나일 뿐이라는 사실을 상기시켰다. 시카고 전체의 블랙 킹스 지도부는 거액의 자본을 투자하고 돈세탁할 방법을 마련해야 했다.

"예를 들어 수디르, 네가 100달러밖에 못 번다고 쳐봐. 그럼 별로 골머리 앓을 일이 없을 거야. 누가 훔쳐가지 않을까 걱정할 필요 없지. 가게에 갔을 때 어디서 난 돈이냐고 추궁당할 염려도 없어. 하지만 1,000달러를 갖고 있다고 해보자. 손에 들고 다닐 수도 없고 거리 생활을 하고 있으니 은행 계좌도 없단 말이지. 어딘가에 돈을 보관해야 하는데. 서서히 골머리를 앓기 시작하지."

"이제 1만 달러라고 해봐. 좋아, 누군가 네가 새 텔레비전이나 새 자동차 따위를 사는 걸 보게 돼. 그들은 '엇, 수디르가 새 목걸이를 했네. 그 친구는 아직 학생이고 일을 안 하잖아? 한데 돈이 어디서 났지? 집에 돈이 좀 있나?'라고 수군댈 거야. 이제 걱정거리가 늘어나기 시작하는 거지."

"자, 이제 10만 달러를 갖고 있다고 해보자. 넌 차를 사고 싶지만 자동차 판매인은 고객이 현금으로 3만 달러 이상을 지불하면 정부에 신고하게 되어 있어. 그럼 넌 어떡할 거야? 그 사람이 입을 다물도록 1,000달러를 찔러주겠지. 그리고 나선 어쩌면 경호원을 고용해야 할 거야. 위험을 무릅쓰고 네 돈을 빼앗으려 드는 녀석들이 항상 있게 마련이니. 거기에 다시 몇천 달러가 들어가. 넌 네가 고용한 경호원을 믿지 않을 수 없어. 그들이 네가 돈을 보관해둔 곳을 알고 있기 때문이지."

"이제 50만 달러나 100만 달러, 또는 그 이상을 가지고 있다고 해봐. 내 윗사람들이 걱정하는 게 그거야. 돈을 세탁할 방법을 찾아야 하거든. 그들은 어쩌면 친구 사업체에 돈을 숨길 수 있겠지. 누이들에게 은행 계좌를 트라고 할지도 모르지. 또는 교회에 기부하는 거야. 우리는 끊임없이 돈에 대해 고민해야 해. 안전하게 지키고 투자하고 다른 놈들이 빼앗아가지 못하도록 말이야."

"하지만 왜 네가 정치인들과 사귀어야 하는지 여전히 이해가 안 돼."

"시의원은 우리를 의심의 시선에서 벗어나게 해줄 수가 있어." 제이티는 씩 웃었다. "경찰을 피하거나 주민들이 우리에게 분노를 터뜨리지 않게 무마해줄 수도 있지. 가령 공원에서 접선할 때 시의원은 확실히 경찰이 오지 않게 해줘. 게다가 그 사람들이 우리한테 원하는 건 딱 한 가지밖에 없어. 바로 기부지. 시의원 한 사람에게 1년에 1만 달러면 충분해. 계속 말했다시피, 우리 조직은 지역 사회를 도우려고 해. 그래서 지역 사회에서 일어나는 일에 관여하는 거고."

제이티의 이야기에서 나는 두 가지 사실에 놀랐다. 예전에 정치적 라이벌에게 건축 허가를 내주기를 거부하거나 갱단의 불법 도박을 비호하는 부패한 시의회 의원에 대해 들은 적은 있었지만, 제이티가 말하듯 그처럼 쉽게 정치인을 매수할 수 있으리라고는 믿어지지 않았다. 그보다 더 놀라운 점은 '우리는 지역 사회를 돕는다'는 제이티의 주장이었다. 농담인지, 아니면 실제로 마약 판매나 정치적 뇌물이 이 열악한 지역을 일으켜 세우는 데 도움이 될 거라고 믿는지 의심스러웠다.

다양한 정치인들과의 관계 외에도 블랙 킹스는 몇몇 지역 단체들 CBOs과도 함께 일한다고 제이티는 말했다. 상당 부분이 1960년대 연방 기금으로 만들어진 이들 단체는, 지역 주민들에게 일자리와 주택을 제공하는 일을 해왔고 아이들이 거리에서 배회하지 않도록 레크리에이션 프로그램을 운영해왔으며, 사우스사이드 같은 곳에서는 서로 싸우는 갱단들을 휴전시키기도 했다.

1980년대 막바지에 몇몇 지역 단체들이 갱 단원들에게 시민 의식을 가르치고자 했다. 그들은 이전에 대부분 갱 단원이었던 봉사자를 고용하여 젊은 갱 단원들이 폭력배 생활을 그만두고 좀 더 생산적인 길을 가도록 설득했다. 이 개혁가들은 '시내에 갈 때의 행동 요령' 또는 '공원에서 맥주를 마시고 있을 때 여성으로부터 질책당할 경우의 대처법' 같은 문제에 초점을 맞춘 생활 기술 워크숍을 열었다. 또한 투표가 사회의 주류로 편입할 수 있는 첫걸음이라고 주장하며 투표권 행사를 역설했다.

제이티와 일부 다른 갱단 보스들은 어린 갱 단원들이 이런 워크숍에 참석하도록 독려했을 뿐 아니라 유권자 등록 운동에도 참여하게 했다. 물론 그 동기는 순수하게 이타적이거나 교육적이지 않았다. 일반 갱 단원들이 지역 주민들과 우호적인 관계를 유지하면 경찰이 출동하는 일이 줄어들어 마약 사업에 방해를 덜 받을 것 같았기 때문이다.

제이티의 야망은 컸다. 자신의 소망은, 사우스사이드 갱단들이 그들의 지역 개선을 위해 함께 협력했던 1960년대 갱단의 번영기를 회복하는 것이라고 제이티는 말했다. 하지만 제이티는 편리하게도 큰 차이를 무시하고 있었다. 그 시절 갱단들은 마약 장사를 하거나 가게들로부터 돈을 갈취하거나 주민들을 폭력의 공포로 몰아넣지 않았다. 물론 그들도 결백하지는 않았다. 하지만 그들이 저지르는 최악의 범죄라야 기껏 시가전이나 행인을 위협하는 수준이었다. 제이티의 갱단은 마약과 강탈, 그리고 그 이상의 것에 관여했기 때문에 그가 지역 주민들에게서 지금보다 훨씬 높은 지지를 얻을 수 있을지는 회의적이었다.

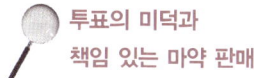
### 투표의 미덕과
### 책임 있는 마약 판매

　11월의 어느 추운 밤, 제이티는 한 작은 상가 침례교회\*에서 열리는 모임에 나를 초청했다. 전직 갱단 출신인 레니 더스터라는 사람이 시민의 권리와 의무, 투표권에 대해 젊은이들에게 강연을 하기로 되어 있었다. 거의 1년 남짓 남은 다음 번 선거에서 대단히 많은 수의 시의회 의원과 주의회 의원을 선출할 예정이었다.

　레니는 '긍지Pride'라는 이름의 작은 조직을 이끌었는데 이 단체는 갱단들 간의 전쟁 중재를 도왔다. 교회 뒤편의 작은 방에서 열린 이 강연회에는 블랙 킹스의 나이 어린 10대 갱 단원 100여 명이 참석했다. 반드시 참석하도록 지시받은 듯했지만, 다들 조용하고 공손했다.

　레니는 190센티미터의 큰 키에 마르고 근육이 잘 발달한 남자였다. 나이는 40대로 머리카락에는 금발기가 있었으며 절뚝거리면서 걸었다. "여러분은 모두, 권력이 어디에서 나오는지 알아야 합니다!" 레니는 카이사르처럼 성큼성큼 걸으며 청중에게 소리쳤다.

　"제이티는 대학을 다녔고 나는 감옥에서 학위를 땄습니다. 그러나 여러분은 모두 학교에 다니지 않을뿐더러 또한 무지합니다. 권력이 어디에서 나오는지 읽지도 생각하지도 이해하지도 못합니다. 권력은 여러분이 가진 총에서 나오지 않습니다. 여러분 머릿속에 든 무언가에서 나옵니다. 그리고 바로 투표에서 나옵니다. 여러분의 편이 되어줄 사람들을

---

■ 상가 교회storefront church는 노예제도가 폐지된 이후 아프리카계 미국인 기독교인들이 예배 장소로 이용했던 곳이다. 당시 재정 기반이 취약했던 그들은 성당이나 작은 예배 장소도 지을 수 없던 처지라, 원래 상점으로 세를 놓았던 곳을 교회 용도로 바꿔 이용했다.

권력의 자리에 앉히면 우리 힘으로 세상을 바꿀 수 있습니다. 생각해보십시오. 더 이상 경찰이 여러분을 제지하지 않고 건물들을 포위하지 않아도 될 것입니다. 여러분 스스로 운명을 지배할 것입니다!"

레니는 책임 있게 '일하는' 방법에 대해 젊은이들에게 이야기했다. 갱 단원들은 그 '일'을 마약 판매로 이해했다. 합법적인 경제 체제 안에서 일하는 것을 '일'이 아닌 '취직'이라고 말하는 것은 비극적인 모순이었다.

"여러분은 모두 바깥에서 일을 합니다. 이때 주변의 다른 사람들을 존중해야 합니다. 만약 여러분이 공원에서 일을 한다면 여자들은 그냥 놔두십시오. 아이들 주변에선 일을 삼가십시오. 그렇게 하면 어머니들을 화나게 만들 뿐이죠. 아이들이 놀고 있으면 잠시 쉬다가 나중에 일을 재개하십시오. 기억하세요. 당신이 하는 일이 블랙 킹스에 대한 많은 부분을 대변합니다. 여러분은 자신의 이미지에 주의하고 스스로 자부심을 가져야 합니다."

"여러분은 단지 블랙 킹스의 행동대원이 아닙니다. 이 지역 사회의 행동대원입니다. 오늘 유권자 등록을 할 것입니다. 그런 다음에는 모두 나가서 여러분 건물에 사는 주민들을 등록시켜야 합니다. 그리고 선거가 다가오면 누구에게 투표할지 우리가 여러분에게 이야기해줄 것이고 여러분은 그 사람들에게 말해줘야 합니다. 그것은 이 조직에 속한 여러분이 해야 할 중요한 의무입니다."

시카고 대학의 수업 시간 중에 나는 시카고 정치 머신의 역사에 대한 책을 읽었다. 정치 지도자들은 흑백을 막론하고 부정 투표, 뇌물 수수, 선양도 의결권 연합predelivered voting bloc이라는 음흉한 술수를 쓰는 것으로 유명했다. 레니는 그의 전임자들과 마찬가지로, 이 젊은이들에게 투표권과 그것이 중요한 이유를 편파적으로 이해하게 만들었다. 하지만 이 모임의 주요 목적은 정치 머신의 톱니가 되는 방법을 일러주는 것인 듯했다.

레니는 블랙 킹스가 후원하는 시의회 의원과 주의회 의원 후보자 이름이 적힌 작은 플래카드를 들어올렸다. 정강政綱에 대한 논의도 없었고 핵심 쟁점도 없었다. 그저 젊은이들이 주택단지의 주민들을 그러모아 투표하는 법을 이야기해주어야 한다는 주장만 있을 뿐이었다.

레니가 강연을 마치자, 제이티는 어린 갱 단원들에게 이제 가도 좋다고 말했다. 나는 잠시 두 사람과 함께 앉아 있었다. 레니는 녹초가 된 듯했다. 콜라를 마신 후, 그는 매일 최소한 네댓 번의 강연을 한다고 말했다.

레니는 조심스럽게, 자신이 받는 보수는 갱 단원들이나 보스들이 개인적으로 내는 기부금에서 나온다고 설명했다. 그는 이 돈을, 갱단이 마약 판매에서 벌어들이는 돈과 구별하고 싶어 했다. 레니는 자신이 마약 판매에서 흘러나온 돈을 받지 않는다는 점을 확실히 하고 싶어 했지만 사실 별 의미 없는 구분이었다. 갱단 보스들은 자기네 갱단이 다른 갱단과 싸움이 붙지 않도록 레니에게 많은 보상금을 지불했다. 어쨌든 갱단끼리 전쟁이 일어나면 장사하기가 어려웠던 것이다.

하지만 어린 갱 단원들은 싸움 잘한다는 것을 과시하기 위해 종종 말썽을 일으키고 싶어 했다. 이 때문에 일부 갱단 보스들은 레니에게 돈을 지불해가며 자신의 갱단들에게도 군기를 잡게 했다. "군기를 잡는다는 건 일종의 기술이지." 레니가 말했다. "내가 좋아하는 기술 한 가지는,

차들이 마주 달려오는 고속 도로에서 거꾸로 매다는 거야. 한 번 그러고 나면 절대 못된 짓을 안 하게 돼."

제이티와 레니는 최근 갱단의 정치 참여에 대해 향수 어린 목소리로 이야기를 나누었다. 레니는 자신이 블랙 킹스로 있던 지난 1970년대를 떠올리며, 당시 지역 사회를 움직이는 아이탈리아인■과 유대인 들을 위해 자신이 어떻게 유권자들을 투표소로 끌어냈는지 장황하게 늘어놓았다. 또한 블랙 킹스가 어떻게 선거구에서 이 '아이탈리아인과 유대인 마피아'를 '내쫓았'는지 자부심에 차서 설명했다.

레니는 흑인이 헤로인 사업을 넘겨받은 것이 지역 사회에 이익이라는 주장도 떠벌였다. 헤로인 사업이 불법이긴 하지만 예전에는 백인들이 차지했던 일자리를 지역의 흑인들에게 돌아가게 해주었다는 소리였다. 또한 예전의 마약 판매인들은 도덕적으로 부절제했던 반면, 흑인 마약 판매인들은 아이들에게는 마약을 팔지 않는다고 자랑했다. 호언장담을 쏟아놓는 레니는 좀 더 나이든 제이티를 보는 것 같았다.

나는 어떻게 투표의 미덕과 가장 책임 있는 마약 판매 방식을 동시에 설교할 수 있는지, 레니가 그날 밤 한 이야기에 대해 물어보았다. 레니는 갱 단원들에게 '개인적 판단을 피하는 접근법'을 제시해주었다고 말했다. "난 그들에게 '네가 하는 일이 무엇이든지 사람들을 화나게 만드는 일이 없도록 노력하라. 모든 것을 지역 사회의 일로 만들어라'고 말하지."

■ Eye-talian, 미국 남부 지역 사투리에서는 '이탈리아'를 '아이탈리아'로 발음한다.

### 당황한 꼬마 리

2주쯤 뒤, 나는 이 '지역 사회의 일'이 실행되는 것을 목격하게 되었다. 나는 투표자들을 등록시키기 위해 제이티 구역의 건물을 집집마다 방문하는 네 명의 어린 블랙 킹스들을 따라갔다.

21세의 갱 단원인 '꼬마' 리Lee가 이들의 우두머리였다. 한 시간 여를 그가 가는 대로 따라다녔다. 문을 두드렸으나 대부분의 집에서 답이 없었다. 서명을 한 몇 안 되는 주민들은 갱단이 가능한 한 빨리 사라져주기를 바라는 눈치였다.

12층에 있는 한 집을 두드리자 중년 여자가 나왔다. 앞치마를 두른 부인은 젖은 손을 닦았다. 부인은 꼬마 리 일행을 보고 놀란 듯했다. 이 주택단지에서는 오랫동안 호별 방문이 없었다.

"투표를 위해 서명을 받으러 왔습니다." 꼬마 리가 말했다.

"젊은이, 난 등록되어 있다우." 부인이 조용히 말했다.

"아니, 등록하라는 말이 아니잖아요!" 꼬마 리가 소리쳤다. "서명하라는 거잖아요. 아주머니가 등록했는지 어쨌는지 난 관심 없어요."

"내 말이 그 말 아니니?" 부인이 신기한 듯 꼬마 리를 쳐다보았다. "난 이미 서명을 했어. 다음 번 선거에 투표하러 갈 거야."

꼬마 리는 어쩔 줄 몰라했다. 그는 나머지 세 명을 쳐다보았다. 그들은 유권자들을 '등록시킨', 용수철로 묶인 공책을 들고 있었다. 하지만 레니도 제이티도 실제적인 등록 형식이 있고, 유권자 등록을 받는 사람은 그런 권한이 있어야 한다는 사실을 말해주지 않은 모양이었다.

"이봐, 댁은 바로 여기에다 서명을 해야 한다고요." 꼬마 리가 공책을 내밀며 말했다. 이런 사소한 것에도 저항이 있으리라고는 예상치 못한 눈치였다. "그럼 때가 되면 아주머니가 누구에게 투표할지 우리가 말해줄 거예요."

"내가 누구에게 투표할지를 말해주겠다고?" 부인의 목소리가 날카로워졌다. 좀 더 밖을 잘 내다보려는 듯 부인이 현관의 망을 친 문 곁으로 다가왔다. 부인은 나를 흘긋 보고는 손을 흔들었다. 제이티 어머니의 아파트에서 열린 몇 번의 파티에서 만난 부인이었다. 그러고서 부인은 꼬마 리를 돌아보았다. "너희가 누구를 찍으라고 내게 일러줄 수는 없어. 그건 합법적이지 않거든."

"블랙 킹스가 댁이 누구를 찍어야 하는지 알려준다잖아요." 꼬마 리는 이렇게 받아쳤지만 점점 자신이 없어했다. 꼬마 리가 동료 갱 단원들에게로 돌아섰다. "안 그래? 우리가 하려는 게 그거 아냐?" 다른 갱 단원들이 어깨를 으쓱했다.

"젊은이." 부인이 말을 이었다. "투표해본 적 있우?"

꼬마 리가 다른 친구들을 쳐다보았다. 그들은 꼬마 리가 뭐라고 대답할지 사뭇 흥미로운 모양이었다. 그런 다음 꼬마 리는 나를 쳐다보았다. 그는 쩔쩔매고 있었다. "아니. 아직 해본 적 없어요. 하지만 할 거예요."

"투표용지 기입소에 누군가를 데리고 들어갈 수 없다는 거 아냐?" 부인이 물었다.

"아냐, 뻥치지 마!" 꼬마 리는 숨을 훅 내쉬었다. "그러던걸. 우리 모두가 함께 투표할 거라고. 블랙 킹스는 함께 투표해요. 우리가 말해줄 거라고, 누구한테……."

"아니, 아니…… 내 말은 그게 아냐." 부인이 끼어들었다. "먼저 네가 투표를 해. 그런 다음 네 친구가 투표를 하고 그다음에 또 다른 사람이 투표를 하지. 나이를 먹을 만큼 먹은 성인이라면 말이야." 부인은 이제 이들 무리에서 가장 나이 어린 친구를 쳐다보았다. 새로 온 이 갱 단원은 겨우 열두 살쯤 먹어 보였다.

"나도 나이 먹을 만큼 먹었어." 모욕감을 느낀 소년이 말했다.

"열여덟 살이 넘어야 한단다." 부인이 상냥하게 웃었다. "넌 몇 살이니?"

"난 블랙 킹스야!" 소년이 크게 소리를 질렀다. "내가 하고 싶으면 투표할 수 있다구!"

"글쎄, 아마도 기다려야 할걸." 이제는 부인이 화가 나서 말했다. "그리고 이봐들, 난 음식을 만드는 중이었거든. 지금은 너희하고 얘기할 시간이 없어. 다시 오면 내가 투표에 관한 모든 것을 알려주마. 됐니? 그건 너희가 평생토록 하게 될 아주 중요한 일이야. 가족을 먹여 살리는 것 다음으로 말이지."

"알았다구요." 기가 죽은 꼬마 리가 어깨를 으쓱했다.

다른 갱 단원들 역시 고개를 끄덕였다. "예, 아주머니." 그들 중 누군가 중얼거렸고 네 사람은 그 집을 떠났다.

나는 감방복도를 내려가는 꼬마 리 일행을 뒤따라갔다. 그들 중 아무도 이제는 어떻게 해야 할지 모르는 듯했다. 꼬마 리는 자존심이 상한 듯 리더십을 불러일으키고 체면을 세우려 애썼다.

"다섯 시까지는 사람들을 등록시킬 수 없다는 것 아니?" 침묵이 깨지기를 바라며 내가 먼저 입을 열었다. 꼬마 리보다 몇 살밖에 더 먹지 않았지만 어쩐지 나는 부모 같은 심정이었다. "제이티가 그러던데."

제이티는 이런 말을 하지 않았다. 하지만 꼬마 리가 퍽 안쓰러워 보여

뭔가 구실을 만들어주고 싶었다. 뒤에 우리 둘만 있을 때 실제로 등록이 어떻게 이루어지는지 설명해줄 수 있을 것 같았다.

꼬마 리는 말 없이 감방복도의 철책 너머를 쳐다보았다.

"두 시 반쯤 됐어." 내가 말했다. "그래서 부인이 그렇게 말했을 거야. 다른 집에 들르기 전에 좀 기다려야 해. 기다리면 더 많은 사람들한테서 서명을 받아낼 수 있을 거야. 터너 아주머니 집에 가서 햄버거 먹을래? 그리고 나서 다시 시작해보자."

"그래, 그게 낫겠어." 꼬마 리가 걱정을 던 얼굴로 말했다. "나도 배고파!" 그가 갑자기 고함을 치며 명령하기 시작했다. "하지만 블래키, 넌 집으로 돌아가. 먹을 걸 좀 사줄 테니까. 케니, 이걸 들어. 따라와. 치즈가 남아 있으면 난 치즈 버거를 먹을 거야."

세 사람은 터너 아주머니네 아파트로 달려갔다. 7층에 임시로 연 가게에서 먹을 것과 사탕, 탄산음료, 담배, 콘돔 등을 샀다. 나는 어떻게 웃음을 터뜨리지 않고 제이티에게 '유권자 등록 운동'에 대해 이야기할까 고민하면서 다시 메이 부인 집으로 향했다.

호별 방문 선거 운동은 다행히도 제이티가 갱단을 정치화하기 위해 세운 전략의 아주 작은 부분에 지나지 않았다. 나는 정치인들이 남녀 흑인 청년들에게 정치 참여를 독려하기 위해 고등학교나 사회 복지 센터에서 여는 많은 집회들에 참석했다. 종종 신문 기자들도 이런 행사에 참석했다. 나는 기자들이 갱단의 개입에 관심을 두고 있다고 확신했지만 제시 잭슨 목사 같은 정치인들의 참석도 그들의 호기심을 돋웠다. 제시 잭슨 목사는 젊은이들에게 "총을 버리고 투표용지를 들어라"고 촉구했다.

제이티는 출마할 생각이 없다고 말했지만 블랙 킹스가 정치에 적극 관여하면서 새로이 접촉하게 되는 사람들에게 관심을 갖게 된 것이 분명했다. 그는 자신이 만난 설교자, 정치가, 사업가 들에 대해 끊임없이 이야기했다. 제이티는 시카고 갱단들이 1960년대와 70년대에 인종 차별 폐지와 주거 환경 개선을 위해 압력을 가하면서 정치 활동을 시작했다는 사실을 알고 있었다. 제이티는 자신이 그런 갱단 보스들을 모범으로 삼고 있다고 누차 말했다.

새로 동맹을 맺은 사람들과는 구체적으로 어떻게 협력하냐고 묻자 제이티는 "우리는 지역 사회를 위해 함께 일하고 있어"라거나 "우리는 일이 제대로 돌아가도록 하고 있을 뿐이야"라는 말로 모호하게 얼버무렸다.

아마도 제이티가 나를 믿지 못하거나, 아니면 구체적으로 이야기할 만한 게 없는지도 몰랐다. 제이티가 직접 관리하는, 내가 본 몇 안 되는 정치 활동 가운데 하나가 '긍지' 조직의 레니 더스터가 시카고의 다양한 갱단 고위 지도자들을 교육시키는 모임이었다. 경찰이 거의 오지 않는 터라, 로버트 테일러는 그러한 모임을 위해 비교적 안전한 장소를 제공해주었다. 이 때문에 제이티는 주민들이 방해하지 못하도록 경호를 제공하고 그 밖에 안전한 분위기를 확보하느라 분주했다.

제이티는 블랙 킹스가 주류 사회에 진입할 때 이 지역 사회가 더 힘을 얻게 되리라고 확고하게 믿었다. "우리의 정치 활동을 네 글에서도 언급해야 해." 제이티가 말했다. "그건 내 모습의 일부야."

제이티에게 '합법적'이란 이미지는 갱단의 기초를 이루는 돈벌이 사업에 매우 중요했다. 법을 준수하는 선량한 시민이 갱단을 정치적으로 생산적인 기업체로 본다면 마약 판매에 대한 불만이 덜할지도 몰랐다. 제이티는 지속적으로 일반 갱 단원들이 이들 정치 집회에 참여하도록 독려했으며 갱 단원들에게 새 삶을 요구하는 사회사업 단체들에 돈을 기부했다. 나는 제이티가 무엇보다도 자신이 범죄자 이상의 지역 인물로서 인정받기를 간절히 바란다는 사실을 알았다.

나는 내가 제이티를 믿는지 어떤지 확신할 수 없었다. 블랙 킹스가 얼마나 닳고 닳은 수완 좋은 집단인지 지켜보면서 내내 마음이 불편했다. 하지만 그들은 합법적인 사업체를 몇 개 갖고 있는 듯했고 아마도 앞으로 좀 더 전면적인 블랙 킹스의 모습을 볼 수 있으리라 기대했다. 어느덧 나는 시카고 대학에서 '갱단과 어울리는 인도인 친구'라는 평판을 얻게 되었다. 사실 부인할 수 없는 이미지였고 이런 상황을 바꿀 이유도 딱히 없었다.

### 확대 가족

제이티가 시카고 전체의 블랙 킹스 지도부와 함께, 혹은 최근에는 정치 집회에서 더 자주 시간을 보내게 됨으로써 주택단지 내에서 나와 동행하는 일은 점점 드물어졌다. 덕분에 내가 바라던 기회를 얻게 되었다. 즉 제이티의 감시 없이 혼자서 이 지역 사회에 대해 좀 더 알아볼 수 있게 된 것이다.

이 동네에 아직 익숙하지 않아, 나는 제이티의 구역 건물에서 멀리 벗어나지는 않았다. 로버트 테일러의 다른 구역을 돌아다니는 것은 위험하다고 제이티는 거듭 강조했다. 내가 주택단지를 오래 돌아다닐수록 자신의 갱단과 연관될 가능성이 높다고 했다. 그러므로 그의 갱단 구역을 벗어나지 않는 편이 좋았다.

대부분의 사람들은 갱단이 위험하다고 고개를 가로젓는 것과 달리, 이 주택단지에 대한 경험이 충분치 않은 내게는 기묘하게도 제이티의 갱단이 안전을 상징했다. 제이티가 관리하는 세 건물의 한가운데에 있는 안마당은 경비가 엄격한 공간이었다. 자동차에 앉아 있거나 아파트 밖으로 몸을 내밀거나 놀이터와 주차장을 어슬렁거리는 제이티 갱 단원들이 곳곳에서 눈에 띄었다. 나는 그들 대부분과, 이야기를 나눌 만큼 충분히 알지 못했다. 하지만 '친구'를 의미하는 그곳 특유의 신호(고개를 살짝 끄덕이면서 눈썹이 치켜올라가는)를 받을 만큼 친숙해져 있었다.

나는 이 갱단이 더 큰 지역 사회에 미치는 영향에 대해 좀 더 많은 것을 알고 싶었다. 시노트 아저씨와 클래리스는 이 갱단이 성가신 존재이자 두려움의 원천인 동시에 동맹자임을 넌지시 비쳤다. 하지만 두 사람은 언제나 다소 조심스러웠다.

"제이티가 어떤지 알잖아." 클래리스가 한번은 내게 말했다. "그는 가족이야. 가족이 어떤 건지 알지?"

"그 자식들이 날 질리게 하지만 아무 소리 안 할 생각이야." 시노트 아저씨가 내게 말했다. "어쨌든 걔들이 이곳의 안전을 지켜주니까."

두 사람은 마치 내가 그들이 하는 말의 의미를 정확히 알 거라는 듯 나를 바라보았지만 사실 그렇지 못했다. 다만 나는 그 의미를 열심히 이해하려고 애썼다.

나는 로버트 테일러의 주민으로, 자동차 기술 전문가이자 유능한 사기꾼으로 알려진 존슨 형제 크리스와 마이클을 만났다. 둘 다 순진한 얼굴에 체구가 깡마른 30대 후반으로, 긍정적인 성격의 소유자들이었다. 크리스는 부상을 당해 은퇴하기 전까지는 전도유망한 야구 선수였고 마이클은 자신이 바라던 수준만큼 성공을 이루지 못한 뮤지션이었다. 두 사람은 적당한 일자리를 원했지만 지속적으로 할 만한 일을 찾기가 어려웠다.

이들 형제는 마약 중독, 거리에서 사기 치기, 감옥살이, 떠돌이 생활을 전전했다. 이들 같은 불완전 취업자들에게 이 주택단지는 피난처, 즉 얼마간의 기회라도 얻을 수 있는 익숙한 집 같은 곳이었다.

당시 존슨 형제는 로버트 테일러 홈스 부근의 여러 주차장에서 자동차를 수리했다. 제이티가 동네 최고 실세였지만 크리스와 마이클은 이 지역 자동차 수리업의 명목상의 통치자인 시노트 아저씨와도 거래해야 했다. 시노트 아저씨는 이따금 직접 수리 작업을 했으나 피곤하면 존슨 형제 같은 사람들에게 하청을 주기도 했다. 그 대신 이들이 버는 수익에서 작은 몫을 떼고 자신의 허락을 받아 존슨 형제가 일을 한다고 갱단에게 알렸다.

크리스와 마이클은 페더럴가에 있는, 쓰레기와 깨진 유리들이 뒹구는 주차장 구석에서 일을 시작했다. 거기서 약 20미터 아래 소화전이 있는 곳에서 세차 일도 겸하고 있었다. 존슨 형제는 항상 많은 손님을 끌었다.

"할 말 있어?" 크리스가 물었다. "그럼 내게 일을 물어다줘. 가서 손님을 좀 끌어와!"

나는 흔쾌히 그의 말에 따랐다. 페더럴가의 한복판을 걸어다니면서 두 형제를 도와 자동차들을 불러 세웠다. 그러면 크리스가 운전자에게 다가가 "세차하실래요?" 또는 "브레이크가 끽끽거리는 것 같군요, 부인. 제가 좀 살펴봐드릴까요?"라고 물었다. 운전자들은 크리스와 마이클의 감언에 넘어와, 결국 차를 점검하는 데 동의하곤 했다. 여기서 실패하면 한 사람이 운전자의 혼을 쏙 빼놓는 동안 나머지 한 사람이 몰래 타이어의 바람을 빼버렸다. 맥주를 많이 마신 날일수록 두 사람의 수법은 더욱 기발했다.

어느 무더운 여름날, 해가 저물어갈 때였다. 제이티의 고참 갱 단원인 티본이 연두색 세비 말리부를 타고 그들이 세차하고 있는 곳으로 들어왔다. 말리부가 이들 갱단이 선택한 자동차인 모양이었다. 티본 뒤로는 세차를 기다리는 자동차들이 줄지어 있었다. 폭력배들이 즐겨 타는 차종은 대부분 차바퀴의 외륜이 반짝반짝 빛나고 밝은 색으로 도장된 말리부, 커프리스, 링컨 타운 카이었다.

"매주 이 자들의 차를 세차해줘야 해." 마이클이 투덜거렸다. "어쩌겠어." 갱단은 분명 무료 세차 형식으로 존슨 형제에게 세를 부과하고 있었다. 마이클은 비눗물이 담긴 양동이를 들고서, 크리스에게 와서 도와달라고 소리쳤다. 한 고객의 자동차 후드에 고개를 박고 있던 크리스가 지금은 바쁘다며 다시 소리를 질렀다. 그래서 내가 마이클을 거들어주기로 했다.

티본은 내가 깨끗한 헝겊으로 자동차를 문지르는 것을 보더니 자지러질 듯 웃어젖혔다. "이런 젠장! 이젠 이 사람들에게 접근할 셈이로군! 어이, 얌전이, 그 교수님에게 얼마나 줘?"

"주는 거 없어." 별명이 얌전이인 마이클이 대답했다. "교육을 시키는 중이야."

이 말에 티본은 한층 심하게 웃어젖혔다. 티본과 나는 이 일로 인해 퍽 사이가 가까워졌다. 티본은 갱단의 다른 사람들과 다르게 나와 일상적인 이야기를 주고받곤 했다. 티본은 사우스사이드 지역의 케네디킹 대학에서 회계학을 전공하고 있었고 제이티는 그에게 갱단의 재정을 맡겼다.

수다스럽고 조숙한 아이 둘을 둔 티본은 두뇌는 명석하나 세상 물정 모르는 것 같은 순진한 얼굴을 하고 있었다. 금속 테의 큰 안경을 쓰고 언제나 노트북을 가지고 다녔으며(거기에 갱단의 회계 기록이 담겨 있음을 나는 나중에야 알았다), 시카고 대학 생활에 대해 내게 항상 질문을 퍼부어 댔다. "내가 있는 곳보다 더 견디기 힘든 건 희망이지." 티본은 이렇게 말하곤 했다. "나는 A학점을 받아서 아직까지 등록금을 내본 일이 없어!"

크리스가 일하고 있던 주차장이 갑자기 술렁거렸다. 크리스가 한 손님과 싸움을 하고 있었다. 멀리서도 크리스의 얼굴에 핏대가 서 있는 게 보였다. 크리스는 상대의 멱살을 잡으려고 애썼고 상대는 크리스를 뒤로 밀쳐냈다. 상대가 무릎으로 복부를 찍어 크리스를 땅바닥에 자빠뜨렸다. 그러자 크리스가 돌을 집어들고는 상대의 머리를 내리쳤다. 이제 둘 모두 땅바닥에 드러누운 채 몸을 뒤틀며 비명을 질러댔다.

마이클과 티본이 서둘러 그쪽으로 갔다. "이봐, 여기선 안 돼!" 어지간히 어설픈 싸움 광경에 웃음을 터뜨리며 티본이 말했다. "여기선 말썽 일으키지 말랬잖아!"

"저 자식이 돈만 내면 말썽 안 일으켜." 크리스가 말했다.

"돈을 내라고?" 상대 남자가 말했다. "일을 끝내면 주지. 라디에이터 고치는 데 20달러라니 말이 되냐? 수리비 받으려면 손을 더 봐줘야 해."

"이봐, 이미 네 빌어먹을 차를 닦았잖아." 크리스는 주춤거리며 서 있었다. "네 이 빌어먹을 차는 너무 심해. 겨우 20달러 때문에 다른 일은 전혀 못 했다구." 크리스가 렌치를 집어들더니 남자의 다리를 후려쳤다. 남자는 고통스러운 신음 소리를 내뱉었다. 얼굴이 붉으락푸르락해진 그는 곧장 크리스를 쫓아갈 태세였다.

티본은 웃음을 참을 수 없어하면서도 크리스를 붙잡았다. "제기랄! 내 말 못 들었어? 그 빌어먹을 것을 내려놔. 자, 이리 와."

티본은 두 사람을 주차장 언저리로 데려갔다. 둘 다 절룩거렸다. 크리스는 곧 다시 티본의 차를 세차하기 시작했고 상대 남자는 땅바닥에 앉아 렌치에 맞은 다리를 문질렀다.

"저 자식한테 본때를 보여주겠어!" 크리스가 혼자 큰소리쳤다. "아무도 나한테 간섭 못해."

티본이 마이클과 내가 있는 쪽으로 다가왔다. "저 친구 말이 맞아." 그가 크리스를 가리켰다. "크리스는 저 남자 차를 세차하고 라디에이터를 수리해줬어. 비용은 20달러. 다른 일을 더 해줄 필요가 없어. 자, 너희를 위해 내가 돈을 받아 왔어. 싸움을 벌인 대가로 5달러를 더 받아냈지."

티본은 마이클에게 돈을 건네고, 내 얼굴을 가볍게 두드리며 눈을 찡긋하고는 노래를 흥얼거리면서 자리를 떴다. 마이클은 아무 말도 하지 않았다.

날이 어두워져 더는 일을 계속할 수 없게 되자 나와 존슨 형제는 그들의 낡은 흰색 스바루˚ 옆에 앉아서 맥주를 마셨다. 마이클은 티본이 종종 자신들을 위해 고객 분쟁을 해결해준다고 했다.

"왜 그러죠?" 내가 물었다.

"우리가 돈을 주기 때문이지!" 마이클이 대답했다. "우리는 선택의 여지가 없어."

마이클은 매주 수입의 15퍼센트를 티본에게 준다고 했다. 제이티의 행동대원들이 무단 입주자와 매춘부 들에게서 푼돈을 뜯어가듯, 고참 갱 단원들은 이렇게 보호세를 덧붙여서 수입을 충당했다. 대신에 갱단은 존슨 형제에게 고객을 몰아다주고 분쟁을 중재해주었다. 이 중재에는 때로 완강하게 버티거나 욕설을 퍼붓는 고객을 손봐주는 것도 포함되어 있었다. "이런 일은 한 달에 한 번 정도 있어." 크리스가 만족해하며 말했다. "우리를 건드리면 재미없다는 걸 사람들에게 가르쳐주는 제일 좋은 방법이지."

고객을 때리면 다른 손님들이 겁먹지 않냐고 두 사람에게 물었다. 곧이은 마이클의 대답은 블랙 킹스에 대해 많은 것을 시사해주었다.

"문제가 생기면 넌 분명 경찰을 부를 테지, 안 그래?" 마이클이 말했다. "우리는 킹스를 불러. 난 티본을 부르지. 달리 부를 만한 사람이 없거든."

"아니, 경찰을 부르면 되잖아요." 내가 말했다. "왜 일이 잘못돼도 경찰을 부를 수 없는지 이해가 안 되는걸요."

"내가 여기 주차장에서 뒤가 구린 돈벌이를 하거나, 혹은 네가 건물 안에서 그럴 경우, 티본이 해주는 것과 같은 서비스를 우리에게 해줄 경찰은 없어." 마이클이 말했다. "뒤가 구린 일을 하는 사람들은 모두 보

---

■ 일본 후지 중공업이 만든 경차.

호해줄 누군가가 필요하지. 네가 양말을 팔거나 몸을 팔아도 난 널 돌봐줄 수가 없어. 넌 네 뒤를 봐줄 누군가가 필요해."

"어렸을 때 우리는 둘 다 블랙 킹스였어." 크리스가 말했다. "네가 만나는, 여기에 사는 나이든 사람들 대부분이 다 그래. 그 사람들도 한때 킹스였지. 그래서 일이 복잡해. 만약 네가 47번가에 가게를 갖고 있으면 정당하게 세금을 내고 경찰이나 시의원들에게서 보호를 받겠지만……."

나는 크리스의 말 중간에 끼어들어 왜 시의회 의원들의 보호가 필요한지 물었다. 크리스는 퍽도 순진하다는 듯 나를 쳐다보더니, 시의원들의 일선에서 일하는 사람들이나 '행정 구역장들'은 장부에 기장되지 않는 사업 활동에 대해 세금을 부과하고 싶어한다고 설명했다. "그래서 우리는 갱단에 돈을 바치고 그 대가로 갱단은 우리를 보호해주지."

"실은 그 이상이야." 마이클이 말했다. "무슨 말이냐 하면, 코가 꿰인다고 할까. 이 친구들은 우리 삶을 지옥으로 만들어놓지만 우리 가족이기도 해. 가족이란 우리가 선택할 수 있는 게 아니잖아!" 크리스는 거의 맥주를 엎지를 지경으로 마구 웃어댔다.

"생각해봐." 크리스가 나를 재촉했다. "다른 갱단이 와서 총을 쏴대거나, 혹은 어떤 녀석들이 건물에 침입해 강탈을 해갔다고 쳐보자구. 그 일을 누가 처리해주겠어? 짭새? 짭새들은 이 근처엔 얼씬도 하지 않아! 그래서 제이티와 킹스가 있는 거야. 네가 물건을 도둑맞으면 그 친구들이 되찾아줄 테고 누가 여기 와서 총을 쏴대지 않도록 보호해줄 거야."

크리스와 마이클은 다소 꺼림칙한 부분이 없지 않아도 블랙 킹스를 정말로 확대된 가족이라고 믿는 것 같았다. 내가 회의를 느끼고 있던 때에, 이 갱단이 순전히 해를 끼치기만 하는 세력과는 분명 다르게 보였다. 제이티가 예전에 "우리 갱단하고 구역 내 건물들은 하나야"라고 한 말을 나는 기억했다. 그때는 그 말이 이해되지 않았다.

어느 무더운 오후, 나는 제이티 구역 내 건물 로비에서 일부 주민들과 블랙 킹스 단원 몇 명과 어울리다가, 갱단과 지역 사회의 관계에 대하여 또 다른 일면을 보게 되었다. 건물 밖에 세워둔 한 자동차에서 랩 음악이 쿵쿵 울리고 있었다. 농구 경기가 막 끝났고, 경기를 하느라 땀을 뻘뻘 흘린 사람들 수십 명이 맥주를 마시면서 호수에서 불어오는 산들바람을 즐기고 있었다.

그때 약 50미터쯤 떨어진 작은 떡갈나무 숲에서 웬 여자의 고함 소리가 들렸다. 그곳은 그늘이 진 몇 안 되는 장소였다. 로버트 테일러가 들어서기 전부터 거기에는 숲이 자리하고 있었고 나무들은 이 주택단지가 사라진 뒤에도 오래도록 남아 있을 법했다. 음악이 너무 요란해서 여자가 하는 말을 알아들을 수가 없었다. 나와 상당수의 사람들이 서둘러 그쪽으로 갔다.

남자 몇 명이 40대로 보이는 여자를 말리고 있었다. "놔!" 여자가 새된 소리를 질렀다. "혼찌검을 낼 거라고! 놓으라니까. 어서 가자고!"

"안 돼." 남자들 중 하나가 여자를 진정시키려고 애쓰면서 말했다. "그렇게 처리하면 안 되지. 우리한테 맡겨."

"이봐, 프라이스!" 또 다른 남자가 소리쳤다. "프라이스, 이리 와."

프라이스는 오래된 블랙 킹스 단원으로 꽤 다양한 기술을 가지고 있었다. 현재는 갱단의 보안을 맡고 있었는데 싸움질을 좋아하는 그에게는 썩 잘 맞았다. 키가 크고 호리호리한 프라이스는 자기가 맡은 일을 아주 중요하게 여겼다. 몇 명의 블랙 킹스 행동대원들에게 질질 끌려 나가며 소리를 질러대는 여자 쪽으로 프라이스가 성큼성큼 다가갔다. 나는 프라이스에게 손을 흔들었다. 그는 내가 가까이 있어도 신경 쓰지 않았다.

"무슨 일이야?" 프라이스가 부하들에게 물었다. "부부Boo-Boo가 왜 저렇게 소리를 질러대지?"

"가게 아랍 놈이 자기 딸에게 못된 짓을 했대." 부하 하나가 말했다. "그 자가 딸아이에게 병을 옮겼대나."

프라이스는 여자를 진정시키려 애쓰면서 조용히 말했다. 나는 옆에 있는 젊은 여자에게 무슨 일인지 물었다. 부부는, 근처 길모퉁이에 있는 가게 주인이 10대인 자기 딸을 건드려 성병을 옮겼다고 믿고 있다고 했다. 근처에는 그런 가게들이 몇 군데 있었고 모두 아랍계 미국인들이 운영했다. "부부는 그 아랍인을 찍 소리 못하게 손봐주고 싶어 해." 여자가 말했다. "지금 남자를 만나러 가게로 가는 길이었나 봐."

이제 10여 명의 사람들이 웅성웅성 모여들었다. 갱 단원들이 부부의 팔을 등 뒤로 붙잡고 있는 동안 프라이스가 부부에게 이야기하는 것을 모두가 지켜보았다. 갑자기 프라이스가 부부를 놓아주었고 부부는 가게를 향해 당당히 걸어갔다. 부부 옆에는 프라이스가, 뒤에는 많은 주민들이 따라갔다. "혼찌검을 내줘, 부부!" 누군가가 큰소리로 외쳤다. 연이어 "아랍 놈들이 우리에게 못 그러도록 해" "프라이스, 그 자식을 죽여 버려!"와 같은 다른 목소리들이 터져 나왔다.

우리는 크러스티라는 이름의 작고 허름한 가게에 도착했다. 간판은 어디에도 붙어 있지 않았지만 '담배 판매함', '식권 환영', '주변을 서성거리지 마시기 바랍니다' 같은 상투적인 알림문이 나붙어 있었다. 내가 가게에 도착했을 즈음에는 부부가 이미 가게 안에서 소리를 질러대고 있었지만 무슨 말인지 알아듣기가 어려웠다.

나는 입구 가까이로 다가갔다. 부부가 선반에서 식품이 담긴 상자들과 캔들을 집어서 내던지는 게 보였다. 어디에다 대고 던지는 건지는 보이지 않았다. 프라이스는 심각한 표정으로 냉장고에 기대어 서 있었다. 그때 부부가 큰 유리병을 잡으려고 손을 뻗었고 그것을 던지기 전에 프라이스가 부부를 붙잡았다.

잠시 후, 한 남자가 가게 밖으로 달려 나왔다. 아랍인으로 보였는데 사내는 팔을 휘저으며 아랍어로 뭐라고 소리를 내질렀다. 말쑥하게 생긴 40대 초반의 남자는 반소매에 목깃을 세운 셔츠를 입고 있었다. 그는 사람들을 옆으로 밀치며 앞으로 나아갔다. 일부 사람들이 도로 그를 밀쳐냈지만 남자는 간신히 자기 차의 문을 따고 차 안으로 들어갔다.

부부가 잽싸게 남자의 뒤를 쫓아갔다. 부부는 차에다 술병을 던졌다. 하나는 후드에 부딪혀 박살나고 다른 하나는 완전히 빗나갔다. 사람들이 야유를 퍼붓기 시작했고 일부 남자들은 부부를 붙들었다. 아랍인 남자의 차가 달아나고, 부부가 계속해서 소리를 지르며 길 한복판에 드러눕는 것을 모두가 지켜보았다. "내 새끼를 강간했어! 내 새끼를 강간했다고, 이 아랍 놈아!"

프라이스가 가게 주인인 나이 지긋한 남자를 데리고 가게에서 천천히 걸어 나왔다. 그 남자 역시 아랍인 같았다. 줄무늬 있는 와이셔츠와 카키색 바지를 입고 있었다. 근처에서 가게를 운영하는 데 심각한 타격을 입은 듯, 남자는 지친 표정이었다. 남자가 조용히 이야기를 하는 동안 프라이스는 앞을 똑바로 쳐다보면서 이따금 고개를 끄덕였다. 가게 주인은 자신의 입장을 항변하는 것으로 보였다. 마침내 두 사람이 악수를 나누고 프라이스가 옆으로 비켜나자 갱 단원들이 남자를 뒤따라갔다.

그런 다음 가게 주인이 탄산음료와 맥주 상자 들을 밖으로 끌어내어 인도에 펼쳐 놓았다. 사람들이 우르르 달려들었다. 대부분 사람들은 캔이나 병 몇 개를 집었지만 일부는 여섯 개들이 한 상자 내지 두 상자를 억세게 낚아챘었다. 가게 주인은 점점 더 많은 상자들을 날라 내왔고 상자들은 재빠르게 사라졌다. 그는 이따금 공원의 새들에게 먹이를 주듯 무리를 흘깃 쳐다보며 이마의 땀을 훔칠 뿐 아무런 감정도 드러내지 않은 채 상자들을 바닥에 내려놓았다. 나와 눈길이 마주치자 머리를 흔들며 어깨를 으쓱하고는 다시 안으로 들어갔다.

프라이스는 멀찍감치 떨어져 이를 지켜보았다. 그는 50대 후반의 베일리 부인과 이야기를 나누고 있었다. 베일리 부인은 제이티가 살고 있는 건물의 주민 대표였다. 나는 몇 번 베일리 부인과 만난 적이 있던 터였다. 내가 다가가자, 베일리 부인은 싱긋 웃으며 내 손을 맞잡고 나를 끌어안았다. 그런 뒤 다시 프라이스 쪽을 돌아보았다.

"여자들을 함부로 다루게 내버려둘 순 없어." 베일리 부인이 프라이스에게 말했다. "자네들도 모두 알잖아."

"잘 알고 있죠, 베일리 부인." 프라이스가 분에 차서 말했다. "말한 대로 거기에 대해 신경쓰고 있어요. 하지만 부인이 원하시면 그렇게 하세요!"

"난 내 방식대로 이 일을 처리하겠어. 하지만 우선은 자네가 내일 그 작자하고 이야기를 좀 했으면 싶네."

"알겠어요, 베일리 부인. 그렇게 하죠." 프라이스가 사무적인 어조로 말했다. "제이티나 제가 처리할게요."

베일리 부인은 가게 주인과 말싸움을 벌이고 있는 몇몇 여자들을 향해 소리쳤다. "모두들 자기 것을 챙겨서 여기서 나가. 이 남자는 내버려 둬. 이 남잔 너희가 찾는 사람이 아니야." 베일리 부인은 가게 안의 주인에게 다가가면서 다시 한 번 모두에게 집으로 돌아가라고 말했다.

나는 프라이스를 따라가며 어떻게 된 일이냐고 물었다.

"아까 그 아랍 놈이 코코하고 잤어." 프라이스는 능글맞게 웃었다. "하지만 그놈이 코코에게 성병을 옮기진 않았어. 저 꼬마 숙녀가 원래 병을 갖고 있었지. 갠 창녀야. 열여섯 살짜리가 벌써 그 짓이라니 원."

"그럼 왜 저러는 거야? 왜 소리를 지르고, 저 맥주와 탄산음료는 다 뭐야?"

"말한 대로, 그 남자는 코코하고 관계를 가졌지만 코코의 아기를 위해 기저귀나 자질구레한 물건들을 대주고 있었어." 나는 일부 가게 주인들이 잠자리 대가로 여자들에게 음식이나 가정용품들을 공짜로 준다는 소리를 듣고 있었다. 일부 주민들은 그런 일에 대해 아주 속상해했다. 사실 나는 메이 부인이 다시는 이런 일이 재발하지 않도록 제이티에게 주기적으로 당부하는 소리를 들었다. 제이티의 대답은 프라이스가 지금 내게 말한 내용과 거의 같았다. "그런 빌어먹을 일들은 근절할 수가 없어요. 아주 오래전부터 있어왔던 일인걸요. 그건 여기 사람들이 일하는 방식일 뿐이에요."

오늘 프라이스가 어떤 역할을 한 거냐고 물어보았다. "가게에 같이 가서 그 작자에게 호통을 치게 보호해주겠다고 했지. 부부는 그놈 거시기를 잘라서 사진을 찍어 온 천지에 붙이겠다고 야단이더군. 그놈은 환각제를 처먹었어. 그래서 달아난 거야. 가게 주인인 그놈 형에게 말했지. 뭔가 보상을 해주어야 하지 않겠냐고. 안 그러면 성난 주민들이 가게에 불을 지를지도 모른다고 말이야. 그 형이 가게를 그냥 놔두면 탄산음료와 맥주를 모두 인도에 내놓겠다고 하더군. 난 '아주 좋다'고 했지. 하지만 내일 나하고 이야기를 좀 해야 한다고 했어. 부부가 그의 동생을 죽이게 하고 싶진 않으니까. 그 여자는 그러고 말걸. 아무도 다치는 일이 없게 내일 대책을 강구할 거야."

나는 프라이스가 이런 분쟁을 중재하는 책임을 맡고 있냐고 물어보려고 했다. 프라이스가 먼저 대답을 해주었다. "그게 블랙 킹스가 하는 일이야. 우리는 다만 평화를 유지하도록 돕고 있어. 지역 사회를 돌보는 거지."

프라이스의 설명으로는 부족해서 제이티와 이야기를 더 나눠보고 싶었다. 하지만 요즘 제이티는 눈코 뜰 새 없이 바빠 얼굴을 보기 힘들었다. 내가 그러고 있는 동안 제이티는 다른 갱단 보스들과 더불어 블랙 킹스가 점찍어 놓은 정치 지도자들을 회유하고 있었다.

게다가 노동절 직전에 윗사람들에게 깊은 인상을 주려는 제이티의 노력이 차츰 결실을 맺어갔다. 제이티는 며칠 동안 주州의 남부에 가 있을 거라고 말했다. 블랙 킹스 최고위급 지도부가 몇 달에 한 번 그곳에서 회동을 가졌는데, 제이티는 처음으로 그 큰 모임에 초대받았다.

블랙 킹스는 광범위한 지역에 걸쳐 세력을 넓혀가고 있었다. 북쪽으로는 밀워키, 남쪽으로는 세인트루이스, 동쪽으로는 클리블랜드, 서쪽으로는 아이오와에 이르기까지 지부를 두고 있었다. 블랙 킹스가 아이오와에서도 활동한다는 제이티 말을 들었을 때 나는 깜짝 놀랐다. 대부분의 시카고 갱단들은 아이오와에서 고등학교 농구나 축구 경기에 참여하는 척하면서 지역 판매상을 모집한다고 했다.

사실, 아이오와는 그다지 돈벌이가 되지 않았다. 아이오와 주에서 가장 큰 도시인 디모인 같은 곳에서도 갱 단원들이 어찌나 거칠고 세련되지 못한지, 시카고 갱단 지도부는 실망을 금치 못했다. 조직 기강이 전혀 서 있지 않았고 공짜로 많은 물건들을 줘버렸으며 술을 많이 마셔대어 때로 일하러 가는 것조차 잊어버렸다. 하지만 아이오와 시장은 블랙 킹스를 비롯해 대부분 시카고 갱단들이 지속적으로 도전해볼 만큼 그 규모가 컸다.

제이티는 갱단 상위 서열로 오르고자 하는 자신의 야심을 내게 솔직하게 밝혔다. 이 지역 모임은 그것을 위한 첫걸음인 셈이었다.

자기가 없는 동안 구역 내 건물 주변을 자유롭게 돌아다녀도 좋다고 제이티는 말했다. 행동대원들에게 미리 일러두겠다고 하면서 그는 늘 내게 하던 주의를 잊지 않았다. "건물에서 너무 멀리 가진 마. 내가 널 도와줄 수가 없잖아."

이 이야기를 들은 뒤로 나는 흥분과 불안이 교차했다. 제이티 없이 혼자 로버트 테일러를 돌아다녀도 보통 몇 시간뿐이었다. 이제 더 많은 시간을 돌아다닐 수 있을 테니 갱단에 대해 자신의 솔직한 입장을 말해줄 사람들을 만나보고 싶었다. 물론 질문의 방향과 관련해서는 조심해야 하리라. 하지만 적어도 제이티의 감시망에서 벗어나 블랙 킹스에 대해 폭넓은 시각을 조망할 수 있는 기회인 셈이었다.

## 야간 농구 대회

나는 곧 한 가지 문제에 부딪혔다. 나는 블랙 킹스와 너무 많은 시간을 보내고 있었다. 많은 주민들이 짧은 인사나 날씨에 대한 그저 그런 이야기 외에는 아무도 나에게 말을 걸지 않았다. 그들은 분명 나를 블랙 킹스 단원으로 여겼고 나와 관계하는 것을 원치 않았다.

주민 대표인 베일리 부인은 나하고 스스럼없이 이야기를 나누는 몇 안 되는 주민 가운데 하나였다. 그녀의 방 두 개짜리 작은 사무실은 현재 부인이 살고 있는 제이티의 건물 내에 있었다. 이 건물은 '로버트 테일러A'로 불리기도 하는 로버트 테일러 홈스 북쪽 끝에 있었다. 몇 킬로미터 떨어진 주택단지 남쪽 끝에 '로버트 테일러B'가 있었다. 테일러B는 다른 갱단과 주민 대표들이 장악하고 있었다. 테일러A와 테일러B의 일상생활은 다르지 않았다. 빈곤과 마약 중독의 비율이 비슷했고, 예를 들어 갱단의 활동과 범죄 수준도 비슷했다.

다만 한 가지 큰 차이점이 있다고 베일리 부인이 말했다. 테일러B에는 수백 명의 청소년들이 당구와 농구를 하고 도서관을 이용하고, 청소년을 위한 프로그램에 참여하는 대규모 청소년 클럽이 있다는 것이다. 테일러A에는 그런 시설이 없다며 베일리 부인은 부러워했다.

테일러B는 테일러A에서 걸어갈 만한 거리에 있었지만 갱단 간의 경계는 비록 자신들과 아무런 상관이 없는 주민일지라도 자유롭게 드나들기를 꺼려하게 만들었다. 경계를 넘어갈 경우, 대개 싸움을 벌이는 쪽은 10대들이었지만 어른들 사이에서도 말썽이 일어날 수 있었다. 자기네 구역이 아닌 건물로 들어가면 보초를 서는 갱 단원한테서 수색을 당하거나 가진 것을 털릴 수가 있었다.

베일리 부인은 테일러A 아이들에게 해줄 수 있는 게 별로 없다며 한숨을 내쉬었다. 기껏 노후한 아파트 세 채를 놀이방으로 개조한 정도뿐이었다. 이 공간들은 형편없었다. 천장에서 물이 떨어지고 쥐와 바퀴벌레가 사방으로 돌아다니고 화장실에서는 악취가 올라왔다. 놀이방에 있는 거라곤 몇 가지 낡아빠진 보드게임, 뭉툭해진 크레용, 그리고 낡은 TV가 전부였다. 그럼에도 거기에 갈 때마다 나는, 아이들이 마치 디즈니 월드에라도 온 것처럼 아주 신나게 노는 모습을 보곤 했다.

어느 날 오후, 베일리 부인이 테일러B에 있는 청소년 클럽에 가보자고 했다. "어쩌면 자네 연줄로 우리 지역에도 그런 클럽을 지을 수 있을지 아나. 기금을 마련하는 데 도움을 구해봄세."

만약 그럴 수만 있다면 기꺼이 돕겠다고 나는 말했다. 베일리 부인이 나를 '연줄' 있는 중산층 대학원생으로 본 것이야말로 이 지역 사회가 실로 자선 단체나 정부 유력 인사들로부터 얼마나 소외되어 있는지를 단적으로 말해주었다.

테일러B는 제이티가 이끄는 블랙 킹스의 경쟁파인 디사이플스가 관리했다. 베일리 부인은 몸소 나를 청소년 클럽으로 데려가서 클럽 관리자인 오트리 해리슨에게 소개했다.

오트리는 30대로, 188센티미터의 키에 젓가락처럼 여윈 몸을 갖고 있었다. 얼굴에 비해 커다란 동그란 안경을 쓴 그는 활짝 웃으며 악수로 나를 반겨주었다. "무슨 기술이 있나, 젊은이?" 오트리가 밝은 목소리로 물었다.

"읽고 쓸 수 있지만 그게 다예요."

오트리는 나를 당구장으로 안내하면서 다가오던 어린 꼬마들에게 소리를 질렀다. "이 형이 너희에게 책을 읽어줄 거야. 그러고 나서 형이랑 읽은 책에 대해 같이 이야기를 나누어보렴." 오트리가 내 귀에 대고 소곤거렸다. "많은 아이들 부모가 글을 읽지 못하거든."

그날 이후, 오트리는 흔쾌히 나를 클럽에 머물게 해주었다. 나는 그와 금세 친해졌다. 오트리는 로버트 테일러에서 자랐고, 군 복무를 했으며, 동시대 의식 있는 소수의 사람들이 그러하듯 빈민가 청소년을 위한 일을 하고자 자신이 자란 동네로 돌아왔다.

최근 오트리는 범죄의 처벌에 관한 연구를 위해 다시 시카고 주립대학에 다니면서 갱단을 연구하는 이 대학 교수의 연구 조교로 비상근으로 근무하고 있었다. 결혼은 했고 세 살짜리 딸아이가 있었다. 클럽과 집안일로 가끔 수업을 빼먹기도 했으며 심지어 휴학도 잠시 했다고 했다.

젊은 시절, 오트리는 잘못된 선택의 대가를 톡톡히 치렀다. 포주이자 갱 단원이었으며, 범죄에 발을 담갔다. 또한 공영 주택단지 생활을 하면서 폭력의 세례를 받았다. 두들겨 맞거나 돈을 빼앗기고 갱 단들 간의 전쟁에서 친구들이 총에 맞아 죽는 것을 지켜보아야 했다.

오트리는 때로 바싹 여윈 팔로 뒷머리를 받치고 의자에 기댄 채 몇 시간이고 앉아서 포주 노릇을 하던 시절에 알게 된 교훈들을 들려주었다. 이런 교훈들 중에는 '자기가 데리고 있는 여자들하고는 절대로 자지 마라', '여자들을 빚으로 옭아매고 있을 때 힘을 갖게 되므로 항상 돈을 빌리게 하라', '여자들이 어디서 무슨 짓을 했는지 알 수 없으므로 혹시 자게 되면 그들과 악수를 할 때조차 언제나, 항상, 꼭 콘돔을 껴라' 같은 것들이 있었다.

우리는 죽이 잘 맞았다. 게다가 오트리는 주택단지 주민들이 갱단을 어떻게 보는지 파악할 수 있는 정보의 원천이었다. 알고 보니 청소년 클럽은 아이들만을 위한 안전지대가 아니었다. 노인들은 그곳에서 카드놀이를 했고 종교인들은 친목 모임을 가졌으며, 사회사업가들과 의사들은 무료 상담과 치료를 제공했다. 함께 이야기를 나눠본 많은 매춘부들과 마찬가지로, 오트리도 갱단이 먹을 것을 주고 분쟁을 중재하는 등 지역 사회에 도움이 된다고 보았다. 하지만 지역 사회가 '갱단이 저질러놓은 잘못을 수습하는 데' 많은 시간을 소모하고 있다는 사실 또한 강조했다.

"무슨 말이에요?" 내가 물었다.

"갱 단들은 때로 아주 말도 안 되는 이유로 사람을 죽이곤 해. '왜 내 애인에게 말 걸어?', '내 구역의 인도를 지나갔잖아', '날 우습게 봤어, 끝장인 줄 알아, 죽여놓고 말 테다' 이런 식이지."

"그러니까 항상 마약 때문에 싸우는 건 아니로군요?"

"농담해?" 오트리가 웃음을 터뜨렸다. "갱 단원들은 항상 그게 일이라고 말하지. 실제로 그래. 하지만 이곳의 열다섯 살짜리도 다른 여느 곳의 열다섯 살짜리와 똑같다는 거야. 녀석들은 주목받고 싶어 해. 집안에서 관심을 못 받으니까. 그래서 반항을 하는 게지. 우리 클럽은 그 녀석들 사고 친 거 뒤치다꺼리하기 바빠."

"어떤 식으로 하는 거예요?"

"감당이 안 되면 우리가 해결해. 일전에 그랬던 것처럼. 그때 배리가 자기네 구역 건물 근처를 돌아다닌다는 이유로 다른 갱단 출신을 찔렀지. 단지 돌아다닌다는 이유 때문에 말이야! 그래서 내 친구 레지 경관을 불러서 둘이 막장까지 싸우게 했어."

"싸우게 했다고요? 해결한다고 말한 것 같은데?"

"그래. 때로는 싸우게 하는 게 해결법이야. 사내들은 서로 싸우게 해야 해. 총도, 칼도 없이 맨주먹으로. 그러고 나서 '좋아, 모두들 서로 죽이는 일 없이도 싸울 수 있다는 거 알겠지?'라고 말해."

오트리는 이 클럽이 지역 사회에서 폭넓게 평화를 유지하는 역할을 한다고 말했다. 그를 포함한 클럽 직원들은 학교 당국, 사회사업가, 경찰들의 협조를 얻어 남녀 청소년들을 사법 제도에 맡기기보다는 형식에 구애받지 않고 온갖 문제들을 중재했다. 경찰은 곧잘 좀도둑, 공공 기물 파괴범, 차량 절도범 들을 이 클럽으로 데려왔고, 오트리와 직원들이 손해 배상뿐 아니라 훔친 물건의 반환을 놓고 협상을 벌였다.

실제로 이러한 중재가 진행되는 것을 나는 보지 못했다. 다만 사후 그 결과를 오트리가 알려주었을 뿐이다. 그가 거짓말하는 것 같지는 않았지만 허풍이 좀 섞였는지는 모른다. 오트리는 심지어 갱단 간의 갈등을 해소하려고 밤늦게 상대편 갱단 보스들을 클럽으로 초대하기도 했다는 것이다. 오트리와의 대화는 제이티와의 대화와 다소 비슷했다. 두 사람의 주장을 단독으로 확인하는 것은 언제나 쉬운 일이 아니었다.

분주하던 어느 날 아침, 밤늦게 클럽에서 열리는 사적 모임에 오지 않겠냐고 오트리가 물어왔을 때 나는 무척 놀랐다. 몇몇 지역 단체가 한밤중에 농구 대회를 계획하고 있다는 것이다.

이 농구 대회는 모든 10대에게 문을 활짝 열어놓았지만, 실제 목적은 갱 단원들을 끌어들이는 것이었다. 지역 사회 지도자들은 제멋대로인 10대들이 거리에서 밤을 보내게 하는 대신, 건전하게 클럽에서 농구를 하게 한다고 하자 좋아했다. 청소년은 입장료가 따로 없는 대신, 매 경기 전에 동기 유발을 위한 목사나 다른 강연자의 연설을 끝까지 들어야 했다. 대신에 운동화, 티셔츠, 우승 기념품을 탈 수 있는 기회를 공짜로 얻었다.

클린턴 정부가 시카고 야간 농구 대회를 전국적 캠페인을 위한 모범 사례로 삼으면서 오트리의 노력은 곧 폭넓은 관심을 불러일으켰다. 실제로 이 농구 대회가 10대 폭력을 줄였다는 증거는 일화逸話 정도뿐이었지만, 몇 안 되는 프로그램이 어느 정도 성공을 거두었다는 분위기 속에서 정책 입안자들은 한껏 고무되어 야간 농구 같은 아이디어를 열심히 내놓았다.

그날 오후 클럽으로 갔을 때 오트리는 커피와 도넛이 놓인 탁자 앞에 앉아 있었다. 그의 등 뒤 벽에는 '회의실에서 야간 농구 관련 회의가 열립니다'라고 손글씨로 쓴 안내문이 붙어 있었다.

"어서 와, 수디르." 오트리는 희색이 만연했다. "모두 안에 있어." 그는 주민 대표 몇 명, 목사들, 이슬람 국가 운동■ 측 관계자 한 명, 전직 경찰관 한 명을 거명했다. 농구 대회는 이제 오트리에게 중대사가 되었다. 그것은 오트리가 몹시도 끼고 싶어 하던, 지역 사회 지도층이라는 엘리트 집단으로 진입하는 것을 의미했다.

"제가 끼어도 괜찮을까요?" 내가 물었다.

"물론이지." 오트리가 서류들을 뒤적이며 말했다. "그 친구들도 싫어하지 않을걸."

"누구 말이에요?"

■ Nation of Islam. 1930년 7월 월리스 D. 파드 무함마드가 미국 미시건 주 디트로이트 시에 설립한 종교 단체로, 미국 흑인들의 영적, 정신적 및 사회 경제적 상황을 부흥시키는 것을 목표로 한다.

"그 친구들 모두 불렀어!" 오트리는 흥분해서 두 손을 비볐다. "디사이플스, 블랙 킹스, 미키 코브라스, 스톤스 보스들을 전부 불렀어. 모두가 올 거야!"

"그런 말 안 했잖아요." 나는 주저하듯 말했다.

오트리는 내가 걱정하는 것을 잘 알았다. "걱정 마. 그냥 뒤에 끼어 앉아서 입 다물고 있어. 네가 나하고 같이 왔다고 할게. 우선 이것 좀 도와줘." 오트리가 참석자들에게 나눠줄 전단지 세 벌을 건넸다. '구입을 위한 규칙'이라는 제목의 전단에는 각 후원 '단체'가 의무적으로 내야 하는 기부금이 나열되어 있었다. 각 갱단은 5,000달러를 기부하고 10명으로 짜인 4개 팀을 출전시키기로 되어 있었다. 그 돈은 심판, 운동복, 체육관 야간 대관료로 쓰일 계획이었다.

"갱단들에게 기부금을 내게 하려고요?" 내가 물었다. "그럼 당신이 성가셔지지 않나요?"

"그럼, 그 친구들이 그 돈을 가지고 뭘 하면 좋겠어?"

"좋은 지적이에요. 하지만 뭔가 온당치 않은 것 같아요."

"알아." 오트리가 전단지를 내려놓으며 셔츠 주머니에서 담배를 꺼냈다. "2,000여 명이 이 주택단지에서 저 독을 팔아 생계를 꾸려가고 있지. 서로를 죽이면서, 저 독을 사는 모든 사람들을 죽여가면서 말이야. 우리로선 어찌할 도리가 없어. 이젠 그 빌어먹을 걸 팔아먹고 싶으면 환원을 해야 한다고 말하지. 더 많이 사회에 환원하라고 말이야. 우리가 이상해 보이지? 자네가 이런 질문을 던져야 하는 건 그 친구들한테야."

"나하고 아는 사이라면 그 사람들에게 질문을 할 거예요."

"거짓말 하지 마, 친구."

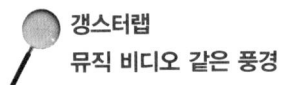
### 갱스터랩
### 뮤직 비디오 같은 풍경

제이티와의 관계를 툭 터놓고 밝히지는 않았지만 오트리는 우리 두 사람이 친한 사이라는 것을 알았다. 하지만 이야기를 하는 건 주로 제이티 쪽이었고, 그를 당황스럽게 하더라도 갱단과 관련해 좀 난처한 질문을 하려면 용기가 필요했다. "그들 가운데 적어도 한 사람에겐 물어볼 수 있을걸." 오트리가 말했다. "그 친구도 오늘밤 여기에 올 거야." 오트리는 요란하게 웃음을 터뜨리고는 밖으로 나가 담배를 피웠다.

젠장맞을. 나는 몇 주 만에 제이티를 처음 보는 것이었다. 갱단과 관련된 행사에 참석할 때 나는 그를 존중한다는 뜻에서, 또한 내게는 보호자가 필요하기도 했기에 사전에 제이티의 허락을 구하곤 했다. 그러지 않으면 제이티가 항상 말한 것처럼 내 신변 안전이 보장될 수가 없었다.

나는 클럽 바깥에서 제이티를 기다리기로 했다. 그가 도착하면 사정을 말할 요량이었다. 오트리가 함께 기다려주겠다고 했다. 우리는 인도에 서서 페더럴가에 죽 늘어선 분주하고 시끄러운 차량들을 바라보았다. 클럽에는 주택단지의 고층 건물들 그림자가 드리워져 있었다. 인터컴 장치가 없어서 사람들이 인도에서 열린 창문을 향해 고함을 지르는 소리가 들렸고 마리화나와 박하 향 담배 냄새가 풍겨 나왔다.

제이티와 다른 갱단 보스들은 오래전부터 저마다 개인 경호원을 데리고 다녔다. 이런 풍경은 갱스터랩 뮤직비디오에서 비롯된 것이었다. 스포츠카, 고급 트럭, 기다란 자줏빛 링컨 컨티넨털 자동차들은 흠집 하나 없이 매끈했으며 외륜은 새로 왁스를 칠한 듯 번쩍거렸다. 그들은 장례 행렬처럼 일렬로 차를 타고 와서 클럽 건너편에 주차했다. 운전은 갱단 보스가 해도 차에서 내릴 때는 경호원들이 먼저 내렸다.

오트리는 흥분을 감추고서 짐짓 무심한 얼굴로 길 건너 클럽이 안전한 중립 지대임을 확실히 했다. 갱단 보스들은 새 운동복과 흰 운동화, 그리고 손목과 목에는 화려한 금붙이들을 둘러 다들 비슷비슷하게 빼입었다. 갱단 보스들이 가까이 다가올 때 그들 뒤에는 각자 한두 명의 경호원이 따라 붙었고 또 다른 한두 명은 차에 남았다. 모든 경호원들이 선글라스와 야구 모자를 썼다.

제이티는 거기에 서 있던 나를 알아보고서 자신의 경호원들을 밀쳐냈다. "모두 모였군!" 제이티가 다른 갱단 보스들에게 큰 소리로 말했다. "좀 있다가 보자고." 그러고는 내게로 돌아섰다. 제이티는 '대체 뭐냐?' 하는 듯이 눈을 부릅뜨며 어깨를 으쓱했다.

내가 미처 대답을 하기도 전에 오트리가 끼어들었다. "이봐, 걱정 마. 내 쪽 사람이니까."

"당신 쪽 사람이라고?" 그러나 제이티는 웃지 않았다. "이 친구를 알아?"

"응, 거물 친구. 오늘은 내 쪽 사람이야." 오트리가 싱긋 웃었다. 그가 몸을 수그려 제이티를 끌어안자 앞니가 반짝였다.

"흠, 저 친구는 이제 당신 쪽 사람이군." 제이티가 고개를 저으며 거듭 말했다. 제이티가 담배를 빼 물자 오트리가 불을 붙여주었다.

"미안해." 내가 말했다. "한동안 널 못 봤잖아. 오트리하고 만난 지는 얼마 안 됐어. 오트리가 이 모임에 와도 좋다고 했거든. 네게 먼저 말했어야 했는데."

"그래, 이 동생은 별 뜻 없었어." 오트리가 말했다. "별 일 아니야. 오늘은 녹음 안 할 거지, 동생?" 오트리는 좋아하며 나를 데리고 클럽의 한 방으로 들어가면서 소리쳤다. "수디르는 대학에서 나왔고 오늘 자네가 이야기하는 걸 모두 녹음할 거야!"

"별 일 아니라고?" 제이티가 오트리를 돌아보며 말했다. "당신은 생각보다 아무것도 모르는 모양이군. 이 사람들을 죄다 불러 모아놓고 이런 바보 같은 짓을 하고 있다니."

"진정해, 동생. 말한 대로 수디르는 내 쪽 사람이야."

"그런데 수디르가 내 구역 건물을 드나들고 있다면 어떻게 되지? 그래도 수디르가 당신 쪽 사람일까, 응?"

"젠장, 아니야!" 오트리가 웃음을 터뜨렸다. "수디르는 네 쪽 사람이지! 난 저 망할 놈의 건물엔 절대 발을 들여놓지 않을 테니까."

오트리는 흰 이를 드러내고 웃으며 머리를 조아렸다. 퍽 재미있는 모양이었다.

"내 말이 그 말이야." 제이티가 나를 향해 말했다. "네가 저 방에 들어오면 저기에 온 다른 친구들이 널 처음 보는 셈인데, 그럼 넌 내 쪽이 아니라 오트리 쪽 사람이 되는 거야. 그런 생각 안 해봤어? 참을성이라곤 눈곱만큼도 없는 녀석. 내가 보기엔 넌 아무것도 몰라. 일단 저기 들어오면 난 네게 더는 아무것도 해줄 수가 없어. 그건 다 네 탓이라고."

"미처 생각을 못했어." 나는 사과했다. "방법을 잘 몰랐어."

"그래, 넌 생각이 없어." 제이티가 안으로 발길을 떼었다. "내가 말한 대로, 넌 내 쪽 사람이거나 다른 누구 쪽 사람이어야 해. 네가 결정해."

방 안에서 오트리가 나를 보며 낄낄거리는 게 보였다. "들어와, 친구!" 오트리가 소리쳤다. "들어오라고, 어린 친구! 쫄았어?"

나는 지역 사회와 갱단에 대해 더 많은 것을 알 기회를 놓치는 한이 있어도 제이티와의 관계를 위태롭게 하지는 말자고 결심했다. 나는 클럽에서 되돌아 나왔다. 대학교를 향해 걷다가 멈춰 섰다. 문득 우리가 마지막 보았을 때 제이티와 관련된 불미스러운 사건(시노트 아저씨를 폭행한 일)이 기억난 것이었다. 실수였다. 그 일에 대해 제이티에게 이야기한다는 것을 너무 오래 시간을 끌었다. 그로 인해 납득할 만한 설명을 듣는 게 더 어려워졌다. 모임이 끝나면 제이티가 자기 구역의 건물로 돌아오리라 생각하고서 나는 곧장 그곳으로 향했다.

역시 제이티는 그곳으로 왔다. 여전히 화가 난 듯, 그는 자기 어머니를 향해 큰 소리를 질렀다. "내가 무슨 일을 하고 있는지 아무도 이해 못해! 내 말에 귀 기울이고 내 말대로 하는 인간이 아무도 없어!" 제이티는 맥주를 사 오라며 경호원들을 내보내고는 안락의자에 앉아 리모컨을 집어 들었다. 내 쪽은 거의 쳐다보지도 않았다.

"화났어?" 내가 물었다.

"여기서 대체 뭘 하고 있는 거지?" 제이티가 물었다.

베일리 부인이 오트리를 소개해주었고 나는 클럽에서 일어나는 일에 관심이 있었다고 설명했다. 제이티는 더 이상 자신이 내가 만나고 있는 사람들을 모두 세세히 알지 못한다는 사실에 놀란 듯했다. "내가 없는 동안 친구들을 사귀셨군." 그러고는 제이티는 내가 하지 말아줬으면 하는 예의 그 질문을 했다. "여기서 정확히 뭘 하고 있는 거야? 내 말은, 뭘 쓰고 있냐고?"

제이티가 TV 채널을 이리저리 돌려댔다. 함께 있을 때 제이티가 나를 쳐다보지 않은 건 처음이었다.

"솔직히, 난…… 네가 어떤 일을 어떻게 하고 있는지에 관심이 많아." 나는 말까지 더듬거렸다. "전에 말했듯이, 네 마음이 어떻게 움직이는지 이해하고 싶어. 왜 이 동네로 돌아와 조직을 이끌 결심을 했는지, 그것을 위해 무엇을 해야 하는지 말이야. 하지만 외부의 다른 사람들이 널 어떻게 보는지 모른다면, 네가 어떻게 다른 사람들에게 막대한 영향을 미치는지 모른다면 네가 하는 일을 진정으로 이해한다고 할 수 없을 거야. 그래서 네가 자리를 비운 사이에 활동 범위를 좀 넓히려고 했어."

"사람들에게 나에 대해 꼬치꼬치 캐묻고 다녔다는 게로군?" 제이티는 나를 쳐다보려고 다시 내 쪽으로 향했다.

"정말 아니야. 사람들이 나하고 이야기하는 걸 불편해하는 거 알잖아. 난 지금 첫번째 단계에 있어. 조직이 무엇을 하고 사람들이 그것과 어떻게 관련을 맺는지 이해하려고 말이야. 만약 화나는 일이 생기면 사람들은 어떻게 반응하지? 경찰을 불러? 아니면 너를 불러?"

"좋아. 그러니까 다른 사람들이 나하고 일하는 방식을 쓰고 있다는 거지?"

제이티는 한결 누그러진 것 같았다. 나는 얼른 덧붙였다. "그래! 다른 사람들이 어떻게 너하고 일하는가, 그게 이 글을 쓰는 가장 좋은 방법이야." 나는 제이티가 '두 번째 단계'는 뭔지 묻지 않기를 바랐다. 실은 그런 건 없었기 때문이다. 제이티가 정말로 내가 자신의 전기를 쓰고 있다고 여기는 건 다소 불안했지만 그때는 다만 시간을 벌고 싶었을 뿐이었다.

제이티가 시각을 확인했다. "알았어. 난 잠을 좀 자둬야 해." 제이티는 의자에서 일어나 인사도 없이 침실로 가버렸다. 메이 부인이 부엌에서 내게 잘 가라는 인사를 했다. 나는 걸어서 버스 정류장으로 갔다.

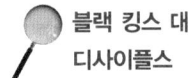 블랙 킹스 대 디사이플스

제이티는 이후로 몇 번 나를 만났지만 여전히 쌀쌀맞았다. 나는 제이티의 마음을 풀어주려고 클럽에 가는 것을 그만두고 제이티 구역 내 건물과 그 주변에서만 거의 시간을 보냈다. 오트리가 중요한 지역 사회 문제들과 관련하여 막후에서 다른 사람들과 어떻게 일을 해나가는지 볼 수 있는 기회를 놓쳐서 아쉬웠지만 더는 제이티를 화나게 하고 싶지 않았다. 나는 오트리에게 몇 주 동안 바쁘겠지만 일단 오는 가을 학기 수업에 적응되면 다시 가겠노라고만 했다.

학기가 시작되자마자 로버트 테일러의 어린 소년, 소녀가 갱단의 차량 총격으로 우연히 총에 맞는 사고가 발생했다. 소년은 여덟 살이었고 소녀는 아홉 살이었다. 두 아이는 병원에 입원했지만 소녀는 곧 사망하고 말았다. 이 차량 총격은 테일러A와 테일러B의 경계에서 발생했다. 제이티 갱단이 총격 대상이었고 갱 단원 몇 명이 부상을 입었다. 총격을 가한 쪽은 디사이플스 출신으로, 그들은 청소년 클럽 근처 주택단지 바깥에서 일을 저질렀다.

이 한 번의 총격은 일파만파로 번져갔다. 갱단들 간에 본격 전쟁이 벌어질 것으로 본 부모들은 아이들을 집 밖에 못 나가게 했다. 어른들은 일하는 중간에 따로 시간을 내거나, 혹은 일정을 조절해야 했다. 노인들은 무사히 병원 치료를 받으러 다닐 수 있을지 염려스러워했다. 연로해서 가게까지 걸어가지 못하는 가구들에게 음식을 배달해주기 위해 지역 교회들이 총동원되었다.

베일리 부인은 경찰이 불안과 걱정에 빠진 부모들과 주민 대표들을 청소년 클럽에 불러 모아 여는 모임에 대해 전해주었다. 정말로 갱단의 활동이 좀 더 폭넓은 지역 사회에 어떻게 영향을 미치는지 보고 싶으면 가보라는 얘기였다.

내가 물어보자, 제이티는 그런 일에는 별로 신경쓰지 않지만 좋은 생각이라고 했다. "경찰은 우릴 위해 아무것도 하지 않아." 제이티가 말했다. "지금쯤은 그걸 알겠지만." 그러면서 제이티는 내가 목격했던 부부, 프라이스, 아랍인 가게 주인 사건을 언급하면서 지역 사회가 '문제를 처리하는' 방식에 대해 뭐라고 중얼거렸다.

모임은 평일 아침 늦게 열렸다. 실업자, 갱 단원, 마약 중독자 몇 명이 눈에 띌 뿐 클럽 바깥 거리는 한산했다. 나뭇잎들은 이미 색이 바래 있었지만 그날은 계절에 맞지 않게 따뜻했다.

오트리는 평소처럼 모든 준비 상황을 점검하면서 허둥지둥 뛰어다녔다. 오랜만에 얼굴을 보는 것이었지만 오트리는 정다운 눈길로 나를 흘긋 쳐다보았다. 모임은 바닥에 리놀륨이 깔린 크고 창이 없는 콘크리트 방에서 열렸다. 참석한 주민들은 40명 정도였다. 온도를 높여 놓아서 모두들 부채질을 하고 있었다. "난방 장치를 끄면 곧바로 다시 켤 수가 없어." 오트리가 내게 말했다. "그러고서 다시 켜려면 5월이나 되어야 하지."

방 앞쪽에는 제복을 입은 경관과 경찰 책임자 몇 명이 긴 탁자 뒤에 앉아 있었다. 베일리 부인이 앞쪽 한쪽의 자기 옆자리에 앉으라고 나에게 고개를 끄덕였다.

　모임은 혼잡한 가운데 시작되었다. 경찰 책임자들이 조용히 해줄 것을 부탁하는 동안 주민들은 잇따라 소리를 쳤다. 아기를 안은 한 어머니는 "이런 생활에 신물이 나고 지쳤다"고 불만을 터뜨렸다. 좀 더 젊은 중년의 부모들이 가장 큰 목소리를 내었다. 노인들은 조용히 앉아 듣고만 있었는데, 그 가운데 많은 이들이 교회에 갈 준비를 한 듯, 손에 성경책을 들고 있었다. 경찰은 갱단 근절을 위한 노력을 계속하고 있다면서 갱단의 범죄를 신고하여 협조해달라고 주민들에게 요청하는 것 외에는 그들도 할 말이 별달리 없었다.

　약 45분 후에 경찰은 그 자리를 뜰 준비를 하는 것 같았다. 주민들 역시 마찬가지였다. 모임이 끝나자 일부 주민은 경찰을 향해 경멸하듯 손사래를 쳤다.

　"이런 모임은 언제나 이렇게 난리법석인가요?" 나는 베일리 부인에게 물었다.

　"늘 이런 식이지." 베일리 부인이 말했다. "우리는 경찰을 향해 소리치지만 경찰은 콧방귀도 뀌지 않아. 모두가 똑같은 일을 반복할 뿐이지."

　"여기서 얻는 게 뭔지 모르겠군요. 시간 낭비 같아요."

　베일리 부인이 내 무릎을 가볍게 톡톡 쳤다. "음."

　"농담이 아니에요." 내가 말했다. "웃기잖아요. 내가 자란 곳에서는 곳곳에 경찰들이 널려 있었어요. 헌데 여기서는 아무것도 되는 게 없군요. 속상하지 않아요?"

　이제 모두가 나가고 방에는 베일리 부인과 다른 주민 대표 몇 명, 오트리, 그리고 근처 관할 구역에서 일하는 키가 큰 흑인인 존슨 경관만 남아 있었다. 단정한 분위기의 존슨은 짧은 콧수염에 머리가 희끗희끗했다. 남은 사람들은 모두 시계를 확인해가면서 서로 조용히 이야기를 나누었다.

내가 막 방을 나서려던 참에 베일리 부인이 다가왔다. "두 시간 있다가 다시 이리로 오게나. 하지만 지금은 가줘야겠네."

오트리가 내 옆을 지나치면서 싱긋 웃으며 눈을 찡긋했다. 뭘 하려는 걸까? 나는 오트리가 지역의 유력 인사가 되려고 계속 노력 중이라는 사실을 알고 있었다. 하지만 그가 실제로 얼마나 힘이 있는지는 알지 못했다.

베일리 부인의 말을 듣고서 나는 잠시 자리를 빠져나와 근처를 걸었다. 클럽으로 다시 돌아왔을 때, 오트리가 앞서 모임이 열렸던 방을 가리켜 보였다. 베일리 부인과 다른 건물 대표 몇 명, 존슨 경관과 오트리의 친구로 역시 로버트 테일러에서 자란 건강하고 넉넉해 보이는 레지 경관, 그리고 다년간 갱단의 휴전을 이끌어낸 전문가로 일컬어져온 윌킨스 목사가 방 안에 있었다. 오트리가 자신을 윌킨스 목사의 후계자로 여기고 있음을 짐작할 수 있었다.

오트리가 준비해둔 접이식 철제 의자에 앉기 전에 그들은 우선 무리를 지어 다니면서 악수를 나누고 조용히 잡담을 나누었다. 내가 의자에 앉자 몇몇은 살짝 놀라서 쳐다보았지만 뭐라고 참견하는 사람은 없었다.

그때 아주 놀랍게도 한쪽 벽을 따라 고참 갱 단원 몇 명과 앉아 있는 제이티가 보였다. 눈이 마주치지는 않았지만 제이티가 나를 알아본 것은 분명했다.

훨씬 더 놀라운 일은 방의 다른 쪽에 있는 사람들이었다. 메인이라 불리는 디사이플스의 보스가 자신의 고참 갱 단원들과 함께 말없이 벽에 기대어 앉아 있었다.

나는 메인을 흘긋 쳐다보았다. 그는 불독처럼 주름살투성이인 아주 뚱뚱한 남자였다. 메인은 따분하고 짜증이 나는 모양이었다. "이봐, 담배 한 대 줘" "어이, 의자 하나 가져와" 하는 식으로 부하들에게 계속해서 성가시게 지시를 내렸다.

오트리가 방으로 들어왔다. "좋아요!" 그가 큰 소리로 말했다. "클럽 문을 닫았습니다. 시작해봅시다. 아이들은 5시에 돌아올 거예요."

레지 경관이 일어섰다. "서두릅시다. 베일리 부인, 이 자리를 마련하고 싶어 한 건 당신입니다. 진행하시죠." 그가 방의 뒤쪽으로 걸어갔다.

"우선, 제이티, 방에서 부하들을 내보내요." 베일리 부인이 말했다. "메인, 자네도 마찬가질세."

메인과 제이티가 고참 갱 단원들에게 나가 있으라고 말하자 그들은 무표정한 얼굴로 천천히 걸어 나갔다. 베일리 부인은 그들이 다 나갈 때까지 조용히 서 있었다. 그러고는 깊은 숨을 내쉬었다. "목사님, 이 젊은 친구들한테 물어보고 싶은 게 있다고 하셨죠?"

"그렇습니다, 베일리 부인." 윌킨스 목사가 일어섰다. "어떻게 일이 시작된 건지 알 만하군. 아마도 꼬맹이들이 여자애 하나를 놓고 싸웠겠지? 그러다가 서로 총질을 해댔을 테지. 미쳤어! 자네들이 사업 때문에 싸운다면 이해할 수 있어. 하지만 학교에서 벌어진 승강이 때문에 동네 사람들을 죽이고 있는 거잖아!"

"우리는 우리의 명예를 지키고 있는 거요." 메인이 말했다. "그보다 더 중요한 건 없으니까."

"그래요." 제이티가 말했다. "게다가 그건 사업과 관련된 것이기도 하죠. 저 친구들이 우리 쪽 경계에 와서 총을 쏘아 사람들을 위협했거든요."

윌킨스 목사는 싸움이 어떤 식으로 확대되었는지 자세히 설명해달라고 메인과 제이티에게 요청했다. 윌킨스 목사의 추측이 대부분 들어맞았다. 듀세이블 고등학교의 두 10대 무리 사이에 한 여학생을 두고 싸움이 벌어졌다. 한 소년은 제이티의 갱단 소속이었고 다른 소년은 메인의 갱단 소속이었다. 몇 주가 지나면서 이 싸움은 비무장에서 무장으로 확대되었다. 처음에는 칼싸움이었고 그다음에는 차량 총격이었다. 총격은 아이들이 학교를 마치고 거리에서 어슬렁거리며 노는 오후 시간에 발생했다.

제이티는, 총격 후 자신의 고객들이 불안해하고 있으며 자신의 구역 내 건물에 사는 주민들은 생활에 지장이 생기자 화를 내고 있다며 메인에게 벌금을 물리고 싶어 했다.

메인은 총격이 두 갱단 어느 쪽에도 권리가 없는 한 공원 근처, 즉 두 갱단 구역의 경계에서 발생했다고 주장했다. 따라서 제이티가 보상을 요구할 수 없다는 말이었다.

### 🔍 갱단 전쟁 중재 전문가

내 신경은 온통 그들이 하는 말에 쏠려 있었다. 종교 지도자와 경찰이 갱단 간의 중재 과정을 지켜볼 뿐 아니라 사실상 조장하고 있다는 사실이 도무지 믿기지 않았다. 어째서 이래야만 했을까? 또, 그들이 갱단 보스들을 도와 분쟁을 해결해주고 있다는 사실을 지역 사회 주민들이 안다면 어떤 일이 일어날까? 거기에 참석한 모든 사람들, 심지어 제이티와 메인조차 예전에도 그런 일을 겪은 듯 어찌나 침착하던지, 나는 깜짝 놀랐다.

이들은 차량 총격으로, 말 그대로 서로를 죽이려 했던 두 갱단의 보스였다. 순간 나는 여기서 어느 한쪽이 총을 뽑을 수도 있겠구나 싶었다. 가장 희한한 것은, 지역 사회 대표들이 이 갱단들이 생업으로 코카인을 판다는 사실을 전혀 아무렇지 않게 받아들인다는 점이었다. 이 순간만큼은 실용주의가 도덕주의보다 더 우세해 보였다.

잠시 후 제이티와 메인이 자신들의 입장만 되풀이하면서 대화가 교착 상태에 빠졌다. 오트리가 상황을 전환하려고 끼어들었다. "얼마나 손실을 입었다고 생각하나?" 그가 제이티에게 물었다. "액수를 말할 필요는 없고, 얼마 동안이나 사업에서 손해를 본 건가?"

"며칠, 아마도 일주일 정도."

"좋아, 그걸 저축해놓지." 오트리가 말했다. "은행에 넣어둬."

"대체 무슨 소리야?" 메인이 물었다.

"네가 실수했다는 말이지." 오트리가 말했다. "제이티는 보복하지 않았어, 안 그래? 이 친구는 너희에게 총질을 가하지 않았잖아. 제이티 구역에서 총질을 해댄 건 너희 쪽이야, 맞지? 그러니까 제이티가 일주일 동안 공원에서 물건을 팔 수 있어. 다음번에 제이티가 바보짓을 해서 이런 일이 벌어지면 네 쪽에서 일주일 동안 공원에서 물건을 파는 거고."

베일리 부인이 큰 소리로 말했다. "하지만 아이들이 공원에 있을 때는 아무것도 팔아선 안 돼, 알았어? 늦은 밤에만 파는 거야."

"그게 좋겠군." 제이티가 말했다. 메인도 고개를 끄덕이며 동의했다.

"그럼 휴전한 거야." 윌킨스 목사가 이렇게 말하고 제이티와 메인에게 다가갔다. "서로 악수를 하게."

제이티와 메인은 냉랭하게, 썩 내키지 않는 듯 서로 악수를 나누었다. 목사와 베일리 부인은 각자 한숨을 내쉬었다.

제이티, 메인, 윌킨스 목사가 협정의 세부 사항을 만들기 위해 착석했을 때 나는 문 밖으로 나왔다. 오트리가 인도에서 담배를 피우고 있었다. 고개를 가로젓는 그는 지쳐 보였다.

"이런 일 힘들죠, 안 그래요?" 내가 물었다.

"그래, 듣기 싫은 말을 하면 그 친구들이 화나서 날 죽일 수도 있다는 사실을 애써 잊어버리려고 해. 그 친구들이 돌아가서 내가 다른 쪽 편을 들었다고 생각하더라도 나야 알 수가 없지."

"예전에 다친 적이 있나요?"

"몇 번 혼쭐이 난 적 있지. 한 번은 정말 고약했는데 그 친구들이, 내가 공정하지 않다고 생각했거든. 그런 일이 다시 일어나기를 원하는 건지, 모르겠어."

"당신한테 돌아오는 건 별로 없군요." 내가 말했다.

제이티가 클럽에서 나와 내 옆에 멈춰 서더니 고개를 수그렸다. 오트리가 일어나 자리를 떴다.

"네가 원한 게 이런 거야?" 제이티가 물었다.

"그래." 내가 대답했다. "이런 게 내가 기대하던 거야." 내가 지역 사회와 갱단이 어떻게 분쟁을 해결하는지 몹시 궁금해한다는 사실을 제이티는 알고 있었다. 하지만 그러려면 내게 보호자가 있어야 하고, 자신과 오트리 가운데 선택을 해야 한다고 제이티는 말했다. 그래서 나는 제이티를 선택했다.

"이걸 원한 건 너라는 사실만 기억해둬." 제이티가 말했다. "난 오늘 네게 여기 오라고 말한 적 없어. 난 이 모임에 대해 말 안 했어. 네가 원한 거야." 제이티는 '너'라고 말할 때마다 손가락으로 내 가슴께를 눌렀다. 지난번에 나눈 이야기에도 불구하고 제이티는 내가 자신의 통제에서 벗어나고 있다고 생각하는 모양이었다.

"알아. 걱정 마."

"걱정 안 해." 제이티가 악의 섞인 웃음을 터뜨렸다. "하지만 넌 이 일에 대해 확실하게 생각해야 해. 내가 널 여기에 데려오지 않았다는 것만 기억하라구. 난 널 보호해줄 수가 없어. 어쨌든 항상 그렇게 해줄 수는 없다구. 이 일은 너 혼자서 한 거야."

"알았어. 나 혼자서 했어."

제이티는 싱긋 웃으며 마지막으로 다시 한 번 힘을 주어 손가락으로 내 가슴께를 누르고는 자리를 떴다.

# Gang Leader for a Day

4

갱단 보스가 된
괴짜 사회학자

제이티와 가까이 지낸 지 거의 3년이 되어서야 나는 지도 교수들에게 내 논문 주제를 의논하기 시작했다. 처음 말을 꺼냈을 때 교수들은 내가 그랬던 것만큼, 코카인을 파는 갱단인 블랙 킹스나 이 갱단의 매력적인 보스에 관한 심층 연구에 열렬하지 않았다. 교수들은 뿌리 깊은 빈곤, 가정 폭력, 총기 보급, 주민과 정부의 긴장 관계, 그리고 좁은 범위에서는 지역 사회가 갱단과 관계 맺는 방식 같은 지역 사회 통상의 사회학적 문제에 더 관심을 보였다.

이런 문제들을 잘 연구하면, 단순히 로버트 테일러 주민의 행동 방식이 중산층 사람들과 다르다는 것을 주장하기보다는 실제로 그들이 행동하는 방식을 설명할 수 있을 거라고 교수들은 말했다. 특히 빌 윌슨 교수는 내가 갱단과, 로버트 테일러에서 갱단이 하는 역할에 대해 좀 더 폭넓은 시각을 가져야 한다고 단호히 말했다. 사회학은 '지역 사회 연구' 전통이 강하므로, 윌슨 교수는 내가 고층 공영 주택단지의 일상생활에 관한 최종 보고서를 쓰기를 바랐다.

또한 그는 주택단지에서의 내 안전이 걱정된다고 말했다. 당시 나는 골프에 열심인 윌슨 교수와 더 많은 시간을 보내는 한 방법으로 골프를 시작했다. "난 악몽을 꾸고 있네, 수디르." 윌슨 교수가 한번은 골프를 치다가 잔디밭 한복판에서 우두커니 나를 쳐다보았다. "자네가 걱정일세. 자네가 다른 사람들하고 좀 더 많은 시간을 보냈으면 하네." 윌슨 교수는 어떤 '다른 사람들'에게 주의를 기울여야 하는지에 대해서는 입을 다문 채 멀어져 갔다. 하지만 그게 갱단 외의 다른 누군가를 말하는 것임을 나는 알았다.

물론 윌슨 교수가 나를 걱정해서 하는 소리였지만 로버트 테일러 공영 주택단지에 바탕해 논문을 쓰려면 관점을 더 넓게 잡아야 한다는 것이 내게는 다소 충격으로 다가왔다. 그렇게 되면 제이티가 단독의 관심 대상이 아니게 되고, 어쩌면 주된 대상도 아니게 될 것이었다. 내가 배우고 있는 몇몇 교수들은 민족지학자, 즉 직접 관찰이라는 방법론에 익숙한 전문가들이었다. 그들은 관찰 대상에 너무 가까이 접근하는 것은 피하라고 충고했다.

말이 쉽지 실제로 그렇게 하기는 쉽지 않았다. 내 관심 영역을 지역 사회로 넓혀가는 것을 보고 제이티가 흥분하던 모습을 나는 잊을 수가 없었다. 지금까지 제이티의 리더십에 초점을 맞추었던 나의 연구 계획이 이제부터는 달라질 거라고 감히 말할 용기도 나지 않았다. 그 무렵, 제이티를 통하는 것만이 주택단지에 접근할 수 있는 유일한 방법은 아니었지만 가장 좋은 방법인 것은 분명했다. 제이티는 나를 그 세계의 문 안으로 들여놓은 사람이었고 어떤 문이라도 열고 닫을 수 있는 힘이 있었다. 이 모든 것을 넘어 한 가지 단순한 사실은, 제이티는 내가 배우고 싶은, 매혹적인 삶을 살아가는 카리스마 넘치는 인물이라는 점이었다.

### 일생일대의 제안

제이티는 자신의 허세와 탁월한 관리 능력에 대해 몇 시간이고 귀 기울여 이야기를 들어주는 외부인이 고마운 모양이었다. 그는 종종 갱단을 관리하고 마약 경제가 원활하게 돌아가도록 보살피며 자신에게 적대적인 선량한 주민들을 무리 없이 다루는 일이 얼마나 어려운지 토로했다. 때로는 마치 제조업체 CEO처럼 냉정하게 자신의 일에 대해 이야기하기도 했다. 나는 이런 태도가 거슬릴 뿐 아니라, 제이티의 사업이 야기하는 폭력과 파괴력을 생각하면 무책임해 보였다.

제이티는 자신을 리더인 만큼이나 또한 박애주의자로 생각했다. 그는 주류 사회로의 편입을 포기하고 시카고 도심에서 하던 판매직을 그만둔 일을 자랑스럽게 이야기했다. 로버트 테일러 주택단지로 돌아와, '다른 사람들을 돕는 데' 마약 수익을 쓰고 있다고 했다. 대체 제이티가 다른 사람들을 어떻게 도왔을까? 그는 모든 갱단 부하들에게 고등학교 졸업장을 받고 마약을 멀리하게 했다. 일부 지역의 청소년 센터에 운동 기구와 컴퓨터를 구입하라고 돈을 대주기도 했다. 또한 노인들과 동행해 일을 보러 가거나 가정 학대범을 손봐주거나 할 때 로버트 테일러 주민 대표들에게 자신의 갱 단원을 기꺼이 빌려주었다.

제이티는 마약을 팔아 돈을 번 사실에 대해서도 거리낌 없이 털어놓았다. 마약 중독자들의 돈이 갱단의 자선 활동을 통해 지역 사회로 재분

배되니 마약 경제가 '이 지역 사회에 유용하다'고 말했다.

합리화라는 생각이 들면서도 한편 제이티의 말에 설득력이 있음을 인정하지 않을 수 없었다. 솔직히 나는 제이티의 갱단이 실제로 더 넓은 지역 사회에 어떤 영향을 미치고 있는지, 여전히 파악을 못하고 있는 상태였다. 더 근본적인 차원에서, 내가 정말로 제이티가 일상적인 차원에서 하는 일에 대해 완전히 이해하고 있는지도 의문이었다. 제이티가 내게 보여주지 않은 갱단 활동에는 어떤 것이 있을까?

어느 추운 2월의 아침, 제이티가 한 마약 판매 팀을 만났을 때 나는 그와 동행해 거리 모퉁이에 서 있었다. 여전히 쌀쌀한 호수 바람에 익숙지 못해 나는 오들오들 떨면서 열심히 제이티가 하는 말에 집중하려고 했다. 제이티는 갱 단원들에게 그들이 하는 일에 자부심을 가지라고 말했다. 그는 추위를 견뎌가며 코카인을 팔고 있는 어린 갱 단원들을 격려했다. 이런 날씨에, 대개 나이 든 고참들은 건물 로비에 들어가 있는 반면에 가장 어린 갱 단원들은 바깥에서 마약을 팔아야 했다.

마약 판매 팀에게 훈시를 늘어놓은 뒤, 제이티는 자신은 농구를 하러 가겠노라고 말했다. 제이티가 말리부에 올라탔고 나도 그 뒤를 따랐다. 차는 로버트 테일러의 고층 건물들과 나지막한 일부 상점들과 청소년 클럽이 시야에 들어오는, 스테이트가에 있는 한 분주한 교차로 부근에 주차되어 있었다. 제이티가 차 열쇠를 돌리기 전에 나는 반농담 삼아 그가 하는 일에 비해 너무 많은 보수를 받는 것 같다고 말했다.

"네가 하는 일이 뭐가 그리 어렵다는 거야? 넌 네가 하는 일이 아주 힘들다고 말하지만 난 잘 모르겠는걸." 옆에서 죽 지켜본 바로는, 제이티가 하는 일이란 고작 돌아다니면서 사람들과 악수를 나누고 돈을 쓰고 멋진 차를 운전하고(내가 아는 한 그는 적어도 차가 세 대나 되었다) 친구들과 파티를 하는 것뿐이었다고 나는 말했다. 제이티는 잠시 앉은 채로 시동을 걸지 않았다. "좋아, 한번 해보고 싶다 이거지? 이게 그렇게 쉽다고 생각한다면 한번 해봐."

"가능할 것 같지 않은데. 대학원이 갱단을 이끄는 교육을 시키고 있지는 않잖아."

"그래, 하지만 넌 이 일을 하는 데 노련한 기술이 필요하지 않다고 생각하잖아. 그러니까 넌 아무런 문제 없이 이 일을 해내야 해, 그렇지?"

때로 제이티의 일이 힘들어 보이는 건 사실이었다. 예를 들어 다른 갱단과 전쟁을 할 때 갱 단원들을 지휘하거나, 총격을 받고 구타를 당하거나 또는 체포될 위험 속에서도 가능한 마약을 많이 팔게끔 열다섯 살 난 아이들을 격려해야 했다. 게다가 이 아이들이 그런 노고로 부자가 되는 것 같지도 않았다.

대부분의 다른 거리 갱단들처럼 블랙 킹스에는 고위 갱 단원이 많지 않았다. 제이티가 보수를 지불하면서 고용하고 있는 고위급이라고 해봤자 회계원 1명, 경호원 2명, 보안 책임자 1명, 그리고 6명으로 구성된, 실제로 거리에서 코카인을 파는 판매 팀을 관리하는 좀 더 보수가 적은 '관리직'들로, 몇 명 되지 않았다.

제이티의 갱 단원 대부분은 거리 모퉁이를 어슬렁거리며 마약을 팔거나, 심심풀이 내기를 하면서 놀거나 운동 경기를 하고, 시시껄렁한 여자 이야기나 지껄이면서 시간을 소일하는 것 같았다. 이런 수준으로 관리하는 걸 가지고 자칭 CEO라고 할 수 있을까?

나는 제이티에게 이런 내 생각을 이야기했다. "할 수 있을 거야, 아마.

하지만 내가 갱단 전쟁을 지휘할 수는 없어. 총을 쏘아본 적도 없는걸. 그러니 내가 할 수 있을지 없을지는 '뭘 해보라'는 건지에 달렸어."

"말 그대로야. 해보라고. 지금 당장은 전쟁도 싸움도 없어. 총을 만질 일이 없지. 그렇다고 내키지 않은 일을 할 필요가 없다는 소리는 아냐."

"어떤 것 말이야?"

"얘기 안 할래. 넌 쉽다고 생각해서 하겠다고 말했어. 내 말이 무슨 소리인지 곧 알게 될 거야."

"지금 나한테 제안하는 거야?"

"이봐, 이건 일생일대의 제안이라구. 네 대학 동기들에게 두고두고 떠벌릴 이야깃거리가 생기는 셈이지."

제이티는 내게 하루 동안 갱단 보스를 해보라고 제안한 것이다. 그저 헛웃음만 나올 뿐이었다. 단 하루 동안에 뭘 배울 수 있을까?

나는 자동차에 앉아 있었다. 부모들이 아이들을 학교에 데려다주려고 고층 건물 로비에서 매서운 호수 바람 속으로 조심스럽게 걸어 나오는 것이 보였다. 두 대의 대형 트레일러가 파란불에도 성급하게 부르릉거리고 있어, 교통안전 요원이 그들에게 서둘러 길을 건너라고 지시했다. 그들이 차 옆을 지나갈 때 제이티가 손을 흔들었다. 우리가 내뿜는 입김으로 앞 유리창에 김이 서렸다. 제이티는 서리 제거 장치를 작동시키고 음악 볼륨을 다소 시끄럽게 높였다. "언젠가는 그것을 받아들이거나 그렇지 않으면 떠나라. 내가 할 말은 그뿐이야. 언젠가는."

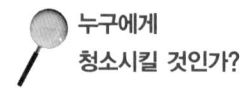
### 누구에게 청소시킬 것인가?

이튿날 아침 7시 30분, 브리지포트에 있는 '케빈의 햄버거 천국'에서 제이티를 만났다. 브리지포트는 로버트 테일러 주택단지 옆 고속 도로 건너편에 있는, 아일랜드계 미국인들이 유난히 많은 지역이었다. 제이티는 아침마다 이곳에 들렀다. "여기 있는 백인들은 아무도 날 몰라." 제이티가 말했다. "그래서 아무도 날 이상하게 쳐다보지 않지."

자리에 앉자마자 제이티가 주문한 스테이크와 계란이 나왔다. 제이티는 언제나 혼자서 밥을 먹는다고 했다. 곧 상위 갱 단원인 프라이스와 티본이 합석할 예정이었다. 제이티의 갱단은 사우스사이드에 있는 다른 갱단에 비해 규모가 두 배에 가까웠지만 제이티가 사람들을 별로 신뢰하지 않는 까닭에 상위 갱 단원 수는 얼마 되지 않았다. 상위 갱 단원은 모두 제이티가 고등학교 이래로 알고 지내던 친구들이었다.

"좋아." 제이티가 입을 열었다. "얘기를 시작해볼까."

"내 말 들어봐." 내가 불쑥 말을 꺼냈다. "난 누굴 죽일 수도, 누구에게 마약을 팔 수도 없어." 나는 걱정이 되어서 지난밤을 꼬박 새웠다. "그런 일을 계획하는 것조차 할 수 없어! 안 되지!"

"좋아, 친구. 우선 언성 좀 낮추지 그래." 제이티가 가게 안을 둘러보았다. "걱정 붙들어 매. 자, 내가 걱정하는 부분을 좀 들어보셔, 대장."

제이티는 냅킨으로 입가를 톡톡 두드리면서 포크로 스테이크 한 점을 비틀어 돌렸다.

"네게 모든 걸 맡길 순 없지. 내가 성가셔질 테니, 알겠어? 몇 가지 일은 네게 맡기지 않을 작정이야. 네가 먼저 어떤 일들은 하고 싶지 않다고 말했잖아. 하지만 문제 없어. 하루 동안 널 바쁘게 만들어줄 일은 그 외에도 많으니까. 아침 식사에 올 녀석들만 네가 하루 동안 보스를 한다는 사실을 알아. 그러니 다른 사람들 앞에선 보스인 척 굴지 마. 날 난처하게 하지 말라구."

염려스러운 건 윗사람들인 블랙 킹스 이사회라고 제이티가 말했다. 시카고 인근의 모든 블랙 킹스 갱단을 관리하는 약 24명으로 이루어진 이사회는 자신들의 은밀한 소득이 최근 최고조에 이르렀다가 다시 떨어지기 시작한 이후 마약 수입 상황을 예의주시하고 있었다. 그들은 항상 제이티 같은 지역 보스들이 마약 판매 갱 단원들을 잘 관리하는지 의심스러워했다. 문제를 일으키는 어린 갱 단원들은 불필요하게 경찰의 주의를 끌었고 그러면 마약 판매가 더 어려워졌다. 마약 판매량이 줄면 이사회가 거둬들이는 돈이 줄어들었다. 이사회는 끊임없이 제이티에게 마찰을 최소화할 것을 주문했다.

제이티는 이 같은 상황을 자세히 설명하면서 상급 갱 단원들만 내가 하루 동안 보스 노릇을 한다는 사실을 알고 있다고 거듭 당부했다. 일반 갱 단원들과 동네 주민들은 우리의 실험을 알지 못할 거라고 했다. 나는 제이티와 함께 하루를 보낸다는 생각에 흥분이 되었다. 하루 종일 함께 있으면 내가 보게 되는 것을 제이티가 검열하지 못하지 싶었다. 그것은 제이티가 나를 신뢰한다는 분명한 표시이기도 했다. 실은 그가 어떤 일들을 하는지에 대해 내가 흥미를 갖고 있다는 사실이 제이티를 우쭐하게 만든 것 같았다.

나는 내 첫 임무가 무엇이냐고 조급하게 물었다.

"그게 뭔지 내가 알게 되자마자 너도 곧 알게 되겠지. 먹어둬. 지금은 그러는 게 필요해."

나는 확실히 불안하긴 했지만 그것은 불법적인 일에 연루된다는 우려 때문이 아니었다. 사실, 그런 면에 대해서는 생각도 못 했다. 어쩌면 그런 부분을 생각했어야 했다. 대부분 대학들에서 교수는 제도적인 검열 기관에 연구 승인을 요청한다. 이것은 착취적이거나 비윤리적인 연구에 대한 주요 대비책인 셈이다.

하지만 대학원생의 연구는 너그럽게 봐주는 편이다. 지도 교수들에게 내 경험을 털어놓고 현장 기록을 보여준 뒤, 비로소 나는 범죄 행위에 은밀히 관여하게 되는 연구자의 보고 요건을 알고서 지켜나가려 애썼다. 당시에는 이런 규약은 거의 알지 못한 채, 나의 도덕적 양심이라는 나침반에만 의지할 뿐이었다.

이 나침반은 믿을 만한 것은 못 되었다. 솔직히 말해, 나는 제이티의 세계에 한층 깊숙이 발을 들여놓을 수 있다는 데 흥분해서 어쩔 줄 몰라 했다. 제이티가 언젠가 무자비한 도심 갱단의 거물들이었다는(이들은 이후 시카고 교외로 옮겨갔다) 블랙 킹스 지도부에게 나를 소개해주기를 바랐다. 그들이야말로 칼 마르크스와 W.E.B. 뒤부아■, 프란츠 파농, 크와메 은크루마■■의 이론에 대해 논쟁을 벌일 만한 혁명적인 선구자가 아닐까, 나는 궁금했다. 십중팔구 아닐 것이다.

또한 커다란 이탈리아식 양복을 입은 덩치 큰 이탈리아인들이, 다양

---

■ DuBois. 하버드 대 최초의 흑인 박사로 제3세계 민족 해방 운동에 큰 영향을 미쳤다.
■■ Kwame Nkrumah. 통일 골드 코스트회('골드 코스트'는 오늘날 가나) 서기장을 지내고 회의인민당을 조직, 반영反英 활동을 벌였으며, 골드 코스트 총리를 지내고 가나 공화국 초대 대통령이 되었다.

한 인종과 세대가 연루된 수백만 달러의 범죄를 모의하기 위해 제이티 같은 흑인 '꾼'들과 접촉하는 암흑가 선술집으로 나를 데려가주기를 바랐다. 내 마음은 걷잡을 수 없이 날뛰었다. 과장이 아니었다.

곧 프라이스와 티본이 도착해 우리 테이블에 앉았다. 그때쯤 나는 이 두 친구를 잘 알고 있었다. 책을 좋아하고 수다스러운 티본은 갱단의 회계원으로, 갱단 재정과 조직 관련 문제 대부분을 처리했다. 프라이스는 폭력적이고 거친 성향의 보안 책임자였다. 그가 하는 일에는, 마약을 파는 블랙 킹스 갱 단원들에게 마약 거래를 할 거리 모퉁이를 배분하는 것이 포함되었다. 그 둘은 제이티를 도와 매일 일상의 업무를 처리하는, 제이티가 가장 신뢰하는 사람들이었다. 그들은 자리에 앉으면서 내 쪽으로 고개를 끄덕이고는 제이티를 쳐다보았다.

"좋아, 티본." 제이티가 말했다. "시작해보자구, 깜둥이. 얘기해봐. 오늘은 어떤 일을 처리해야 하는 거지?"

"잠깐!" 내가 끼어들었다. "지금부터 내가 맡는 거 아냐? 내가 이 자리의 개회를 선언해야 하는 거잖아."

"그래." 제이티가 다시 한 번 주변을 흘긋거리며 말했다. 여전히 내가 큰 소리로 이야기하는 게 불안한 모양이었다. "다만 좀 진정하라구."

나는 마음을 가라앉히려 애썼다. "티본, 시작해보자구. 얘기해봐, 깜둥이!"

제이티가 크게 웃음을 터뜨리면서 탁자 위로 쓰러졌다. 티본과 프라이스도 따라 웃었다.

"다시 내게 '깜둥이'라고 하면 작살을 내주겠어." 티본이 엄포를 놓았다. "보스라도 상관없어."

제이티가 티본에게 계속해서 오늘 할 일을 말해보라고 했다.

"베일리 부인이 오늘 건물 청소를 하는 데 12명 정도가 필요하대." 티본이 말했다. "어젯밤에 조시 패거리가 밤새 파티를 해서 난장판을 만들어놨어. 11시까지 애들을 보내줘야 해. 안 그러면 베일리 부인이 화를 낼 거야. 베일리 부인을 달래는 일은 떠맡고 싶지 않아."

"좋아, 수디르." 제이티가 말했다. "이제 어떻게 할까?" 제이티는 장기판에서 장군이라도 부른 것처럼 팔짱을 끼고 의자에 등을 기대어 앉았다.

"뭐? 날 놀리는 거야? 농담해?"

"농담 아니야." 티본이 딱 잘라 말했다. "어떻게 할까?" 티본이 제이티를 쳐다보자 제이티가 손가락으로 나를 가리켰다. "자, 대장." 티본이 내게 말했다. "점검해야 할 일이 대략 열 가지가 있어."

자신의 갱단이 베일리 부인이 사는 건물 로비에서 코카인을 팔고 있으며, 부인은 건물 대표로서 주민들을 움직일 수 있는 힘을 가지고 있어서 부인의 심기를 건드리면 일을 하기가 곤란해진다고 제이티는 말했다. 그래서 부인의 비위를 맞추기 위해 갱 단원들을 보내어 정기적으로 건물을 청소하고 잡다한 일을 돕게 했다. 마약을 파는 어린 갱 단원들은 이런 허드렛일을 싫어했다. 구차스러울뿐더러 사회봉사에 허비하는 시간을 차라리 돈 버는 데 쓰기를 더 원했다. 조시는 제이티 갱단의 10대 단원이었다. 그가 매춘부 몇 명과 파티를 벌이고 계단통과 감방복도에다 깨진 유리병과 쓰레기, 쓰고 난 콘돔 따위를 어질러놓은 모양이었다.

"좋아, 한동안 청소를 하지 않은 사람이 누구지?" 내가 물었다.

"무치 팀하고 캘리어 팀이야." 티본이 말했다. "두 팀 다 3개월째 청소를 하지 않았어." 무치와 캘리어는 각각 6명의 영업 인력을 맡고 있었다.

"좋아, 두 팀 가운데 어느 쪽을 시키지?" 내가 물었다.

"그건 네가 뭘 중요하게 보느냐에 달렸어." 제이티가 말했다. "무치 팀은 돈벌이를 잘해왔으니 그 친구를 거리에서 빼내는 게 부적절할 수도 있어. 캘리어는 근래에 벌이가 시원찮았으니 그 친구에게 청소를 시킬 수도 있지. 아무튼 그 친구는 돈을 벌지 못하고 있어."

티본은 이 의견에 반대했다. 무치는 최근에 돈을 상당히 많이 벌고 있으므로 그 친구에게 청소를 시켜야 한다고 주장했다. 약간의 사회봉사가 '무치에게 자만하지 않도록' 경계심을 갖게 할 수 있다는 것이었다. 갱단 보스는 어린 갱 단원들이 너무 힘이 세지거나 제멋대로 굴지 못하게 계속 신경을 써야 했다.

그때 프라이스가 충격적인 뉴스를 전했다. 20대 초반인 무치가 쉰다섯 된 베일리 부인과 줄곧 잠자리를 가져왔다는 것이다. 정말로 무치는 몸집이 투실한 50대의 베일리 부인에게 끌렸던 걸까? 프라이스는 어린 친구들이, 특히 겨울철에 간혹 나이 많은 중년 여성과 잠자리를 갖는다고 말했다. 안 그러면 추운 겨울밤을 지낼 따뜻하고 안전한 장소를 찾기 어렵기 때문이었다. 아파트 임차권을 가진 여자들은 어린 남자 친구의 마약과 현금을 자신의 아파트에다 숨겨주고 그곳을 임시 판매처로 쓸 수 있게 해주었다.

"베일리 부인은 그 녀석한테 푹 빠져서 사람들에게 무치네 판매원들한테서만 물건을 사라고 종용하고 다닌대." 프라이스가 말했다. "무치는 그 건물을 자기 것인 양 여겨서 그 친구한테 청소를 시킬 순 없어. 아마 그 친구는 하려고 하지도 않을걸."

"동전을 던져 결정하면 어때?" 잡일 할 사람을 고르는 데 이렇게 뜸을 들여서야 원. 약간 실망해서 내가 물었다. "어떻게 되든 어쩔 도리가 없지."

"벌써 포기하는 거야?" 제이티가 물었다.

"좋아. 무치를 보내기로 하자." 내가 말했다. "무치가 자만하지 않도록 막는 게 더 나아. 넌 단기적으로 약간 돈을 잃는 것뿐이고."

"알았어." 티본이 전화를 하러 나갔다.

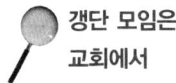
갱단 모임은
교회에서

프라이스가 두 번째 안건을 내놓았다. 블랙 킹스는 모임을 열 만한, 교회나 학교, 청소년 센터 같은 넓은 공간을 찾고 있었다. 갱단 전원이 모여야 하는 일이 몇 차례 있다고 제이티가 설명했다. 갱 단원이 갱단의 주요 규칙을 위반하면 결속을 다지는 차원에서 전체 갱 단원들 앞에서 제재를 가하는 처벌을 즐겨 행했다. 갱 단원이, 예를 들어 마약을 훔치다가 들키면 전체 갱단 앞에서 혹독한 응징을 당하는 수가 있었다.

때로는 판매 전략이나 경찰 밀고 혐의 같은 실질적인 문제들을 다루기 위해 대규모 모임이 소집되는 경우도 있었다. 이런 회합은 또한 제이티에게 화려한 웅변으로 청중을 사로잡을 수 있는 기회를 제공해주었다. 나는 이미 몇 번의 모임에 참석한 적이 있었다. 이런 모임의 내용은 대개 충성과 용맹이라는 미덕에 대해 두 시간에 걸쳐 떠들어대는 제이티의 연설이 전부였다.

제이티는 이따금 갱 단원 전원을 길모퉁이나 공원에 집합시키곤 했다. 이것은 원칙적으로는 해서는 안 되는 일이었다. 제이티의 갱단에는 대략 250명의 젊은 청년들이 있었고, 그 가운데 50명만 한 길모퉁이에 소집하더라도, 특히 집합 목적이 누군가를 손봐주기 위함이라면 경찰이 출동할 것이 뻔했다.

나는 갱단과 경찰의 관계에 호기심이 당겼지만 어림짐작조차 하기 어려웠다. 갱 단원들은 뱃심 두둑하니 노골적으로 거리에서 마약을 팔았는데 왜 경찰이 노상에서의 마약 판매를 단속하지 않는지 궁금했다. 하지만 이 의문에 대한 어떤 확실한 답도 얻어낼 수 없었다. 제이티는 언제나 대답을 회피했고 대부분 동네 사람들은 경찰에 대해 언급하는 것을 겁내했다. 내가 보기에는 갱단에 대해 입을 떼는 것보다 훨씬 더 겁을 내는 것 같았다. 경찰이 환영받는 분위기의 교외 지역에서 성장한 내게는 퍽 이상한 현상이었다. 분명히 내가 아직 이해하지 못하는 부분이 많이 있었다.

블랙 킹스는 또한 다른 갱단과의 전쟁을 준비할 때 대규모 모임을 가질 필요가 있었다. 갱단 전쟁은 흔히 서로 다른 갱단의 10대 갱 단원들 간의 싸움에서 비롯되어 점차로 확대되었다. 제이티 같은 보스들은 이런 충돌을 꺼려했는데 그럴만한 이유가 있었다. 그것은 공연히 돈벌이를 위태롭게 했기 때문이다. 좀 더 일반적으로는, 갱단 간의 전쟁은 한쪽이 다른 쪽 판매 구역을 접수하려고 할 때 벌어졌다. 혹은 상대편 갱단 고객들이 위협을 느껴 자기네한테서 마약을 사게 하려고 상대편 구역에서 차량 총격을 가하기도 했다.

이런 기미가 보이면, 제이티는 수화기를 집어들고 상대편 갱단 보스에게 전화를 걸어 타협안을 찾고자 했다. 하지만 갱단 보스는 구겨진 체면으로 인해 보복을 지시하는 일이 좀 더 잦았다. 이쪽에서 총격을 가하면 곧 상대편의 보복성 총격이 이어졌다. 마약을 파는 블랙 킹스 갱단원이 다른 갱단의 누군가에게 마약이나 현금을 털리면 블랙 킹스는 최소한 그대로 똑같이 되갚아주었다.

보복은 전쟁의 시작을 알렸다. 제이티 갱단에서 보초를 배치하고 때로는 필요하면 용병 총잡이를 고용해 총격전을 준비하는 등 전쟁의 세부 사항을 감독하는 사람이 바로 보안 담당 프라이스였다. 프라이스는 이런 일을 즐겼으며 다른 갱단과의 전쟁 기간 동안에 가장 신이 나 있곤 했다.

몇 주째 갱단 사이에 전쟁이 일어나지 않았다. 각 갱단의 고위급 인물들은 공개적 충돌이 아무튼 사업에는 악영향을 미친다는 점을 인식하고 있었다. 대개 싸움이 있고 일주일이나 열흘 뒤 보스들은 휴전을 맺기 위해 오트리 같은 중재자를 찾았다.

"윌킨스 목사가 일주일에 한 번, 교회에서 밤에 회합을 가져도 좋대." 프라이스가 말했다. "어제 목사에게 말했거든. 대신에 교회에 기부를 해주면 좋겠다더군."

프라이스가 킬킬거렸다. 전화 통화를 끝내고 돌아온 티본과 제이티도 웃었다.

"뭐가 그렇게 재미있어?" 내가 물었다.

"윌킨스 목사는 게이야." 제이티가 말했다. "그 작자는 밤새 거시기를 빨아대지!"

윌킨스 목사가 실제로 남자와 섹스를 하는지는 알 수 없었으나 그게 중요한 것 같지는 않았다. 프라이스와 다른 사람들은 즐겨 윌킨스 목사를 놀림감으로 삼았고 그가 게이라고 하는 것도 그런 맥락이었다.

"뭐가 그렇게 재밌는지 여전히 모르겠군." 내가 말했다.

"이봐, 그 목사를 한번 만나봐야 하는 건데." 티본이 말했다. "혼자서 말이지!"

"알았어. 퍽도 재미있군그래. 이건 어때? 내가 보스니까 내일 목사를 만나겠어. 하하!"

"아니, 목사는 오늘 만나고 싶어 해." 갑자기 제이티가 단호하게 말했다. "금요일 회합 장소를 구할 수 있을지 오늘 결정해야 하거든. 자, 네가 먼저 시작해. 준비를 해보라구."

"좋아. 티본을 보내어 윌킨스 목사를 만나라고 할게. 이제 넌 내게 그러면 안 된다고 말할 수 없어!"

"실은 할 수 있어." 제이티가 말했다. "보스만이 이런 만남을 가질 수 있다는 게 갱단의 규칙이거든."

"잘도 끼워 맞추는군. 하지만 좋아, 그렇게 하지. 교회 사용료로 50달러를 준다고 할 거야."

"뭐!" 프라이스가 말했다. "너 미쳤니?"

"50달러면 경찰이 정각에 회합 장소에 나타나시겠군." 티본이 말했다. "값을 좀더 올리는 게 나을걸."

"지난번엔 얼마나 줬지?" 내가 물었다.

"상황에 따라 달라." 아직 제대로 자리 잡지 못한 목사들이 갱단의 모임을 위해 상가 교회를 빌려주는 것은 흔한 일이라고 제이티가 말했다.

"500달러면 뒷방이나 지하실을 얻을 수 있지만 단 한 번밖에 쓸 수 없어. 게다가 목사가 거기에 함께 자리한다는 게 문제지. 750이면 그곳을 독점적으로 쓸 수 있을 거야. 때로는 의논할 내용에 따라서 우리끼리만 있고 싶을 때가 있거든."

"그래." 프라이스가 끼어들었다. "누군가를 손봐줘야 한다면 우리끼리 있고 싶을 수도 있지."

나는 잠시 생각할 시간을 달라고 했다.

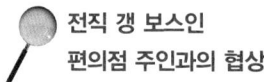
### 전직 갱 보스인 편의점 주인과의 협상

우리 넷은 식당을 나와 다음 일을 처리하기 위해 제이티의 말리부에 올라탔다. 편의점 주인인 조니를 만나야 했다. 조니는 블랙 킹스 갱 단원들을 자신의 가게에 출입하지 못하게 했다. 나는 이미 조니를 알고 있었다. 조니는 자신이 갱 보스로 있던 60, 70년대 시절 이야기로 나를 즐겁게 해주던, 말하자면 이 지역 역사를 훤히 꿰고 있는 사람이었다.

당시의 갱단은 지금과는 완전히 달랐다고 조니는 강조했다. 당시 갱단은 경찰의 괴롭힘에 맞서 싸웠고 공공 서비스의 공정한 배분과 지역 사회의 권리를 위해 대항하는 정치 조직이었다고 한다. 그가 보기에 오늘날의 시카고 갱단은 흑인 빈민들의 요구나 이해에는 별 관심이 없으며 그저 돈벌이만 아는 양아치 조직에 불과했다.

조니의 가게는 로버트 테일러를 양분하는, 번화한 47번가 상가 지역에 있었다. 이 상가 지역에는 주류 상점, 수표 환전 업소, 파티 용품점과 철물점, 불에 탄 건물 몇 채와 텅빈 부지敷地, 생활 보호 센터, 미용실 두 곳, 그리고 이발소 한 곳이 열을 지어 있었다.

프라이스가 입을 열기 전까지는 나는 조니와의 만남을 그다지 걱정하지 않았다. "그치하고도 문제가 있어. 우리에게 물건을 팔 때 다른 사람들에게보다 더 비싸게 받거든."

"블랙 킹스 사람들에게만 바가지를 씌운다는 거야?" 내가 물었다.

"응." 제이티가 말했다. "더 난감한 건, 조니가 티본의 삼촌이거든. 조니는 위험한 인물이야. 여차하면 총을 쓸 테니 조심해."

"아니, 조심해야 할 사람은 너야. 난 총 안 쓴다고 했어."

"너더러 총을 써야 한다고 한 사람은 아무도 없어." 프라이스가 뒷자리에서 웃으며 한마디 했다. "하지만 조니가 총을 쓸지도 모른다고!"

"내가 해야 할 일이 정확히 뭐야? 조니가 너희에게 정당한 값을 받게 하고 싶은 거야?"

"이건 거친 일이기도 해." 제이티가 말했다. "우리를 이용해먹는 놈들을 그냥 내버려둘 순 없거든, 알겠어? 어쨌든 우리가 그치를 보호해주고 있다는 거지."

"보호해준다고?"

"응, 누가 물건을 훔쳤다고 해봐. 그럼 누가 그런 짓을 했는지 우리가 알아내 처리를 해줘."

"그러니 자기 가게에 못 오게 하는 건 예의가 아니란 소리지." 프라이스가 말했다. "우리가 그치한테 서비스를 제공하고 있는 건 아니지만 말이지."

"맞아." 제이티가 말했다. "우리가 그치를 도울 수 있도록 세를 받아

내야 해. 우릴 가게 안으로 못 들어오게 하는 건 모양새가 좋지 않아. 우리한테 더 비싸게 받아서 우리가 보호 대가로 받는 세를 돌려받으려는 속셈인 거야."

우리가 담배를 피우면서 차를 세웠을 때 조니는 가게 앞에 나와 있었다. "웬일이야, 수디르? 이 친구들하고 어울려 다니면서 시간을 허비하고 있군."

연한 주황색 바지에 인화성이 높아 보이는 폴리에스테르 셔츠, 가짜 다이아몬드 장식이 박힌 카우보이 부츠, 그리고 손가락에 낀 가짜 루비와 다른 보석 등 조악한 많은 장신구. 조니는 마치 디스코 시대의 사기꾼 캐리커처 같았다. 팔에는 'Black Cat(검은 암고양이)'라는 문신이, 가슴에는 오래전 그가 이끌던 갱단 이름인 'Penthouse Kings(펜트하우스 킹스)'라는 문신이 새겨져 있었다.

제이티와 프라이스와 나는 조니를 따라 가게 뒷방으로 들어갔다. 티본은 다른 볼일이 있어서 나갔다. 뒷방은 곰팡내가 나고 청소가 되어 있지 않았다. 벽에는 벌거벗은 흑인 여자 사진과 시카고 베어스■의 사랑받는 러닝백이었던 월터 페이튼의 커다란 포스터가 붙어 있었다. 벽에는 튼튼한 선반이 걸려 있고 방바닥에는 조니가 수리해서 파는 낡은 텔레비전, 스테레오 컴포넌트, 전자레인지가 널려 있었다.

커다란 나무 탁자에는 카드와 점수패, 담배꽁초, 브랜디, 빚 장부 등 간밤에 포커판을 연 흔적이 그대로 남아 있었다. 열린 뒷문을 통해 뜨내기들이 지내는 작은 야영지가 눈에 들어왔다. 조니가 남녀 커플 뜨내기

---

■ Chicago Bears. 시카고를 연고지로 하는 미국의 프로 미식축구팀.

에게 일주일에 50달러를 주고 바깥에서 잠을 자면서 가게의 망을 보게 한다는 이야기를 제이티에게서 들었다.

우리는 모두 탁자에 둘러앉았다. 조니는 조급해 보였다. "좋아. 무슨 일이지?"

"우리는 맥이 하려는 것과 비슷한 걸 생각하고 있지." 프라이스가 말했다.

"이봐, 덩치." 조니가 말했다. 담배가 그의 입술에서 춤을 추었다. "쓸데없는 얘길 하려거든 나가주시지."

제이티가 프라이스에게 혼자 먼저 차에 가 있으라고 했다.

"맥은 우리에게 세를 내고 있는 처지야, 조니." 제이티가 말했다. "그런데 이젠 우리에게 돈을 내라고 하다니. 세를 돌려받겠다는 심산인가?"

조니는 조용하고 단조로운 목소리로 대답했다. "너희는 한 달에 250달러씩 뜯어가고 있어. 그럼 곤란하지. 그 따위 돈을 내야 한다면 사업을 운영할 수가 없어. 게다가 여기 와서 계속 공짜로 물건을 가져가고 있잖아. 내가 무치 일당에게 말했어. 더 이상 여기에 오면 이 22구경으로 뒤통수를 날려주겠노라고." 조니는 등 뒤 벽에 걸린 라이플 총을 향해 손짓했다.

"그런 얘긴 할 필요 없잖아." 제이티가 말했다. "서로 돕고 살아야지."

"서로 돕는다구, 빌어먹을!" 조니가 말했다. "내 주먹하고나 서로 도우시지."

"잠깐, 잠깐!" 나는 그 자리에 괜히 앉아 있다는 인상을 주지 않으려고 소리쳤다. "흥분을 좀 가라앉히자구요. 우리가 할 일은 다소……"

"이 아랍 친구는 온종일 우리하고 여기 앉아 있을 겐가?" 조니가 물었다.

"이 친구는 신경 쓰지 마." 제이티가 말했다. "나중에 설명해줄 테니." 제이티가 입 닥치고 있으라는 듯 나에게 눈을 흘겼다. "이봐, 한 달에 200달러를 내면 그만큼 우리한테서 얻는 게 있을 텐데……." 제이티의 말은 갱단이 조니를 보호해준다는 뜻이었다. "그리고 무치와 다른 친구들에게도 말해놓을게. 물건을 슬쩍하지 말라고. 됐지?"

"제길, 무치한테 제 계집년이나 여기 데려오지 말라고 전해."

"무슨 소리야?"

"그 자식 나만 없으면 암캐들을 몰고 와서 이 가게가 제 것인 양 거들먹대면서 물건을 집어 간다구. 제 마음대로 사탕을 빼 먹고 음료수를 마셔대. 여기 점원 친구가 말리려고 하면 대뜸 총을 뽑아들어. 무치 그놈 나한테 직접 해보라고 그래. 한 번만 더 그러면 그 계집년들을 다 죽여놓겠어."

"됐어." 제이티가 손을 들어 조니의 입을 다물게 했다. "그 친구는 내가 처리하겠다고 했잖아."

"좋아. 너희에게 200달러 내고 이 가게에 출입할 수 있도록 해주겠어. 하지만 한 달에 적어도 200달러어치는 우리 가게에서 사줘야 해. 약속해."

"그럼 물건 값을 올려받지 않는 거죠?" 내가 말했다.

"제기랄, 아랍 친구. 아직도 여기 있었나? 맞아. 다른 사람들하고 같은 값을 내면 돼."

"그럼, 됐어요. 거래 성사된 겁니다, 여러분!" 나는 자리를 털고 일어섰다.

"이봐, 엉덩이 내려놔." 제이티가 말했다. "조니, 다시 오도록 하지."

"그래요, 다시 올게요. 생각을 좀 해봐야 하거든요."

조니와 제이티가 웃음을 터뜨렸다.

"빌어먹을!" 조니가 소리 질렀다. "이 아랍 친구 계속 달고 다닐 셈이야?"

"오늘 하루만이야." 제이티는 분명 내가 자신의 역할을 너무 진지하게 받아들이는 데 짜증이 난 모양이었다. 그는 투덜거리듯 덧붙였다. "딱 하루."

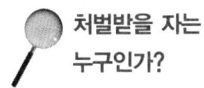 처벌받을 자는 누구인가?

우리는 말리부에 다시 올라탔다. 프라이스가 운전을 하고 제이티가 옆에서 엄호를 하고 나는 뒤쪽에 앉았다. 다음에 처리할 일은 갱단원인 빌리와 오티스 사이의 분쟁을 해결하는 것이라고 했다. 빌리는 6명으로 이루어진 마약 판매 팀의 관리자였다. 그중 팀원인 오티스가, 빌리가 일당을 제대로 주지 않았다고 주장했다. 반면에 빌리는 오티스가 코카인 판매량을 속여서 나머지 돈을 챙겼다고 반박했다. 두 사람 모두 전부터 나와는 아는 사이였던 터라 한층 더 고민이 되었다.

현장에 도착했을 때 프라이스가 설명을 도왔다. 내가 여기에 온 목적은 이 사건에 대해 판결을 내리고 공정한 징계를 내리는 것이라고. "빌리가 오티스에게 돈을 제대로 주지 않았다면 빌리에게 징계를 내려야 해. 마약 판매상이 돈을 지불하지 않은 데 따른 징계는 두 가지가 있어. 빌리는 일주일 동안 일을 할 수가 없게 돼. 네가 원한다면 오티스를 그 일주일 동안 관리자로 삼을 수 있어. 하지만 오티스가 도둑질을 한 거라면 문제는 더 커지지. 두 번 다시 그런 짓은 꿈도 꾸지 못하게끔 손을 봐줘야 하거든. 그리고 그는 한 달 동안 일을 쉬어야 해."

누군가의 얼굴을 주먹으로 친다고 상상만 해도 곧 구역질이 날 것 같았다. 나는 자라면서 언제나 쬔 병아리 같았다. 키가 크고 체격도 좋았지만 볼품없는 머리 모양에다 호주머니받이*를 하고서 수학과 과학 책을 한아름 껴안고 다니는, 세상 물정 모르는 얼간이였다.

특히 테니스나 축구 같은 덜 '사내다운' 운동을 즐겼기에 나는 보통의 미식축구 선수나 다른 운동선수들에게 더할 나위 없는 표적이었다. 주먹을 날리는 법을 배운 적이 없어, 학교에서 벌어지는 싸움들은 대개 누군가, 가장 자주는 나와 함께 있던 여자애가 나를 괴롭히는 아이에게 그만하라고 항변하거나, 태아처럼 내 몸을 웅크리면서 절정에 이르렀다. 나는 이런 자세를 취하는 게 나름대로 상당히 효과적이라는 것을 알았다. 약자를 괴롭히기 좋아하는 대부분 사람들은 반격하지 않는 상대와는 싸우고 싶어 하지 않는 법이다.

"까탈스럽게 굴려는 건 아니지만⋯⋯." 내가 말했다. "그러면 프라이스 널 갱단에 둘 이유가 없잖아. 네가 보안을 맡고 있으니 손을 봐준다면 네가 봐줘야 해. 그 대가로 네게 보수를 지불하는 것 아닌가? 게다가 내가 보스라면 네게 맡길 수 있는 거잖아, 안 그래?"

■ 볼펜이나 만년필 잉크가 옷에 물드는 것을 방지해주는 보호대를 말한다.

"수디르." 제이티가 말했다. "그렇게 하면 넌 보스로서 존경받을 수 없다는 점을 알아야 해. 네가 보스라는 사실을 스스로 보여줘. 그러니 함께 손을 봐줘야 해."

"그 친구들에게 팔 굽혀 펴기 스무 번이나 토끼뜀 뛰기 쉰 번을 시키면 어때? 아니면 내 차를 세차하게 할 수도 있고."

"넌 차가 없잖아." 제이티가 말했다.

"그렇군. 그럼 네 차를 한 달 동안 세차하라고 하면 되잖아!"

"이봐, 이 친구들은 이미 내 차를 세차했고 내가 원하는 건 뭐든 뒤치다꺼리를 해주고 있다구. 따로 그럴 일은 없어." 제이티는 자신의 힘이 어느 정도인지 내가 확실히 알았으면 한다는 듯 나직히 힘 주어 말했다. "중간에 돈을 슬쩍하거나 일한 대가를 지불하지 않은 벌로서 단지 세차에 그친다면 얼마나 더 많은 걸 훔칠지 상상해봐. 도둑질은 절대 용납할 수 없다는 걸 보여줘! 그 녀석들이 널 보고 두려움에 떨게 말이야."

"그게 네가 갱단을 이끄는 방식이군. 두려움이라고?" 나는 내 방식이 있다는 인상을 주려고 빈정댔다. 실은 내가 직접 주먹을 써야 한다는 게 걱정되어서 핑계를 대고 있었지만 말이다. "두려움이라고? 흥! 아주 재미있군, 재밌어."

우리는 빌리와 오티스에게 만나자고 한 길모퉁이에다 차를 세웠다. 날씨가 추웠다. 한낮은 아니었지만 햇빛이 약간 비쳤다. 그 길모퉁이는 근처에 있는 주유소 말고는, 주로 빈 주차장과 버려진 건물들에 둘러싸여 있었다.

나는 빌리와 오티스가 서성거리고 서 있는 것을 보았다. 빌리는 키가 거의 2미터에 달했다. 그는 던바 고등학교에서 스타 농구 선수였고 주

남부 카번데일에 있는 작은 학교인 사우스일리노이 대학에서 장학금을 받았다. 블랙 킹스와의 관계를 이용해 기숙사 학생들에게 마리화나와 코카인을 팔기 시작했는데, 결국 마약 판매를 전업으로 삼기 위해 농구팀을 그만두기로 결정했다.

빌리가 한번은 내게 이런 말을 했다. "돈의 맛에 군침을 질질 흘렸지. 난 충분한 돈을 벌 수가 없었으니까. 마약을 팔려고 농구팀을 그만둔 건 내가 저지른 가장 어리석은 짓이었어." 이제 빌리는 다시 복학하려고 학비를 마련하기 위해 갱단에서 일하고 있었다.

나는 언제나 빌리를 좋아했다. 이 지역에서는 열여덟 살이 되기도 전에 온갖 종류의 중요한 결정을 혼자서 내려야 하는 사람들이 많았는데 빌리도 그 가운데 하나였다. 이 지역 성인들 중 고등학교 졸업자는 40퍼센트에도 못 미쳤고 대학 졸업자는 그보다 훨씬 더 적었다. 빌리가 의논할 만한 사람은 거의 없었다.

하지만 빌리는 자신이 내린 잘못된 결정에 대해 처음으로 책임을 인정한 사람이었다. 빌리가 대학을 그만두고 이 주택단지로 돌아왔을 때 한 말을 나는 잊지 못한다. "난 단지 이야기를 나눌 사람이 필요했어. 정말 죽을 것처럼 힘들고 혼란스러웠지만 아무하고도 의논할 수가 없었어."

나는 정말로 빌리를 좋아했다. 게다가 내 키는 그의 턱에도 채 닿지 않았다. 그를 때리고 싶은 마음이 전혀 없었다.

오티스는 이야기가 달랐다. 그는 언제나 실내에서, 심지어 겨울에도 짙은 선글라스를 꼈고 항상 입고 다니는 긴 검은색 윗도리 속에다 장도를 품고 다녔다. 오티스는 즐겨 다른 사람들에게 칼을 휘둘러 상처를 입혔다. 게다가 나를 썩 좋아하지 않았다.

그의 적대감은 몇 달 전에 있었던 농구 경기에서 비롯되었다. 나는 갱단이 후원하는, 청소년 클럽에서 열리는 야간 농구 경기에 때마다 참가하고 있었다. 오트리는 심판 볼 사람이 부족하면 가끔씩 나를 지명했다. 나도 어릴 때 농구를 했지만 이 빈민가의 농구 방식은 달랐다. 우리 동네에서는 공이 패스될 때 센터에게 스크린\*을 걸어주었으며, 가장 중요하게는, 길거리 농구 경기에서도 반칙을 선언했다.

그런데 갱단이 후원하는 이곳 농구 경기에서는 실제로 반칙을 저질러서 심판이 반칙 선언을 해도 하프 타임 때 선수들에게 쫓기는 수가 있었다. 가령 오티스가 선수로 뛴 한 경기에서 심판을 맡았을 때 나는 그에게 다섯 번의 퀵 파울을 선언했다. 오티스가 다섯 번 반칙을 했기 때문이었다. 오티스는 더 이상 그 경기에서 뛸 수가 없었다.

오티스는 벤치에 앉아 값싼 알코올음료를 든 채 나에게 소리쳤다. "이 자식, 죽여놓고 말테다! 네놈 거시기를 잘라주마!" 나는 나머지 경기에 집중하기가 어려웠다.

경기가 끝나는 대로 나는 곧바로 체육관을 빠져나왔다. 오티스가 주차장까지 쫓아왔다. 아직 유니폼을 갈아 입지 않아 몸에 칼을 지니고 있지는 않았다. 오티스는 길바닥에서 병을 하나 집어 들더니 병을 깨어 뾰족해진 끝을 내 목에 들이댔다. 그 순간, 오트리가 허둥지둥 주차장으로 들어와, 오티스를 잡아끌며 내게 어서 도망치라고 말했다.

나는 오트리가 계속해서 "달아나, 이 친구야. 어서 달아나라고!" 소리

---

■ 공격 기회를 만들기 위해 상대 수비수의 진로를 일시적으로 가로막는 움직임을 말한다.

치는 동안에도 나는 넋이 나가 가만히 서 있기만 했다. 잠시 후 두 사람이 웃음을 터뜨렸다. 내 발이 옴짝달싹 못했기 때문이다. 두 사람은 땅바닥을 데굴데굴 구를 정도로 웃어댔다. 나는 거의 속엣것을 토할 지경이었다.

우리 쪽으로 다가오는 오티스를 보면서 나는 그때의 사건을 떠올리고 있었다. 오티스 역시 그러지 않았을까. 나는 제이티, 프라이스와 함께 차에서 내렸다.

"그래, 무슨 일인지 들어보자구." 제이티가 말했다. "지난주에 누가 멍청이 짓을 했는지 알아야겠어. 빌리, 네가 먼저 말해봐."

제이티는 무언가에 골몰해 있는 듯했는데, 아마도 살짝 당황한 것처럼 보였다. 그 이유는 알 수 없었고 물어볼 만한 상황도 아니었다. 확실히 내가 대화를 이끌 기회가 많은 것 같지 않았다.

"이미 말한 그대로야." 빌리가 입을 열었다. "달리 할 말이 없어. 오티스가 100봉지를 가져갔는데 100달러가 비잖아. 난 내 돈을 받고 싶어." 빌리의 태도는 완강하면서 도전적이었다.

"이봐, 제발." 오티스가 말했다. "일주일 동안 내게 한 푼도 안 줬잖아. 그 돈은 나한테 빚진 거라구." 오티스의 눈에 핏발이 서 있었다. 한순간 빌리에게 달려들어 칠 기세였다.

"돈을 안 줬다고?" 빌리가 말했다. "그건 중상모략이야. 난 네게 돈을 줬고 그날 밤 넌 파티를 하러 갔어. 똑똑히 기억하고 있다고."

대개 판매 팀의 관리자, 이 경우에는 빌리가 길거리 판매원들에게 포장된 코카인을 나눠주었다. '100봉지'를 기준으로 한 봉지에 10달러였다. 따라서 물건을 다 판 판매원은 관리자에게 1,000달러를 줘야 했다.

빌리는 오티스가 900달러만 가져 왔다고 말했다. 오티스는 예전에 자기 몫을 계산할 때 빌리가 자기한테 빚을 졌다고 변명했고 빌리는 이를 부인했다. 오티스와 빌리는 입씨름을 벌이며 서로 자기 입장만을 고집했다. 이윽고 둘은 제이티와 프라이스, 나를 번갈아 쳐다보았다.

"됐어, 됐어!" 제이티가 말했다. "이래서야 아무런 진전이 없겠어. 썩 꺼져. 좀 있다 다시 봐."

빌리와 오티스는 자리를 떠나, 자신들이 마약과 돈을 넣어둔 쓰레기통 근처에 있는 나머지 팀원들과 합류했다. 두 사람이 시야에서 사라지자 제이티가 내게 물었다. "어떻게 생각해? 충분히 들었지?"

"응, 들었어!" 나는 득의양양하게 말했다. "내 결정은 이래. 분명 오티스는 돈을 착복했어. 그 친구가 실제로 돈을 가져갔다는 걸 부인하지 않았다는 데 주목해야 해. 그는 빌리에게서 받을 빚이 있다고만 말했어. 빌리가 오티스에게 일당을 지불했는지 어쨌는지는 모르겠고. 다만 오티스가 돈을 훔친 걸 부인하지 않은 걸로 봐서 빌리가 오티스에게 돈을 지불하는 걸 잊은 게 아닐까 싶어. 어쩌면 주고 싶지 않았을지도 모르지. 어쨌든 그런 건 중요하지 않아. 오티스가 돈을 훔쳤고 빌리가 돈을 지불하지 않은 게 확실해."

잠시 침묵이 흘렀다. 마침내 프라이스가 입을 열었다. "그럴듯하군. 나쁘지 않은걸. 오늘 하루 종일 네가 한 말 가운데서 제일 훌륭하군."

"그러게." 제이티가 말했다. "그럼 처벌은?"

"이 경우, 미식축구 리그에서 벌칙 상쇄 규칙을 빌려와 볼까. 두 사람 다 반칙을 했어. 그래서 그 두 벌칙은 서로 상쇄되지. 오티스가 훔쳤으니 그 친구의 죄가 더 중하다는 건 알아. 하지만 둘 다 실수를 한 거지.

그러니 아무도 다치거나 벌금을 물 필요가 없어. 어때?"

좀 더 긴 침묵이 흘렀다. 프라이스가 제이티의 눈치를 살폈다. 나도 마찬가지였다. "오티스에게 이리 오라고 해." 제이티가 입을 열었다. 프라이스가 오티스를 데리러 갔다.

"어쩌려고?" 내가 물었다. 제이티는 아무 말도 하지 않았다. "얘기 좀 해봐." 하지만 제이티는 모르는 체했다.

프라이스가 오티스를 데리고 돌아왔다.

"넌 저기서 기다려." 제이티가 차 쪽으로 고개를 까닥하면서 내게 조용히 일렀다.

그 말에 따라 나는 자동차 뒷자리에 올라탔다. 차는 제이티 무리에게서 비스듬한 방향으로 세워져 있었다. 제이티가 오티스에게 손을 등 뒤로 돌리라고 하는 말이 들릴 만큼 충분히 가까운 거리였다. 곧이어 주먹이 광대뼈를 치는 소리가 들렸고 약 10초 후에 또 한 대가 날아갔다. 그러고 나서 천천히 두 대가 더 날아갔다.

나는 뒤쪽 창을 통해 돌아보았다. 오티스가 몸을 앞으로 수그린 채 얼굴을 감싸고 있는 모습이 보였다. 제이티가 주먹을 털면서 천천히 자동차로 돌아왔다. 제이티가 차에 올라탄 뒤 프라이스도 탔다.

"훔치는 건 용납할 수 없어." 제이티가 말했다. "이번 건에 대한 네 의견은 썩 괜찮았어. 네 말이 맞아. 둘 다 멍청이 짓을 했지. 빌리가 돈을 지불하지 않았는지 실제로 알 수 없으니 그 친구를 때릴 수는 없어. 하지만 네 말대로 오티스가 돈을 훔친 건 확실해. 그 녀석이 부인하지 않았으니. 그래서 그 녀석을 패준 거야. 하지만 정상 참작은 충분히 해주었어. 일주일 동안만 일하지 말라고 했거든."

오티스가 고통으로 앓는 소처럼 끙끙대는 소리가 들렸다. 그가 수긍을 하더냐고 나는 나직이 물었다. 제이티도 프라이스도 답이 없었다. 우리가 탄 차가 빌리와 오티스를 지나칠 때 두 사람을 쳐다본 건 나뿐이었다. 오티스는 여전히 고개를 수그리고 있다가 우리가 지나가자 시선을 피했다. 빌리는 완전히 무표정한 얼굴로 우리 차를 쳐다보았다.

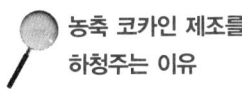
**농축 코카인 제조를
하청주는 이유**

그 뒤 몇 시간 동안 우리는 제이티가 이끄는 블랙 킹스 분파의 구역뿐 아니라 다른 분파의 구역까지 아우르는, 사우스사이드의 넓은 지역을 차로 돌아보았다.

도시 전체의 블랙 킹스 내 서열이 올라가면서 제이티는 코카인 판매가 원활히 이루어지고 이웃하는 갱단들이 서로 협력하도록 자신의 갱단 외에 다른 몇 개 분파를 감시하는 좀 더 폭넓은 임무를 맡게 되었다. 이는 제이티가 이제 블랙 킹스의 수백 명 단원들을 직간접적으로 통솔하고 있음을 의미했다.

갱단 분파들은 꾸준히 바뀌고 또 새로이 재편되었다. 이것은 갱단 전쟁 같은 극적인 사건보다는 기본적인 경제와의 관련성이 더 컸다. 한 지역 갱단이 쇠퇴할 때 그 이유는 대개, 수요에 부응하여 코카인을 충분히 공급할 수 없었거나 갱단 보스가 판매원들에게 보수를 박하게 주어서 열심히 일하는 사람들을 끌어들이지 못했기 때문이었다.

이런 경우에 갱단 지도부는 경쟁하는 다른 갱단에게 유통권을 넘길 수 있었다. 그러면 원래의 갱단은 일종의 합병에 의해 수익에서 얻는 몫이 적어지는 것은 물론, 합병된 조직 내에서의 지위도 그만큼 낮아졌다. 마약 판매 갱단을 경영하는 것은 통상 아주 큰 사업은 아니었지만 그렇다고 작은 사업도 아니었다.

오늘은 제이티가 블랙 킹스의 4인조, 혹은 6인조 팀이 코카인을 파는 길모퉁이, 공원, 골목길, 버려진 건물들을 전부 둘러보는 날이었다. 제이티는 일주일에 한 번씩 그렇게 했다. 이러한 순시는 제이티에게 가장 중요한 업무였기에 내가 개입할 여지가 그다지 많지 않으리라는 것은 분명했다. 처음 들러야 할 장소로 차를 몰면서 제이티는 어쨌든 따라와도 좋다고 말했다.

이때 하급 갱 단원 넷이 탄 다른 차가 우리와 합류했다. 이들은 제이티의 보안 요원으로, 제이티가 가는 곳마다 앞장서서 상대 갱단으로부터 안전한지를 살폈다.

제이티가 판매 팀들에게 차례로 질문을 던지는 모습을 지켜보면서 나는 그가 참으로 뛰어난 책임자임을 깨달았다. 코카인을 판매하는 모든 갱 단원을 어떻게 움직여야 하는지를 잘 알았다. 제이티가 도착하면 판매 팀 관리자는 팀원들에게 거래 활동을 중지하도록 지시하고 혼자서 제이티 쪽으로 다가왔다. 그리고 경찰이 제이티를 마약 판매와 직접 연관지을 수 없도록 팀원 하나가 모든 현금과 마약을 가지고 구역을 완전히 떠났다. 제이티의 발상인지 암흑가의 관례인지는 알 수 없었지만 경찰을 따돌리는 문제에 있어서 제이티는 매우 신중했다.

제이티는 흠을 잡히지 않으려고 총, 마약, 또는 많은 현금을 지니고 다니지 않았다. 이따금 자기와 이 동네에서 함께 자라서 개인적으로 알고 지내는 경찰을 언급하기는 했지만 자신이 경찰에게 얼마나 실질적 영향력을 갖고 있는지에 대해서는 언제나 불분명한 태도를 취했다. 어떤 경우라도 제이티가 체포당할 염려는 없는 듯했다.

제이티가 보기에, 경찰은 원하기만 한다면 언제라도 자신을 찾아올 수 있었다. 하지만 경찰은 자신이 잘 아는 익숙한 얼굴들이 마약 사업을 운영하게 그냥 내버려두는 편이 더 이득이었다. "그치들은 단지 관리할 수 있기만 하면 좋은 거야. 이따금 우리를 찾아오는 것도 그런 이유에서지."

하지만 제이티의 코카인 판매 갱 단원들은 끊임없이 체포되었다. 이는 법률적 차원에서 보면 성가신 일이었지만 사업 차원에서 보면 제이티의 돈줄을 완전히 끊어놓을 수도 있었다. 코카인을 파는 갱 단원 한 명이 감방에 들어가면 제이티는 때로 그의 가족에게 생활비를 보내주었다. 그러나 한편 그 갱 단원이 감형 대가로 경찰에게 증언을 해주기로 결정했을지도 모른다며 늘 불안해했다. 제이티는 코카인 판매 갱 단원들이 일을 하는 도중에 사람을 죽이는 문제에 대해서는 좀 더 관대했다. 거의 언제나 그들의 가족에게 후한 합의금을 지불했다.

각 판매 팀의 관리자를 만나면 제이티는 의례적인 질문들로 심문을 시작했다. 떨어져 나간 단골이 있나? 코카인의 질에 대해 불평하는 사람은 없는가? 코카인 구입처를 다른 데로 돌린 사람은 없나? 경찰이나 주민 대표에게서 감시당하지는 않는가? 이 근처를 얼쩡거리는 낯선 '꾼들', 즉 뜨내기나 거리 행상인은 없는가? 다른 경쟁파 갱단 녀석들이 주변에 몰려들지는 않는가?

모든 질문에 답을 마친 뒤, 관리자는 그 주의 수령액, 분실하거나 도둑맞은 마약, 문제를 일으킨 갱 단원들의 이름 등을 요약하여 한 주간의 판매 활동을 보고했다. 제이티는 그 주의 마약 수익에 가장 큰 관심을 보였다. 이들 수익에서 발생하는 자신의 보수는 물론 매월 윗사람들에게 상납해야 하는 세 때문이기도 했다.

제이티는 예전에 윗사람들이 가끔씩 타당한 이유 없이, 적어도 제이티가 일찍이 들어봄직한 명분조차 없이 세율을 심지어 두 배까지 올린다고 투덜거렸다. 이렇게 되면 제이티는 자기 주머니에서 돈을 내야 했다. 몇 개월 전에는 갱단의 보유 무기를 확충하는 데 5,000달러를 갖다 바쳐야 했는데 제이티에게는 전혀 유쾌한 일이 아니었다.

이러한 압력과 한편 자기 밑의 갱 단원들이 언제 쿠데타를 모의할지 모른다는 끊임없는 두려움과 결합되어, 제이티는 항상 돈을 뜯길까 봐 의심이 강했다. 이웃의 다른 갱단에서 쿠데타가 몇 번 있었다는 이야기를 제이티에게서 들은 적이 있었다. 그래서 제이티는 동일한 질문을 다양한 방식으로 하거나, 혹은 딴죽을 걸어서 판매 관리자들을 특별히 심문했다.

"너희는 50봉지를 팔았군. 좋아." 시작은 늘 이런 식이었다.

"아니요. 25봉지를 팔았다고 말씀드렸습니다." 그러면 관리자는 이렇게 대답하곤 했다.

"아니, 너희는 50봉지를 팔았어. 난 너희가 50봉지를 팔았다고 맹세할 수 있어. 다른 사람들도 모두 50봉지로 들었어, 그렇지?"

"아니요, 아니에요. 전 25봉지라고 했어요."

제이티가 진상을 제대로 파악하고 있다는 확신이 들 때까지, 그와 판매 팀을 관리하는 대개 10대 후반에서 20대 초반의 어린 친구들 사이에는 자잘한 세부 사항을 놓고 늘 이렇게 몇 분씩 실랑이가 오가곤 했다. 오후의 추운 날씨가 밤까지 이어지던 날, 어린 친구들 가운데 몇 명은 제이티의 질문을 받고서 진땀을 뺐다. 이쯤 되면 그들도 제이티가 뭘 기대하는지 여실히 알게 된다. 하지만 의심스러운 기색이 조금만 있어도 '폭력'을 불러올 수 있었다. 제이티는 신속하게 신체적 응징을 가하거나 그들이 누리는 특권, 예를 들어 총을 소지하거나 돈을 벌 수 있는 권리를 중지시켰다.

제이티는 지난주에 경찰의 시선을 끌 만한 행동, 가령 고객과 판매자 간에 싸움이나 총격전을 벌이지는 않았는지 물었다. 만약 판매 팀 갱 단원 중 하나가 고등학교에서 정학을 맞거나 주민 대표로부터 불평하는 소리가 나오면 그 관리자는 제이티에게 더 혹심한 심문을 당해야 했다.

이런 심문이야말로 관리자들에게는 최악이었다. 제이티는 독자적인 소식통을 갖고 있었다. 자기 구역뿐 아니라 자신이 모르는 이웃 구역까지 감시하는 책임을 처음 맡게 되면서 제이티는 그렇게 하기 시작했다. 이웃 구역에 있는 거리와 상점들에 대해서는 잘 알지 모르지만 자기 구역에서처럼 제이티 혼자서 목사, 주민 대표, 경찰관, 꾼들을 죄다 파악할 도리는 없었기 때문이다.

제이티에게 정보를 제공하는 자들은 대부분 집 없이 떠도는 노숙자, 무단 입주자, 그 밖에 돈에 쪼들리는 성인 남녀들이었다. 이들은 비용이 싸게 먹혔는데, 제이티는 그들에게 하루 10에서 15달러를 지불했다. 빈민가의 이 유랑인들은 마약 판매 지역에 머물면서 의심을 불러일으키는 일 없이 쉽사리 제이티의 갱 단원들을 염탐할 수 있었.

제이티는 대개 상급 갱 단원들을 보내 보고를 받았지만 때로는 이 유랑인들과 개인적으로 만남을 갖기도 했다. 이들은 제이티 갱 단원들이 그의 돈을 빼돌렸는지 어쨌는지는 말해줄 수 없어도 거리에서 벌어진 싸움이나 고객 불만 같은 문제들을 귀띔해준다는 점에서 매우 유용했다.

차를 타고 47번가의 황폐한 상가들 앞을 지날 때 판매 팀 중 하나가 코카인을 희석시켜 팔고 있다고 제이티가 말했다. 블랙 킹스의 코카인 판매망은, 제이티의 상급 갱 단원들이 멀리 떨어진 교외나 도시 변두리 지역의 도매업자로부터 대량의 코카인 가루를 사들이면서 갖추어나갔다. 상급 갱 단원들은 빈 아파트를 이용하거나 한 주민에게 한 달에 약 100달러를 주고 부엌을 빌려 직접 농축 코카인을 만들었다. 그런 뒤 포장을 해서 판매 관리자들에게 할당량을 보냈다.

가끔은 거리의 판매 팀이 직접 농축 코카인을 제조하게 했다. 그런 경우, 할당받은 코카인으로 만들 수 있는 농축 코카인 양을 늘리려고 몰래 첨가물을 넣을 수도 있다고 제이티가 설명해주었다. 가령 10달러짜리 100봉지를 125봉지로 불리면 가외로 250달러를 벌 수 있었다. 이것을 100봉지로 계산할 테니 이 돈은 분명 제이티의 수중에서 빠져나가게 되어 있었다.

제이티가 어째서 자신을 속여먹을 기회를 허용해주는지 나는 놀라웠다. 그는 엄청난 양의 코카인과 상당수의 판매 팀을 관리하고 있어, 가끔씩 하청을 주어 농축 코카인을 제조하게 했다. 농축 코카인을 만드는 과정은 비교적 간단했다. 코카인 가루를 제빵용 소다, 물과 함께 섞은 다음, 결정화된 농축 코카인 덩어리만 남을 때까지 끓인다. 농축 코카인의 제조를 하청주는 것은 일종의 예방책이기도 했다. 경찰이 농축 코카인이 가공되는 아파트 한 곳을 급습하더라도 분산되어 제조되기 때문에 농축 코카인 전부를 잃을 염려는 없었다.

제이티가 희석된 코카인이 팔리고 있는 것을 걱정하는 데는 갱 단원들이 자신을 속인다는 명백한 사실 이상의 이유가 있었다. 수익을 늘리고 싶어 하는 그들의 욕심은 전염성이 있었다. 갱단 내 다른 분파가 자신들의 수익을 늘릴 계책을 궁리한다면 제이티는 세수입을 잃을뿐더러 자기 밑에 있는 판매 관리자들이 그를 왕좌에서 끌어낼 생각을 할지도 몰랐다.

또한 제이티는 희석된 농축 코카인이 사람 몸에 미치는 위험성을 염려했다. 얼마 전 로버트 테일러의 한 10대가 약물 과다 투여로 거의 죽을 뻔했는데 위험한 첨가물을 넣은 농축 코카인을 판 것이 제이티의 판매원이라는 소문이 돌았다. 결국, 건물의 주민 대표가 경찰에 2주간 24시간 순찰을 요청하는 바람에 마약 판매는 휴업에 들어갔다. 갱단 간부들은 제이티가 단원들을 제대로 통제하지 못했다고 생각하여 그는 이 사건으로 강등될 뻔했었다.

제이티가 희석된 농축 코카인을 걱정하는 또 다른 이유는, 사업상의 경쟁이라는 간단한 문제에 있었다. 만약 블랙 킹스가 저질 물건을 팔고 있다는 말이 나면 다른 갱단에게 고객을 빼앗길 터였다. 제이티가 가장 근심하는 것도 이 점이었다. 최근 6인조 판매 팀을 맡은 스물한 살의 마이클을 만나러 가면서 제이티가 내게 말해주었다.

제이티의 한 정보원이 마이클 팀이 희석된 농축 코카인을 팔고 있다고 귀띔해주었다. 그 정보원은 실제로 코카인 중독자여서 제이티는 그에게 그 코카인을 사오게 했다. 색깔이나 파삭거리는 질감으로 보아, 코카인에 다른 첨가물이 들어갔음을 확인할 수 있었다.

제이티는 내가 만약 갱단 보스이고 마이클을 처리해야 한다면 어떻게 할 거냐고 물었다.

"쫓아내는 거지 뭐!" 내가 말했다.

제이티는 그렇게 간단히 결정할 문제가 아니라고 말했다. "대부분의 다른 친구들은 이런 식으로 돈 벌 궁리는 못 해. 뒷돈 벌 기회를 노리는 녀석쯤 있을 수 있지. 내 밑에서 일하는 친구들이 수백이 넘어도 그런 잔꾀를 부리는 놈은 소수에 불과해. 그렇게 사람을 잃고 싶진 않아." 자신이 해야 할 일은 그들의 꿍꿍이속을 억누르는 게 아니라 허튼 수를 써서 그것을 실행에 옮기지 못하게 하는 것이라고 제이티는 말했다.

마이클이 있는 곳에 도착하자 제이티는 상급 갱 단원들과 보안 요원에게 마이클하고 둘만 있게 해달라고 하면서 내게는 그대로 앉아 있으라고 했다. 우리는 패스트푸드 식당 뒷골목으로 갔다.

"이거 보여?" 제이티가 마이클의 얼굴에 작은 집록식 봉지를 들이대며 물었다. "이게 뭐지?"

"그건 제 겁니다." 마이클이 말했다. 마이클이 어째서 그 코카인이 자기 것이라고 주장하는지 알 수 없었다. 단순히 반사적으로 대답한 게 아닌가 싶었지만 마이클은 처벌을 기다린다는 듯 차분한 얼굴이었다. 그의 팀원들은 10미터쯤 떨어진 곳에서 지켜보고 있었다.

"맞아. 이건 원래 양의 절반밖에 안 돼." 제이티가 말했다.

"그 이상으로 채우라는 겁니까?"

"말장난 하지 마, 자식아! 네가 물건에 뭔가 집어넣고 있다는 거 다 알아. 바로 이게 그렇게 해서 만들어진 물건이고. 뭐, 할 말 있어?"

마이클은 침묵을 지켰다.

"널 어떻게 처리할지 말해주지." 제이티가 말했다. "죽이진 않겠어. 더 이상 이런 걸 팔면 안 돼. 다음주 네 몫은 없어. 네 몫은 다른 친구들에게 갈 거야. 가서 다른 녀석들에게 말해. 이런 함량 미달의 물건을 만드는 게 왜 바람직하지 않은지. 그 이유는 잘 알지, 안 그래?"

마이클은 고개를 숙인 채 끄덕였다.

"좋아. 이따위 물건을 만들면 고객을 잃게 되고 우리 일이 없어지기 때문에 바람직하지 않다는 걸 다른 친구들한테 말해. 그게 네 생각이라고, 스스로 바보짓을 했으니 그걸 처리하는 방법으로 네가 번 돈을 다른 친구들이 가졌으면 한다고 말이야."

마이클은 눈에 띄게 당황했고 화가 나서 다시 얼굴이 침울해졌다. 마침내 마이클은 고개를 들더니 괴로운 듯 머리를 흔들고는 눈을 흘긋거리며 땅바닥의 돌멩이를 발로 찼다. 제이티에게 덤비고 싶은 듯했지만 마이클은 분명 꼼짝 못했다. 잠시 후 제이티는 마이클의 팀원들을 불러들여 주간 보고를 받는 것으로 일과를 마무리했다.

몇 시간 사이에 날이 어두워졌다. 비록 제한적이기는 했지만 하루 동안의 갱단 보스 노릇도 드디어 끝이 났다. 그것은 생각보다 평범하면서 동시에 극적이었다. 나는 기진맥진했다. 해결되거나 미해결된 소소한 일들이 머릿속에서 어지럽게 춤을 추었다. 나는 아직 교회를 사용하는 대가로 윌킨스 목사에게 얼마를 주어야 할지를 결정하지 못했다.

내가 제이티와 동행하여 현장으로 찾아간 블랙 킹스 판매 팀은 대략 20개였다. 2명의 판매 관리자가 구석진 곳으로 끌려가 죄과에 대한 벌을 받았다. 매주 제이티에게 갖다 줘야 할 금액을 채우지 못한 또 다른 한 관리자는 다음주 보수를 50퍼센트 삭감당하고 10퍼센트의 벌금을 물어야 했다. 일을 잘한 팀의 판매원들은 주말 동안 총 소지를 허락받았다. 제이티는 대개 전쟁 중이 아닌 한, 갱 단원들에게 무장한 채 돌아다니지 않도록 주의시켰다. 또한 갱 단원들이 갱단에게서 직접 총을 사게 했다. 그리고 몇 주 동안 평균 이상을 판매한 또 다른 팀의 갱 단원들에게는 250달러를 보너스로 주었다.

이번 주 제이티가 순시를 다니면서 부딪치게 될 문제들, 즉 일이 어그러지기 전에 교통정리를 해야 할 문제들은 끝이 없어 보였다. 고객들이 마약을 파는 블랙 킹스 단원들과 공공연히 싸우는 일도 몇 번 있었다. 고객들은 코카인 봉지가 너무 작다거나 물건이 제대로 된 게 아니라며 불만을 터뜨렸다.

한 상점의 주인은 갱 단원 몇 명이 매달 '보호'세를 내놓으라고 요구했다고 제이티에게 항의했다. 제이티는 상급 갱 단원들만 돈을 강탈할 수 있도록 허용했기 때문에 이는 정당하지 못한 요구였다. 제이티의 한 판매원은 교회 주차장에서, 지역의 어떤 마약 사용자로부터 현금 대신 오럴 섹스를 받으려고 하다가 교회 목사에 의해 경찰에 신고를 당했다.

이튿날 아침, 나는 어제 본 수많은 책무와 판결에서 자유로워진 몸으로 깨어났다. 하지만 제이티는 그렇지 못했다. 그는 여전히 계약을 강요하고, 갱 단원들이 낮은 임금에도 목숨을 걸도록 동기를 부여하고, 변덕스러운 윗사람들에게 대처하면서 지하 경제가 잘 돌아갈 수 있도록 모든 운영의 책임을 져야 했다. 나는 제이티의 생업에 대해 실로 비판적이었으나 또한 그의 자칭 선행에 대해, 그리고 그의 갱단이 로버트 테일러 주민들을 위해 어떤 활동을 하는지 좀 더 알고 싶었다. 게다가 나는 여전히 제이티의 윗사람들에 대해 아는 바가 거의 없었다.

모든 건 때가 있는 법이다.

로버트 테일러에서의 생활에 대한 내 궁금증의 답들은 내 활동 범위에서 두 번째로 강력한 영향력을 지닌 인물, 모두가 베일리 부인으로 알고 있는 여성한테서 얻을 수 있었다.

5

베일리 부인의
동네

　나는 꽤 정기적으로 베일리 부인을 만났다. 베일리 부인은 가끔씩 제이티가 건물을 한 바퀴 돌 때 같이 동행하거나, 때로는 경찰관이나 시카고 주택공사 직원과 함께 있는 모습이 눈에 띄기도 했다. 부인은 언제나 내게 인사를 건네며 함께 있던 사람에게 나를 점잖게 소개했다. 하지만 나는 베일리 부인이 무슨 일을 어떻게 하는지는 실제로 알지 못했다. 청소년 클럽에서 있었던 갱단 협상을 위한 자리에 참석하기는 했지만 베일리 부인은 그렇게 깊이 관여하지는 않았다. 나는 어쩐지 베일리 부인에 대해 좀 더 알고 싶다는 호기심이 일었다.
　베일리 부인에 대해 이야기할 때면 어째서 주민들 목소리에 제이티에게 그렇듯 존경심과 두려움이 함께 섞여 있는지 궁금했다. 사람들은 이렇게 말하곤 했다. "베일리 부인을 건드리지 않는 게 좋을 거야." 또는 이렇게도 말했다. "그래, 베일리 부인이 무슨 일인지 많은 얘기를 해줄 수 있을 거야. 하지만 꼭 5달러를 가지고 가라고." 제이티도 내가 베일리 부인과 시간을 보낼 수 있도록 배려하면서도 부인을 조심해야 한다는 모호한 말을 비쳤다.

내가 베일리 부인을 관찰하게 된 동기는 부분적으로, 시카고 대학의 한 지도 교수의 조언 덕분이었다. 뛰어난 민족지학자인 진 코마로프 교수는 내가 남자들하고만 너무 많은 시간을 보낸다고 지적했다. 코마로프 교수는 그 지역 사회의 3분의 2가 아이들을 키우는 여성들이므로 그들이 어떻게 살림을 꾸리고 시카고 주택공사로부터 서비스를 받아내는지, 그 밖에 어떤 방식으로 가족들을 먹여 살리는지 좀 더 잘 이해해보라고 권했다.

빌 윌슨 교수는 빈곤 문제를 연구하는 학자들은 지역 사회 문제에서 여성들이 하는 역할을 거의 알지 못한다며, 베일리 부인 같은 주민 대표뿐 아니라 메이 부인처럼 가정을 이끌어가는 주부와도 시간을 보내보라고 했다. 윌슨 교수와 코마로프 교수 두 사람 모두, 내가 다른 힘 있는 사람들과 함께할 때와 한가지로 베일리 부인에 대해서도 신중을 기하여 부인이 말하는 것을 액면 그대로 받아들이지 말라고 충고했다.

베일리 부인은 평균 키에 뚱뚱한 편이었다. 무릎에 관절염이 있어서 느리긴 했지만 델라웨어 강을 건너는 워싱턴처럼■ 언제나 정면을 응시하고 걸었다. 베일리 부인의 오른쪽 팔에는 'MO-JO(모조)'라는 문신이 새겨져 있었다. 메이 부인의 말에 따르면, 모조는 베일리 부인의 죽은 아들의 별명이었다. 베일리 부인은 손가락이 뭉툭했고, 같이 악수를 해 보면 다른 어느 누구보다 손힘이 세었다.

■ 미국 독립 전쟁 당시 워싱턴은 한밤중에 델라웨어 강을 건너 영국군에 소속된 독일 용병 부대를 기습하여 대승을 거두었다.

베일리 부인의 직함은 지역 자문 위원회LAC의 주민 대표였다. 한 달에 몇백 달러의 비상근 급여를 받는 선출직으로, 주민 대표의 공식 직무에는 건물 보수 관리를 위해 시카고 주택공사에 압력을 넣고 주민 활동을 위한 기금을 얻어내는 일 등이 포함되었다. 선거는 4년마다 치러졌으며 현직자들이 거의 유임되었다.

일부 지역 자문 위원회 대표는 나머지 다른 대표들보다 영향력이 더 컸다. 들은 소문에 따르면, 베일리 부인은 최고의 영향력을 가진 인물이었다. 실제로 그녀는 수년 전 지역 자문 위원회를 구성하기 위해 몸바쳐 싸웠고 부인의 투쟁 정신은 지금도 여전했다. 베일리 부인은, 동네 의원醫院들이 아이들에게 무료 진료를 해주게 했고 지역 상점들에게는 음식을 기부하게 했다고 한다.

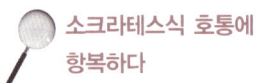

### 소크라테스식 호통에 항복하다

어느 날 베일리 부인의 작고 낡은 사무실에 들렀을 때 이러한 투쟁 정신을 직접 목격할 수 있었다. 나는 베일리 부인에게 내가 왜 부인이 대표로 있는 건물 주변을 어슬렁거리고 다니는지 밝히고 싶었다. 아울러 내가 진행하고 있는 연구에 대해서도 설명할 참이었다. 나는 도시 빈곤과 그 원인이 되는 요인들에 관한 일반적인 학술 지식을 늘어놓는 것에서 시작했다.

"자네 연구에서 백인들과 이야기를 나눌 계획이 있나?" 베일리 부인은 내가 떠벌리는 말들은 골백번도 더 들었다는 듯 손사래를 치며 내 말을 끊었다.

나는 순간 부인의 말을 이해할 수 없었다. "이건 로버트 테일러 홈스에 관한 연구예요. 그래서 대부분 흑인들과 이야기를 나누려 하고 있어요. 제가 알지 못하는 백인이 여기에 살고 있지 않은 한 말이죠."

"만일 내가 자네에게 매일 먹을 빵 한 조각만 주면서 왜 굶주리느냐고 묻는다면 자넨 뭐라고 할 텐가?"

이 뜬금없는 질문에 나는 허를 찔린 기분이었다. 잠시 생각해보다가 대답했다. "충분히 먹지 못해서 굶주리고 있다고 하지 않을까요?"

"교수님, 많이 배우셔야겠군." 베일리 부인이 말했다. "자, 다시 묻겠네. 만약 내가 자네에게 매일 빵 한 조각을 주면서 왜 굶주리느냐고 묻는다면 뭐라고 할 텐가?"

한층 어리둥절해진 나는 이판사판의 심정이 되었다. "당신이 먹을 걸 안 주니까?"

"맞았어! 아주 좋아!"

나는 한숨을 놓았다. 더 이상 시험이 닥치지 않기를 바랐다. 하지만 베일리 부인은 계속했다. "내가 자네 집 열쇠를 가져가는 바람에 자네가 바깥에서 잠을 자야 한다고 해보세. 어떤 사람이 와서 자넬 '노숙자'로 취급해. 그럼 자네는 뭐라고 할 텐가?"

"음……." 이 질문은 훨씬 어려워 보였다. "부인이 잘못했다고 말하겠죠. 난 집이 있어요. 그러니까…… 아니죠! 난 노숙자가 아니라고요!" 나는 질문에 제대로 답했다고 생각했다.

하지만 베일리 부인은 내 대답에 화가 난 듯했다. "세상에, 자네 자신을 위해 어떻게 해야 했냐고?"

적어도 베일리 부인이 문자 그대로의 답을 바라고 이런 질문을 하는 건 아니라는 걸 알 만큼은 나도 눈치가 있었다.

"내가 자네 집 열쇠를 가져갔다면!" 하고 베일리 부인이 고함을 쳤다. "자넨 어떻게 되는 거지?" 책상 건너편의 부인이 상체를 앞으로 구부렸다. 내 얼굴 가까이에서 부인의 거친 숨결이 느껴졌다.

"부인이 내게서 빼앗아간 거죠. 그러니까 난 노숙자가 아니라 희생자인 거죠."

"좋았어. 잘 돼가고 있어. 이제 내가 경찰에게 자네가 사는 동네엔 가지 말고 내가 사는 동네에만 오라고 말했다고 해보세. 그런 다음 나는, 자네가 범죄가 만연한 지역에 살고 있으며 그 동네는 내가 사는 동네보다 범죄가 더 많다고 글을 쓰는 거지. 그럼, 자넨 뭐라고 할 텐가?"

"글쎄요, 부인이 경찰을 모두 차지해버렸으니 부당한 처사라고 말할 것 같아요. 그러니까……."

"교수님, 이제야 좀 진전이 있군!" 베일리 부인은 두 손을 들어 축하하는 시늉을 했다. "좋아. 원래의 질문으로 돌아가보자고. 자넨 흑인들이 이 주택단지에서 어떻게 살아가고 있는지 알고 싶어 해. 왜 가난한가. 왜 이렇게 범죄가 많을까. 왜 가족을 부양하지 못할까. 왜 아이들은 자라서 일자리를 얻을 수 없을까. 그럼 이제는 백인을 연구하겠나?"

"예." 그제야 나는 베일리 부인이, 이곳 주민들의 일상적인 삶을 결정하고 있는 로버트 테일러 홈스 바깥쪽 사람들에게도 초점을 맞추기를 바란다는 것을 이해했다.

"하지만 우릴 희생자로 만들진 마. 우린 우리가 어찌해볼 수 있는 것에 대해서는 책임을 질 거니까. 모든 게 우리가 어찌해볼 수 있는 건 아니거든."

이후 우리 둘의 만남은 대충 이런 식이었다. 한번은 이 주택단지의 고등학생들 가운데 60퍼센트가 중퇴하는 문제를 논의하러 간 적이 있었다. "최근 연구에 따르면, 아이들이 고등학교를 마칠 수 있다면 빈곤에서 벗어날 가능성이 25퍼센트라고 해요." 나는 강의하듯 읊조렸다. "어릴 때의 교육, 즉 아이들을 학교에 남아 있게 하는 것이 중요하죠. 또한……"

베일리 부인이 끼어들었다. "만약 자네 가족이 굶주리고 있고 내가 자네에게 돈을 벌 수 있는 기회를 준다면 어쩌겠나?"

"당연히 돈을 벌겠죠 뭐. 내 가족을 도와야 하니까요."

"하지만 학교는 어쩌고?"

"미뤄야 한다고 생각해요."

"언제까지?"

"가족들이 충분히 먹고살 수 있을 때까지요."

"하지만 자넨 학교에 다녀야 하잖나, 안 그런가?" 베일리 부인이 언성을 높여 비꼬듯 말했다. "그게 자네를 빈곤에서 벗어나도록 도울 테니 말이야." 부인은 잠시 말을 멈추었다. 곧이어 의기양양하게 웃으며 선심 쓰는 듯한 어조를 전혀 숨기려 하지 않았다. "그러니까…… 자네는 나와 고등학교 중퇴자들 이야기를 하고 싶다고 했던가?"

잠시 시간이 걸렸지만 나는 곧, 베일리 부인 앞에서 적당히 거리를 두고 권위 있게 보이려 하는 게 아무런 의미가 없음을 깨달았다. 마음 한편에 나는 전문 연구가라는 생각이 있었으나 아주 작은 부분일 뿐이었다. 일단 베일리 부인의 소크라테스식 호통 앞에서는 어쩔 도리가 없음을 인정해야 했다. 일찌감치 항복하고 부인에게서 한수 배우기로 결심했다.

나는 대개, 주민들이 베일리 부인의 사무실에 자유로이 방문할 수 있도록 정해둔 시간에 잠깐 들렀다. 그렇지 않으면 베일리 부인이 어디에 가 있는지 행방을 찾기 어려웠다. 주민이 찾아오면 베일리 부인은 내게 나가달라고 부탁하곤 했다. 그래서 우리가 이야기를 나누는 시간은 길어야 15분을 넘지 않았다.

베일리 부인은 경계심을 늦추지 않으려는 듯, 내게 항상 공식적인 태도를 유지했다. 부인은 결코 내게 특정 주민에 대한 상세한 내용을 알려주지 않았다. 대신에 '이곳에 사는 가족들'에 대한 일반적인 이야기만 했다.

이렇게 몇 개월이 지난 후, 나는 제이티에게 베일리 부인과 이야기를 나누면서 어떤 좌절감을 느꼈다고 털어놓았다. 부인이 나를 신뢰하는지 어떤지 알 수가 없다고 말이다.

제이티는 내가 고심하는 모습을 보며 즐거워했다. 그는 베일리 부인과 친해지기란 쉽지 않으며 아마도 시도할 가치도 없을 거라고 경고했다. "네가 우리 갱 단원들하고 얘기를 나누게 하기까지는 나도 시간이 좀 걸렸어." 제이티가 말했다. "어째서 베일리 부인이 네 주변에서 어슬렁거리면서 네게 모든 사람들을 다 보여줄 거라고 생각하지? 여기선 일이 그렇게 빠르게 돌아가지 않아."

제이티의 말은 일리가 있었다. 베일리 부인이 나를 편하게 느끼는 데 시간이 필요하다면 기다리기만 하면 되었다.

## 로버트 테일러의 긍지

시카고의 겨울이 시작될 무렵, 베일리 부인이 의류 기부 운동을 도와달라고 내게 부탁했다. 부인이 대표로 있는 건물 주민들과 무단 입주자들은 담요와 휴대용 난로를 비롯해 겨울 외투가 필요했다. 베일리 부인은 기부를 약속한 상점들을 돌며 기부금을 모으는 일을 함께 해주기를 바랐다.

내 친구 하나가 노란색과 갈색이 섞인, 털털거리는 스테이션 웨건\*을 빌려주었다. 내가 베일리 부인을 데리러 갔을 때 부인은 커다란 플라스틱 가방을 옮기고 있었다. 가방을 차에 싣기 위해 몸을 구부리더니 곧이어 다시 가방을 자동차 바닥에 내려놓으면서 베일리 부인은 툴툴거렸다. 부인은 거친 숨을 몰아쉬면서 우리의 첫 정차지인, 몇 구획 떨어져 있는 주류 판매점으로 가자고 했다.

베일리 부인은 내게 뒤로 돌아서 가도록 일렀다. 가게 주인이 나를 보지 않았으면 해서라고 말했지만 그 이유는 설명해주지 않았다.

골목에 차를 세우자 베일리 부인이 가게 안으로 들어갔다. 5분 후 종업원 몇 명이 뒷문으로 나와, 맥주 상자와 술병들을 차로 옮기기 시작했다. 독한 버번위스키가 혹심한 시카고의 추위를 누그러뜨리는 데 확실히 도움이 될 수는 있어도, 딱히 겨울에 소용되는 물건 같지는 않았다. 베일리 부인이 차에 올라탔다. 이 기부는 주민들이 술이 필요하면 이 주류 판매점에서만 구입하기로 합의하여 성사된 것이라고 베일리 부인은 설명했다.

■ 접의자 방식의 좌석이 붙어 있고 좌석을 젖혀 차내의 뒤쪽에 짐을 실을 수 있도록 후면에도 문이 달려 있는 승용차.

그다음에는 몇 킬로미터를 달려 스토니 아일랜드 대로에 있는 한 식료품점으로 갔다. 우리는 뒷길로 가서 사장으로 보이는 남자를 만났다.

"이봐, 자기." 베일리 부인이 말했다. 부인은 나를 볼드윈 씨에게 소개했다. 둥근 얼굴에 이를 훤히 드러낸 채 웃고 있는 이 남자는 키가 크고 성량이 풍부한 흑인이었다. 볼드윈 씨는 종이집게가 달린 필기판을 들고서 천장 선반에 매달린 쇠고기의 측면에 구별 표시를 하고 있었다.

볼드윈 씨가 베일리 부인을 껴안았다. "자기가 원하는 걸 준비해뒀지. 모두 뒤에 있어."

볼드윈 씨는 한 청년 쪽을 가리켰다. 청년은 검은색 윗도리들이 가득 찬 커다란 쓰레기봉투가 몇 개 있는 곳으로 우리를 안내했다. 언뜻 보기에 그 옷들은 우리를 안내한 청년이 입고 있는 것과 똑같아 보였다. 소매와 가슴에 식료품 가게의 이름이 도드라지게 새겨져 있었다. 이 윗도리들은 같은 것일까? 주민들이 식료품 가게 이름이 적힌 옷을 과연 입을지 의아스러웠다.

내가 옷 봉투들을 자동차로 끌고 가자 베일리 부인이 외쳤다. "거기 있는 맥주 세 상자 좀 가져와, 수디르!"

나는 시키는 대로 했다. 중산층 출신의 세상 물정 모르던 나는 이곳에서 빈틈없는 흥정을 감지할 수 있었다.

차로 돌아온 베일리 부인은 나의 의아함을 짐작한다는 듯 말했다. "우리가 식료품점에서 뭘 하고 있는지 궁금하겠지. 그 옷들을 봐." 나는 뒷자리로 손을 뻗어 옷을 하나 집어 들었다. 소독을 한 듯, 의심할 여지 없이 표백제 냄새가 났다. 식료품 가게 이름이 적힌 천 조각은 제거되거나 더 큰 다른 천 조각으로 가려져 있었다. 거기에는 '로버트 테일러의 긍지'라고 쓰여 있었다.

베일리 부인은 싱긋 웃었다. "저 옷들은 로버트 테일러의 대부분 가정들이 가게에서 살 수 있는 것보다 더 따뜻해. 이 식료품점에서 일하는 사람들은 하루 종일 고기 냉동 저장고에 앉아 있어야 하기 때문에 체온을 따뜻하게 유지해줘야 하거든. 이곳 사장은 크리스마스 때마다 내게 스무 벌 정도를 기부해줘."

"저기에 붙은 천 조각들은 어떻게 된 건가요?"

"그 옷을 만드는 사람들이 우릴 위해 공짜로 해주지."

"그럼 맥주는요?"

베일리 부인은 그저 웃기만 할 뿐 다음 행선지를 말했다.

우리는 그날 몇 군데 상점을 더 들렀다. 시어스▪에서 베일리 부인은 사장과 농담을 주고받으며 서로의 가족 안부를 물었다. 그런 뒤, 사장이 아이들 외투가 담긴 상자를 몇 개 건네주었다. 베일리 부인은 나에게 사장의 차에다 남은 맥주를 실으라고 했다. 한 염가 판매점에서는 주류 일부를 담요 몇 꾸러미와 교환했다. 철물점에서는 가져온 무거운 플라스틱 가방을 사장에게 주었고 사장은 베일리 부인에게 휴대용 난로를 세 대 주었다.

"가방 안에 뭐가 있는지는 묻지 마." 내가 난로를 차로 가져오자 베일리 부인이 말했다. "내가 자네를 좀 더 잘 알게 되면 말해줄 테니까."

실상 기부라고 할 만한 기부, 즉 무상으로 무언가를 받은 것은 단 한 번뿐이었다. 한 식료품점에서 베일리 부인은 맥주나 술과의 교환 없이

▪ Sears. 미국과 라틴 아메리카의 여러 나라에 점포망이 있으며 우편 주문 사업도 병행하고 있는 유통 업체.

통조림을 약간 받았다.

일이 끝났을 때 우리는 시내 남쪽 끝에 있었다. 로버트 테일러로 돌아오는 길에 차가 밀려서 나는 베일리 부인에게 질문을 할 기회를 얻을 수 있었다.

"이 일은 언제부터 시작했어요?"

베일리 부인은 자신이 공영 주택단지에서 자랐다고 했다. 당시에는 자선 단체, 교회, 시의 기관, 그리고 개인 독지가 등 모든 사람들이 공영 주택단지 거주민들을 도왔다. "이젠 더 이상 독지가들이 오지를 않아." 베일리 부인은 생각에 잠긴 채 말했다. "여기에 온 이래로 괜찮은 백인 본 적 있나? 못 봤을걸. 아무도 우리에게 돈을 주지 않고 어떤 개선 계획도 진행되고 있지 않아. 무료로 음식을 나눠주는 일을 하는 사람도 이젠 별로 없어. 교회에서조차 그네들이 과거에 했던 일을 지금은 하지 않아."

"왜 오늘 우리가 만난 사람들이 부인에게 기부를 하고 싶어 하는지 이해가 안 돼요. 부인은 어떻게 그 사람들을 알게 됐어요?"

"무엇보다 그 사람들 대부분이 로버트 테일러에서 자랐거나 가족들이 로버트 테일러에서 살고 있기 때문이지. 입 밖에 내고 싶지 않겠지만 많은 중산층 사람들이 이 주택단지 출신이야. 자기 출신지를 잊기는 쉽지. 난 그 사람들한테 한때는 그들 자신도 우리와 똑같은 처지였다는 사실을 상기시켜주려고 해. 그래서 1년에 몇 차례, 그들도 선량한 일을 하게 되는 셈이지."

"그럼 왜 그들에게 맥주하고 술을 주는 거죠? 그게 기부라면 무상으로 줘야 하는 거 아닌가요?"

"일이 항상 그렇게 간단하진 않아." 베일리 부인은 몇 달 전 내가 목격한 일을 끄집어냈다. 그때 부부라는 여자가 10대의 자기 딸과 잠자리를 한 아랍인 가게 주인을 죽이고 싶어 했다. "이곳의 많은 여자들이 공짜로 음식을 얻으려고 그런 짓을 하지. 난 그런 일이 일어나는 걸 보고 싶지 않아. 술을 몇 병 거저 주더라도 차라리 그 편이 더 나아."

## 네가 엄마야?

사무실로 돌아온 베일리 부인은 겨울 장비들을 정리하고 통조림과 고기로 가득 찬 커다란 바구니들을 준비했다. 소식은 재빨리 퍼져서 곧 그 건물의 가족들이 사무실에 모여들기 시작했다. 어떤 사람들은 다소 부끄러워했고 어떤 사람들은 기부한 물품들을 보고 흥분했다. 하지만 모두가 행복해 보였다. 새 외투나 따뜻한 스웨터를 입어보는 그들의 모습을, 나는 어린애처럼 즐겁게 지켜보았다.

어떤 사람들은 음식만 받았고 어떤 사람들은 윗도리만 받았다. 또 어떤 사람들은 베일리 부인이 "오늘 당신이 가져갈 건 없어"라고 말할 때까지 우두커니 서 있기만 했다. 눈앞에 음식과 옷 바구니들이 뻔히 놓여 있는데도 말이다. 왜 베일리 부인이 그 사람들에게는 음식이나 옷을 주지 않는지 알 수가 없었다. 베일리 부인은 일부 가정들을 편애하는 걸까?

어느 날 매춘 일을 하는 클래리스가 베일리 부인의 사무실에 찾아왔다. 클래리스 앞에는 이미 몇 명의 여자들이 줄을 서 있었다. 베일리 부인의 조수인 캐트리너는 그들의 이름을 일일이 적고 그들이 각각 정확히 무엇을 받았는지 기록하고 있었다.

"오늘 뭘 좀 줄 수 있어?" 클래리스가 쾌활한 목소리로 물었다. 순간 클래리스의 시선이 잠시 내게 머물렀지만 나는 안중에 없는 모양이었다. 클래리스는 술 냄새를 풍겼다. 블라우스가 끌러져 있어서 가슴 한쪽이 거의 비어져 나와 있었다. 추운 날씨에도 클래리스는 검은색 짧은 치마에다 하이힐을 신고 위태롭게 비틀거렸다. 얼굴은 멍해 보였고 입은 벌어져 있었다. 전에는 이런 상태의 클래리스를 본 적이 없었다. 클래리스는 자기는 마약을 하지 않는다고 했다.

"엉망이군." 캐트리너가 두꺼운 안경 너머로 쳐다보며 말했다. "샤워를 해야겠어."

베일리 부인은 옆방에서 한 주민과 이야기를 나누고 있었다. "베일리 부인, 여기 좀 보세요!" 캐트리너가 큰 소리로 외쳤다. "베일리 부인, 클래리스에게 사무실에서 나가라고 좀 말해주세요!" 캐트리너는 클래리스 쪽으로 돌아서서 불만 섞인 눈길로 쏘아보았다.

베일리 부인이 와서 캐트리너에게 진정하라고 말하고서 클래리스에게 안으로 들어오라고 일렀다. 베일리 부인은 방문을 닫으면서 나를 곁눈질하더니 한숨을 폭 내쉬었다. 무슨 얘기를 하는지 도무지 알아들을 수가 없었다. 클래리스가 무슨 얘길 하는지 어떤지는 불분명했지만 엄포를 놓는 베일리 부인의 말소리만은 띄엄띄엄, 또렷이 들렸다.

"깔끔하게 하고 다니지 않으면 아무것도 못 얻어먹을 줄 알아! …… 취해가지고 여기 와서 너 자신을 부끄럽게 만들지 마! …… 네가 엄마야? 넌 엄마도 아냐. 엄마일 수는 있겠지. 그 쓰레기 같은 걸 피우는 걸 그만둔다면 말이야!"

문이 열리고 클래리스가 비틀거리며 나왔다. 눈에서 눈물이 흘렀다.

클래리스는 지갑을 놓쳤다. 지갑을 줍기 위해 멈춰 섰을 때 기부받은 물품들이 담긴 바구니 더미에 부딪히면서 걸려 넘어졌다. 클래리스는 일어나려고 애를 쓰다가, 바구니들 위에 속엣것을 게워냈다.

캐트리너와 나는 클래리스를 부축하려고 얼른 일어섰다. 그러나 우리 둘 다 클래리스가 토해낸 오물 더미에 미끄러졌다. 한 줄기 강한 바람이 바깥에서 불어와 토사물 냄새가 방 안을 가득 메웠다. 클래리스는 우리의 도움을 물리쳤지만 혼자서 일어날 수가 없었다. 클래리스의 예쁜 얼굴이 핏기 없이 창백해졌다.

"저 여자를 붙잡아서 여기서 내보내요!" 캐트리너가 소리쳤다. 캐트리너가 두 번 더 그렇게 말하고서야 나는 그것이 내게 하는 소리임을 알아차렸다. "수디르! 저 여자를 집으로 데려가요. 당장!"

나는 클래리스를 조심스럽게 다루려고 애썼다. 그녀의 옷이 반쯤 벗겨져 있어서 어디를 붙들어야 할지 난감했다. 클래리스가 다시 토하기 시작했다. 이번에는 내 팔 쪽이었다.

"수디르!" 캐트리너가 소리쳤다.

클래리스는 이제 네 발로 기었다. 침을 질질 흘리며 구역질을 했지만 더는 아무것도 나오지 않았다. 나는 클래리스의 복부에 팔을 두르고 끌어당겼다. 끌어내더라도 일단 클래리스를 사무실에서 나오게 하는 게 낫겠다 싶었다.

"저년은 내 새끼들 입에 뭐가 들어가는 꼴을 못 봐." 클래리스가 신음하며 말했다. "내 새끼들 먹일 음식이 필요해!" 클래리스가 미친 듯이 주변을 두리번거렸다. 지갑을 찾는 모양이었다.

"클래리스, 조금만 더 가면 돼요." 내가 말했다. "당신 지갑은 내가 가져갈 테니 걱정 말아요. 일단 사무실에서 나갑시다."

"내 지갑!" 클래리스가 울부짖었다. "내 지갑, 내 지갑이 있어야 해!"

클래리스는 사무실 안으로 도로 들어가려고 발버둥쳤다. 나는 마구 발길질을 해대고 팔을 휘두르는 클래리스를 일으켜 세우려다가 그녀와 함께 감방복도의 철책에 부딪치고 말았다. 클래리스가 도로 바닥으로 주저앉았다. 다치지 않았기를 바랐지만 상태를 알 수 없었다.

클래리스의 지갑을 찾으러 돌아왔을 때 문간에 베일리 부인이 서 있었다. 손에 지갑을 든 채였다.

"클래리스가 찾는 게 이건가?" 베일리 부인이 물었다. 나는 고개를 끄덕였다. "지갑 안을 들여다봐. 자네가 이 여자를 돕고 싶은 모양인데 안을 좀 살펴보고 왜 클래리스가 지갑을 찾는지 봐봐."

나는 고개를 저으며 바닥을 내려다보았다.

"봐보라니까!" 베일리 부인이 날카롭게 소리쳤다. 성큼성큼 다가와서는 내 코앞에다 지갑을 치켜들었다. 거기에는 콘돔 몇 개, 립스틱 몇 개, 딸 사진, 그리고 헤로인인지 코카인인지 몇 봉지가 들어 있었다.

"이 물건을 찾는 거지, 안 그래?" 베일리 부인이 코웃음을 치며 클래리스에게 물었다. 모두가 우뚝 멈춰 선 건 단 몇 초 동안이었지만 족히 한 시간은 되는 듯했다. 캐트리너가 끼어들려고 했지만 베일리 부인이 손사래를 쳤다.

"자, 어서, 수디르. 이 여자를 집으로 데려가." 베일리 부인이 말했다. 부인은 몸을 수그려 클래리스를 내려다보았다. "네 새끼들이 와서 사흘 동안 아무것도 못 먹었다고 하면 내가 네 새끼들을 데려가버릴 거야. 알아들었어?"

베일리 부인은 돌아서서 가버렸다. 캐트리너는 무심한 얼굴로 내게 종이 타월을 건넸다. 나는 몸을 수그려 토사물을 닦아내고 클래리스 얼굴의 눈물을 닦아주었다. 클래리스는 이번에는 내 도움을 물리치지 않았다.

나는 클래리스를 데리고 그녀의 아파트로 올라갔다. 집 안은 어두웠고 클래리스가 잠들기에는 그 편이 나을 것 같았다. 안방에는 클래리스의 두 딸이 퀸사이즈의 침대에 앉아 있었다. 두 살과 네 살쯤 되어 보였는데 텔레비전을 보느라 여념이 없었다. 나는 아이들이 있는 방의 문을 닫고 클래리스 옆 탁자에 물을 한 잔 놓아두었다.

집 안 풍경은 대조적이었다. 벽에 걸린 장식품들과 사진들은 깔끔하고 아늑한 분위기를 자아냈고 예수 그리스도의 사진과 가족들의 사진이 평화롭게 걸려 있었다. 집 안에서는 막 청소를 끝낸 듯한 상큼한 냄새가 났다. 그런데 소파에는 눈꺼풀이 처져서 완전히 엉망이 된 클래리스가 거친 숨을 몰아쉬고 있었다.

제이티 아파트의 바깥쪽 감방복도에서 처음 그녀를 만났을 때 클래리스는 마약을 사려고 몸을 파는 다른 매춘부들, 즉 '중독자들과 록스타들'로부터 거리를 두고 있었다. 하지만 클래리스가 마약을 하지 않는다고 한 건 거짓말이었다. 클래리스는 내게 단정한 인상을 주고 싶었던 것이리라. 클래리스가 거짓말한 것은 그리 중요하게 생각되지 않았다. 결국 이 여자는 도움이 필요했던 것이다. 하지만 사람들이 하는 말을 맹목적으로 믿어서는 안 된다는 교훈만은 확실했다.

나는 소파 옆 안락의자에 앉았다. "유감스럽지만 그쪽을 여기에 혼자 둬야겠군요." 어슴푸레한 빛 속에서는 클래리스의 얼굴 표정을 알아보기 어려웠다. 클래리스는 전쟁을 막 치른 전사처럼 거칠게 숨을 몰아쉬었다. "구급차를 부를까요?"

"괜찮아. 취기가 가시면 나을 거야."

"아이들은 어때요? 뭘 좀 먹었나요?"

"베일리 부인이 우리에게 아무것도 안 줬어." 클래리스는 울부짖는 단계를 지나 이제 훌쩍거리고 있었다. "그 여자 나한테 왜 이러는 거야? 정말 내게 왜 이러는 거냐구!"

문득 아이들에게 뭘 좀 먹여야겠다는 생각이 들었다. 나는 침실로 들어가 윗도리를 챙기라고 하고 아이들을 동네 샌드위치 가게로 데려갔다. 아이들에게 치즈 버거, 감자튀김, 탄산음료를 사준 뒤 집으로 오는 길에 작은 식료품점에 들렀다. 수중에 15달러밖에 없었지만 아랍인 가게 주인에게 이 집 식구들이 한동안 먹지를 못했다고 말했다. 남자는 이런 얘기는 백만 번도 더 들었다는 듯 고개를 내저으며 필요한 것을 가지고 가라고 했다.

내가 장바구니를 채우라고 말하자 클래리스의 딸들은 마치 디즈니 월드 무료 초대권이라도 받은 듯 신나했다. 아이들이 사탕을 집는 동안 나는 가능한 한 가장 영양이 풍부할 것 같은 스파게티 통조림 몇 개와 우유, 시리얼, 냉동식품 등을 장바구니에 담았다. 아파트로 돌아왔을 때 클래리스는 잠들어 있었다. 나는 식품들을 넣어놓고 링 딩˙을 뜯어서 다시 텔레비전 앞에 앉은 아이들에게 가져갔다. 아이들은 언제 외출했나는 듯 만화 영화에 빠져 있었다. 클래리스가 여전히 잠들어 있어서 나

■ Ring Ding. 미국에서 시판되는, 한국의 초코파이와 비슷한 초콜릿 케이크.

는 집을 나왔다.

　이틀 후 다시 베일리 부인의 사무실이 있는 건물로 찾아 갔다. 아는 얼굴들에게 고개를 끄덕이며 붐비는 로비를 지나가는데 누군가 내 팔을 붙잡았다. 그러고는 나를 구석으로 끌고 갔다. 베일리 부인이었다.

　"자네는 상냥하고 젊고 잘생겨서 이곳 여자들 침깨나 흘릴 게야. 여자들을 도울 땐 조심하게."

　"클래리스의 아이들이 굶고 있었어요. 제가 뭘 할 수 있었겠어요?"
　"그 아이들은 우리 집에서 아침을 먹었어!" 베일리 부인이 말했다. 부인은 내 팔을 움켜쥐더니 얼굴을 바싹 들이댔다. "애들이 굶지 않았다는 걸 내가 장담하지. 이 건물에서 굶는 아이는 아무도 없어, 아무도……." 베일리 부인이 내 팔을 더 세게 움켜쥐는 바람에 아팠다. "아이가 있는 여자는 건전한 일을 해야 해. 언젠가 자네에게 아이가 생기면 기억해두게."

　"그러죠."

　"두고 보면 알겠지. 우선은 여자들을 도울 때 조심해. 여기 여자들은 자네를 이용할걸세. 어떤 일을 당할지 몰라. 그렇다고 내가 그 자리에 있어서 자네를 보호해줄 수도 없고 말이야." 나는 베일리 부인이 무엇을 말하려는 건지 정확히 이해할 수가 없었다.

　어쨌든 나는 고개를 끄덕였고 대개 그러면 베일리 부인은 꽉 쥔 손을 풀어주었다. 부인의 손에서 놓여나자 나는 제이티의 아파트로 가서 그를 기다리기로 했다. 내가 '보호' 받지 못할 수도 있다는 경고는 그때가 두 번째였다. 제이티가 처음 그런 말을 했고 그 뒤 베일리 부인이 말했다. 제이티를 포함해 나는 아무에게도 베일리 부인과 좀 전에 나눈 이야기를 발설하지 않기로 마음먹었다. 제이티의 아파트로 올라갈 즈음에는 베일리 부인의 말이 새삼 불쾌하게 느껴졌다. 나는 메이 부인에게 학교 공부 때문에 일찍 가야겠다고 말했다. 메이 부인은 내가 버스를 타고 집에 갈 수 있도록 음식을 차려주었다.

 **코카인 판매 갱단을 칭찬하는 주민 대표**

몇 주 후, 베일리 부인이 나를 자기 건물의 월례 회의에 초대했다. 이 회의는 모든 주민이 참여할 수 있었고 자신의 문제를 공식적으로 이야기하고 싶은 사람들에게는 드문 기회였다.

베일리 부인의 건물에는 약 150가구가 살고 있었다. 여기에는 아마도 합법적으로 살고 있는 600여 명과 명부에 올라 있지 않은 400여 명이 포함되었다. 명부에 올라 있지 않은 이들은 아파트 임차인에게 세를 내고 살고 있는 하숙인이거나, 임대차 계약서에 그들의 이름이 올라 있지 않아 생활 보호 대상자 자격을 얻은 여자들의 남편 혹은 애인들이었다. 무단 입주자나 친구들과 임시로 살고 있는 사람들이 수백 명쯤 더 있을 법했지만 주민 모임에 참석할 가능성은 없었다.

베일리 부인은 이 모임에 그다지 열의를 보이지는 않았지만 그 상징적 가치는 잘 알고 있다고 말했다. "아무런 일이 일어나지 않더라도 상황이 어떻게 돌아가고 있는지 다들 알아야 해."

12월의 어느 토요일 오후, 베일리 부인의 사무실에서 월례 회의가 열렸다. 밖은 그리 춥지 않았지만 난방을 최대한 높게 해둔 채 창문을 닫아놓았다. 푹푹 찌는 방으로 들어온 베일리 부인은 조용히 접의자에 모여 앉은 수십 명의 사람들을 지나쳐 그 앞에 섰다. 늘 그렇듯 베일리 부인은 거동이 불편해 보였다. 몸집이 큰 데다가 다리에 관절염이 있어서 의자에 앉으려면 고통 때문에 옆에 선 누군가, 혹은 무언가를 붙잡아야만 했다.

나는 나온 사람들의 수가 적은 데 놀랐다. 참석자들은 대부분 여자였고 베일리 부인과 같은 연배의 50대 중반이었다. 간혹 아이들을 데리고 온 젊은 여자들과 남자들도 몇몇 있었다.

베일리 부인은 찬찬히 자기 앞의 서류들을 간종였다. 부인이 한 젊은 여자에게 창문을 열라고 말했지만 창문은 꿈쩍도 하지 않았다.

"좋아요, 오늘 회의를 시작하겠습니다." 베일리 부인이 말했다. 방 뒤쪽에 있던 말쑥한 차림의 남자가 곧바로 벌떡 일어났다. "저 친구들에게 이야기한다고 말하지 않았나요! 그들은 여전히 저기서 어슬렁거리면서 소란을 피우고 있어요. 도무지 잠을 잘 수가 없다고요."

아마도 블랙 킹스가 건물 안팎에서 벌이는 파티를 말하는 듯했다.

"기록했나요, 밀리?" 베일리 부인이 왼쪽에 앉은 나이든 여자에게 물었다. 여자는 지역 자문 위원회 공식 서기였다. 밀리는 뭔가를 휘갈겨 쓰면서 고개를 끄덕였다.

"좋아요." 베일리 부인이 말했다. "계속해요, 젊은이."

"계속하라고? 내가 계속해서 말했잖소. 호소하는 것도 지겨워요. 여기 올 때마다 그랬잖아요. 이젠 넌더리가 납니다. 뭘 할 수 있기나 한 거요?"

"알아들었어요, 밀리?" 베일리 부인이 안경 너머로 쳐다보며 물었다.

"음……." 밀리가 대답했다. "저 청년은 지긋지긋하고 똑같은 얘기를 계속하고 있으며 당신이 뭔가를 해주기를 바라는군요."

"지긋지긋하다는 부분은 생략해도 될 것 같아요." 베일리 부인이 진지한 어조로 말했다.

"예, 좋아요." 밀리가 기록을 지우며 말했다.

"그 밖에 다른 일은 없나, 젊은이?" 베일리 부인이 물었다. 청년은 아무 말이 없었다. "좋아요. 그런데 난 자네가 이곳에 불법으로 살고 있다는 사실을 알리고 싶진 않으리라 생각하네. 그렇지? 자, 다음은 누굽니까? 아무도 없나요? 좋아요. 그다음, 우리가 의논해야 할 중요한 일이 있습니다. 화요일에 '긍지' 조직에서 여러분을 유권자로 등록시키려고 이곳에 올 예정입니다. 반드시 참여해주십시오. 그 사람들을 위해 충분한 투표자 수를 확보하는 건 아주 중요한 일입니다."

'긍지'는 내가 예전에 우연히 마주친 적이 있는 조직이었다. 전직 갱단원들로 이루어진 이 조직은 갱단들의 휴전 협정과 유권자 등록에 힘을 쏟았다. 전에 베일리 부인은 자신이 그들과 밀접한 관계를 갖고 일하고 있다고 말했었다.

"뭘 위해 투표를 하는 거죠?" 앞줄에 있는 한 젊은 여자가 물었다.

"실제로 투표를 하는 게 아니에요. 우선 등록을 해야 합니다. 이미 등록했다면 할 필요 없고. 하지만 이 건물의 모든 가구가 등록했으면 합니다."

"댁은 제이티와 그 갱단을 거드는 일에는 관심 없잖소?" 한 나이든 여자가 물었다. "아니, 그 사람들만 좋은 일 시켜주는 거 같으니 말이우."

"그 사람들이 스스로 달라지기를 바라세요?" 베일리 부인이 대답했다. "그러면 그들이 올바른 일을 해보려고 할 때 그들 얘기를 진지하게 받아들이세요. 그게 그들이 서로 총질을 해대는 것보다 낫잖아요."

"투표한다고 우리에게 득되는 일은 없소!" 누군가가 소리쳤다. "왜 당신은 그자들이 하고 있는 일을 그렇게 믿는 거요?" 이 질문에 "야아" 하는 사람들의 함성이 뒤따랐다.

베일리 부인은 쉬잇 하고서 사람들의 입을 다물게 했다. "무슨 말씀인가요, 카트라이트 부인." 베일리 부인이 말했다. "만약 하고 싶은 말이, 진행되고 있는 투표 건으로 내가 어떤 식으로든 잇속을 챙기고 있을 거라고 생각한다면 그 근거를 밝히셔야죠."

"댁이 잇속을 챙기고 있을지도 모른다는 말이 아니야." 카트라이트 부인이 말했다. "댁이 이미 잇속을 챙기고 있다는 말이지. 댁은 새 텔레비전을 얻었잖아, 안 그러우?"

이 말에 "야아" 하는 소리가 더 크게 터져 나왔고 사람들은 노골적으로 킬킬거렸다.

"이걸 기억하세요!" 질서를 회복하려 애쓰면서 베일리 부인이 소리쳤다. "6개월 동안 괴롭힘과 충격, 살인 같은 일이 일어나지 않았다는 걸 말이죠. 그건 저 청년들이 바른 길로 들어서고 있기 때문이에요. 여러분은 이들을 돕거나, 아니면 앉아서 불평이나 늘어놓을 수도 있겠지요. 그리고 내 텔레비전에 대해서는…… 여러분의 새 냉장고를 위해 50달러를 준 사람이 누구죠? 게다가 엘더 부인, 댁은 새 매트리스를 어떻게 얻었죠?"

아무도 대꾸가 없었다.

"다들 불평을 늘어놓을 수도 있겠지만 내가 저 청년들을 도와 우리 모두가 이익을 얻고 있다는 걸 알아야 해요."

회의의 나머지 시간은 더욱 열기를 띠었다. 주민들은 베일리 부인이 제이티의 갱단을 관대하게 처리하고 그들에게 협조함으로써 개인적으로 이익을 챙기고 있다고 비난했다. 베일리 부인은 자신의 역할은 주민들을 돕는 것이고, 만일 그게 많은 문제들에 대한 건설적인 해결책을 찾는 것을 의미한다면 그런 융통성을 허락받을 권리가 자신에게 있다고 대답했다.

거의 모든 불평하는 주민들에게 베일리 부인은 그들 각자에게 집세 또는 공공요금을 내거나 음식, 가구 등을 사도록 돈을 주었던 일을 사례로 들었다. 베일리 부인은 사람들을 설득하는 요령을 잘 알고 있었다. 부인은 나를 오래 머물게 하지는 않았으나 나는 몇 번 부인의 아파트에 간 적이 있었다. 거기서 부인의 노련함을 증거하는 전리품들을 볼 수 있었다. 정치 관계자들과 찍은 사진, 시카고 주택공사에서 온 새 냉장고 몇 대, 기부받은 음식과 주류 상자 등. 실제로 부인이 호감을 가진 주민들에게 주곤 하는 소형 전기제품들이 침실 가득 넘쳐났었다.

계속 토론이 이어지던 중에 베일리 부인은 주민들의 다양한 주장에 대응하기 위해 갱단으로부터 정기적으로 받아온 '기부'에 대해 언급했다. 제이티는 거듭 베일리 부인을 즐겁게 해주어야 한다고 내게 말했다. 예를 들어 하급 갱 단원들이 부인의 지시에 잘 따르게 단속하고 로비에서의 마약 판매권 조로 매월 부인에게 돈을 건넸다. 하지만 베일리 부인에게서 직접 이 같은 보조금을 인정하는 말을 들은 것은 처음이었다.

사실, 베일리 부인은 갱단의 부정한 이익을 좋은 용도에 쓰게 하는 자신의 능력을 강조하면서 자부심에 차서 이야기했다. 아무도 말은 하지 않았지만, 주민 가운데 일부가 입을 다물어주거나 갱단의 마약, 현금,

또는 무기를 자신의 아파트에 은닉하게 해주는 대가로 갱단으로부터 뇌물을 받았음을 나도 제이티에게서 들어 알고 있었다. 빈곤 가정에게 갱단의 돈을 거절하기란 쉽지 않은 일이었다.

"어째서 우리는 제이티에 대해 말로만 떠들고 있는 거요?" 한 나이든 남자가 물었다. "왜 경찰서에 가지 않지요? 갱단의 도움이나 돈을 받는 대신, 댁이 뭘 얻는지 말해줄 수 있소?"

"모두들 이곳이 깨끗해지기를 바라시나요?" 베일리 부인이 말했다. "하지만 또한 여러분은 안전하기를 바라지요. 여러분은 이것저것 많은 걸 바랍니다. 게다가 당장 그렇게 되기를 원하죠. 시카고 주택공사는 아무것도 해주지 않습니다. 난 그런 여러분의 바람들을 만족시켜줄 방법을 찾아야 하고요."

"하지만 우리는 안전하게 나다닐 수조차 없소." 남자가 말했다. "작년엔 내 자동차 창문에 총격까지 받았단 말이오!"

"맞아요." 베일리 부인이 받아쳤다. "작년이었죠. 때로 그런 일이 일어납니다. 하지만 이곳이 정화되고 있다는 거 알고 계시죠? 지금은 사람들이 차를 타고 가게로 다닌다는 걸 알잖아요. 누가 그렇게 할 수 있게 해주었죠? 제이티와 그의 갱단에게 소리치기 전에, 그들 역시 우리 가족이라는 걸 알아두세요. 그 사람들은 우리를 돕고 있어요. 내가 말해줄 수 있는 것 이상으로 말이죠."

정치인, 상점 주인, 경찰의 존경을 받으면서 코카인 판매 갱단을 칭찬하고 갱단 보스와 밀접한 관계 속에서 일하는 주민 대표를 보면서, 나는 이 주택단지의 사람들이 얼마나 절망적인 상태인지 절감했다. 하지만 충분히 의심받을 만한 베일리 부인의 이런 태도는 그녀 자신의 야망에서 온 것이기도 했다. 자신의 권위를 유지하기 위해 부인은 다른 권력 집단들, 이 경우에는 갱단과 협력해야 했다. 갱단은 부인의 현상 유지를 도왔다.

그리하여 결과적으로 주민들 가정에 소란을 일으키고 총질을 해대는 바로 그자들을 베일리 부인이 공개적으로 옹호하는 기묘한 광경이 연출된 것이다. 주민 대표들이 선택할 수 있는 모범 답안이 없다는 것은 분명했지만 굳이 도덕적으로 떳떳하지 못한 사람들과 함께 어울려야 하는지 납득이 되지 않았다. 그럼에도 베일리 부인의 행동이 실제로 부인의 선택을 제한하는 많은 고충들에서 나온 것인지, 권력욕에서 나온 것인지 나는 가늠하기가 어려웠다.

회의가 끝나자 사람들은 개별 면담을 위해 베일리 부인에게 다가왔다. 그들은 모두 불만을 토로했다. 물이 뜨겁지 않다거나, 싱크대가 부서졌다거나, 아이가 걱정이라거나, 매춘부들이 손님을 계단통으로 데리고 들어온다거나, 코카인 중독자들이 밤새도록 파티를 벌인다거나 등등.

이윽고 베일리 부인이 내게 사무실로 들어오라고 했다. 캐트리너는 회의 기록을 훑어보고 있었다. 베일리 부인은 시카고 주택공사에 넘길 주민의 민원 목록을 준비하기 위해 캐트리너에게 지역 자문 위원회 서기인 밀리와 함께 모이라고 했다.

베일리 부인은 작은 냉장고를 열어 모두에게 탄산음료를 내왔다. 작은 파란색 손수건을 손에 쥐고 부인은 이마의 땀을 훔쳤다. "자네 기대대로던가?" 부인이 눈을 찡긋하며 물었다.

"저는 부인이 공지 사항만 알리고 끝낼 줄 알았어요." 나는 웃으면서 말했다. "거기서 들은 내용들은 어떻게 처리하죠? 사람들이 요구한 그

많은 것들을. 몇몇은 불쾌한 이야기도 하던데."

"우리는 시카고 주택공사에다 건물에 문제가 있다고 전달하고 그들이 그것을 고쳐주도록 힘을 쓰지. 그게 다야."

"그럼 부인이 갱단에게서 돈을 받는다고 비난하는 주민들 이야기도 그쪽에다 하나요?"

"시카고 주택공사에 건물에 문제가 있다고 말하고 그 사람들이 그걸 고쳐주도록 힘을 쓴다니까."

부인은 간사스러운 미소를 지으면서 캐트리너를 쳐다보았다. 캐트리너는 언제나 충직한 부하 직원의 본분으로 돌아와 있었다.

"수디르, 기억해둬야 할 게 있어." 베일리 부인이 말을 이었다. "이 주택단지에서는 먼저 문제를 수습하는 게 더 중요해. 그런 다음 그 문제를 어떻게 수습할지를 걱정하지." 나는 무언가 말하려고 입을 열었다가 부인의 제지를 받았다. "누가 죽는다거나 하는 일만 없다면 그 모든 불평불만은 별 상관이 없어. 난 그저 내 일을 할 테니까. 만약 내 걱정거리가 몇몇 사람들이 그 돈이 어디서 나왔는지 의심한다는 게 전부라면, 그렇다면 이곳에서는 좋은 날이지! 아무도 죽지 않고 다치지 않고, 나는 내 일을 하겠지."

"무섭군요!" 내가 불쑥 내뱉었다.

"이제야 자네가 이해하기 시작하는군." 부인이 아는 체하는 것 같기도 하고 선심 쓰는 것 같기도 한 어조로 말했다. "좀 더 알게 되겠지."

누군가 문을 두드렸다. 베일리 부인이 맞으러 나가려고 일어서자 캐트리너가 내 쪽으로 몸을 수그렸다. "부인이 주민들을 어떻게 돕는지 보세요. 상관없다고는 하지만 부인의 힘은 사실 굉장해요. 부인이 이곳 아파트들을 어떻게 수리하게 하는지 본 적 있어요?"

나는 당연히 본 일이 없었다.

"부인이 이곳 여자들을 어떻게 도와주는지 본 적 있어요?" 캐트리너는 코 위의 안경다리를 밀어올리며 목소리를 낮추었다. 고등학교 때 수업 시간에 착한 학생과 몰래 귓속말을 나누고 있는 듯한 기분이었다.

"베일리 부인이 아이 엄마들에게 음식을 주는 거요?" 이번에는 내가 속삭였다.

캐트리너는 고개를 젓더니 실망한 얼굴로 숨을 들이쉬었다. "내 말은 그게 아니에요. 부인이 여자들을 도와줄 때 어떻게 하는지 잘 보라고요." 캐트리너는 계속 그렇게만 말하고 더 이상 자세한 얘기는 해주지 않았다. "베일리 부인은 내가 아는 사람들 중에서 가장 놀라운 사람이에요."

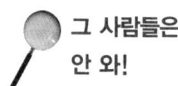
그 사람들은
안 와!

그 후로 여러 달 베일리 부인과 더 많은 시간을 보내면서 나는 대부분 주민들이 예전만큼 나를 의심하지 않는다는 것을 알았다. 문젯거리를 가지고 베일리 부인의 사무실로 찾아오는 주민들은 때로 이렇게 말하곤 했다. "괜찮아요. 수디르가 들어도 상관없어요."

제이티와 마찬가지로 베일리 부인은 내가 자신에게 관심을 갖는다는 사실이 즐거운 모양이었다. 아마도 부인은 내가 자신의 개인 전기를 쓰고 있다고 생각하는 것 같았다. 부인이 그렇게 생각하는 데는 그럴만한 이유가 있었다. 나는 기회가 닿는 대로 부인의 삶이 매력적이라는 내 생각을 그대로 드러내었기 때문이다. 부인 주변에서 지내는 시간이 길어질수록 더욱 그러했다.

어느 추운 겨울날 아침, 나는 캐트리너와 함께 베일리 부인의 사무실에 앉아 있었다. 긴 하루였다. 겨우 주민 몇 명만이 사무실을 찾았다. 베일리 부인이 커피 좀 사다주겠냐고 해서 나는 캐트리너와 함께 나갔다. 우리는 옷을 겹겹이 껴입고 새로 20센티미터나 쌓인 눈밭을 헤치며 터벅터벅 걸었다. 공중으로 우리 몸을 날려버릴 만큼 바람이 거세게 불었다. 살이 얼 듯 추워서 말조차 나누기 힘들었다. 앞서 눈을 밟고 지나간 사람들의 발자국을 따라, 캐트리너와 나는 걷는 데 집중했다. 캐트리너는 어떤 신이 지구를 이렇게 춥게 만들었는지 궁금하다며 큰 소리로 말했다.

커피와 도넛을 손에 들고 부지런히 건물로 돌아오고 있을 때 한 젊은 여자가 허둥지둥 우리 쪽으로 뛰어왔다. "캐트리너, 빨리 돌아가야 해." 여자가 말했다. "베일리 부인이 태니셔네 아파트로 올라갔어. 네게 리지 경관을 부르라고 부탁했어."

캐트리너는 커피를 내게 맡기고 부리나케 달려갔다. 주민이 불러도 경찰이 잘 오지 않게 된 이후로 베일리 부인은 정당한 상황일 때에는 늘 로버트 테일러에서 자란 리지 경관을 불렀다.

"태니셔는 어디에서 살아요?" 내가 소리쳐 물었다.

캐트리너를 불렀던 젊은 여자가 뒤돌아보며 소리쳤다. "1204호!"

건물 쪽으로 가다가, 나는 제이티의 갱 단원 두 사람을 만났다. 그들은 갈색 작업용 부츠를 신고 오클랜드 레이더스*의 은색과 검은색 휘장

이 두드러지는 두꺼운 솜털 재킷을 입고 있었다. 바깥에서 일을 하기에는 옷이 얇아 보였지만 마약을 사려는 자동차들이 골목을 따라 줄줄이 내려오고 있었다. 백인과 흑인 중독자들은 뛰듯이 차에서 내려 곧장 농축 코카인을 사기 위해 로비로 달려 들어갔다. 내가 안으로 들어가자 제이티의 갱 단원 하나가 큰 소리로 말했다. "그 사람들은 12층에 올라가 있어. 승강기는 고장 났고."

계단통은 몹시도 추웠다. 숨을 고르기 위해 몇 번 멈춰 서야 했다. 나는 꽤 많은 사람들과 마주쳤다. 그들 모두가 고장 난 승강기에 대해 불평을 뱉어냈다. "메리 크리스마스, 제기랄." 무거운 세탁물 가방을 가지고 지나가면서 한 사람이 씁쓸하게 말했다.

12층 감방복도로 들어서자 한 무리의 사람들이 1204호 아파트 바깥에 모여 있는 게 보였다. 그들 사이에서 나는 시노트 아저씨와 다른 무단 입주자 몇 명의 얼굴을 알아보았다. 모두들 추워서 몸을 이리저리 움직였고, 일부는 제자리에서 뜀을 뛰기도 했다. 감방복도 바닥은 콘크리트여서 두꺼운 고무창을 댄 신발을 신고 있어도 냉기가 다리를 타고 올라왔다.

1204호의 문이 조금 열려 있었다. 소파 곁에 서 있던 베일리 부인이 나를 보고는 손짓으로 불렀다. 나는 태니셔를 몇 번 만난 적이 있었다. 가장 최근에는 제이티가 연 태니셔의 스물한 번째 생일파티에서였다. 태니셔는 키가 크고 아주 예뻤으며 긴 직모의 흑발이었다. 태니셔는 모델 경력을 쌓는 중이었다. 최근에 다양한 나이트클럽, 이른바 란제리

■ Oakland Raiders. 미국의 프로 미식축구 팀.

파티\*에서 속옷 모델을 했고 밤에는 대학에도 다녔다. 태니셔는 사내 아기 저스틴을 데리고 있었다. 아이 이름은 태니셔가 제일 좋아하는 고등학교 선생님의 이름을 딴 것으로, 그 선생님은 그녀에게 모델 일을 하도록 격려해주었다.

모두들 제이티가 아기 아빠라고 의심했다. 제이티는 그 아기에 대해 묻지 말라고 내게 말했다.

아파트의 전등은 희미했지만 호되게 얻어맞은 얼굴과 피로 물든 흰색 티셔츠를 또렷이 볼 수 있었다. 태니셔는 힘겹게 숨을 몰아쉬며 눈을 감고 있었다. 입 안에서 피가 쏟아지는 것 같았다. 또 다른 젊은 여자가 태니셔의 손을 잡고 그녀를 안심시켰다. "사람들이 오고 있어. 구급차가 오고 있으니 편히 있어, 태니셔."

베일리 부인이 내 옆으로 다가와, 태니셔를 차에 태워 병원으로 데려다주겠냐고 부탁했다.

"전 차가 없어요, 부인. 구급차 아직 안 불렀나요?"

"됐어, 그럼. 내 부탁 좀 들어주게. 시노트에게 태니셔를 데려가도록 로비에 있는 사람들에게 말해달라고 해."

"구급차는 어쩌고요?"

"아닐세, 이 친구야." 베일리 부인이 조용히 말했다. "그 사람들은 오지 않아."

나는 부인의 말을 믿어야 할지 말아야 할지 몰랐다. 적어도 내가 도착한 이후로 15분이나 지났고 구급차는 거기에 없었다. 프라버던트 병원

---

■ 여성 속옷 제품을 팔기 위해 계획된 파티.

은 3킬로미터밖에 떨어져 있지 않았다.

나는 감방복도로 나와 시노트 아저씨에게 말했다. 시노트 아저씨는 몸을 굽혀 12층 아래의 거리를 향해 소리쳤다. "치타! 어이, 치타! 베일리 부인이 차 가지고 오래! 여자를 병원으로 데려가야 해!"

"시노트!" 베일리 부인이 소리를 질렀다. "고함지르지 마! 그놈이 아직 건물에 있어. 제길, 그놈이 건물에서 빠져나가게 하면 안 돼."

나는 혼란스러웠다. 누가 이 건물에서 나가면 안 된다는 걸까? 내가 물어보기도 전에 부인은 사람들을 모아 마치 장군처럼 호령했고, 남루한 처지의 그들은 기꺼이 부인의 군대가 되었다. "태니셔가 심하게 다쳤어. 괜찮긴 하겠지만 그다지 좋아 보이진 않아. 그놈을 찾으려면 당신들 모두가 필요해. 그놈은 비비라는 이름으로 통해. 비어 있는 407호나 자기네 사촌 아파트에 있을 거야. 너희가 그놈 손을 보기 전에 먼저 나한테 데려와주면 좋겠어."

태니셔를 두들겨 팬 남자가 아직까지 건물에 숨어 있었던 것이다.

"그 자식이 달아나거나 미쳐 날뛰면 어쩌죠?" 사람들 가운데 하나가 물었다. "그래도 그냥 잡아올 수 있을까요?"

"응, 그렇겠지. 하지만 내가 그 멍청이하고 이야기하기 전에는 심하게 다루지 마. 그리고 절대 놓치면 안 돼. 수디르, 제이티를 불러올 수 있겠나?" 나는 고개를 끄덕이고 계단통으로 향하는 시노트 아저씨와 사람들을 뒤따라갔다. 그들 대부분은 무단 입주자로, 계절이 따뜻해지면 시노트 아저씨가 자동차 수리하는 일을 도왔다.

우리가 하는 말이 베일리 부인에게 들리지 않는 곳에 이르자마자 나는 시노트 아저씨에게 같이 가고 싶다고 말했다.

"제이티나 불러와." 아저씨가 고개를 가로저었다. "이 일에 쓸데없이 참견하지 말게. 베일리 부인이 말한 대로 해, 젊은이."

시노트 아저씨가 나를 '젊은이'라고 부른 경우는 몇 번밖에 없었다. 전에 한번은 자기 친구가 칼싸움에 휘말렸을 때 내게 다치지 않게 차 안에서 지켜보라고 했다.

"그럴게요, 그런다고요." 나는 졸랐다. "하지만 가고 싶어요."

시노트 아저씨는 내가 말을 듣지 않으리라는 것을 눈치챘다. "그럼 내 옆에만 있어. 만약 그 젠장맞을 놈이 미쳐 날뛰면 넌 가야 해. 내가 가라고 하면 말이야. 내 말 알아들었어?"

우리 8명은 계단통으로 내려갔다. 우리의 호흡이 싸늘한 공기 중에 뜨거운 증기의 흔적을 남겼다. 나는 물어보고 싶은 의문들이 많았다. 비비는 누구이고 태니셔와는 어떤 관계인가? 시노트 아저씨와 다른 사람들은 비비를 알고 있었는가? 하지만 우리는 신속한 속도로 움직이고 있었고 시노트 아저씨는 눈을 빛내며 뭔가에 골몰해 있었다.

우리는 4층 계단통에서 멈춰 섰다. 비비가 407호에 피해 있다고 생각되었기 때문이다. "찰리, 너하고 블루는 앞으로 가." 시노트 아저씨가 말했다. "꼬마, 너하고 다른 사람들은 비비가 달아나는 경우를 대비해 다른 계단통으로 가 있어. 수디르하고 나는 뒤에 있을 테니. 찰리, 내가 네 바로 뒤에 있어. 만약 비비가 칼을 가지고 있으면 가게 내버려둬. 내가 잡을 테니까."

내가 하더라도 시노트 아저씨의 계획과 크게 다르지 않을 거라는 생각이 들었다.

모두가 서둘러 자기 위치로 갔다. 나는 시노트 아저씨와 함께 계단통에 서서 407호 문을 볼 수 있었다. 찰리와 블루가 407호 문 앞으로 다가갔다. 시노트 아저씨와 마찬가지로, 두 사람은 중고 옷과 잘 맞지 않는 신발을 신고 있었다. 찰리는 손에 쇠지레를 들고 있었다. 블루의 주먹은 단단히 움켜쥐어져 있었지만 손에 쥐고 있는 게 무엇인지는 확실치 않았다.

찰리가 문을 두드렸다. 얇은 나무 문이 속이 빈 소리를 냈다. 같은 층의 다른 아파트에는 전부 두꺼운 철제 문짝이 달려 있었지만 시카고 주택공사는 비어 있는 아파트를 표시하기 위해 나무 문을 사용했다. "이봐, 친구!" 찰리가 소리쳐 불렀다. "어이, 비비! 태니셔가 너하고 얘기 좀 했으면 한대. 나와보라구. 태니셔는 괜찮아." 찰리가 우리를 돌아보았다. 시노트 아저씨가 손을 흔들어 신호를 보내 다시 큰 소리로 부르게 했다. "이봐, 비비! 태니셔가 이야기하고 싶대! 내가 안내할게." 왜 비비가 위층으로 다시 올라가는 데 동행자가 필요하겠는가. 나는 의아스러웠다. 대체 비비가 이런 말을 믿을 이유가 무엇인가.

바로 그때 누군가의 목소리가 위쪽 계단통에서 울려왔다. "비비가 11층에 있다가 계단으로 내려오고 있어! 붙잡아, 내려오고 있어!"

시노트 아저씨는 찰리와 블루가 지나가도록 본능적으로 나를 감방복도로 밀어붙였다. 두 사람은 계단통에 멈춰 섰다. 시노트 아저씨와 나는 두 사람보다 몇 발자국 뒤에서 몸을 웅크리고 앉았다. 모진 추위에 몸이 바들바들 떨렸다. 찰리는 바닥을 향해 손을 몇 번 내리눌러 우리에게 가만히 있으라고 손짓했다. 건물이 이처럼 조용한 건 처음이었다. 바람 소리와 멀리서 들려오는 자동차 소리 외에는 소각실에서 쥐들이 쑤석거리는 소리만이 정적을 깨뜨렸다.

## 자경주의적 정의

그때 멀리 위로부터 발걸음 소리가 쿵쿵 울렸다. 누군가 거친 숨을 쉬며 계단을 내려오고 있었다. 나는 시노트의 윗도리 뒤쪽을 움켜쥐었다. 찰리와 블루는 우리 앞에서 몸을 낮추었다. 블루의 손 안에 있는 게 무엇인지 보였다. 손가락 관절에 끼우는 쇳조각이었.

발소리가 4층에 다다랐을 때 찰리가 벌떡 일어나 쇠지레를 허리 높이로 돌렸다. 비비가 거기에 정통으로 맞아 넘어졌다.

"오냐, 이 새끼야!" 블루가 고함을 치며 훌쩍 뛰어넘어 비비의 옆구리를 가격했다. 비비의 머리가 계단통 벽에 부딪혔다가 도로 튕겨 나왔다. "저 여자를 가만 둬둬, 내 말 알아들어?" 블루가 비비의 복부를 거듭 치면서 소리쳤다. "여자를 내버려두는 게 좋을 거야, 개자식!"

비비는 키가 크고 힘이 세어서 찰리를 내동댕이쳤다. 그가 일어서서 소리를 질렀지만 블루가 달려들어 비비를 벽 쪽으로 세게 밀었다. 두 사람이 계단 아래로 구르기 시작했다. 찰리가 비비의 다리를 붙잡았고 그래서 비비도 계단통으로 떨어졌다.

"다른 쪽 다리를 붙들어!" 찰리가 우리 쪽을 향해 소리쳤다. 시노트 아저씨가 계단을 뛰어내려가 비비의 다리를 붙잡았다. 한편 블루는 비비의 몸 아래쪽에서 빠져나오려고 몸부림을 쳤다. 비비는 블루의 목을 조르고 있었다. 블루가 숨을 쉬려고 버둥거리는 게 보였다. 의식을 잃거나 상황이 더 나빠질지도 몰랐다. 무언가 해야 했다. 나는 달려가 비비의 복부를 냅다 걷어찼다. 덕분에 블루의 목을 조르던 비비의 손이 느슨해졌다. 다른 사람들이 비비를 덮쳤고 억눌린 비비의 신음이 새어 나왔다. "좋아, 좋아. 됐어, 충분히."

제일 힘 센 블루가 비비의 무릎을 꿇리고 팔을 등 뒤로 꺾었다. 나는 흥분으로 씩씩대며 날이 추운지 어떤지도 알지 못했다. 내가 발차기를 날린 사실도 알지 못했다. 다만 몹시 숨이 가빴다. 나는 소각실 가까운 벽에 몸을 기대었다. "찰리, 올라가서 이 자식은 멀쩡하다고 말해줘." 시노트 아저씨가 말했다. "사무실에서 만나자구."

남아 있던 우리는 비비를 데리고 베일리 부인의 사무실로 내려갔다. 부인은 사무실에 없었다. 시노트 아저씨는 부인을 불러오도록 다른 무단 입주자를 보냈다. 우리는 모두 사무실 바깥에 조용히 서 있었다. 아무도 비비가 달아날 걱정은 하지 않는 듯했다.

비비는 벽에다 머리를 기댄 채 바닥에 주저앉아 있었다. 처음으로 나는 비비를 찬찬히 살펴볼 수 있었다. 비비는 나이가 어렸다. 피부색은 옅고 얼굴은 소년티가 났지만 살기 어린 기세였다. 빠르게 나이가 들어가고 있는 듯했다. 콧구멍은 검고 눈은 우묵하고 생기가 없었다. 이는 코카인을 흡입하고 있음을 보여주는 숨길 수 없는 징후였다.

비비는 더러운 흰색 탱크탑 위에 헐렁한 갈색 스웨터를 걸치고 늘어진 청바지를 입고 있었다. 그리고 녹기 시작한 눈으로 더럽혀진 끈 풀린 고무창 운동화를 신고 있었다. 비비의 목에서 갱단 문신, 즉 블랙 P. 스톤 네이션의 초승달과 별 문양이 보였다. 스톤스는 1980년대에 연방 수사국 수사관들에 의해 대부분 일망타진되어, 지금은 블랙 킹스와 결합한 일부 분파만 남아 있었다. 왜 태니셔가 이 친구하고 어울리고 있었는지 궁금했다.

시노트 아저씨가 이때쯤 숨을 가다듬었다. "너 이번에 정말로 멍청한 짓을 했어, 비비."

비비는 아무런 말이 없었다. 그는 얼굴의 땀을 훔쳤다.

베일리 부인이 다가오는 소리가 들렸다. 나는 부인이 그토록 빠른 걸음으로 움직이는 것을 본 일이 없었다. 부인은 캐트리너와 파란색 주민 순찰대 윗도리를 입은 나이든 여자들 몇 명에게 이끌려 거의 뛰어오다시피 했다.

베일리 부인은 나를 쳐다보지도 않고 황급히 지나쳤다. 캐트리너는 내게 슬쩍 눈짓을 했다. 나는 그게 '베일리 부인이 상황을 진압하면 곧 세상만사가 순조로워질 거야'라는 뜻임을 알았다. 베일리 부인은 노크도 없이 사무실로 들어갔다. 위층에서 돌아온 블루와 찰리가 비비를 잡아 일으켜 사무실 안으로 데려갔다. 비비는 협조적으로 보였다. 그들 셋은 베일리 부인의 사무실 뒷방으로 들어갔고 그런 뒤 누군가가 현관문을 닫았다. 나는 다른 무단 입주자들과 주민 순찰대 여자들과 함께 밖에 서 있었다. 자기 일을 끝낸 시노트 아저씨는 가고 없었다.

그때 캐트리너가 문 밖으로 고개를 내밀더니 내게 들어오라고 손을 흔들었다. 이리로 들어와! 캐트리너가 소리 나지 않게 말했다. 내가 안으로 들어가자 캐트리너가 의자를 가리켰다.

닫힌 뒷방 문 뒤에서 오가는 대화를 다 알아듣기는 어려웠지만 이따금 부인의 언성이 높아져 충분히 들을 만했다. "신경이 예민해져 있군!……여자를 그렇게 무지막지하게 때리다니…… 어디에서 살고 있지? 어디에서 살고 있냐고! …… 태니셔는 좋은 여자야. 태니셔가 자네에게 돈을 빚졌나? 자네하고 그 짓을 안 해주던가? 왜 그랬나? ……말을 해봐!"

그런 다음 후려치는 소리가 들렸다. 찰리나 블루, 아니면 둘이 함께 비비를 때리기 시작했다. 베일리 부인이 분노에 찬 목소리로 소리치는 것도 들렸다. 어쩌면 베일리 부인도 비비를 때리고 있을지 몰랐다. 의자가 바닥에 끌리는 소리가 들렸다. 이윽고 처음으로 비비의 목소리가 들려왔다. "아, 빌어먹을…… 저리 꺼져…… 집어치워! 그년은 당해도 싸."

베일리 부인이 더 크게 소리쳤다. "당해도 싸다고? ……여기에 다시 오면 안 좋을 줄 알아…… 앞으로 다신 그 여자한테 손대지 마, 알았어? 알아들었냐구? 이 건물에 얼씬도 하지 마."

베일리 부인이 문을 벌컥 열어젖혔다. 블루가 비비를 밖으로 끌고 나왔다. 심하게 얻어맞은 얼굴이었다. 비비는 침을 흘리며 알아들을 수 없는 소리로 중얼거렸다. 블루는 비비를 떠밀어 캐트리나와 나를 지나 감방복도 바닥에다 내동댕이쳤다. 다른 두 사람이 비비를 붙잡아 계단통으로 내려가게 했다. 베일리 부인이 바로 뒤의 주민 순찰대원들과 함께 그들을 뒤따랐다.

내가 일어서자 캐트리너가 제지했다. "수디르! 아니야, 놔둬! 저 자식을 차에 태워 가서 스테이트가에 내려놓을 거야. 날 따라와. 태니셔가 어떻게 하고 있는지 보자."

문을 두드리자 태니셔 이모가 나왔다. 태니셔의 이모와 어머니는 태니셔가 병원에 있다고 말했다. 심한 타박상을 입었지만 괜찮은 모양이었다. "어떻게 해야 할지 모르겠어." 태니셔 이모가 말했다. "그놈이 우리 애를 흠씬 팼어." 태니셔의 어머니는 그날 밤 늦게 베일리 부인에게 전화를 하기로 약속했다.

우리는 아래층 베일리 부인의 사무실로 돌아왔다. 부인은 아직 돌아와 있지 않았다. 병원으로 태니셔를 찾아간 것이 분명했다. 캐트리너는 자기가 알고 있는 정보를 말해주었다. 비비는 모델인 태니셔의 매니저로 일하면서 그녀를 란제리 쇼와 춤 쇼에 출연시켰다. 그 대가로 비비는 25퍼센트의 몫을 받았다. 그리고 캐트리너에 따르면 태니셔에게 잠자리를 강요했다.

태니셔가 본격적으로 모델 에이전시와 계약할 거라는 소식을 들은 비비는 악에 받혀 태니셔를 두들겨 팼다. 이런 일은 오늘이 처음은 아니었다. 사실 베일리 부인은 비비에게 거듭 경고를 해왔다. 하지만 비비는 계속해서 태니셔를 괴롭혔고, 심지어 그녀의 집에서 돈을 훔치기도 했다. 오늘 베일리 부인이 시노트 아저씨와 그 외 사람들을 모아 일종의 민병대를 조직한 것은 다른 방법이 없다고 판단해서였다. 이 주택단지에서 이것은 오랜 관습이었다. 도둑맞은 물건을 찾고 처벌을 내리고, 때로는 희생자를 위해 단순히 사과를 받아내기 위해 정기적으로 민병대가 소집되기도 했다.

불러도 오지 않는 경찰에 비해 이 민병대는 학대받는 여성들을 위한 긴급 피신처 하나 없는 이런 지역에서 때때로 가장 훌륭한 보호를 제공했다. "모을 사람이 없으면 힘들죠." 캐트리너가 진지하게 말했다. 그녀는 손에 탄산음료를 든 채 베일리 부인의 의자에 앉아 있었다. 캐트리너의 목소리는 확신에 차 있었다. 그녀는 베일리 부인의 왕위 후계자 같았다. "경찰에서고 병원에서고 아무도 오지 않아요. 이렇게 살 수는 없어요! 베일리 부인이 중요한 존재인 이유는 그 때문이에요. 특히 우리 여성들에게 부인은 안전을 보장해주죠."

"그런 것 같군요. 하지만 끔찍하네요. 오히려 경찰이 오지 말았으면 싶다는 건가요?"

"아예 이 주택단지에서 살지 않는 게 좋죠." 캐트리너가 쏘아붙였다. "하지만 여자들은 항상 얻어맞고 병원으로 후송되기 일쑤예요. 내 말은 몸조심을 해야 한다는 거예요. 베일리 부인은 여기 남자들이 우리를 보호하게 해줘요. 그게 뭐가 잘못인지 모르겠군요. 여기 살아보지 않는 한, 우리를 함부로 판단할 수 없어요, 수디르."

왠지 나는 중산층 출신인 나의 도덕적 판단의 목소리를 누를 수가 없었다. "당신들은 모두 경찰을 부르지 않았어요, 그렇죠?" 내가 불쑥 말을 꺼냈다.

캐트리너를 알게 된 후 처음으로 캐트리너는 내 눈길을 피했다. "그래요, 안 불렀어요."

"왜죠?"

캐트리너는 깊이 숨을 들이쉬고 고개를 들었다. "그 사람들이 두렵기 때문이죠."

"두렵다고요? 여자들이 경찰을 두려워해요? 모두가 그들을 두려워하나요? 정확히 누가 두려워한다는 거죠? 항상 그렇게들 이야기하던데."

"모두가요. 하지만 여자들에게는 달라요. 그쪽은 이해 못할 거예요." 캐트리너는 잠시 말을 멈추었다. "난리가 나면 아무튼 시노트 아저씨 같은 사람들이 있으니까." 캐트리너는 더 이상 얘기하고 싶지 않은 기색이 역력했다. 나는 상황이 잠잠해지면 베일리 부인에게 이 일을 물어보기로 했다.

분명 나는 이 지역 일대에서 경찰을 본 적이 있으며 그들이 청소년 클럽에서 오트리와 함께 일하는 모습을 보기도 했다. 하지만 대부분 주민들이 경찰을 믿지 않았기에 나도 가능한 한 경찰과 이야기를 나누지 않앉다. 경찰과 한통속으로 여겨지고 싶지 않아서였다.

주민들이 폭행 사건 같은 심각한 일이 발생해도 왜 경찰을 부르지 않는지 여전히 이해하기 어려웠다. 또한 실제로 불러도 경찰이 오지 않는다거나 구급차가 오지 않을 거라고는 믿어지지 않았다. 어쩌면 캐트리너가 무표정하게 나를 응시하며 입을 꼭 다문 채 앉아 있는 것을 보면 내 생각이 틀렸을지도 모르지만.

나는 캐트리너에게, 이제 내 아파트로 돌아가는 게 낫겠다고 말했다. 캐트리너는 대꾸가 없었다. 무언가 그녀를 돕고 싶었다.

"뭐 좀 먹을래요?" 내가 부드럽게 물었다.

캐트리너는 고개를 저었다.

"또 글을 써서 나한테 보여주고 싶어요?" 내가 물었다. "방금 일어난 일에 대해 쓸 거예요?"

캐트리너는 글쓰기를 좋아했다. 우리 둘은 그녀가 쓴 글을 함께 읽고 이야기를 나누곤 했다. 글쓰기는, 캐트리너가 자신의 과거뿐만 아니라 미래의 포부를 함께 의논하는 좋은 방법이었다. 나는 그녀가 지독한 가난을 겪었으며 가정 형편이 좋지 않다는 것을 막 알게 된 참이었다.

캐트리너가 어깨를 으쓱했다. 그러고 싶다는 건지 아니라는 건지 알 수 없었다.

"당신이 뭔가를 쓰면 난 언제든 즐겁게 읽을 거예요."

"고마워요." 희미한 미소가 캐트리너의 얼굴에 떠올랐다. 그녀는 두꺼운 검은 테 안경을 코 위로 밀어올렸다. 캐트리너는 코를 훌쩍거리며 화장지로 손을 뻗쳤다. 캐트리너는 겨우 열두 살짜리로밖에 보이지 않았다. "또 봐요." 캐트리너가 말했다. "다 잘될 거예요."

캐트리너가 다시 잠잠해졌다. 베일리 부인은 병원에 가고 없고 시노트 아저씨와 다른 무단 입주자들은 어디에도 보이지 않아, 별달리 이야기 나눌 사람이 없었다.

나는 제이티를 찾아가야겠다고 생각했다. 하지만 베일리 부인에 대해 물어볼 때마다 제이티는 나를 가로막았다. "난 아무 말도 하고 싶지 않아." 때로 베일리 부인이 자신의 권위에 도전하는 것을 제이티는 탐탁지 않아했다. 가령 코카인 판매 팀들이 로비에 들어오지 못하게 막는 것은 베일리 부인의 권한에 속했다. 제이티는 자신이 다루어야 할 사람이 어떤 인물인지 직접 경험해보라고만 말했다.

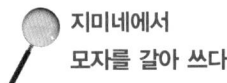
### 지미네에서 모자를 갈아 쓰다

나는 아파트로 돌아가는 버스에서 내려 먼저 '지미네Jimmy's'에 들르기로 했다. 시내에 위치한 '지미네'는 시카고 대학 교수들과 학생들이 단골로 출입하는 바였다. 그들 중 나를 아는 사람이 아무도 없어서 나는 조용히 앉아 방금 전 현장 답사 중에 일어난 일을 정리할 여유를 가질 수 있었다. 가끔씩 기록을 하러 오기도 했지만 대개는 그냥 앉아서 우두커니 내 잔만 내려다보았다.

집으로 가는 길에 나는 자주 '지미네'에 들렀다. 최고급 바들이 그렇듯, '지미네'에서는 내가 어떤 고민 덩어리를 품고 앉아 있든 아무도 신경 쓰지 않았다. 대부분의 다른 사람들도 나처럼 혼자 앉아서 그들 자신의 문제를 해결하기에 바빴다.

나는 '지미네'에서 이 모자를 벗고 저 모자로 갈아 썼다. 현장 답사 연구원 신분에서 학생 신분으로의 변신이랄까. 거의 정신 분열증에 걸린 듯 느껴져 나는 휴식이 필요했다. 어떤 때에는 나 자신이 말하는 방식조차 달라지는 것 같았다. 마치 하나의 나는 그 주택단지에, 또 다른 나는 하이드 파크 뒤편에 있는 것처럼.

언젠가부터 나는 사회학 분야 전반에 걸쳐 화를 내고 있는 자신을 발견했다. 이는 어느 정도 나 자신에게 화가 나 있음을 의미했다. 정평 난 사회학자들의 다양한 방편들이, 지금 내가 목격하고 있는 고통들을 예방하는 데는 전혀 무력하다는 사실에 점점 화가 치밀었다. 동료 사회학자들이 주택, 교육, 고용을 위해 개발하고 있는 추상적인 사회 정책들은 가난한 사람들과는 거리가 멀어 보였다.

사회학자들이 제시하는 반듯한 처방전들에 비해 주택단지 안에서의 삶은 아주 거칠고 혹독하며 또한 혼란스러웠다. 사회학자들의 처방들은 아직 학교를 떠나지 않은 젊은이들을 납득시킬 때 부분적으로 도움 될 뿐이었다. 거리에서 더 큰돈을 벌 수 있는데 저임금의 시시한 직업을 젊은이들에게 권유하는 것이 과연 얼마나 가치 있는 일일까?

빌 윌슨 교수의 빈곤 문제 세미나에서 나는 꽤나 탁월한 통찰을 지닌 것처럼 굴었다. 가장 똑똑하다는 학생들이 모여 최신 연구 주제를 논의하는 이 세미나에서 나는 로버트 테일러의 많은 가정들 가까이로 접근하고 있다는 것을 무기로 불쑥 이의를 제기하곤 했다.

"여기에 있는 사람들 가운데 아무도 가난한 사람들과 많은 시간을 보내고 있지 않은 것 같습니다. 하지만 만약 그렇게 해보면 알게 될 것입니다……." 또는 "여러분이 인구 조사 목록을 읽는 대신에 가난한 사람들의 생활을 실제로 곁에서 지켜본다면 이해할 것입니다……."

나는 다른 학생들이 환상 속에 산다고 생각했다. 하지만 오만한 내 태도는 다른 사람들이 내 말의 참뜻에 귀 기울이게 하는 데 별 도움이 되지 않았다. 내 행동이 윌슨 교수를 당혹스럽게 할지 모른다고 우려하면서도 나는 절제된 입장을 취하기에는 심각하게 적의에 차 있었다.

그렇다고 대학원 생활에 근본적인 환멸감을 느낀 건 아니었다. 나는 여전히 수업에 착실하게 참석했고 교수와 작업을 진행했으며 마감 시간을 잘 지켰고 꽤 좋은 성적을 얻었다. 심지어 몇 가지 이름 있는 장학금을 받기도 했다. 여전히 나는 스스로를 윌슨 같은 교수가 되기 위한 도정에 서 있다고 여겼다. 그러나 하루하루가 더할수록 주택단지에서의 생활과 시카고 대학에서의 생활을 화해시키기가 점점 더 어려워졌다.

이런 내 좌절감을 내 연구에 대해 격려해주고 호기심을 가지고 있던 여자 친구, 룸메이트, 친구들과 나누기보다는, 내가 경험한 것들을 나 혼자 마음에 담아두었다. 하지만 그들에게 시노트 아저씨와 다른 사람들이 가져온 자경自警주의적 정의를 어떻게 설명할 수 있을까? 비비를 패준 일에서 내가 한 역할을 어떻게 설명할 수 있을까? 나는 스스로가 납득이 되지 않았고 터놓고 친구들의 충고를 듣는 것도 두려웠다. '만약 그들이 경찰을 부르지 않는다면 네가 불러야 해…… 넌 너무 휩쓸려 들고 있어…… 너무 멀리까지 갔다고…….'

나의 현장 답사 연구에 대해 떠들 때면 어쩐지 나는 거북함을 느꼈다. 사실 나는 때때로 갱단과 폭력을 휘두르는 그들의 관습을 옹호하거나, 급기야 그 주택단지의 상황을 낭만화하기에 이르렀다. 나는 사리 분별을 유지하기 위해 대개 사람들에게 청소년 클럽에서 오트리가 하는 일을 설명하거나, 혹 누가 졸라대면 갱단 생활의 몇 토막을 들려주곤 했다.

나는 차츰 말수가 줄었고 더욱 고립되었다. 동료 대학원생들은 물론, 일부 교수들은 나를 가까이하기 어려운 사람으로 여겼다. 수디르는 야심이 크고 차갑다는 뜬소문이 돌았지만 어쨌든 그들과 함께 어울려 살아가야 한다는 점을 나는 잘 알았다. 내 마음 한구석에서는 일단 현장 답사 연구가 끝나고 나면 내 생활이 정상으로 돌아오리라고 기대했다. 하지만 그 끝은 그리 가까워 보이지 않았다. 이윽고 나는 다른 사람들과 어울리지 않게 되었다.

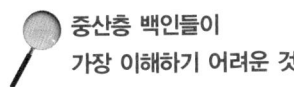

### 중산층 백인들이 가장 이해하기 어려운 것

나는 비비의 사건을 좀 더 알고 싶었다. 왜 베일리 부인은 그 일을 경찰에 넘기지 않고 무단 입주자들이 그를 덮치게 했을까? 캐트리너는 경찰을 부르지 않았다고 말했다. 나는 그 말을 믿고 싶었다. 하지만 경찰을 불렀는데, 만약 그랬다면 왜 오지 않았을까? 일을 독자적으로 처리하는 것이 베일리 부인에게 어째서 중요한 걸까?

나는 베일리 부인을 보러 가려고 '수표가 나오는 날'까지 기다렸다. 이 날 생활 보호 대상자들에게 수표가 나오는데 그러면 주민들 대부분이 식품과 옷가지, 가정용품을 사러 가기 때문에 요구 사항들을 가지고 베일리 부인을 찾아올 일이 별로 없었다.

베일리 부인의 사무실로 가는 길에 제이티에게 들렀다. 제이티는 소파에 누워 텔레비전을 보고 있었다. 메이 부인은 나를 꼭 껴안고 나서 앉아서 점심을 먹으라고 했다. 부인은 내가 가장 좋아하는 음식인 오크라, 야채, 햄버거, 치즈를 내놓았고 나는 즐거이 부인의 말에 따랐다. 제이티는 내가 자기 몫을 먹는다고 놀려댔다. "넌 내가 결코 원치 않은 남동생이 되어가는구나."

나는 제이티에게 베일리 부인과 비비 사건을 이야기했다. "아!" 제이티가 웃으며 말했다. "베일리 부인이 걱정하는 이유가 그거였군. 부인이 계속 널 만났냐고 묻더라고."

"베일리 부인이 왜 걱정을 하는 거지?"

"그거야 네가 그 친구, 태니셔를 때린 놈을 패줬기 때문이지. 베일리 부인을 조심하라고 했잖아. 그 여자를 위해 무슨 일을 해주진 마."

"난 아무것도 안 했어. 그 친구가 블루의 숨통을 조이기에 블루를 도우려고 녀석을 걷어찼던 거지."

"베일리 부인이 정말로 걱정하는 건 그 때문이 아니야." 제이티가 일어나 앉았다. "부인은 네가 우리 쪽 염탐꾼 노릇을 하고 있다고 생각해. 부인이 우리 갱단을 더는 별로 활용하려 하지 않는다고 내가 말한 거 기억해? 우리가 그 녀석을 처리할 수도 있었는데 부인은 우리에게 부탁하지 않았어. 저 멍청이들, 시노트하고 코카인 중독자들에게 부탁했지."

나는 제이티가 건물 내에서 여자가 폭행당하면 자신을 불러달라고 베일리 부인을 설득하려 한 일을 알고 있었다. 하지만 제이티의 갱 단원들 역시 육체적, 성적으로 여자들을 학대하는 것으로 알려져 있었다. 베일리 부인이 제이티를 부르지 않으리라는 건 캐트리나에게 들어서 알고 있었다.

제이티는 설교를 늘어놓았다. "그래서 베일리 부인하고 어울리지 말라고 한 거야. 거기서는 내가 널 보호해줄 수 없어. 부인은 이미 네가 내 편이라는 걸 알아. 그래서 널 믿지 않아." 제이티의 말에 따르면, 베일리 부인은 그녀가 건물 내에서 정의를 실현하기 위해 갱 단원이 아닌 이들을 얼마나 자주 활용하는지 알아내려고 내가 갱단의 염탐꾼 노릇을 하고 있다고 믿는 것이 분명했다.

제이티가 나를 두고 자기 '편'이라고 말했을 때 나는 당황스러웠다. 제이티와 나의 관계가 나와 베일리 부인 사이의 일에 영향을 미치리라고는 생각지 못했다. 또한 베일리 부인이 나를 염탐꾼으로 여기리라고는 전혀 예상치 못했던 일이다. 무심결에 뱉은 제이티의 말에 나는 앞으로 주택단지 사람들과 어떻게 이야기를 나누어야 할지 자신이 없어졌다. 다시 한 번 나는 편짜기를 요구받고 있었다. 내가 더 이상 이 주택단지에 드나들 수 있을지, 중립적인 외부인이자 객관적인 관찰자로 남아 있을 수 있을지 의문스러웠다.

제이티는 어서 베일리 부인을 만나러 가라고 재촉했다. "직접 문제를 해결하는 편이 좋을 거야. 결코 저절로 풀리지는 않을 테니." 제이티는 TV 채널을 돌렸다.

베일리 부인의 사무실로 향하면서, 어쩌면 베일리 부인에게 허락도 구하지 않고 시노트 아저씨와 같이 가서 비비를 두들겨패는 데 미미하나마 동참했다고, 사실 그대로 고백해야 하지 않을까 생각했다.

사무실에 들어섰을 때 캐트리너가 자리를 지키고 있었다. 캐트리너는 아무 말도 하지 않은 채 다만 불만스러운 듯 고개만 저었다. 나는 베일리 부인의 사무실로 들어갔다. "베일리 부인, 사과드릴 게 있어서요." 나는 비비를 때리는 일에 동참한 사실을 털어놓았다.

베일리 부인은 잠시 나를 쳐다보았다. 나는 안절부절못했다.

"정말로 걱정되는 건 그게 아니야, 수디르." 베일리 부인이 마침내 입을 열었다. "걱정되는 건 자네가 그런 상황을 볼 준비가 안 되어 있다는 게야."

"무슨 말씀인지……."

"이보게. 만약 자네가 종군기자라면 자네는 전쟁 상황을 보도할 수 있겠지. 아무도 자네에게 화를 내지 않을 거야. 하지만 이건 전쟁이 아니잖아. 난 항상 그걸 강조하고 싶네. 이건 일상이야. 태니셔에게 일어난 따위의 일이 거의 매일 벌어진다구. 자네는 그 한복판에 서 있다는 걸 알아야 해. 사람들이 그러더군. '수디르는 깡패야. 혼자서 그놈을 때려눕혔어. 우리를 위해서 말이야.' 자네는 왜 그게 문제인지 이해하나?"

"글쎄요. 그들이 다른 사람들을 패주기 위해 절 고용할 거라고 생각하세요?"

"그럴 수도 있고 아닐 수도 있지. 어쨌든 그들은 자네에 대해 떠들어대기 시작할 거야. 때로는 자네를 칭찬하고 때로는 비난할 거야. 알겠나?"

나는 대답하지 않았다.

"만약 자네가 '아니오, 그런 일로 여러분을 도울 수는 없어요'라고 하면 그들은 '하지만 태니셔는 도와줬잖아. 그런데 왜 난 안 도와주는 거지?'라고 할 거네. 그러고는 이렇게 말하겠지. '수디르는 우리를 안 좋아해' 또는 '수디르는 태니셔의 매니저야.' 그런 다음에는 '수디르는 베일리 부인을 위해 일하고 있어. 그 친구는 돈을 받지 않으면 아무것도 해주지 않아'라고 말하겠지. 알아듣겠나?"

"그럴 것 같군요." 나는 조용히 앉아서 내 손을 내려다보았다. "그럼,

제가 어떤 때에 와서 여기 일들을 볼 수 있을까요?"

"자네는 왜 우리가 하는 일을 보고 싶어 하나? 경찰하고 어울려보는 건 어떤가? 왜 경찰이 불러도 안 오는지 알아야 해."

"정말 부인에게 묻고 싶은 말이군요. 실제로 경찰을 불렀나요? 구급차는요?"

"수디르, 중산층 백인들이 가장 이해하기 어려운 것이 바로 경찰이 우리가 불러도 오지 않는 이유일세."

베일리 부인은 나를 백인으로 생각하지는 않았지만 내가 중산층 출신이라는 점이 이 주택단지에서의 삶을 이해하는 데 얼마나 방해가 되는지 항상 보여주고자 했다.

"경찰은 언제나 안 와. 우리는 이 문제를 해결할 방법을 자체적으로 찾아야 하네. 자네에게 그걸 얼마나 더 잘 설명해줄 수 있을지 모르겠군. 앞으로 몇 달간 자네가 지켜보는 건 어때? 경찰이 얼마나 오는지 보란 말이지."

"레지 경관은 어때요?"

"그 사람은 친구지. 실제로 레지 경관이 얼마나 도움이 될 수 있겠어. 와서 비비를 감옥에 집어넣는 것밖에는. 비비야 이튿날 아침이면 풀려 나올 테고. 하지만 비비와 우리 사이에 용무가 끝난 후 레지 경관이 비비를 찾아갈 수는 있어. 어쩌면 겁을 줄 수도 있겠지."

"겁을 준다고요? 이해가 안 되는군요."

"비비를 찾아가, 다음번에 또 태니셔를 때리면 우리가 별로 좋아하지 않을 거라고 말해줄 수 있지. 우리가 자기를 심하게 패줘도 레지 경관이 상관하지 않는다는 걸 알면 비비는 다시 생각하게 될 거야. 그래서 레지 경관이 필요한 거지."

"베일리 부인, 이해가 안 되는군요. 전 잠시 동안 부인을 죽 지켜보면서, 지금 하고 있는 일들을 부인이 전부 다 할 필요는 없다고 생각합니다. 필요한 도움을 받으려면 이런 식으로 해선 안 돼요."

"수디르, 내가 하는 일에 대해 자네가 처음 물었을 때 내가 뭐라고 했더라?"

나는 수개월 전 부인이 했던 얘기를 떠올리고는 빙긋 웃었다. "내가 사람들을 돕고 있는 한, 이 동네는 뭔가 잘못돼 있는 거야. 사람들이 더 이상 날 필요로 하지 않을 때, 그때야말로 사람들이 살기 좋은 때이지."

베일리 부인은 30년 동안 사람들을 도와왔지만 그 끝은 요원했다.

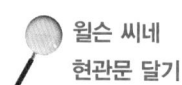
윌슨 씨네
현관문 달기

2월 중순의 어느 날, 윌슨 씨네 현관문이 떨어져 나갔다. 윌슨 씨네는 12층, 베일리 부인 아파트의 복도 끝에 살았다. 문의 경첩이 빠져서 윌슨 씨 가족은 혹독한 시카고의 겨울 날씨에 무방비 상태로 노출되어 있었다.

로버트 테일러 홈스는, 현관문이 제대로 달려 있어도 겨울철에는 그다지 안온하지 않았다. 감방복도가 옥외로 나 있어, 승강기에서 아파트로 걸어갈 때에는 호수 바람에 날려갈 것만 같았다. 안에서는 문틈으로 겨울바람이 새어 들었다.

시市에서 일하는 크리스 윌슨 씨는 로버트 테일러 안에서 이 집 저 집으로 이사를 옮겨 다녔다. 아내 메리와 여섯 아이들과 함께 세 들어 살았는데 당연히 크리스는 문짝이 떨어져 나가 근심이 가득했다. 단지 추위 때문만은 아니었다. 강도를 당하지 않을까 하는 걱정에서였다. 마약 중독자들이 틈만 보이면 텔레비전이나 값나가는 물건을 훔치려고 달려든다는 것은 잘 알려진 사실이었다.

윌슨 씨는 시카고 주택공사를 불렀지만 응답이 없었다. 윌슨 씨 부부는 나무판자와 플라스틱 시트로 임시변통으로 문을 해 달았지만 추위를 막기에는 역부족이었다. 시카고 주택공사 사람은 아파트를 살펴보러 오겠노라 말했지만 나타나지 않을 게 확실했다. 그러자 며칠 후 윌슨 씨 부부가 베일리 부인을 불렀다.

베일리 부인은 날듯이 조치를 취했다. 부인은 혹 있을지 모를 강도를 막기 위해 제이티에게 갱 단원 몇 명을 12층 계단통에 배치해달라고 부탁했다. 제이티는 예방조치로서, 코카인 소굴로 이용되고 있는 근처의 빈 아파트를 폐쇄했다. 그러고 나서 베일리 부인은 자신이 아는 시카고 주택공사 측 사람 둘과 접촉했다.

첫번째 사람은 바우처*를 가지고 있어서 윌슨 씨네는 문이 수리될 때까지 값싼 모텔에 머물 수 있었다. 두 번째 사람은 새 문짝을 달아달라는 요청을 재빠르게 처리해주었다. 베일리 부인이 처음 전화를 건 지 이틀 후에 문짝이 도착했다.

문에 들어가는 돈은 윌슨 씨에게 만만치 않았다. 윌슨 씨는 베일리 부인에게 몇백 달러를 내야 했다. 거기에는, 윌슨 씨네 아파트에 있는 일

■ voucher. 정부가 특정 수혜자에게 교육, 주택, 의료 따위의 복지 서비스 구매에 대하여 직접적으로 비용을 보조해주기 위하여 지불을 보증하여 내놓은 전표를 말한다.

부 배선이 갑추위로 못쓰게 되어 전기 기사를 부른 비용까지 포함해, 베일리 부인이 시카고 주택공사 측 친구들에게 건넨 사례금이 포함되었다. 아마도 베일리 부인은 그 나머지 돈을 챙겼을 것이다. 메리 윌슨은 끝까지 침착했다. "지난여름엔 한 달 동안 수돗물을 못 썼었지요. 일주일 정도 대문 없이 지내는 것쯤이야 아무것도 아니지."

베일리 부인이 태니셔와 윌슨 씨네 같은 가족들을 도와주는 과정을 지켜보면서 나는 심경이 복잡해졌다. 부인이 사용하는, 종종 재치 있고 또 그만큼 도덕적으로 수상쩍은 방법을 어떻게 보아야 할까. 이용할 수 있는 물자가 부족하다는 측면에서 목적이 수단을 정당화한다고 믿는 베일리 부인을 이해할 만했다. 하지만 갱단과의 협력, 서비스를 받기 위한 공무원 매수, 마약에서 흘러나온 돈의 재분배 등은 베일리 부인의 건물에 사는 전형적인 가정들에게 아무런 도움이 되지 않았다.

베일리 부인은 법이 제 역할을 한다면야 법에 따라 처리하는 게 나을 거라고 말했지만 실제로 베일리 부인을 움직이게 하는 것은 권력욕이라고 나는 결론지었다. 부인은 자신이 일을 해결할 수 있고 그에 대한 대가를 누릴 수 있다는 사실을 좋아했다. 많은 가정들에서는 베일리 부인에게 이의를 제기해 부인의 분노를 사게 될까 봐 겁을 먹었다.

베일리 부인 같은 주민 대표가 권력을 휘두르는 걸 보고 나는 낙담하고 말았다. 이 동네 사람들은 새 현관문을 얻으려고 일주일 이상을 기다려야 할 이유가 없었다. 구급차나 경찰이 귀찮아서 오지 않을 거라고 염려할 필요가 없었다. 대부분 미국인들이 별 걱정 없이 받고 있는 서비스를 위해 베일리 부인 같은 중개인에게 돈을 쥐여줘야 할 필요가 없었다. 내가 자란 교외 지역에서는 아무도 그런 불편함과 무시를 묵인하지 않았다.

 이 주택단지에서의 생활은 교외 지역과는 사뭇 달랐다. 이곳의 삶은 더 힘겨울 뿐 아니라 전혀 예측이 불가능했다. 이를 모면하려면 다른 종류의 규칙들이 필요했다. 그리고 주민 대표의 힘이 센 건물에 사는 사람들의 생활은, 더 이상 가혹할 수 없는 극빈층보다는 형편이 조금 나았다. 필요한 걸 얻으려면 좀 더 많은 비용이 들었지만 적어도 그럴 기회는 있었다.

# 6
## 너도 부정 수익자야!

4년 동안 내 연구가 깊어지면서, 지금까지 해온 일을 계속 해나간다면 큰 말썽이 생길지도 모르겠다는 불안감이 들었다.

지도 교수 두 명과 이야기를 나누다가 나는 갱단이 어떻게 차량 총격을 계획하는지 설명하게 되었다. 즉 그들은 상대편 갱단의 환심을 살 만한 젊은 여자를 은밀히 보내 불시의 공격을 준비하기 위해 정보를 수집하곤 했다. 말을 마치자 두 교수는 내게 정식으로 변호사와 상담할 필요가 있다고 권유했다. 내가 하고 있는 연구는 분명 전형적인 학술 연구의 경계를 살짝 벗어나 있었다.

빌 윌슨 교수는 법률적 조언을 받기 전까지는 그 주택단지를 찾아가지 말라고 경고했다. 나는 적어도 청소년 클럽에는 드나들 수 있게 해달라고 설득하려 했지만, 윌슨 교수는 나를 힐끗 쳐다보며 자신이 그 문제를 어떻게 해볼 수 있는 입장은 아니라고 했다.

나는 변호사를 만나 몇 가지 중요한 사항을 알게 되었다.

우선, 만약 누군가에게 물리적으로 해를 입히려는 계획을 알게 된다면 나는 경찰에 신고를 해야 했다. 하지만 그렇게 되면 차량 총격에 대해 그들과 대강의 이야기는 나눌 수 있어도 더는 옆에서 갱단의 차량 총격 계획을 지켜볼 수 없을 것이었다.

두 번째, 학술 연구자에게는 변호사나 의사, 목사에게 부여된 특권과 비슷한, '연구자-연구 대상 인물 간의 비밀 유지권' 같은 것이 존재하지 않았다. 그래서 만약 갱단에 대해 증언하도록 소환을 받으면 나는 법적으로 협조해야 했다. 만약 정보를 주지 않으면 법정 모욕죄로 소환될 수 있었다. 일부 주州들에서는 기자들에게 취재원을 보호하도록 허용하는 보호법이 있었지만 학술 연구자들을 위한 보호법은 없었다.

실제로 나는 갱단의 차량 총격에 가담할 의향이 전혀 없었다. 그들 또한 한 번도 내게 그 같은 일을 청한 적이 없었다. 그러나 그들이 총격 대상에 대해 논의하는 동안 함께 차를 타고 있었다는 이유만으로도 문제가 될 수 있었다. 나는 나의 접근법을 다시 생각해야 했다. 특히 제이티와 관련해 좀 더 분명히 할 것들이 있었다. 가령 내가 하루 동안 갱단 보스를 맡았을 때 내가 개입하는 것을 놓고 우리는 몇 차례 이야기를 나누었다. 제이티는 내 한계를 인정했고 나는 제이티의 한계를 이해했다. 하지만 이제는, 만약 내가 소환을 받으면 내 기록을 법적으로 공개해야 한다는 점을 제이티나 다른 몇몇 사람들에게 고백해야만 했다.

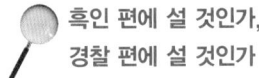
## 흑인 편에 설 것인가, 경찰 편에 설 것인가

법률 자문을 받은 후, 나는 궁극적으로 내 연구를 진지하게 다시 살펴보게 되었다. 이제 다음 단계로, 그동안의 기록을 가지고 논문을 쓰는 일을 고려해야 할 시점이었다. 나는 베일리 부인과 제이티에게 따라다니는 일상의 극적인 사건들에 깊이 빠져 있어서, 지도 교수들이 내 연구의 중심이 되길 바라는 좀 더 광범위한 지하 경제에 관한 조사를 거의 포기한 상태였다.

그래서 나는 사람들에게 나의 법적 문제를 알리고 이곳 주민들의 불법 경제 활동에 관한 좀 더 자세한 내용을 수집한다는 두 가지 목표를 가지고 다시 로버트 테일러로 왔다.

그들 대부분이 부정한 수단으로 얻는 수입을 밝히기를 꺼려할 것으로 예상했지만 제이티, 베일리 부인, 그리고 몇몇 다른 사람들에게 이런 생각을 알렸을 때 거의 모든 사람들이 협조하겠다고 했다. 부정한 방법으로 돈을 버는 사람들은 대개 자신이 진지한 사업가로 받아들여지기를 좋아했다. 게다가 자기가 경쟁자들보다 더 많이 버는지 어떤지 몹시 궁금해했다는 점도 덧붙여 언급해야겠다. 나는 다른 사람들이 하는 일에 대해서는 자세히 알려줄 수 없다고 강조했지만 그들은 우회적인 방법으로 나의 경고를 무시했다.

그래서 나는 제이티와 베일리 부인의 동의를 받아, 사탕 장수, 포주, 매춘부, 재단사, 무당, 신호 대기 중 자동차 앞유리를 닦아주는 사람 등 이 지역에서 부정한 수단으로 돈을 버는 사람들을 인터뷰하는 데 시간을 쏟기 시작했다.

또한 제이티와 베일리 부인에게 나의 두 번째 문제, 즉 경찰이 요구하면 기록을 공개해야 하는 법적 의무에 대해서도 이야기했다.

"그럼 여태 그걸 몰랐단 말인가?" 베일리 부인이 말했다. "자네가 하고 있는 것을 경찰에 말해야 한다는 걸 심지어 나도 알고 있는데. 자네가 경찰에게 몰래 정보를 주지 않는 한 말이지."

"아, 아니에요!" 나는 이를 부인했다. "전 밀고자가 되진 않을 거예요."

"이봐, 여기 있는 우리 모두가 밀고자야. 부끄러워할 거 없어. 다만 필요한 걸 꼭 얻으라고 나는 늘 말하지. 그리고 얻어맞지 않도록 조심하고."

"내 자료를 경찰하고 공유하진 않을 거예요. 제 말은 그런 뜻이에요."

"감옥에 가려고?"

"꼭 그렇지는 않아요. 그냥 내 자료를 경찰한테 공개하지 않을 거라고요."

"법정 모욕죄라는 게 뭔지 아나?"

내가 대답을 않자 베일리 부인은 넌더리를 내며 고개를 흔들었다. 전에도 부인의 이런 모습을 본 기억이 났다. 그때 베일리 부인은 나를 보고 저렇게 요령이 없는데 어떻게 대학 교육을 받을 수 있었냐며 의아해했다.

"여기 사람이라면 누구라도 자네가 두 가지 선택만이 가능하다고 말할걸세. 경찰에게 그들이 원하는 걸 말해주거나 쿡 군립郡立 교도소에 처박히거나."

나는 입을 다문 채 세 번째 선택지를 생각해내려고 애썼다.

"다시 물어보지. 자네는 정보를 포기할 텐가, 아니면 교도소에 갈 텐가?"

"그걸 알아야만 해요? 그게 부인에게 중요한가요?"

"수디르, 설명해주지. 자넨 우리를 풋내기로 생각해. 이런 이야기 골백번도 더 나누지 않았나? 자넨 우리가 자네가 뭘 하고 있는지 모른다고 생각하나? 메이 부인의 아파트에 자네의 필기장이 있다는 걸 우리가 설마 모를까?"

나는 몸서리를 쳤다. 메이 부인이 자신의 아파트에서 편히 지낼 수 있게 해주어서, 베일리 부인 같은 누군가가 내 필기장에 신경을 쓰리라고는 전혀 생각지 않았다. 더군다나 책장을 넘겨보리라고는…….

"그런데 왜 제가 여기서 어울리도록 놔두시는 겁니까?"

"자네는 왜 어울리고 싶은데?"

"공부하고 있다고 생각합니다. 빈민 연구를 하고 있죠."

"좋아, 성인군자처럼 굴고 싶은 게로군. 그럼 계속 그렇게 해봐."

베일리 부인이 너털웃음을 터뜨렸다. "물론 자네는 공부하고 있지! 헌데, 자네 또한 부정한 수단으로 수익을 얻고 있어. 우리 모두가 부정 수익자들이지. 우리는 서로를 볼 때마다 자연히 끌린다네. 왜냐하면 살아남으려면 다른 부정 수익자가 필요하거든."

"부인 말씀은, 사람들이 저한테 얘기하면 제가 그네들을 위해 뭔가 해줄 수 있을 거라고 생각한다는 뜻인가요?"

"그들은 자네가 자기네를 위해 뭔가를 할 수 있다는 걸 알고 있어!" 베일리 부인은 탁자 건너편에서 몸을 수그리며 말을 내뱉다시피 했다. "그리고 그들은 자네가 그럴 거라는 걸 알고 있지. 왜냐하면 자네는 정보를 얻어야 하니까. 자네는 남을 속여 자기 잇속을 차리는 부정 수익자야. 난 그걸 알 수 있어. 자네가 원하는 걸 얻기 위해 무엇이든 할걸? 그렇다고 수치스러워하진 말게."

나는 대화를 다시 법적 문제로 좁히려고 애썼다. 하지만 베일리 부인은 설교를 계속했다.

"솔직히 말하지." 베일리 부인이 의자에 도로 주저앉으면서 말했다. "만약 자네가 경찰에게 불면 여기 사람들 모두가 자네를 찾아내어 늘씬하게 패줄 거야. 자네가 아무에게도 발설하지 않으리라는 걸 우리가 아는 건 그 때문이지." 베일리 부인은 마치 전쟁에서 승리한 듯 득의양양하게 웃었다.

그렇다면 나는 누구를 걱정해야 하는 거지? 의아했다. 경찰인가, 아니면 베일리 부인과 주민들인가?

나의 법적 관계를 털어놓자 제이티는 놀라서 나를 쳐다보았다. "너에게 모두 말해줄 걸 그랬군! 이봐, 난 내가 감옥에 가거나 죽을 수 있는 사안은 말 안 해. 네 기록이 날 성가시게 할 일이 없다는 소리야. 내 몸은 알아서 챙길 테니, 정말로 네가 걱정해야 할 건 그게 아냐."

나는 제이티의 말을 기다렸다.

"네 자신에게 물어야 하는 건, 흑인 편에 설 것인가, 아니면 경찰 편에 설 것인가야. 일단 결정되면 넌 그 입장에 따라 무엇이든 하게 될 테구, 알겠어?"

나는 알 수가 없었다.

"다시 한 번 말해주지. 넌 우리와 함께하거나, 즉 우리와 함께 이 공동체 안에 있다고 느끼면서 그걸 소중히 여기거나, 아니면 그냥 둘러보려고 여기에 온 것뿐이야. 지금까지 이곳 사람들은 네가 우리와 함께해왔다고 말할 수 있어. 넌 매일 왔으니까. 그대로만 해. 그럼 아무것도 잘 못될 게 없어. 적어도 여기서는."

제이티의 충고는 애매하고도 달관한 경지처럼 보였다. 차라리 신뢰를 배신하면 늘씬하게 얻어맞으리라는 베일리 부인의 경고가 더 나았다. 어쩌면 제이티는 자기 식으로 똑같은 말을 하고 있는 걸지도 몰랐다.

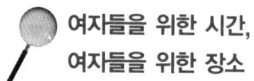
### 여자들을 위한 시간, 여자들을 위한 장소

나는 제이티 구역의 핵심을 이루는 세 고층 건물에서 돌아가고 있는 지하 경제 연구에 초점을 맞추기로 결정했다. 이미 상당히 많은 부분들, 즉 무단 입주자들이 골목에서 자동차를 수리하고, 주부들이 집에서 음식을 팔고, 매춘부들이 고객을 빈 아파트로 끌어들이는 것은 알고 있었지만 수익이 얼마나 되는지, 어떤 비용을 지출하고 있는지 등을 물어본 적은 없었다.

이유야 알 수 없었지만, 제이티는 내 예상보다 훨씬 적극적으로 내 연구 계획에 열성을 보였다.

"내게 굉장한 아이디어가 있어." 하루는 제이티가 말했다. "네가 직접 모든 포주들하고 얘기를 해봐. 그런 뒤, 모든 매춘부들하고 다시 얘기를 나누는 거야. 그다음에는 차량 절도범들과 이야기하게 해줄게. 아참! 장물을 파는 이들도 있어. 신발 장사나 셔츠 장사에 대해 얘기를 나눌 수 있는 사람들은 굉장히 많아! 그 사람들이 네게 협조할 수 있도록 해줄게. 걱정 마. 안 한다고 하진 않을 테니."

"누가 시켜서 강제로 얘기하는 건 원치 않아." 나는 이 사람들 전부를 만난다는 생각에 흥분되었지만 티를 안 내려고 애썼다. "난 억지로 이야기하게 못 해."

"알아." 제이티가 활짝 웃으며 말했다. "하지만 난 할 수 있어."

나는 웃었다. "아니, 그러면 안 돼. 내 말은 그러면 내 연구에 안 좋을 거야."

"좋아. 그렇게 하겠지만, 너한테는 말 안 할게."

제이티는 내가 포주들과 인터뷰를 시작하도록 해주었다. 제이티는 자기 구역의 건물 안이나 근처에서 일하는 모든 포주들에게 세를 매기고 있다고 설명했다. 일부는 균일 금액을 내고 또 일부는 수입의 일정 부분을 냈다. 그리고 모두가 무상으로 여자를 제공하는 것과 같은 방식으로 제이티의 갱 단원들에게 세를 냈다. 물론 포주들은 빈 아파트를 매음굴로 이용할 경우 돈을 더 내야 했다. 계단통이나 주차장을 이용하기 위해 사례금을 내기도 했다.

포주들을 인터뷰하면서 나는 클래리스처럼 그 건물에 살면서 포주 없이 혼자서 일하는 일부 매춘부들과 친구가 되었다. "아, 여기 여자들은 주목받는 걸 좋아해." 이 여성들과 이야기할 수 있도록 도와달라고 부탁하자 클래리스는 이렇게 말했다. 나는 2주 내에 그들 가운데 20명 이상을 인터뷰했다.

매춘부들과 포주들과의 인터뷰에서 일부 차이점이 드러났다. 포주들이 관리하는 매춘부, 이른바 '회원' 여성들은 혼자서 일하는 '무소속'들에 비해 분명 이점을 가지고 있었다. 혼자서 일하는 여성들이 얻어맞는 횟수가 1년에 대략 4회 정도인 데 비해 전형적으로 포주 밑에서 일하는 여성들은 1년에 한 번 꼴로, 얻어맞는 일이 훨씬 덜했다.

또한 포주 밑에서 일하는 여성들은 혼자서 일하는 여성들보다 주당 20달러 정도를 더 벌었다. 비록 포주가 거기서 33퍼센트를 떼어가기는 했지만 말이다. 로버트 테일러의 보통 매춘부가 주당 약 100달러밖에 벌지 못한다는 점을 고려할 때 20달러는 결코 적은 금액이 아니었다. 그리고 포주 밑에서 일하는 여성들 가운데 일을 하다가 도중에 죽임을 당한 예는 들어보지 못했으나 혼자서 일하는 여성들의 경우, 최근 2년 사이에 3명이 살해당했다.

하지만 두 유형의 매춘부들은 공통점도 많았다. 양쪽 다 헤로인과 코카인의 이용 비율이 높았고 섹스 수요층이 대부분 저소득 고객인 이 주택단지에 한정되어 있었다. 로버트 테일러에서 1.6킬로미터밖에 안 떨어져 있지만 사정이 완전히 다른 댄 라이언 고속 도로 저편 트럭 운전사들 식당에서는, 전혀 다른 포주들이 백인 트럭 운전사 고객들에게 음식과 서비스를 제공하면서 공영 주택단지의 전형적인 흑인 고객들이 내는 것보다 더 많은 돈을 벌었다.

로버트 테일러의 매춘부는 대개 오럴 섹스로 10에서 20달러, 때로 삽입 섹스로 25달러, 그리고 애널 섹스로는 최소한 50달러를 받았다. 하지만 만약 그 여성이 마약이 필요하면 가격을 현저히 내리거나 현금 대신 마약 몇 봉지를 받았다.

매춘부 관련 조사를 진행하면서 나는 성性 아닌 다른 것을 파는 여성 부정 수익자들을 만날 수 있도록 해달라고 베일리 부인에게 부탁했다. 나는 장부에 기장되지 않는 많은 거래들에 대해 대충은 알고 있었다. 자기 아파트에서 음식을 팔거나 파티를 여는 여성, 옷을 만들고 결혼 상담을 해주거나 아이를 돌봐주는 여성, 그리고 별점을 봐주고 머리를 만져주고 소득세 신고서를 대신 작성해주고 콜택시 면허로 몰래 거리에서 택시 영업을 하고 사탕에서부터 중고 전기제품, 장물에 이르기까지 온갖 잡다한 물건을 파는 여성 등등. 하지만 이들의 경제 활동은 대부분 남의 눈을 피해 이루어져서, 베일리 부인을 통해 그 집의 문을 열어야 했다.

베일리 부인은 신중했다. 첫 주에, 선택적으로 몇몇 여성들을 소개해주었지만 다른 여성들을 만나게 해주는 것은 거절했다. 나는 만나고 싶은 여성들의 이름을 대었고 베일리 부인은 깊이 생각했다. 부인은 "글쎄, 자네가 그 여자를 만나도 좋은지 생각해보세" 또는 "아니, 그 여자는 별로야. 하지만 자네가 만나볼 만한 다른 사람이 있어"라고 말하곤 했다. 한 번은 베일리 부인에게서 무당을 한 사람 소개받은 뒤, 이 건물에 다른 무당들도 많이 일하고 있는지 물었다. "아마도 그럴걸" 하고 베일리 부인은 대꾸하더니 얼른 화제를 바꾸고는 방을 나가버렸다.

마침내 왜 베일리 부인이 내가 지하 경제를 조사하고 다니는 것을 달가워하지 않았는지 알게 되었다. 결과에서 드러나듯, 베일리 부인 같은 주민 대표들은 항상 그런 일을 하는 사람들에게서 일정 몫을 받았다. 주방에서 음식을 팔거나 다른 사람들의 아이들을 돌봐주는 일을 하고 있다면 베일리 부인에게 몇 달러를 집어주는 게 나았다. 그렇지 않으면 시카고 주택공사 관리자가 자기 집 문을 두드리는 수가 있었다. 때때로 아파트에서 다른 사람의 머리카락을 잘라준다면 이따금 베일리 부인의 머리를 공짜로 만져주는 게 좋았다. 이런 면들에서 베일리 부인은 지역 국세청과 같았다. 아니, 지역 국세청보다 훨씬 성공적으로 세를 거두었다.

베일리 부인이 이야기를 나눌 수 있도록 소개해준 사람들은 아마도 딴소리는 하지 않을 거라며 부인이 가장 신뢰하는 이들이었다. 나는 선택의 여지가 없었다. 베일리 부인의 허락 없이는 아무도 불법 경제 활동에 대해 말해주지 않을 것이었다. 실은, 베일리 부인이 소개해준 사람들이 들려준 이야기는 전부가 매력적이었다. 가장 매력적인 여성은 베일리 부인의 절친한 친구인 코델라 레비 아주머니였다.

코델라 아주머니는 63세로 평생을 공영주택에서 살았고 로버트 테일러에서만 30년을 살았다. 자신이 유대인 성을 가진 것은 자기 할머니가 유대인과 결혼했기 때문이라고 말했다. 하지만 아주머니의 가족들 중 혹자는 자신들이 흑인 히브리 유대인의 후손이라고 말했다. 코델라 아주머니는 아이 일곱을 길러냈다. 그중 하나를 빼고는 모두 로버트 테일러에서 이사를 나갔다. 돌아다니려면 보행용 목다리를 짚어야 했지만 코델라 아주머니는 불독 같은 투지가 있었다.

코델라 아주머니는 현재 아파트에서 작은 사탕 가게를 운영했다. 하루 종일 문 옆에 놓인 의자에 앉아 아이들이 들르기만을 기다렸다. 그녀의 거실은 사탕 외에는 별로 볼 것도 없었다. 몇 개의 탁자 위에 맛있어 보이는 막대 사탕, 껌, 캔디바 상자들이 놓여 있었다. 구석을 살짝 들여다보면 뒤쪽 침실이 보였다. 거기에는 텔레비전, 소파 등이 있었다. 하지만 코델라 아주머니는 사탕 가게를 듬성듬성 비워두기를 좋아했다. 손님들이 가구를 보면 언제 다시 와서 강도짓을 하려고 들지 모르기 때문이라고 아주머니는 말했다.

"헌데 내가 늘 사탕만 판 건 아니라우."

"사탕을 팔려고 학교에 안 갔다는 말씀이에요?" 나는 농담을 했다.

"이보게, 난 4학년을 못 마쳤네. 남부에서는 흑인이 학교에 갈 수가 없었어. 내 말은, 나도 지금 같지 않은 시절이 있었다는 게야. 베일리 부인이 말 안 하던가?" 나는 고개를 저었다. "자네는 내가 어떻게 뒷구멍으로 돈을 버는지 알고 싶다구?"

"예, 듣고 싶어요." 코델라 아주머니는 자기 이야기를 하고 싶어 안달인 모양이었다.

"난 여기서 오만가지 일을 하며 돈을 벌었다오. 처음엔 베일리 부인의 어머니인 엘라 베일리 밑에서 일을 시작했어. 엘라는 포주였는데 이 건물에서 가끔 파티를 열어주곤 했지. 아! 그분은 파티를 제대로 열 줄 알았지!"

"베일리 부인의 어머니가 포주였다고요? 그게 많은 것을 설명해주는군요!"

"그렇지, 수디르. 그분이 돌아가시자 나는 14층에 있는 아파트 세 채를 인수했어. 코델라의 궁전이라고들 불렀지. 사람들은 술을 마시고, 카드놀이를 하고, 친구를 사귀고, 즐거운 시간을 보내러 그곳에 왔더랬지."

"친구를 사귄다고요? 그걸 그렇게 불렀나요?"

"우정과 다름없었어. 그런 다음에는 옷을 만들기 시작했고 그 뒤로 음식을 팔고 잠시 동안 사람들이 가게에 갈 때 태워다주는 일을 했어. 우리 엄마가 웨딩드레스 바느질법을 가르쳐줘서 그 일도 오래 했지……"

"잠깐만! 천천히 좀 말씀해주세요. 사람들이 친구를 사귀는 걸 도와준 일로 돌아가죠. 전 왜 아주머니가 파티 여는 일을 그만뒀는지 궁금해요. 무슨 일이 있었나요? 지금 그 일을 하고 있는 사람들은 모두가 남자, 즉 제이티와 남자 포주들이라서 묻는 거예요. 여자 포주가 있다는 말은 못 들었거든요."

"그 사람들이 인수했으니까. 남자들이 모든 걸 망쳐놨어. 제일 먼저 그렇게 한 인물이 제이티 어머니인 메이 씨 사촌이었어. 그 남잔 돈을 벌고 있는 여자들을 죄다 괴롭히기로 작정이라도 한 것 같았지. 1981년 무렵이었나. 그는 우리가 건물에서 일하는 동안 자기에게 돈을 내지 않으면 늘씬하게 패주곤 했어. 밑에 있는 여자들을 관리하고 파티를 열려면 매주 몇 달러씩을 그 남자에게 쥐어줘야 했지. 한번은 자기네 아파트에서 미장원을 하는데 돈을 내지 않는다고 내 친구를 거의 반쯤 죽여놨었어. 정말 지독했지. 헤로인 때문에 영화에 나오는 커다란 총을 가지고 다녔는데 사람이 아주 난폭했어."

"그래서 어떻게 됐어요? 그가 아주머니가 하던 일을 인수했나요?"

"갑자기 그놈이 내가 버는 돈의 50퍼센트를 내놓으라고 하지 뭔가. 그러면 날 보호해줄 거라는 거야. 경찰을 막아준다는 소리지. 하지만 난 그가 경찰을 막을 수 없다는 걸 알고 있었어. 그는 폭력배인 데다가 그닥 좋은 성격이 못 되었지. 난 잠시만 그 일을 할 생각이었고 그래서 포기하고 그에게 모든 걸 넘겼지. 아무튼 내가 말하려는 건, 갱단이 이곳을 인수하기 전까지는 여자들이 이곳을 움직였다는 점이야. 그땐 달랐지. 우리는 다른 사람들을 돕기도 했었으니까."

"어떻게요?"

"나 같은 사람들이 힘을 좀 가지고 있었어. 난 아파트를 수리하거나 사람들을 감방에서 나오게 할 수 있었지. 경찰이 나의 최고 고객들이었으니. 제이티 같은 지금 사람들은 그런 일을 할 수가 없어."

"베일리 부인은 어때요?"

"그래, 베일리 부인은 할 수 있지. 하지만 그 여자 한 명뿐이야. 베일리 부인 같은 일을 하는 사람이 50명 정도 있다고 생각해봐! 볼만했지. 그 50명의 여자들은 부끄러움이 없는 강인한 여자들이었어. 그때는 시절이 달랐지. 여자들을 위한 시간, 여자들을 위한 장소였어."

며칠 동안 코델라 아주머니를 인터뷰한 후, "여자들을 위한 시간, 여자들을 위한 장소였어"라는 아주머니의 말이 계속 머릿속에서 떠올랐다. 코델라 아주머니의 향수 어린 이야기는 베일리 부인의 조수인 캐트리너가 서로 돕는 건물 내 여성들에 대해 얼마나 정중히 이야기했는지를 떠올리게 했다.

다음 석 달 동안에는 여성 가장들을 집중적으로 인터뷰했다. 로버트 테일러에 사는 4,000가구의 90퍼센트가 여성이 가정을 꾸려나가고 있어서 선택의 여지가 컸다. 베일리 부인이 나이 지긋한 양재사나 일하는 부모를 위해 아이를 맡아주는 할머니를 소개해줄 때마다 나는 그 여성에게 현재 하고 있는 일의 자세한 내용뿐 아니라 과거 이야기를 들려달라고 간청했다.

이들 많은 여성이 1960년대에 시민권을 주장했고 1970년대에 흑인의 피선거권을 위한 운동을 일으켰다. 이들은 아주 진지하게 공동체를 위해 싸우고자 했다. 하지만 1980년대와 90년대를 거치는 동안 갱단, 마약, 빈곤으로 인해 처지가 한층 악화되면서 가족을 건사하기도 힘들어졌다. 그 무렵, 주택공사는 부패하다시피 해서 도움이 되지 않았고 경찰은 대체로 반응이 느렸으며, 힘 있는 강한 여성들은 철저히 주류에서 밀려났다.

### 교환 네트워크

공식 통계 조사에 따르면, 로버트 테일러에서는 성인 인구의 96퍼센트가 실직자이지만 많은 주민들이 식당 종업원, 택시 운전사, 시내 일반 기업체 사무실 청소부, 그리고 중산층 가정의 가정부 같은 합법적인 비정규 노동을 하고 있었다. 하지만 이들은 대개가 공영 주택 임대권이나 다른 복지 수당을 놓치지 않으려고 시카고 주택공사에 합법적인 수입을 숨기려고 했다.

또한 각 건물에 수십 명씩, 로버트 테일러에 모여 살면서 일하는 사람들도 있었다. 하지만 시카고 주택공사가 입주 주민 가정의 수입에 제한을 두고 있어서 이들은 그들 눈에 띄지 않으려고 애썼다. 때로 어떤 사람은 시카고 주택공사 조사관을 피하려고 몇 주 동안 집을 떠나 있기도 했다. 만약 시카고 주택공사가 인정하지 않는 나나 다른 누군가가 아파트에 들어가면 그 남자들은 뒷방 신세를 져야 할지도 몰랐다. 이런 남자들은 많은 주민 모임에도 참석하지 않았으며, 대부분 여자들이 생활 여건 개선을 위한 투쟁을 도맡아했다. 남자들의 부재로 인해 갱 단원들과 포주들은 로버트 테일러를 움직이기가 훨씬 수월했다.

로버트 테일러의 여성들이 얻는 불법 소득에 관한 통계 자료를 집계하면서 이들의 불법 소득을 전부 합쳐봤자 얼마 되지 않는 액수임이 드러났다. 아파트에서 음식이나 사탕을 팔면 일주일에 약 20달러를 벌 수 있었다. 코델라 레비 아주머니는 식료품을 사려는 사람들을 근처 한 식료품점으로 몰아주는 대가로 그 가게에서 사탕을 도매로 살 수 있어, 좀 더 벌이가 나았다.

아이를 맡아주면 한 아이당 하루 5달러 또는 10달러를 벌었지만 일이 꾸준하게 있지 않았다. 돈벌이로 가장 인기 있는 일은 하숙이었다. 하숙을 치면 한 달에 100달러를 받을 수 있었고 머무를 곳이 필요한 사람들은 얼마든지 구할 수 있었다.

하지만 나는 또한 이들 다양한 상거래에서 오가는 돈보다 좀 더 재미있고 어쩌면 좀 더 중요한 것을 발견했다. 많은 세대들이 거대한 교환 네트워크에 참여하고 있었던 것이다. 여성들은 생존을 위해 이 교환 네트워크에서 물자를 빌리고 교환하고 공동관리했다. 한 여성이 많은 다른 여성들의 아이들을 돌봐주는 대신, 또 다른 여성은 차를 가지고 있어서 사람들이 식료품점에 물건을 사러 갈 때 데려다줌으로써 도움을 줄 수 있었다. 그리고 또 어떤 여성들은 많은 가정들을 위해 교대로 요리를 해줄 수도 있었다. 경우에 따라 한 네트워크에 참여하는 사람들이 일정한 교환 방식을 유지하기도 했다. 만약 어떤 사람이 내 가족을 위해 다섯 번의 저녁 식사를 준비해주면 나는 이틀 동안 그 사람의 아이들을 돌봐주는 식이었다.

여성들의 네트워크는 또한 각자의 아파트를 공유하기도 했다. 아파트를 보수해야 하는 여성이 한 층에 다섯이 있다고 하자. 사실 건물 상태로 보건대 이는 드문 일도 아니었다. 시카고 주택공사가 이들 모두의 보수 요청에 응할 리 만무했고, 이 여성들은 베일리 부인이나 시카고 주택공사 건물 관리자에게 5달러를 더 낼 여유가 없었다. 이들은 돈을 모아 필요한 뇌물을 마련했다.

이들의 네트워크에 속하는 적어도 한 군데 아파트에서는 뜨거운 물을 쓸 수 있었고, 최소한 두 군데 아파트에서는 냉장고와 레인지를 쓸 수 있었으며, 어쩌면 한 아파트에다 돈을 내고 무허가 유선 텔레비전을 연결할 수도 있었다. 모두가 한 아파트에서 샤워를 하고, 다른 아파트에서는 요리를 하고, 또 다른 아파트에는 음식을 보관하고, 냉방 장치가 있는 하나의 방에서 유선 달린 하나의 텔레비전을 보았다. 로버트 테일러에서 모든 설비가 멀쩡한 자신만의 아파트를 갖는 것은 사치여서 기대하는 사람이 거의 없었다.

### 부정 수익자들

나는 근처 주차장에서 시노트 아저씨와 어울리면서 불법 경제 활동으로 돈을 버는 동네의 거의 모든 남자들을 만났다. 시노트 아저씨는 사람들에게 나하고 이야기를 나눠도 별 탈 없을 거라고 말해주었다. 거기에는 떼 지어 돌아다니거나 술을 마시면서 잡담을 하는 남자들이 항상 들끓었다. 이들은 값싸게 집수리를 해주는 목수, 무소속 전도사, 근처 공장들에서 일하는 무등록 트럭운전사, 자동차 도둑, 랩 가수와 음악인, 요리사와 청소부 등 이 동네의 다양한 부정 수익자들을 대표했다. 다들 은밀하게 돈을 벌었다.

이들 대부분은 한때 합법적인 직업이 있었지만 불운이나 부정행위로 인해 직장을 잃었다. 몇 해 전까지 이들은 생활 보호 지원금으로 한 달에 몇백 달러를 받을 수 있었다. 그러다가 1990년, 일리노이 주와 다른 많은 주들이 성인 남성들에 대한 이 같은 지원을 끊어버렸다. 로널드 리건이 착수한 보수적인 개혁은 결국 사회복지 사업에 대한 전면적인 점검으로 이어졌고, 이는 빌 클린턴 정부가 집권해 있던 1996년 절정에 이르렀다. 빌 클린턴은 남성, 여성, 어린이 들을 위한 모든 형태의 공적 지원 기간을 제한함으로써 생활 보호 지원을 한시적 프로그램으로 만들어놓았다.

로버트 테일러에 사는 이들과 같은 남성들에게, 이런 방식의 생활 보호 지원은 빈곤을 악화시킬 뿐이었다. 그들은 죄다 어느 식당과 교회가 무료로 음식을 주는지, 잠자리로 이용할 만한 버려진 건물이 어디에 있는지 등의 정보를 놓치지 않으려 애썼다. 여성들과 마찬가지로, 남성들도 네트워크를 가지고 있었다. 어떤 사람은 음식을 만들고 어떤 사람은 일자리를 찾고 또 다른 사람은 모두가 잘 만한 장소를 찾았다.

빈 아파트에 대한 정보를 들으면 시카고 주택공사의 건물 관리자, 갱단 보스, 주민 대표, 또는 열쇠를 가지고 있을 법한 누군가에게 뇌물을 주기 위해 그들의 자원을 공동 출자했다. 이 남성들은 또 '감옥에서 풀려나게' 해주겠다는 약속의 대가로 경찰에 정보를 넘기기도 했다. 그리고 이들은 언제나 시카고 주택공사의 수위들에게서 몇 달러씩을 벌 수 있었다. 수위들은 하루 일을 쉬어야 할 때면 이들에게 정식으로 건물 청소를 부탁하고 수고비를 주었다.

시노트 아저씨가 포터 해리스 할아버지를 소개해주었다. 65세로 몸이 여윈 포터 할아버지는 오랜 시간 재활용 쓰레기를 찾아 사우스사이드를 헤매고 다녔다. 포터 할아버지를 처음 만났을 때 그는 전선, 깡통, 금속 조각으로 가득 찬 쇼핑용 손수레를 밀면서 주택단지의 고층 건물들과 철길 사이의 잔디밭을 돌아다니고 있었다. 수년 전에는 지금 시노트 아저씨가 그런 것처럼 자기도 로버트 테일러의 온갖 부정 수익자들에게 어디서 일하고 물건을 팔고 교환할지를 지시 내리던 사람이었노라고 할아버지는 말했다. 그러다가 한 갱단 보스와 싸움을 벌인 뒤로는 이곳을 떠야 했다.

"부티 콜드웰, 진짜 이름은 카터였지." 포터 할아버지는 남부인 특유의 느린 말투로 말했다. "그자가 날 다시 여기 못 오게 내쫓았어." 할아버지는 풀잎으로 몇 개 안 남은 이를 우볐다. 늘어진 밀짚모자 때문에 할아버지는 꼭 옛 남부의 빛 바랜 사진에서 막 걸어나온 농부 같았다. "약 10명이 있었지. 나는 47번가에서 51번가까지 관리했어. 그 지역 전체가 내 것이었지. 내 허락 없이는 자기 영혼도 못 팔았지, 암."

"남부럽지 않았겠는데요." 나는 싱긋 웃었다. "할아버지가 불법으로 돈을 버는 사람들의 왕이었나요?"

"지배자, 왕, 우두머리. 그걸 뭐라고 부르든, 내가 그 지역을 움직였어. 그런데 어느 날 모든 걸 빼앗겼지. 부티 콜드웰. 그자는 엘 루큰El Rukn 갱단 소속이었어."

1960년대 후반에 엘 루큰은 시카고에서 가장 강력한 갱단이었다. 그들은 평화 및 협력 협정을 체결하여 많은 독립 갱단들을 통합하여 널리 신망을 얻었다. 이러한 협정들의 결과, 몇 개의 '거대한' 엘 루큰 갱단이 생겨났다. 하지만 1980년대 중반에 연방 정부의 제재로 엘 루큰이 약화되면서 블랙 킹스를 포함한 다른 갱단들이 급성장하는 농축 코카인 사업을 인수하게 되었다.

포터 할아버지, 시노트 아저씨, 그 외 다른 사람들과의 만남을 통해 나는 남성들에게 최고의 불법 경제 활동은 육체노동임을 알게 되었다. 주차장에서 자동차를 수리하면 한 달에 500달러를 벌 수 있었고 근처 학교에서 청소를 하면 한 달에 약 300달러를 벌 수 있었다. 반면 한 달에 약 100달러를 버는 금속이나 알루미늄 조각 모으기, 또는 한 달에 약

75달러를 버는, 훔친 옷이나 담배를 파는 것처럼 벌이가 가장 안 좋은 일은 대개 오랜 노동 시간을 요구했다. 인터뷰를 한 모든 부정 수익자들은 이구동성으로 합법적인 일자리와 좀 더 나은 생활의 질을 원한다고 말했지만 죽거나 감옥에 가지 않는 한, 불법 경제 활동에서 벗어나는 사람은 거의 보지 못했다.

### 밀고자

어느 날 포터 할아버지와 불법 경제 활동을 하는 다른 남성 몇 명을 인터뷰하느라 몇 시간을 보낸 후, 나는 베일리 부인의 사무실로 불려갔다. 너무 바빠서 한동안 나는 베일리 부인을 만나지 못했다. 그동안의 소원함을 만회하는 시간을 갖는 것도 좋을 것 같았다.

사무실로 들어가면서 캐트리너에게 인사를 건네자 캐트리너가 빙긋 웃어 보였다. 캐트리너는 점점 더 많은 업무를 맡았고 거의 베일리 부인의 후임 역을 하고 있는 듯했다. 사무실 안에서는, 제이티와 베일리 부인이 함께 웃고 있다가 나를 극진히 반겨주었다.

"교수님 오셨네!" 제이티가 말했다. "우리 엄마는 네가 한 달 동안이나 안 왔다고 하던데! 이제 우리가 싫어진 거야? 요리 솜씨가 더 좋은 사람을 찾았나?"

"메이 부인을 화나게 하지 않는 게 좋을걸." 베일리 부인이 말했다. "그 건물에 다시 못 갈 수도 있으니."

"죄송해요. 인터뷰를 하느라 계속 바빴어요." 나는 감정이 격해져서 말했다. "다른 일을 할 시간이 없었어요."

"자아, 앉게나." 베일리 부인이 말했다. "오래 붙잡고 있진 않을 테니. 우리는 자네가 어떤 사람들을 만나고 왔는지 궁금하다네. 자네가 알게 된 걸 우리도 알고 싶거든."

"아, 저도 제가 알게 된 걸 두 사람한테 이야기할 기회를 갖고 싶었어요." 나는 필기장을 꺼냈다. "아주 많은 사람들을 만나고 있어요. 그런데 그 사람들이 얼마를 버는지에 대해 사실 그대로 이야기하고 있는지 어떤지 확실하지가 않아요. 내가 이곳의 불법 경제 활동을 제대로 이해하고 있는지 알고 싶어요."

"좋고말고." 제이티가 입을 열었다. "우리도 방금 그 이야기를 하고 있었어. 우리에게 사람들을 소개시켜달라고 부탁했잖아. 이젠 네가 스스로 찾아야 해. 더 이상 우리 도움이 필요하지 않다고 생각해." 제이티가 킥킥 웃자 베일리 부인도 따라 웃었다.

"그래." 베일리 부인이 말했다. "성공하면 우리를 잊지 말게, 교수님! 계속하게. 누구하고 이야기를 했는지 말해보라구. 누굴 만나고 그 사람들이 뭘 했는지 알려주면 우리가 검토해서 그들이 솔직하게 이야기했는지 알 수 있을 거야."

이어지는 세 시간 동안, 나는 필기장을 넘기면서 불법 경제 활동을 하는 남녀 수십 명에 대해 파악한 내용을 두 사람에게 보고했다. 그 가운데는 자기 차에서 차량 번호판, 사회 보장 카드, 소소한 기구 따위를 파는 버드, 소득세 신고서를 작성해주는 도리서, 이 동네에만 있는 여성 목수 캔디, 아파트에다 가스와 전기를 몰래 끌어다줄 수 있는 프린스 등이 있었다.

제이티와 베일리 부인은 별로 놀라는 기색이 아니었다. 내가 특히 불법 경제 활동을 활발히 하는 사람들을 언급하거나 최근에 하숙을 치기 시작한 여성을 언급하자 두 사람 중 하나가 어깨를 으쓱하기는 했지만.

이윽고 나는 베일리 부인의 사무실에서 나와 내 아파트로 가는 버스를 탔다. 그 동네에서 가장 강력한 막후 인물인 두 사람과 조사 결과를 논의할 기회를 가질 수 있어 퍽 다행이었다. 버스 차창을 내다보면서 새삼 내가 얼마나 베일리 부인과 제이티에게 신세를 지고 있는지 깨달았다. 그 두 사람과 시노트 아저씨, 오트리 같은 몇몇 사람들이 아니었더라면 나는 로버트 테일러가 실제로 어떤 방식으로 돌아가는지 파악하지 못했을 것이다.

다음 몇 주 동안 필기장의 정보들을 가지고 불법 경제 활동자들이 얼마나 차이를 보이는지 알기 위해 통계표와 그래프를 작성했다. 나는 적어도 내 지도 교수들만큼 제이티도 이 자료를 높이 평가해주리라 기대했다. 제이티는 항상 자신의 경영 기법 가운데 자료 분석의 중요성을 강조했던 것이다. 제이티에게 조사 자료를 보여주려고 로버트 테일러로 향했다.

주차장에서 우연히 시노트 아저씨를 만났다. 아저씨는 평소 있던 자리에서 다른 무단 입주자 몇 명과 함께 바람 빠진 타이어를 고치고 난 뒤, 세차를 하고 있었다.

"이봐요들, 잘 지내요?" 내가 소리쳤다. "그동안 어떻게 지냈어요?"

아무도 대답이 없었다. 모두들 나를 보고는 얼굴을 돌려버렸다. 나는 좀 더 가까이 다가가 그들 몇 발자국 앞에 섰다. "어떻게 지내요? 별 일 없어요?" 거기 있던 사람들 가운데 푸티가 공구를 집어들어 외륜에서 타이어를 풀기 시작했다. "때론 쓰라린 경험을 통해 배우는 법이지." 푸티가 딱히 누구에게랄 것도 없이 말했다. "그게 인생이야, 안 그래? 때로 아무도 믿을 수 없다는 걸 알게 되지. 그 사람이 경찰인지, 밀고자인지 누가 알겠어."

시노트 아저씨는 그저 어깨만 으쓱했다. "음."

"그래, 아무도 믿을 수 없다는 걸 배우고 있지." 푸티가 말을 이었다. "그 사람들한테 뭔가를 얘기하면 그들은 별안간 달려들지. 말 그대로야! 예측할 수가 없어. 특히 이곳 출신이 아닌 경우에는 말이야."

다시 한 번 시노트 아저씨가 어깨를 으쓱했다. "음." 아저씨가 중얼거렸다. "맞는 말이야."

그들은 나를 상대하려 하지 않았다. 나는 제이티의 건물로 향했다. 키셔라는 이름으로 알고 있는 한 젊은 여자가 아이들과 잔디밭에 서 있었다. 차를 기다리고 있는 모양이었다.

"이봐요, 키셔, 어떻게 지내요?"

"어떻게 지내냐고?" 키셔가 고개를 저으며 물었다. "내가 그쪽에게 말하기 전에가 훨씬 좋았지." 키셔는 물건을 집어들더니 아이들을 데리고 몇 미터 저쪽으로 걸어가버렸다.

로비에는 제이티의 갱 단원 몇 명이 서성대고 있었다. 우리는 악수를 나누고 인사를 했다. 베일리 부인과 제이티를 만나려고 위층으로 올라갔지만 아무도 집에 없었다.

로비로 다시 내려오자 사람들이 날 빤히 쳐다보는 것 같았다. 왜 그러는지 알 수가 없었다. 내가 요즘 지나치게 의심이 많아진 탓일까. 사람들이 갑자기 나를 경찰 편이라고 생각하는 건가? 푸티, 시노트 아저씨, 키셔에게 대체 무슨 일이 있었던 거지?

나는 집으로 돌아가기로 했다.

### 너도 부정 수익자야!

며칠 동안 제이티의 행방을 찾았지만 그가 어디에 있는지 아무도 알지 못했다. 더 이상 기다릴 수가 없어, 다시 로버트 테일러로 가서 주차장에서 시노트 아저씨를 찾았다. 아저씨와 다른 두 남자가 자동차 수리를 하고 있었다.

"시노트 아저씨, 부탁이에요." 나는 간청했다. "제가 무슨 짓을 한 거죠? 말씀해주세요."

시노트 아저씨는 일어나 렌치에서 기름을 닦아냈다. 아저씨는 몸짓으로 다른 두 사람에게 우리 둘만 있게 해달라고 부탁했다. 두 사람 중 하나가 내게 험악한 눈길을 보내더니 거칠게 무슨 말인가를 중얼거렸지만 잘 알아들을 수가 없었다.

"자넨 입을 다물어야 한다는 걸 배워야 해." 시노트 아저씨가 마침내 이야기를 꺼냈다.

"입을 다물라니, 무슨 소린지 모르겠어요."

"말장난하지 말게. 말한 그대로야. 내가 그 사람들을 모두 네게 소개해줬어. 만약 네가 그 사람들이 돈을 벌고 있다는 걸 제이티에게 보고할 거라고 미리 언질을 주었으면 난 자네에게 아무것도 말해주지 않았을 거야."

순간, 가슴이 철렁 내려앉았다. 제이티와 베일리 부인에게 조사 결과를 길게 보고했던 일이 떠올랐다. 나는 두 사람에게 각 부정 수익자의 수입 내역을 알려주었다. 그들 각자가 얼마를 벌고 있는지, 언제 어디서 일을 하는지, 장차 무슨 일을 계획하고 있는지, 내가 기록한 자료를 다 넘겨주지는 않았지만 그에 버금가는 짓을 한 것이었다.

"제이티가 그 사람들을 모두 작살내버리고 있어." 시노트 아저씨가 말했다. 아저씨는 몸서리를 치는 듯했고 땅바닥에 침을 뱉었다. 화가 났지만 내 앞에서 드러내지 않으려는 것 같았다. 지금까지 우리 두 사람의 관계는 신뢰에 바탕을 두고 있었고 나는 시노트 아저씨에게서 들은 내용을 좀체 다른 사람에게 옮기지 않았다.

"제이티는 이제 그 사람들 모두에게서 세를 받아내고 있어. 그리고 파넬 형제를 흠씬 두들겨 팼지. 그 친구들이 자기네가 하고 있는 일을 숨기고 있다고 생각한 거야. 그들은 숨긴 게 없지만 어떤 말도 제이티를 설득할 수가 없었어. 제이티가 그렇다고 생각하면 그걸로 끝이야. 그러고 나서 제이티는 조조와 그의 친구들이 자기에게 뭘 숨겼다며 더 이상 여기에 못 오게 했어. 조조의 딸은 여기에 살고 있거든. 이제 조조는 딸을 볼 수 없게 됐어." 시노트 아저씨는 제이티가 엄벌에 처한 사람들의 이름을 전부 들먹이면서 점점 더 화를 냈다. "자네가 말해준 게 아니라면 제이티가 알 리 만무하잖아."

어색한 침묵이 흘렀다. 나는 잠시 변명거리를 궁리했다. 순간 어떤 생각이 나를 엄습했다. 수년 동안 나는 이 공동체에서 살았다. 사람들은 항상 나를 기삿거리나 건지러 오는 기자나 다른 외부인들하고는 다르다고 말했다. 그런 사람들은 이곳의 가족들과 저녁을 먹거나 밤에 어울려 함께 맥주를 마시는 일이 없었다. 그들은 으레 질문 세례를 쏟아부은 뒤 건져올린 기삿감 몇 개를 전리품처럼 가져가고는 다시 오지 않았다. 나는 스스로 그런 부류들과는 다르다고 자부했었다.

이제는 내 운명을 받아들일 때가 된 걸까. "난 베일리 부인의 사무실에 앉아 있었어요. 베일리 부인과 제이티는 시노트 아저씨처럼 항상 날 도와주었지요. 그리고 제가 경솔한 짓을 했어요. 그 두 사람한테 소상하게 다 보고했지만, 난 그들이 그 정보를 이용하리라고는 전혀 생각지도 못했어요. 그 두 사람에게 유용한 정보일 거라곤 꿈에도 몰랐어요."

"자네한테서 들은 것 가운데 가장 생각 없는 얘기로군." 시노트 아저씨는 공구들을 치우기 시작했다.

"정말이지, 시노트 아저씨. 그 두 사람에게 이야기하면서도 난 전혀 몰랐어요."

"아니!" 시노트 아저씨의 목소리가 날카로워졌다. "넌 알았어. 그래, 알았어. 하지만 넌 네 생각만 하느라 바빴던 게지. 넌 네 교수들에게 가져갈 걸 얻었고 거기에 정신이 팔려 있었어. 자네가 그렇게 순진하지 않다는 것쯤은 나도 알아."

"미안해요, 시노트 아저씨. 미안하다는 말밖에는 할말이 없네요. 제가 경솔한 짓을 했어요."

"그래, 경솔한 짓을 했지. 자네가 왜 그 일을 하고 있는지 생각해봐. 항상 우리를 돕고 싶다고 말했지? 우리는 자네에게 도와달라고 말한 적이 없네. 이젠 그게 필요하지 않다는 게 더욱 확실해졌군."

시노트 아저씨는 다른 사람들이 있는 쪽으로 가버렸다. 그들은 조용히 서서 술을 마시며 나를 쏘아보았다. 나는 건물로 향했다. 베일리 부인이 사무실에 있다면 만나고 싶었다.

순간 어떤 생각이 번뜩 스쳤다. 제이티가 내 정보를 가지고 거리에서 불법 경제 활동을 하는 남자들에게 세를 매겼다면 베일리 부인도 역시 내 이야기를 근거로 불법 경제 활동을 하는 여자들에게서 세를 거두고 있을지 모를 일이었다. 그보다 더 나쁜 것은, 베일리 부인이 소득을 숨겼다는 이유로 그들 중 일부를 쫓아냈을지도 모른다는 점이었다.

내 어리석은 행동으로 인해 무슨 일이 있었는지 알아낼 방법이 없을까? 나는 풀로 뒤덮인 널따란 공터에 서서 고층 건물을 올려다보았다. 나를 도와줄 만한 사람들을 생각해내려 애썼다. 베일리 부인한테서 비교적 독립적이면서 나한테 솔직하게 이야기를 해줄 만큼 여전히 나를 믿는 주민이 필요했다. 클래리스가 떠올랐다.

나는 서둘러 주류 판매점으로 가서 분즈 팜이라는 포도주를 몇 병 샀다. 클래리스가 맨입으로는 이야기를 해주지 않을 터였다.

재빨리 건물 로비를 지나 계단을 올라갔다. 내가 자신들을 베일리 부인에게 팔아넘겼다고 화가 나 있을 여자들과 한 승강기에 타고 싶지는 않았다. 클래리스가 문을 열더니 요란하게 웃음을 터뜨리며 나를 맞아주었다.

"아! 이번에는 그쪽이 경솔했어, 확실히."

"이 건물 전체에 퍼진 거예요? 모두가 알아요?"

"자기, 이곳에선 비밀이 없어. 우리가 처음 만났을 때 클래리스가 그쪽한테 뭐라고 했어? 입 꼭 다물고 있어라, 당신이 누군지 뭘 하는지 아무것도 말하지 말라고 했잖아. 클래리스가 당신이랑 거기 함께 있었어야 했는데. 당신은 베일리 부인을 위해 염탐하고 있었던 거야?"

"염탐이라뇨! 절대 아니에요. 난 염탐하지 않았어요. 조사를 하고 있었을 뿐이에요. 질문을 해서……"

"자기, 그걸 뭐라고 부르든 상관없어. 베일리 부인은 머리끝까지 화가 나서 그 사람들 집으로 뛰어올라가 당장 돈을 내야 한다며 으름장을 놓았어. 그쪽이 아마도 베일리 부인의 소득을 간단히 갑절로 올려놨을 걸. 당신은 정말로 뭐 받아먹은 거 없어? 부인한테서 조금이라도?"

"잠깐만요. 내가 베일리 부인에게 정보를 주었다는 걸 어떻게 알죠?"

"바보 아냐? 베일리 부인이 모든 사람에게 다 말했어! 설사 베일리 부인이 그 말은 안 했더라도, '당신은 지난달에 25달러를 벌었어', '당신은 지난주에 50달러를 벌었군', '당신은 이번주에 10달러를 벌었고 나한테 말하지 않은 데 따른 벌금을 더해서 10퍼센트를 내야 해'라고 떠들어대면서 돌아다녔을 거야. 우리가 이 모든 정보를 말해준 사람은 자기뿐이었잖아!"

"그런데 베일리 부인이 클래리스한테도 세를 물렸어요?"

"아니야! 그 여잔 매춘부들에겐 세를 물리지 않는다고 했잖아? 제이티는 이미 세를 물리고 있고."

클래리스가 베일리 부인의 추궁을 받은 여자들을 일일이 거론할 때 나는 고개를 푹 숙인 채 앉아 있었다. 이 건물에 다시 조사를 계속하러 오기는 어렵겠구나. 나는 기운이 쭉 빠졌다. 또한 사소하기는 하지만 오늘 조용히 이곳을 무사히 빠져나가는 것도 문제였다.

클래리스는 내가 뭘 걱정하는지 알아차렸다. 클래리스는 나를 보고 내내 깔깔거리며 내 어깨를 어루만졌다. "걱정 마! 아마도 자기가 아작 나는 일은 없을 테니. 때로 그게 분위기를 전환하는 데 도움이 되거든. 집에 갈 때 위층에 올라가지 마. 만약 거기서 걸리면 당신 시체도 못 찾을지 몰라."

문득 클래리스가 웃음을 뚝 그치고 진지한 말투로 나오는 것을 보니, 내가 어지간히 겁을 집어먹긴 한 모양이었다.

"여기 사람들은 관대한 편이야." 클래리스가 상냥하게 말했다. "우리는 모두 종교적인 사람들이지. 우리 가족들을 많이 참고 견뎌줘야 하거든. 자기가 우리에게 어떻게 하더라도 상황이 더 나빠지진 않을 거야."

클래리스와 함께 앉아 있어도 나는 하느님이 나를 도울 수 있다고는 생각되지 않았다. 그저 좋은 자료를 얻으려는 욕심에 가득 차서 내 행동의 결과를 예상치 못한 점이 부끄러웠다. 이 주택단지에서 몇 년을 지낸 후에야 나는 주민들에게서 정보를 얻을 수 있는 수많은 기회를 누릴 수 있었다. 이러한 나의 집념은 본래, 내 논문을 눈에 띄게 만들어서 지도교수들에게 재능이 뛰어난 학생으로 보이고픈 욕심에 힘입은 것이었다. 시노트 아저씨나 클래리스와 이야기를 나눈 후, 내가 거둔 성공의 대가를 다른 사람들이 치르고 있다는 사실을 분명히 알게 되었다.

내가 이 주택단지에서 그들과 함께 지내온 이유가 실로 양면적이었음을 깨닫기 시작했다. 열심히 하면 가능할 거라고 빌 윌슨 교수가 장담한 것처럼, 정말로 나는 내 연구를 통해 사회를 진보시키려고 했던 걸까? 이 주택단지 내 가정들의 삶을 깊이 이해한다고 해서 가난한 사람들에 대한 우리의 고정 관념을 바꿀 수 있을까? 갑자기 의문들이 쏟아졌다.

돌이켜보니, 나는 아마도 다소 감상적이 되어 있었다. 나는 지금껏 큰 충격에 비틀거리는 나를 다른 사람들이 어떤 시선으로 보고 있는지에 대해서는 속수무책이었다.

로버트 테일러에 발길을 끊는 것 말고는 달리 상황을 되돌릴 만한 방법을 생각할 수 없었다. 하지만 현장 답사 연구는 거의 끝나가고 있었고 나는 성급하게 그만두고 싶지는 않았다. 그 다음주 클래리스, 오트리와 이 문제에 대해 몇 번 이야기를 나누었다. 두 사람 다, 화를 내던 주민들도 결국엔 수그러들 것이라고 말했지만 그 이상 뭐라고 단언하지는 못했다. 내가 자료를 수집하러 다시 로버트 테일러에 갈 수 있겠느냐고 오트리에게 묻자, 그는 그저 어깨를 으쓱하고는 자리를 떴다.

결국 주민들을 만나러 다시 그 건물로 갔다. 누구도 나와 말하기를 거절하지는 않았지만 그렇다고 나를 환영해주는 사람도 없었다. 내가 제이티의 후원을 받고 있다는 사실을 모두가 알고 있기에 내게 적대적 태도를 보이지 않는 것뿐인 듯했다. 주차장에 있는 시노트 아저씨를 만나러 갔을 때 아저씨는 나를 보고 간단히 고개만 끄덕이고는 손님과 이야기를 나누었다. 그리고 라디오를 따라 노래를 흥얼거리면서 하던 일을 계속했다.

내가 지나갈 때 건물 사람들이 이상하게 쳐다보았지만 단지 내 피해 의식 때문에 그러려니 참고 넘겼다. 아마도 나에 대한 대우가 달라진 것을 보여주는 가장 좋은 징표는, 내가 누군가의 농담에 귀 기울이고 맥주를 나눠 마시고 1달러를 빌려주는 따위의 격의 없는 행동을 하지 않게 된 것이었다.

### 캐트리너의 죽음

불법 경제 활동을 하는 사람들에게 실수를 저지른 지 얼마 후 후텁지근한 어느 여름날, 나는 베일리 부인의 착실한 조수였던 캐트리너의 장례식에 참석했다. 부고장에 그녀의 이름은 캐트리너 유제니어

워싱턴으로 인쇄되어 있었다. 하지만 그게 그녀의 진짜 이름이 아님을 나는 알았다.

캐트리너는 10대 때 아버지가 자신을 성적으로 욕보였다고 내게 말한 적이 있다. 캐트리너는 집에서 도망쳐 나왔다. 결국 그녀는 먼 친척과 함께 로버트 테일러에서 살게 되었다. 아버지가 자신을 찾을 수 없도록 이름을 바꾸고 더세이블 고등학교의 검정고시 과정에 등록했다. 캐트리너는 집세와 식료품비를 보태려고 몇 가지 시간제 아르바이트를 했다. 또한 지역 전문대학에 진학하려고 저축을 하고 있었으며 다시 새 출발을 다지고 있었다. 나는 캐트리너의 진짜 이름을 알지 못했다.

어렸을 때 캐트리너는 수학을 공부하고 싶어했다. 하지만 그녀의 아버지는 고등 교육은 어린 흑인 계집애한테는 어울리지 않는다고 말했다. 캐트리너의 아버지는 그 대신 결혼해서 애나 낳으라고 충고했다.

캐트리너는 지적 욕구가 강해서 무엇이든 토론에 즐겨 참여하곤 했다. 나는 캐트리너와 과학, 아프리카계 미국인의 역사, 그리고 시카고의 정치에 대해 담소를 나누었다. 캐트리너는 언제나 학구열에 불타는, 열정적이고 집중력 있는 눈빛을 띠었다. 베일리 부인의 조수로 일하면서 캐트리너는 일주일에 겨우 몇 달러밖에 받지 않았다. 그보다 더 중요한 것은, 그녀 스스로 시카고 정치의 견습 과정을 밟고 있다는 점이었다. "언젠가 난 중요한 일을 할 거예요." 캐트리너는 진지한 목소리로 이런 말을 자주 했다. "베일리 부인처럼, 전 흑인들을 위한 변화를 가져오겠어요. 특히 흑인 여성들을 위해서요."

그 무렵 캐트리너는 몇 년째 로버트 테일러에서 살고 있었다. 7월 넷째 휴일, 캐트리너는 빈민가에서 빠져나온 아프리카계 미국인 세대들로 인구가 점차 늘어나고 있는 시카고 남쪽 교외 지역에 있는 오빠 집에 가기로 되어 있었다. 들은 이야기에 따르면, 캐트리너의 아버지는 딸이 그곳으로 온다는 소식을 듣고 뒤쫓아왔다. 캐트리너는 그녀를 보호하려는 오빠와 화가 난 아버지 사이에 끼어 있었다. 총이 발사되고, 캐트리너는 총탄에 맞아 현장에서 즉사했다. 로버트 테일러 사람들 중 아무도, 캐트리너의 오빠나 아버지가 체포되었는지 알지 못했다.

장례식은 로버트 테일러 구내에 있는 커다란 아프리카 감리교 감독 교회\* 뒷방에서 치러졌다. 뜨거운 공기에 숨이 막혀왔다. 먼지투성이의 창들을 통해 햇빛이 쏟아져 들어왔다. 참석한 사람들은 50명 정도였다. 대부분 베일리 부인이 대표로 있는 건물에서 온 여자들이었다. 캐트리너의 가족도 몇 명 참석했지만 그들은 아버지가 장례식 이야기에 대해 듣는 것을 원치 않은 까닭에 몰래 온 것이었다.

베일리 부인은 방 입구에 서서 조문객을 맞았다. 마치 주민 모임을 관장하는 것처럼 보였다. 사람들이 위로하는 동안 울지 않으려고 애쓰면서 꼿꼿하고 권위 있는 모습으로 서 있었다. 부인은 이런 일을 정기적으로 하는, 즉 매주 누군가를 애도하는 사람 같은 분위기를 풍겼다.

앞쪽 구석에 앉아 있는 것은 티본이었다. 티본은 고개를 수그린 채 돌덩이처럼 꿈쩍하지 않았다. 티본과 캐트리너는 몇 달 동안 서로 알고 지냈다. 티본은 꾸준히 애인이 있었다. 여러 명의 애인을 두는 것은 갱 단원, 특히 이 주택단지의 젊은 사람에게 특별한 일이 아니었다. 하지만 티본과 캐트리너는 우정을 나누었고 시간이 지나면서 연인 사이로 발전

---

■ 미국의 흑인 감리 교회.

했다. 이따금 근처 간이식당에서 함께 공부하는 두 사람의 모습이 눈에 띄기도 했다. 티본은 캐트리너가 죽었을 때 캐트리너에게 가려고 애인과 막 헤어지려던 참이었다.

이 주택단지에서 누구라도 죽으면 애도를 올렸지만 그 정도는 달랐다. 마약과 거리 갱단의 삶을 택한 젊은 남녀는 당연히 오래지 않아 죽을 운명이었다. 그런 사람이 죽으면 확실히 애도를 하기는 하지만 큰 충격은 없었고 사람은 언제든 죽기 십상이라는 게 전반적인 분위기였다.

하지만 그런 길을 거부한 캐트리너 같은 사람의 죽음은 충격과 더불어 믿을 수 없다는 듯한 반향을 불러일으켰다. 캐트리너는 사회사업가나 경찰 같은 사람들의 관심에서 벗어나 있는 많은 젊은이들 중 하나였다. 이 주택단지의 어른들은 캐트리너같이 교육과 일, 자기향상에 진지한 관심을 지닌 젊은 남녀들을 보면서 미래에 대한 희망을 갖는다. 나 또한 그러했다고 생각한다. 캐트리너의 죽음은 결코 가시지 않는 아픔으로 마음 한편에 남았다.

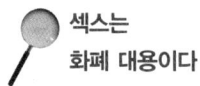
**섹스는 화폐 대용이다**

캐트리너는 주택단지 내에서의 생활의 곤란과 여성들이 독립적이어야 할 필요성, 가난한 사람들에 대한 편견 등을 주제로 글을 쓰곤 했다. 글쓰기는 캐트리너에게 위안을 가져다주는 것 같았다. 그녀는 마침내 자신의 과거라는 장애물을 인정하는 듯했다. 글쓰기는 캐트리너가 자신의 영웅인 베일리 부인처럼 설득력 있고 자신 있게 자기 의견을 표명하는 데도 도움이 되었다.

캐트리너에 대한 경의의 표시로, 학교로 돌아가고 싶어 하는 이 건물의 젊은 여성들을 위한 글쓰기 교실을 열어 이런 생각을 널리 퍼뜨려보면 어떨까 싶었다. 우선은 베일리 부인에게 말을 꺼내보았다. "좋은 생각이군. 하지만 신중하게. 특히 여기 젊은 여자들을 대할 땐 말이지."

한편으로 불안하기도 했지만 나는 열의에 차 있었다. 지금까지 나와 주민들의 관계는 대체로 일방통행이었는데, 무엇보다 이번에는 내가 로버트 테일러 주민들에게 무언가 보답해야 했다. 나는 몇 차례 이 동네에서 시행하는 프로그램들을 위해 지도 교수들에게 50달러나 100달러를 기부해달라고 간청한 적이 있었다. 이런 돈은 미덕은 클지 모르지만 돕는 방식에서는 확실히 인간미가 없었다. 나는 좀 더 직접적인 일을 하고 싶었다.

여태까지 나는 농구 코치나 학교 자원봉사 같은 의례적인 자선 활동에는 그다지 흥미가 당기지 않았다. 적어도 나 자신만은, 이 지역 사회에서 프로그램을 운영하고 가정들을 돕는 다른 사람들과 차별화하고 싶었기 때문이다. 자원봉사자들의 그런 생색내기 태도를 헐뜯는 소리를 자주 주민들의 입에서 들었던 것이다. 글쓰기 교실은 제격인 것 같았다. 몇 년 동안 이 동네에서 어울리면서, 나는 좋은 일을 하러 온 사람들이 종종 맞게 되는 운명, 즉 따돌림이나 차가운 시선, 얕보는 듯한 반응을 비껴갈 수 있으리라고 믿었다.

또한 제이티 구역의 주민들과 사이가 소원해지고 나서 나는 여전히 죄책감에서 자유롭지 못했다. 사람들을 다시 내 쪽으로 돌아서게 만들고 싶었다.

나는 주택단지의 주민들 가운데 적어도 젊은 여성들, 특히 혼자 아이를 키우는 엄마들과 시간을 보낼 수 있게 되었다. 하지만 베일리 부인, 메이 부인, 그리고 나이 지긋한 다른 아주머니들이 젊은 여자들하고 너무 가까이 지내지 말라고 몇 번 경고했던 터라 약간 불안하기는 했다. 그들은 젊은 여자들이 나를 생활비를 타 쓸 돈줄로 볼 거라고 경고했다.

처음에 글쓰기 교실은 여러 사람이 모일 수 있는 곳이라면 어디든, 즉 누군가의 아파트, 간이식당, 야외의 나무 그늘 아래에서 모였다. 처음에는 5명의 여성이 참여했고, 그다음에 더 많은 사람들이 글쓰기 교실에 대해 전해 듣고서 약 12명으로 늘어났다. 모임은 별로 대중이 없었고 때마다 참석하지 않아도 되었다. 이들은 가족이 있고 일을 해야 했기 때문이었다.

그것은 처음부터 감동적인 경험이었다. 여성들은 자신의 힘겨운 싸움을 진솔하게 써내려갔다. 이들은 각자 적어도 두 명의 아이를 두고 있었는데, 즉 대개 사진에 등장하지 않는 '아기 아빠'가 최소한 한 명은 있음을 의미했다. 그들 인생에는 감옥에 가 있거나 죽은 남자가 하나씩은 있었다. 그녀들은 아이들 아빠의 가족에게 아이들을 넘기라고 닦달하는 인척들의 행패를 하소연했다. 일부 인척은 아이를 빼앗아가기 위해 거리낌 없이 물리적 폭력을 사용하기도 했다.

경제적 고충은 더 심각했다. 대부분의 수입은 복지 수당과 식권을 합쳐 1년에 1만 달러에 불과했다. 일부는 시간제 아르바이트를 하고 또 일부는 하숙을 쳐서 현금 또는 그에 준하는 것들을 받아서 보충했다. 여기에는 젊은 여성들이 일을 나가거나 심부름을 가거나 스스로 약간의 시간을 가질 수 있도록 아이를 돌봐주는 것들이 포함되었다.

가장 충격적인 이야기들은 학대에 관한 것이었다. 홀몸인 여성들은 모두 애인에게서 매를 맞고 살았는데 일부는 거의 치명적일 만큼 심하게 얻어맞았다. 그럴 때마다 그들의 애인은 보통 술에 취해 있었다. 그들은 모두 예의 남자가 다시 오기를 기다리며 두려움 속에 하루 또는 일주일을 살았다.

어느 쌀쌀한 가을날 저녁, 우리는 근처 간이식당에서 모였는데, 커다란 탁자가 놓인 조용한 뒤쪽 자리를 찾아냈다.

이 무렵 식당 주인과도 낯이 익어 있었다. 몇 시간 동안 자리를 차지하고 있어도 싫어하는 내색을 보이지 않았다. 매상이 좋은 날에는 우리에게 밤새 야참을 갖다주면서 계산을 하지 못하게 했다. 식당 주인과 나는 서로 친구로 지내기로 했다. 나는 가끔씩 현장 기록을 위해 그 간이식당으로 가곤 했다. 그는 내가 주민들을 도우려 한다는 걸 알고 몹시 좋아했다.

이번주 주제는 '나의 생존법'이었다. 탠여가 먼저 자신의 일기를 읽었다. 탠여는 스무 살의 미혼모로 고등학교를 중퇴했고 두 아이를 두고 있었다. 첫아이가 태어난 뒤로 어머니와 같이 살았지만 이윽고 같은 건물에 자기 아파트를 얻게 되면서 둘째를 가졌다. 첫아이 아버지의 행방은 알지 못했고 둘째 아이 아버지는 갱단 총격전에서 죽었다. 탠여는 글 속에서, 하숙을 쳐서 어떻게 복지 수당 수입의 두 배를 벌었는지를 자랑했다.

"하지만 늘 일이 잘 풀리진 않아요, 수디르." 다른 여성들 가운데 새리너가 말했다. 새리너는 이성적인 목소리를 내고 싶어 했다. 새리너는 말을 하면서 탠여를 노려보았다. 새리너는 아이를 셋 두고 있었고 아이들의 아버지들은 각각 감옥에 있거나 죽거나 보육비를 주지 않으려고 했다. 새리너도 하숙을 쳤다. "내 오빠가 집으로 들어오던 날이 기억나는군요. 오빠는 마약 거래를 했고 그들이 오빠를 잡아갔지요. 내 임대차 계약까지 하마터면 날아갈 뻔했죠."

"그건 단지 건물 관리자에게 돈을 충분히 집어주지 않았기 때문이야." 탠여가 거들었다. "아니면 네가 그 남자하고 잠을 자주 지 않았거나."

"난 그런 짓은 하지 않을 거야." 새리너가 고개를 저으며 단호한 목소리로 말했다.

"참으로 뻔뻔스럽군." 키셔가 끼어들었다. "지나가면서 쳐다보는 남자들에게 엉덩이나 들이대는 주제에!" 스물여섯의 키셔는 이 젊은 여성들 중 가장 나이가 많은 축에 속했다.

키셔는 내가 불법 경제 활동을 하는 사람들에 대한 정보를 베일리 부인과 공유한 것에 화를 냈지만 오래도록 꿍하고 있지는 않았다. 키셔는 딸 둘을 두고 있었고 이 젊은 엄마들 중 가장 글을 잘 썼으며, 장차 고등학교를 졸업하면 루스벨트 대학에 지원할 계획이었다. "제기랄, 매춘부가 그걸 파는 거하고 네가 돈 때문에 남자를 집에 끌어들이는 거나 별반 차이가 없다구."

"이봐, 주제는 생존이야!" 탠여가 말했다. "우리는 지금 생존에 대해 이야기하고 있단 말이야."

"좋아요." 나는 질서를 회복하려고 애쓰면서 대화에 끼어들었다. "여러분이 필요한 게 무엇이든 그것을 조달하는 가장 좋은 방법은 뭘까요? 여러분의 최고 생존법 열 가지를 말해보세요."

새리너가 시작했다. "아파트 임차를 할 수 없을 때 도움을 청할 만한 시카고 주택공사 직원을 항상 알아둬라. 퇴거를 당할 수 있으므로 도움이 된다."

"시내에서 남자와 잠을 자야 한다면 그렇게 해야 한다." 키셔가 말했다. "안 그러면 그들이 내 아이들을 거리로 내보낼 테니."

새리너가 키셔를 무시하고 말을 이었다. "돈이 없더라도 아이들에게 필요한 옷, 음식, 기저귀를 얻을 수 있어야 한다. 그러려면 가게들과 좋은 관계를 유지해야 한다."

"베일리 부인이 항상 사내놈을 구하고 있다는 걸 잘 알아둬라!" 키셔가 자지러지게 웃으며 소리쳤다.

"다들 알다시피, 한번은 이 건물에서 안 쫓겨나려고 내 남자를 그 아주머니와 자게 해야 했다니까." 챈텔이 말했다.

"세상에!" 내가 말했다.

"게다가 그 자식은 베일리 부인이 자기 일자리를 얻어줄 수 있고, 거기서 지내게 해주면서 먹여줄 거라는 걸 알고는 나를 떠날 뻔했죠." 챈텔은 스물한 살이었다. 챈텔의 아들은 학습 장애가 있어서 아들을 도와줄 만한 학교를 찾고 있었다. 그녀는 패스트푸드 식당에서 시간제 일을 했으며 보육과 생활비는 자기 어머니와 할머니에게 의지했다.

챈텔이 하는 정도의 고생쯤은 이 주택단지에서 보통이었다. 불행히도 베일리 부인을 달래줘야 하는 일 또한 그리 드물지 않았다. 한 건물에 사는 주민이 자기 남자를 주민 대표와 자게 해야 한다니 나는 무척 놀랐다. 하지만 이 여성들 사이에서 그런 모욕적인 일은 다반사였다. 가족을 지키려면 베일리 부인을 기쁘게 해주고 돈을 잘 주어야 한다고 입을 모았다.

챈텔이 한 것과 비슷한 더 많은 일화들을 들으면서 나는 점점 더 베일리 부인과 다른 지역 자문 위원회 임원들에게 화가 났다. 나는 챈텔과 다른 여성들에게, 왜 베일리 부인에게 항의하지 않냐고 물었다. 그들의 대답은 충분히 이해할 만했다. 주택공사의 관리 체제가 착취와 부패에 기초하여 유지된다는 사실이 명백한 마당에, 그들이 할 수 있는 최선의 선택이란 그저 어깨 한 번 으쓱하고 주어진 운명을 달게 받아들이는 것이었다.

그러한 구조는 명백히 부당했지만 나 역시 베일리 부인에게 맞서지는 않을 작정이었다. 베일리 부인은 가히 무소불위의 권력을 행사했다. 여성들의 노여움이 절망으로 바뀌는 동안 나의 혐오감은 어느덧 씁쓸함으로 바뀌어갔다.

여성들의 생존법 목록은 열 개가 훨씬 넘어갔다. 무단 입주자가 쉴 때 물건을 수리하는 대가로 줄 수 있도록 집 안에 담배를 준비해둬라. 밤에 매춘부들이 꼬이지 못하도록 아이들에게 오줌을 계단통에 누게 하라. 갱단의 마약과 현금을 아파트에 보관해주는 대신 돈을 받아라(염려할 만한 일이 벌어질 위험은 아주 적다는 데 모두가 동의했다).

그다음으로 섹스의 대가로 얻을 수 있는 자원들이 있었다. 식품 잡화점 주인에게서 식료품을, 시카고 주택공사로부터 집세 면제를, 사회 복지 담당 공무원에게서 혜택 지원을, 경찰관으로부터 감옥에 간 친척들을 위한 특혜를 받을 수 있었다. 섹스를 화폐 대용으로 사용하다니! 그러나 그들의 설명은 일관되고 아주 현실적이었다. 아이가 굶주릴 위험에 처하면 이를 해결하기 위해 무엇이든 해야 했다. 이 젊은 엄마들은 자신의 몸을 이용하여 이런 생필품을 얻는 것을, 이야기를 하는 와중에도 괴로워하는 듯했다. 이것은 그네들이 가장 선호하는 생존법이기는커녕 백 번째 순서에도 못 끼는 방법이라는 점은 분명했다.

"항상 병원에 있는 사람을 알아둬라." 탠여가 불쑥 말했다. "항상 부를 수 있는 사람을 알아둬야 한다. 구급차는 오지 않는다. 병원에 가서도 우리는 누군가에게 돈을 쥐어줘야 한다. 안 그러면 줄을 선 채로 영원히 기다려야 할 것이다."

"맞아. 그리고 병원 사람들은 아기가 먹을 것을 공짜로 줄 수도 있어." 새리너가 말했다. "보통 그런 사람들은 뒷골목에서 만나야 해. 만약 남자가 때리면 총이나 숨겨둔 칼이 있어야 해. 그 자식이 그 짓을 멈추게끔 조치를 취해야 하니까."

"전에 칼을 사용해본 적 있나요?" 내가 물었다. 이 부분에 대해서는 아직 아무도 글로 쓰거나 말을 꺼낸 적이 없었다. "몇 차례나?"

"자주!" 새리너는 나를 화성에서 온 외계인 보듯 쳐다보았다. "남자들이 술을 마시기 시작하면 얘기를 해봤자 소용없어요. 우리 몸은 우리 스스로 보호해야죠. 그리고 잊지 마요. 남자들이 아이들도 때릴 거라는 걸."

키셔가 울음을 터뜨렸다. 무릎 위로 머리를 수그린 채 아무도 볼 수 없게 얼굴을 가렸다. 새리너가 몸을 숙여 키셔를 꼭 껴안았다.

"가장 수월한 시간은 남자들이 잠잘 때죠." 탠여가 말했다. "대개 취기에 못 이겨 남자들은 누워 있어요. 그러면 이런 마음이 드는 거예요. '여기서 당장 끝장을 낼까. 지금 당장, 저 망할 놈을 죽여버려. 그럼 저 자식도 더는 날 때릴 수 없잖아.' 그런 생각을 많이 해요."

키셔가 눈물을 훔쳤다. "더 이상 견딜 수가 없어서 그 자식을 찔렀어.

아무도 날 도와주지 않았어. 베일리 부인은 아무것도 해줄 수가 없다고 했고 경찰도 어쩔 수가 없다고만 했어. 그런데 그 자식은 매일 와서 아무런 이유 없이 날 때리고 내 아기를 때리는 거야. 다른 방법을 생각할 수가 없었어. 달리 뭘 해야 할지……."

키셔는 다시 흐느끼기 시작했다. 새리너가 키셔를 화장실로 데려갔다.

"키셔는 남자를 병원으로 보냈어요." 탠여가 조용히 설명했다. "그 새끼를 거의 죽여놨죠. 어느 날 밤 그놈이 소파에서 자고 있었어요. 그놈은 이미 키셔를 몇 번이나 병원에 보낸 일이 있었죠. 키셔는 갈빗대가 나갔고 수십 바늘을 꿰매고 온몸에 타박상을 입었어요. 키셔는 칼을 집어들고 그놈의 배를 연거푸 찔렀죠. 놈은 잠에서 깨어나 아파트에서 달아났는데 제이티의 부하가 그놈을 병원으로 데려간 것 같아요. 그 자식도 블랙 킹스거든요."

키셔의 애인은 고참 갱 단원이었기에 키셔를 못 때리게 압력을 넣어달라는 요청을 제이티가 거절했다고 탠여는 말했다. 키셔는 여전히 그 남자가 다시 올 거라는 두려움 속에서 살고 있었다.

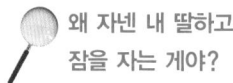
### 왜 자넨 내 딸하고 잠을 자는 게야?

어느 날 베일리 부인이 나를 불러, 건물 전체 주민들과의 모임에 오지 않겠냐고 물었다. 부인은 1년이 넘게 나를 그런 모임에 초대하지 않았었다. 무언가 중요한 일이 진행되고 있는 모양이었다.

부분적으로는 이미 이들 모임에 대해 충분히 정보를 모았을뿐더러 솔직히 말해, 부인과 다른 주민 대표들이 현실적인 타협을 통해 이 지역 사회를 관리해나가는 모습을 더는 지켜보기가 불편해서, 나는 한동안 베일리 부인의 주민 모임에 나가지 않았다.

내 생활도 서서히 달라졌다. 나는 여자 친구인 캐친과 합쳐 같이 살게 되었다. 우리는 결혼을 생각하고 있었다. 캘리포니아에 있는 내 친척들과 몬태나에 있는 캐친의 친척들을 찾아다니느라 여름과 방학 동안 현장 답사 연구 시간을 상당 부분 빼야 했다. 부모님은 감격스러워하며, 내 경력을 쌓는 것과 더불어 가정을 꾸리는 것을 진지하게 생각해보라고 말씀했다. 캐친은 법과 대학원에 지원할 예정이었고 우리 둘 다 아직 아이를 가질 준비가 되어 있지 않았다.

더구나 나는 논문을 써야 했다. 나는 졸업 논문을 적절히 끝마칠 수 있을지 알아보려고 빌 윌슨 교수와 다른 지도 교수들을 좀 더 정기적으로 만나기 시작했다.

내가 도착했을 때 베일리 부인의 사무실은 참석한 수십 명의 주민들로 북적였다. 다들 흥분해서 왁자지껄 떠들고 있었다. 평소와 마찬가지로, 대부분은 나이든 여성들이었지만 뒤쪽에는 남자들도 몇 명 와 서 있었다. 그중 두 사람은 건물 내 여성들의 남편들이었다. 공식 모임에서 남자들을 보는 건 이례적인 일이었다. 베일리 부인이 곧 손을 흔들더니 자기 옆의 의자를 가리켰다.

"좋아요." 베일리 부인이 말했다. "수디르가 오늘 여기에 오는 데 동의해주어서 우리는 이 문제를 해결할 수 있게 됐군요."

나는 깜짝 놀랐다. 무슨 문제를 해결한다고? 모두가 갑자기 나를 주시했고 그들의 표정은 썩 유쾌해 보이지 않았다.

"왜 자네는 내 딸하고 잠을 자는 거지?" 내가 모르는 한 여자가 소리를 질렀다. "말해봐, 빌어먹을! 왜 우리 애하고 그 짓을 하는 거야?" "대답을 해!" 다른 누군가가 고함을 쳤다. 누가 말하는 소리인지 분간이 가지 않았지만 그건 중요한 문제가 아니었다. 나는 충격에 빠졌다.

나를 '아랍 놈'이라고 부른 한 남자가 내가 영원히 이 동네에서 꺼져야 하며, 특히 이곳 젊은 여자들을 건드려서는 안 된다고 주장했다. 다른 사람들도 입을 모아 소리쳤다.

"이봐, 여기서 꺼져버려!"

"어이, 아랍 놈, 네 집으로 돌아가!"

"썩 꺼지지 못해, 훌리오!"

베일리 부인이 질서를 회복하려고 애썼다. 고함 소리가 난무하는 가운데 베일리 부인은 내가 직접 해명할 것이라고 소리쳤다.

나는 여전히 혼란스러웠다. "수디르 입으로 왜 그가 그 여성들을 만나는지 해명하게 합시다!" 베일리 부인이 말했고 그제야 나는 그것이 글쓰기 교실을 말하는 것임을 알아차렸다. 사람들은 내가 젊은 여자들을 그러모아 차에 태우고 다니는 줄로 아는 모양이었다. 분명 내가 그 여자들과 잠자리를 갖거나 아니면 그들의 포주 노릇을 하고 있다고 여기는 듯했다.

내가 글쓰기 교실을 설명하려 입을 떼자 야유 소리에 귀가 떠나갈 듯했다. 예전에 주민들이 떼 지어 몰려가 부부의 딸과 관계를 가진 아랍인 가게 주인을 어떻게 아작내 놓는지 이미 목격한 터라 나는 더럭 겁이 났다.

베일리 부인이 마침내 사람들이 소동치는 소리보다 더 큰 목소리로 외쳤다. "수디르가 가정 학습으로 그 여자들을 돕고 있을 뿐이라고 이야기하려 하잖아요!"

그 소리에 모두가 조금 누그러들었다. 하지만 여전히 나는 괴로웠다. 왜 글쓰기 교실에 나오는 여성들은 아무도 참석하지 않았지? 왜 누구도 나와서 나를 변호하거나 진실을 말해주지 않는 걸까?

몇 분 뒤, 소란이 다소 가라앉자 베일리 부인이 나에게 그만 가보라고 말했다. 나를 보고 웃으면서 처리해야 할 다른 일이 있다고 했는데, 내가 당하는 걸 보니 즐거운 모양이었다.

그날 밤 건물을 나서면서 제이티의 구역에서 내가 얼마나 더 지낼 수 있을지 의문이었다. 나에게 화내지 않는 주민을 떠올리기는 어려웠다.

Gang Leader for a Day

7
악질 경찰

　로버트 테일러에서 시작된 모든 관계들 가운데 제이티와의 유대가 가장 강했다. 정말 보기 드문 관계였다. 도덕적으로 꺼림칙한 만큼 또한 부정할 수 없는 끈끈함이 우리 사이에 존재했다. 함께한 몇 년의 시간이 우리를 더욱 촘촘한 사이로 엮어주었다. 더욱이 우연한 기회에 제이티의 가장 절친한 친구의 목숨을 구해준 것을 계기로, 제이티가 내게 개인적으로 빚을 졌다고 느낄 정도로 그와의 유대는 한층 단단해졌다.
　시카고의 전형적인 여름날 오후였다. 하늘에는 구름 한 점 없고 이따금 호수에서 불어오는 산들바람이 무더운 공기를 흩어놓았다. 나는 로버트 테일러의 제이티 구역 건물 바깥 잔디밭에서 100여 명은 됨직한 지역 주민들과 함께 어울리고 있었다. 그들은 고기를 굽고 소프트볼을 하고 건물의 시원한 그늘에 앉아 더위를 식히고 있었다. 냉방 장치가 작동하는 아파트는 몇 안 되어, 시간이 지날수록 잔디밭은 점점 더 많은 사람들로 붐볐다.

나는 대릴 영 아저씨 옆 잔디밭에 앉아 있었다. 대릴 아저씨는 제이티의 삼촌으로, 6개들이 맥주를 가져와 접이식 의자 옆에 놓고서 쉬고 있었다. 맥주가 미지근해지면 얼음을 가져오도록 조카를 이따금 안으로 들여보냈다. 40대 후반의 대릴 아저씨는 이미 오래전에 치아가 거의 다 빠져버렸다. 텁수룩한 머리숱은 흰 털과 검은 털이 듬성듬성 섞여 있었고 목에 늘어뜨린 목걸이에는 항상 일리노이 주 신분증이 걸려 있었다.

대릴 아저씨가 이 주택단지를 벗어나는 일은 거의 드물어서 친구들은 그를 '무기징역수'라고 불렀다. 아저씨는 로버트 테일러 구석구석을 잘 알았다. 그래서 극적인 경찰의 급습 사건이나 아파트 동들끼리 경쟁이 붙었던 가장 기억할 만한 야구경기 등의 이야기를 즐겼다. 아저씨는, 건물 아파트에서 호랑이를 기르려고 했던 사람, 건물에 풀어주기 전까지 자기 아파트에다 뱀 100마리를 길렀던 여자 이야기뿐 아니라, 이 주택단지에서 유명한 포주나 악명 높은 살인자에 대한 일화를 들려주었다.

갑자기 대릴 아저씨가 벌떡 일어나 앉더니 건물을 천천히 돌아다니는 낡아빠진 포드 세단을 뚫어지게 쳐다보았다. 운전자는 젊은 백인이었는데 마치 누군가 내려오기를 기다리는 듯 건물을 올려다보았다.

"여기서 꺼져!" 대릴 아저씨가 소리를 질렀다. "넌 여기에 필요 없어. 가서 네 계집들하고 잠이나 자!" 아저씨는 돌아서서 근처에서 농구를 하고 있던 한 10대 소년에게 큰 소리로 말했다. "치타! 가서 프라이스를 불러와. 이리 오라고 해."

"왜 프라이스를 오라는 거죠?" 내가 물었다.

"프라이스만이 이걸 처리할 수 있거든." 대릴 아저씨가 말했다. 그는 굳은 표정으로 포드 자동차를 계속 노려보았다. 그때 차가 멈춰 섰다.

"뭘 처리한다는 거죠?" 내가 물었다.

"저 백인 놈은 여자들을 만나러 온 거야. 아니꼽게 원. 여긴 빌어먹을 매음굴이 아니란 말일세."

"저 친구가 매춘부를 찾아왔다는 걸 어떻게 아세요?"

"딱 보면 알아." 대릴 아저씨가 얼굴을 찌푸리며 말했다. 그러고는 다시 포드 자동차를 향해 소리를 질렀다. "이봐, 거기! 집에나 가. 우린 네 돈 따위 필요 없어!"

프라이스가 건물에서 어슬렁거리며 나왔다. 다른 블랙 킹스 보안대 몇 명이 그 뒤를 따랐다. 대릴 아저씨가 일어나 절뚝거리며 프라이스에게 걸어갔다.

"저 자식을 여기서 쫓아내, 프라이스! 저런 자식들 아주 넌더리가 나. 여긴 빌어먹을 갈보집이 아니라구!"

"젠장, 알았어요." 미친 듯이 분노를 터뜨리는 대릴 아저씨를 짜증스러워하면서도 다소 흥미가 당기는 듯 프라이스가 말했다. "걱정 마세요. 우리가 처리할 테니."

### 차량 총격전

프라이스와 그의 측근들이 포드 자동차로 다가갔다. 프라이스가 운전자에게 거칠게 말하는 소리가 들렸다. 그동안 다른 블랙 킹스 단원들은 차가 빠져나가지 못하게 에워쌌다. 프라이스는 자동차 문을 열어젖히고 백인 친구에게 내리라는 몸짓을 해 보였다.

그때 자동차 한 대가 요란하게 끼익 소리를 내며 25번가와 페더럴가의 모퉁이를 돌아 달려나왔다. 몇몇 아이들이 길에서 비켜나라고 사람들을 향해 소리쳤다. 회색 세단이 우리를 향해, 마치 바퀴가 하나 빠진 것처럼 비틀거리며 돌진해 오고 있었다.

첫 발은 기관총 소리 같았다. 나를 제외한 모두가 본능적으로 몸을 휙 수그렸다. 나는 우뚝 선 채로 얼어붙었다. 그 자리에 붙박인 듯 내 다리는 꼼짝도 하지 않았다. 모든 장면이 느리게 바뀌었다. 차가 더 가까이 다가왔다. 프라이스와 다른 블랙 킹스 보안 대원들은 더 많은 총탄이 빗발치자 건물 쪽으로 달려갔다. 차는 날아갈 듯 빠르게 달렸고 나는 자동차에 흑인 네 사람이 탄 것을 보았다. 그중 2명이 총을 쏘고 있었는데, 양편으로 한 명씩이었다.

프라이스가 총에 맞아 땅바닥에 쓰러졌다. 그의 측근들은 무사히 로비에 도착했다. 프라이스는 움직이지 않았다. 대릴 아저씨가 잔디밭에 납작하게 누워 있는 게 보였다. 한편 다른 주민들은 안전한 장소인 자동차, 나무, 건물 쪽으로 기어가면서 겁에 질린 아이들을 잡아끌었다. 어쨌든 간신히 등을 구부렸지만 나는 여전히 충격에 휩싸인 채 서 있었다. 회색 자동차가 사라졌다.

곧이어 두 번째 자동차가 날카로운 소리를 내며 좁은 골목으로 질주해 왔다. 나는 어쩔 줄을 몰랐다. 갱단들은 대개 차량 총격을 할 때 두 차례나 공격을 해오지는 않았다. 이미 사람들이 놀랄 대로 놀랐기 때문이다. 건물 앞 넓은 공간을 둘러보다가, 나는 10여 명의 청년들이 손에 총을 든 채 차 뒤나 건물 양옆을 따라 쪼그리고 앉아 있는 모습을 보았다. 로버트 테일러에서 그렇게 많은 총을 본 것은 그때가 처음이었다.

프라이스는 여전히 일어나지 못했다. 그는 다리를 움켜쥐고 있었다.

꼼짝 못하고 누운 그의 모습이 어쩐지 나를 움직이게 만들었다. 나는 프라이스에게로 향했고 블랙 킹스의 한 대원이 바깥으로 나오는 게 눈에 띄었다. 우리는 프라이스를 붙잡고 건물 쪽으로 끌어당겼다.

"서리너를 구해줘! 어서 서리너를 구해!" 누군가가 위층에서 아래를 향해 소리쳤다. "그 여자가 아기하고 저기 밖에 있어!"

나를 도와 프라이스를 끌고 가던 블랙 킹스 단원이, 서리너와 아이들을 안전한 곳으로 대피시키기 위해 달려갔다. 나머지 거리를 나는 혼자서 프라이스를 끌고 갔다. 마침 두 번째 차가 샛길에서 나타났을 때에는 로비에 도착해 있었다. 누군가의 비명 소리와 더 많은 총격음이 들렸다. 서리너를 도우러 간 블랙 킹스 대원이 제 몸으로 서리너와 아이들을 가려주고 있었다.

어슴푸레한 로비의 빛 속에서 프라이스의 다리, 무릎 바로 위쪽에서 피가 콸콸 쏟아지는 것이 보였다. 제이티의 부하들이 방해되지 않도록 나를 밀어냈다. 그들은 프라이스를 건물 안쪽, 1층에 있는 한 아파트로 옮겼다. 나는 제이티가 어디에 있는지 궁금했다.

"수디르, 안으로 들어가! 메이 부인 집으로 올라가, 어서!" 베일리 부인이었다. 나는 프라이스 쪽으로 몸짓을 하며 돕고 싶은 마음을 표시했지만 베일리 부인이 다시 위층으로 올라가라며 나를 향해 소리 질렀다.

약 다섯 계단을 올라가다가, 감방복도에서 밖을 내다보고 있는 제이티의 부하들과 마주쳤다. "더 이상 안 보여." 그들 중 하나가 바깥의 블랙 킹스 단원들을 향해 소리쳤다. "또 올 것 같진 않아! 모두들 안으로 들어오고 로비에 4명을 배치해."

나는 계단통에서 쏟아지는 발걸음 소리를 들었다. 부모들이 서두르라고 아이들에게 소리쳤고 몇몇 엄마들은 유모차를 옮기는 것을 도와달라고 부탁했다. 누군가 제이티가 로비에 있다고 하는 말을 듣고 나는 다시 서둘러 아래층으로 내려갔다.

제이티는 웅성거리는 작은 무리 가운데에 서서 부하들 보고를 받고 있었다. 소란과 동요가 일었다. 다들 동문서답만 주고받을 뿐이었다.

"그 자식들 반드시 다시 올 거야!"

"프라이스를 병원으로 데려가야 해. 아직도 피를 흘리고 있어."

"아니, 우리는 이 건물을 지켜야 해."

"우리도 가서 복수를 하자, 당장!"

지시를 받은 4명의 청년은 각 입구에 2명씩, 로비에서 무장 경호를 서고 있었다. 평소에 이들 어린 갱 단원들은 가족들을 위해 기꺼이 살인을 하겠노라고 자신의 완력을 으스대곤 했다. 그러나 막상 실제 위험한 상황이 되자 그들은 동요해서 눈이 동그래졌으며 두려워하는 눈치였다.

제이티는 짙은 선글라스를 쓴 채 이를 쑤시며 조용히 서 있었다. 나와 시선이 마주치자 부릅뜬 눈을 나에게 고정시켰다. 무슨 뜻을 전하려는 건지 나는 알 수 없었다. 그때 제이티가 천장을 가리켰다. 방해가 되지 않도록 위층 자기 어머니 집에 가 있으라는 뜻이었다.

그러나 나는 제이티의 시선에서 벗어나 로비 훨씬 더 안쪽으로 걸어갔다. 프라이스가 어디에 있는지 한 일반 갱 단원에게 물었다. 그는 복도 끝을 가리켰다. 제이티가 다가와 등을 톡톡 치더니 나를 가까이로 잡아끌었다. "프라이스는 상태가 썩 좋지 않아." 제이티가 속삭였다. "출혈이 심해서 병원으로 데려가야 해."

"구급차를 불러." 나는 본능적으로 말했다.

"구급차는 안 와. 이봐, 네 차가 필요해. 우리 차가 병원에 가면 그들은 경찰을 부를 거야. 네 차를 빌려야 해."

"알았어, 물론이지." 나는 차 열쇠로 손을 뻗으며 말했다. 나는 최근에 고물 자동차인 1982년식 커틀래스 시에라를 샀다. "가지고 올게."

"안 돼." 제이티가 내 손을 잡았다. "얼마 동안은 이 건물을 떠날 수 없어. 넌 위층으로 올라가고 열쇠를 내게 줘. 체리즈가 프라이스를 데리고 갈 거야."

나는 열쇠를 건네주고 프라이스가 보살핌을 받고 있는 아파트로 향하는 제이티의 뒷모습을 바라보았다. 이런 경우, 병원 측 사람들이 환자가 갱 단원임을 눈치 채지 못하게 하려고 여자에게 블랙 킹스 단원을 병원으로 데려가게 하는 게 보통이었다. 체리즈는 이 건물에서 살고 있었다. 그녀는 블랙 킹스가 농축 코카인을 제조할 때 자기 아파트를 빌려주었다. 제이티는 이 주택단지의 젊은 여자들이, 자기네 갱단이 농축 코카인을 제조할 때가 아니면 가스레인지의 불을 켤 일이 없을 거라고 때로 농담하곤 했다.

제이티는 4층에 있는 빈 아파트를 임시 본부로 쓰게 했다. 그 광경은 마치 전쟁을 준비하는 군대를 보듯 비현실적이었다. 나는 한구석에 앉아 제이티가 지휘하는 모습을 지켜보았다. 한 무리의 사람들이 안으로 들어와 제이티의 명령을 받고는 황급히 자리를 떴다. 제이티는 몇 사람에게 라이플 총을 가지고 3층, 5층, 7층 창가에 앉아 있으라고 명령했다. 다른 무리에게는 집집마다 가서 주민들에게 서쪽으로 면한 창에서 멀리 떨어져 있도록 경고하라고 지시했다.

제이티는 한 어린 블랙 킹스 단원에게 적어도 몇 시간 동안은 또 다른 총격은 없을 거라고 말했다. "일부 노인들을 여기서 데리고 나가." 제이티가 지시를 내렸다. "2325로 데려 가." 그때 한 블랙 킹스 행동대원이 프라이스가 응급실에 도착했지만 여전히 피를 많이 흘리고 있다고 보고했다.

이윽고 제이티가 내게 다가와 차량 총격에 대해 파악한 정보를 말해주었다. 첫번째 차인 낡아빠진 포드는 블랙 킹스 단원들을 건물 밖으로 유인하기 위한 미끼였다. 공격은 미키 코브라스와 스톤스의 협공으로 보였다. 이들은 평소 블랙 킹스가 많은 고객들을 끌어가는 것을 시기하고 있었다고 제이티가 말했다.

미키 코브라스와 스톤스는 제이티에게 지속적인 근심의 원천이었다. 제이티의 표현에 따르면 '미친 놈들'이 두 갱단을 이끌고 있었다. 이 '미친 놈들'은 마약 시장 경쟁에서 이기는 최고의 전략이 차량 총격이라고 생각하는 얼치기 사업가들이었다. 제이티는 경쟁 상대로서 오히려 좀 더 안정된 갱단을 선호했다. 왜냐하면 현 상태를 유지하려는 공통된 관심이 폭력에 대한 욕구를 떨어뜨렸기 때문이다.

이따금 제이티는 건물 안에 있는 사람들을 위해 음식을 사 오도록 측근을 내보냈다. 몇몇 주민은 블랙 킹스가 로비에서 진행하고 있는 극도의 보안 조치에도 무심한 듯 평소와 다름없이 행동했다. 두 대의 스테레오 재생 장치와 계단통에서 울리는 몇몇 고함 소리 외에는, 건물 안은 무시무시할 정도로 괴괴했다. 우리 모두는 고요하고 뜨거운 공기 속에 달궈지고 있었다.

가끔씩 제이티의 고참 갱 단원 하나가 보복을 위한 계획을 제안했다. 제이티는 모든 제안을 듣고 나서도 미온적이었다. "아직 시간은 충분해. 오늘밤 무슨 일이 일어날지 두고 보자."

30분마다 체리즈가 프라이스의 상태를 보고하러 병원에서 전화를 걸어왔다. 제이티는 이 보고를 받을 때마다 사뭇 긴장한 태도를 보였다. 프라이스는 고등학교 시절 이후 줄곧 친구로 지내왔고 제이티가 측근으로 인정한 몇 안 되는 인물이었다.

제이티가 다가왔을 때 나는 바닥에 앉아서 꾸벅 졸고 있었다.

"고마워." 제이티가 나직이 말했다.

"뭐가?"

"넌 이 일에 휘말려선 안 돼."

내가 프라이스를 로비로 끌고 오는 것을 도왔다는 소리를 들은 모양이었다. 나는 아무 말도 하지 않았다. 제이티는 내 다리를 가볍게 두드리고는 콜라를 마시겠냐고 묻더니 냉장고로 향했다.

그날 밤 더 이상의 충격은 없었지만 긴장을 늦출 수가 없었다. 나는 집으로 돌아가지 않았다.

며칠 후, 공격을 가한 범인을 알아내자 제이티는 곧장 티본과 다른 고참 단원들을 모아 충격을 가한 놈들 사냥에 나섰다. 제이티가 몸소 그들을 응징했고 블랙 킹스는 그들의 총과 돈을 빼앗았다. 뒤에 제이티가 말한 바에 따르면, 이들 덜 떨어진 경쟁자들은 '사업 감각이 없어서' 타협을 기대할 수 없었다고 한다. 물리적 보복만이 유일한 조치였다며.

며칠 동안 프라이스는 병원 신세를 졌지만 총상이 치명적이지는 않아서 곧 활동을 재개했다.

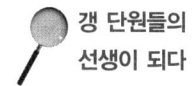
### 갱 단원들의 선생이 되다

　　티본이 어느 날 굉장한 소식을 가지고 내게 전화를 걸어왔다. 제이티가 곧 시카고 전체 블랙 킹스 조직 내에서 또다시 크게 승진할 거라는 내용이었다. 모든 게 계획대로 된다면 제이티, 티본, 프라이스는 훨씬 더 많은 블랙 킹스 분파들을 맡게 될 것이었다. 그것은 규모가 상당히 더 큰 마약 밀매 사업을 관리하게 됨을 의미했다.

　　티본의 목소리에서 흥분이 느껴졌다. 티본에게 그 승진은 지위 상승뿐 아니라 더 많은 돈을 의미했다. "2년이면 끝이야. 이 짓거리를 2년만 더 하면 난 게임 끝인 거지." 언제나 실제적인 티본은 미래를 위해, 가령 집을 얻고 전적으로 학교에만 다니고 합법적인 직업을 얻기 위해 저축을 하고 있었다.

　　제이티는 새 임무를 맡으려면 꼼꼼한 준비와 조사가 필요할 것이기에 다음 몇 주 동안은 로버트 테일러에 없을 거라고 티본이 전했다. 덧붙여 티본은 '다음 블랙 킹스 지역 모임 때 함께 갔으면 하는데 생각 있냐'고 물어보더라는 제이티의 말을 전해주었다.

　　몇 년 동안 나는 이 전화를 기다려왔다. 얼마나 블랙 킹스 고위 지도부들에 대해 알고 싶었던지. 제이티가 그 일원이 되면서 마침내 기회가 온 것이다.

　　그 무렵, 나는 가끔씩 이 지역의 다른 부정 수익자들처럼 나 역시 나름대로 부정 수익자라는 죄책감을 갖고 있었다. 시노트 아저씨는 내가 부정 수익자라고 했는데, 그 말은 옳았다. 내 연구 조사를 한층 흥미롭게 해줄 정보들, 즉 일화나 자료, 인터뷰, 사실들 따위를 이 사람들에게

서 끊임없이 빼내오고 있었다.

그래서 작으나마 보답할 기회가 있으면 나는 언제나 기뻤다. 글쓰기 교실은 내 바람만큼 잘 진행되지 않았고, 그래서 나는 달리 자선 활동을 할 만한 방편을 찾고 있었다. 시카고 공립학교 교사들이 파업에 돌입했을 때 기회가 찾아왔다. 블랙 킹스의 규칙은 갱 단원들이 고등학교를 졸업하도록 규정하고 있었다. 제이티는 오트리에게 교사 파업 기간 동안에 프로그램을 만들어서 제이티의 갱 단원들이 거리를 떠돌지 않고 가정 학습을 할 수 있게 해달라고 부탁했다. 오트리가 청소년 클럽에 비슷한 프로그램을 개설해 놓았으나 갱단 간의 경계 탓에 제이티의 갱 단원들은 그곳에 갈 수 없었던 것이다.

오트리는 내가 제이티의 건물에서 공부방을 운영하는 것에 동의하고 부탁을 해왔다. 나는 고등학생들에게 역사, 정치, 수학을 가르치는 정도는 그리 어렵지 않을 것 같아서 수락했다.

우리는 화장실 사용이 불가한, 더럽고 음침한 한 아파트에서 수업을 하기로 했다. 정해진 날에 가서 보니 10대 갱 단원은 20명에서 50명 사이였다. 실내 공기가 탁하고 더러워서 그 악취를 없애려고 아이들한테 담배를 태우게 했다. 앉을 자리가 부족하자 아이들은 이웃 아파트에 가서 되돌려주겠노라는 양해도 없이 의자를 뺏어 왔다.

첫 수업은 역사와 정치였다. 아이들이 수업 시간 중에 시끄럽게 떠들어대자 제이티가 예고 없이 불쑥 방으로 들어와, 선생님 말씀을 잘 들으라며 호통을 치고 나갔다. 프라이스에게는, 특히 떠드는 놈은 복도로 데리고 나와 패주라고 지시했다.

나중에 나는 제이티에게 앞으로는 수업 시간에 참견을 삼가달라고 부탁했다. 감시당하고 있다고 여겨지면 아이들은 아무것도 배우지 못할 거라고 주장했다. 제이티와 오트리는 내가 정신이 나갔다고 생각했다. 제이티가 수시로 들이닥칠 거라고 으름장을 놓지 않으면 제멋대로인 10대들을 휘어잡을 수 없다고 충고했다.

두 사람 말이 옳았다. 하루 사이에 '교실'은 무정부 상태로 변했다. 방 한구석에서는 몇몇 아이들이 모여 서서 누군가 가지고 온 총을 구경하면서 감탄하는 중이었다. 그 친구도 생각은 있었는지, 고맙게도 수업 시간에는 총알을 빼두었다. 또 다른 구석에서는 몇 명이 주사위 놀이를 하고 있었다. 이긴 사람은 판돈은 물론, 근처 빈 아파트에서 자고 있는 떠돌이들을 털 권리를 갖기로 되어 있었다.

한 아이는 라디오를 가져와 '커스터', '제로니모', '냄새 나는 아랍인' 같은 말로 가득한, 자신들의 '인디언 선생'* 에 대한 랩 송을 즉흥적으로 불러댔다. '아랍인'과 '인디언'은 서로 바꿔 쓸 수 있는 말이 아닌 것 같았으나, 내 경우에 이 말들은 똑같은 혹평이었다. 그 방에서 제일 순진한 축은 친구들이 가게에서 맥주를 사 갖고 돌아오기를 느긋하게 기다리는 아이들이었다.

상황은 더 나빠졌다. 일부 학생들이 교실에서 마리화나를 팔기 시작했고 어떤 아이들은 건물을 빠져나가 매춘부를 찾기도 했다. 이 같은 상황을 제이티에게 전하자 그는 녀석들이 교실에 모습을 나타내는 한, 거리를 돌아다니며 진짜 말썽을 일으키지는 않을 거라고 말해주었다.

아이들이 '교실'에서 마약을 거래하고 도박을 하고 총을 가지고 노는

■ 인도 태생의 글쓴이 자신을 말한다.

것을 보노라면 제이티가 말한 '진짜' 말썽이란 건 어느 정도인지 궁금했다.

이제 내 역할은 선생에서 애를 돌봐주는 보모로 급속히 전락했다. 이 수업은 교사들의 파업이 해제되었다는 소식이 전해질 때까지 약 2주간 지속되었다. 동네 아이들을 잘 다룰 줄 아는 오트리의 노련함에 나는 새삼 존경을 보내지 않을 수 없었다.

### 갱단을 터는 용감한 경찰

교사로서 완전히 실패했음에도 오트리는 나를 다시 불러 도와달라고 부탁을 해왔다. 이번에 걸린 상금은 조금 더 높았고 내게 오는 보상도 더 나았다.

오트리와 청소년 클럽 직원들은 청소년을 위한 프로그램에 특별 지원금을 나누어준다고 공시한 미국 법무부에 낼 보조금 신청서 쓰는 일을 내가 도와주었으면 했다. 이 신청서에는 이 주택단지와 주변 지역의 범죄에 대한 상세한 통계, 가령 경찰이 대부분 공개를 꺼려해서 입수하기 어려운 자료가 포함되어야 했다. 이 일을 맡게 되면 주민들에게 레지 경관으로 알려진 레지 마커스 경관과 직접 연줄이 닿을 수 있을 터였다. 레지 경관은 로버트 테일러에서 자랐으며 이곳을 좀 더 살기 좋게 만들려고 노력을 기울이는 사람이었다. 나는 기회를 놓치지 않았다.

몇 차례 만난 적은 있었지만 레지 경관과 가까이에서 일하면서 친분을 쌓을 수 있는 좋은 기회였다. 레지 경관은 약 180센티미터 키에, 축구 선수만큼이나 근육이 단단하고 건강해 보였다. 항상 옷을 잘 입었으며 과묵하고 결단력 있게 행동했다. 나는 레지 경관이 폭력을 최소화하려는 바람에서 종종 갱단 보스들과 직접 협상을 하며 거리의 부정 수익자들 사이에서 능숙하게 교섭을 벌일 줄 아는 영향력 있는 인물임을 알았다. 나는 레지 경관이 하는 일의 상세한 내용을 원하는 만큼 물어볼 수 있었다.

예를 들어 총격 사건을 줄이려고 하면서 왜 블랙 킹스만은 총을 소지할 수 있게 보장해주나?

"주민들이 그런 것과 마찬가지로 그 친구들도 총격전을 좋아하지 않아. 고객들을 겁 줘서 쫓아버리게 하니까." 레지 경관이 설명했다. "그 친구들은 안정을 유지하려고 해."

어느 겨울날 오후에 나는 제이티의 구역에서 몇 구획 떨어진 그랜드 대로 근처의 경찰서에서 레지 경관을 만났다. 내가 도착했을 때 레지 경관은 전화를 몇 통 걸어야 한다고 했다. 나는 잠시 물을 마실 만한 곳을 찾으러 갔다. 경찰서에는 밋밋한 회색 칸막이 좌석들이 줄지어 있었다. 공기는 서늘하고 축축했으며 신발 바닥에 묻은 눈 녹은 물로 인해 타일 바닥이 미끄러웠다.

음수대 옆에 서서 나는 폴라로이드 사진들로 뒤덮인 벽을 바라보았다. 사진 속 인물들은 모두 10대나 20대의 흑인 남성들로 대부분이 멍한 표정에 반항적인 인상이었다. 각 사진 아래에는 용의자의 이름과 갱단 관계에 관한 설명이 덧붙어 있었다.

용의자 사진들과 나란히 '미키 코브라 사우스사이드 축제'라는 제목의, 파티를 알리는 포스터가 붙어 있었다. 제이티의 갱단이 후원하는 파티나 농구 선수권 쟁탈전이 열릴 때에도 건물 곳곳에 비슷한 포스터를 붙여놓았다. 미키 코브라 포스터에는, 마치 참가 신청서처럼 오른쪽 여백을 따라 왓슨, 오닐, 브라운 같은 몇 개의 이름이 손글씨로 휘갈겨져 있었다.

포스터를 살펴보고 있을 때 레지 경관이 왔다.

"여기서 얼쩡거리지 말게." 레지 경관은 걱정스러운 표정으로 말했다. "거기에 대해 아무 말 말게. 나중에 설명해줄 테니."

우리는 법무부 보조금에 대해 오트리와 이야기를 나누기 위해 청소년 클럽으로 향했다. 레지 경관과 함께 경찰서 뒤쪽에 주차된 그의 SUV 차량으로 걸어가는 동안 나는 여전히 미키 코브라의 포스터를 생각하고 있었다.

문득, 몇 년 전으로 거슬러 올라가, 블랙 킹스가 엘크스 로지의 2층을 빌려 파티를 열었던 일이 떠올랐다. 여자들은 성장을 하고 남자들은 단정한 운동복이나 꽉 죄는 청바지를 입었다. 그들은 차갑게 식힌 맥주와 포도주를 마시며 춤을 추고 마리화나 담배를 돌려가며 피워댔다.

제이티가 방 한구석에 서서 나와 이야기를 나누고 있을 때 검은 옷차림 일색의 남자 다섯이 갑자기 방 안으로 들이닥쳤다. 그들 중 하나는 모두가 보이도록 총을 치켜들고 있었다. 다른 넷은 방 구석구석으로 달려갔고 또 다른 하나는 우리에게 벽 쪽으로 돌아서라고 소리쳤다. 네 명은 흑인이고 한 명은 백인이었다. 제이티가 내게 속삭였다. "경찰이야." 제이티와 나는 벽 쪽으로 다가갔다.

파티에 와 있던 한 갱 단원인, 190센티미터 가까이 되는 키에 몸무게가 적어도 110킬로그램은 넘어 보이는 거대한 사내가 저항했다. "빌어먹을!" 그가 소리쳤다. 검은 옷을 입은 사람들 가운데 두 명이 곧바로 그를 화장실 쪽으로 끌어넣었다. 새어 나오는 비명 소리로 짐작하건대, 그 거구의 사내를 난폭하게 두들겨 패는 모양이었다. 우리는 모두 그의 신음 소리를 들으면서 벽에 기댄 채 조용히 서 있었다.

"다음은 누구야?" 검은 옷을 입은 남자 하나가 소리쳤다. "누가 이렇게 얻어터지고 싶은 거지?"

그중 두 명이 검은 쓰레기봉투를 끄집어냈다. "현금과 보석, 이 봉투에 모두 넣어!" 한 사람이 소리쳤다. "어서!"

봉투가 우리에게로 오자 제이티는 조용히 목걸이와 20달러짜리로 두툼한 지폐 클립*을 내놓았다. 나는 호주머니에서 약 15달러의 현금을 꺼내어 봉투에 넣었다. 그러자 봉지를 들고 있던 남자가 나를 올려다보더니 째려보았다. 그는 아무 말도 하지 않았지만 현금과 보석을 모으러 돌아다니면서 계속 나를 훑어보았다. 외부사람임이 분명한 듯한 놈이 거기서 뭘 하고 있는지 미심쩍어하는 것 같았다.

현금과 보석을 모두 거두어 들이자 검은 옷 다섯은 창밖으로 봉투를 집어던지고는 조용히 줄지어 사라졌다. 잠시 후 제이티가 밖으로 따라 나오라는 손짓을 했다. 우리는 부근의 주차장에 세워둔 제이티의 차로 갔다. 일부 다른 블랙 킹스 지도부도 이 떼강도들의 동정을 살피며 제이티를 따라나섰다.

"빌어먹을 경찰들은 항상 이래." 제이티가 말했다. "우리가 파티를 열고 있다는 것만 알면 급습을 해."

■ 접은 지폐를 끼우는 클립으로 지갑 대신 사용한다.

"왜 그러는 거야? 그리고 경찰들은 왜 너희를 체포하지 않지? 그 사람들 경찰 맞아?"

"수작을 부리는 게야!" 다른 블랙 킹스 지도부가 소리쳤다. "우리가 돈을 잘 버니까 콩고물이라도 떼어먹고 싶은 거지."

"질투하는 거야." 제이티가 조용히 말했다. "우리가 자기네보다 돈을 더 많이 버니까 견딜 수가 없는 거지. 그래서 우리에게 앙갚음을 하는 거야."

나는 경찰이 그처럼 뻔뻔하게 거리의 갱단을 상대로 강도질하리라고는 믿기지 않았다. 그러나 제이티가 거짓말하는 것 같지는 않았다. 그가 과장할 때는 대부분 자기 세력을 더 커 보이게 할 때뿐이었다.

경찰서에서 미키 코브라 포스터를 보기 전까지만 해도 나는 이 사건을 까맣게 잊고 있었다. 여백에 쓰인 이름들이 그 파티를 급습하는 데 동참하겠다고 신청한 경찰들의 것인지 궁금했다. 나는 레지 경관에게 블랙 킹스 파티와 그 강도들이 경찰이라고 한 제이티의 주장에 대해 물어보았다.

레지 경관은 숨을 크게 들이쉬더니 앞만 응시한 채 운전했다. "알다시피 수디르, 자네가 듣는 이야기에 대해 조심해야 하네." 레지 경관은 속도를 내어 고르지 않은 눈길을 질주했다. 차가 거친 벌판을 달리듯 덜컹거렸다. 우리의 호흡으로 앞유리에 뿌옇게 김이 서렸다. "나와 함께 일하는 동료들이 모두 올바른 일만 하고 있다곤 장담 못해. 빌어먹을, 나도 항상 올바른 일만 하진 않아. 하지만……."

"말하고 싶지 않으면 안 해도 돼요."

"알아, 안다구. 하지만 자넨 일이 어떻게 돌아가는지 알아야 해. 그래, 나하고 같이 일하는 사람들 중 일부가 그런 파티들을 급습하지. 알다시피, 때로는 나도 그래야 할 것 같은 느낌이 들어! 제이티 같은 친구들은 사람들을 대량으로 죽이고 있잖아. 왜냐구? 사람들을 죽이는 마약을 밀매하니까. 하지만 그건 내 방식이 아니야. 난 그런 급습에 동참하지 않아. 그저 이해가 안 될 뿐이야."

"제이티와 그의 친구들 몇 명하고 같이 스포츠카를 타고 간 적이 있어요." 내가 말했다. "이따금 경찰이 아무런 이유 없이 우리에게 차를 길 한쪽에 대라고 하더군요. 그러고는……."

"급여 지급 증빙 서류를 보여달라고 했겠지."

"맞아요! 엇, 어떻게 알았어요?"

"경찰 노릇 한다는 게 얼마나 좌절감을 느끼게 하는지 모를걸세. 자네는 갱단 친구들하고 어울려왔으니, 그들은 자신이 번 돈을 몸에 지니고 다니지 않는다는 것쯤은 알 거야. 그들은 그 돈을 모두 다른 사람들 이름으로 투자하지. 그러니 우리가 뭘 할 수 있겠어? 좋은 집에 산다고 해서 그 친구들 엄마를 체포할 수는 없잖아. 하지만 그들의 멋진 차를 멈춰 세우면 그들이 차를 훔쳤는지 합법적으로 물어볼 수가 있지. 난 그러지 않아. 일부 다른 경찰들은 그렇게 하지만."

"내 경우엔 급여 지급 증빙 서류를 가지고 다닐 필요가 없어요. 그런데 왜 그 친구들은 그래야 하는 거죠?" 퍽 순진한 질문이었다. 물론 나와 갱 단원들 사이에는 큰 차이가 있음을 충분히 인정했다. 여태까지 나의 이런 순진함이 도움이 되었기에 나는 이 전략을 고수했다.

"자네는 마약을 밀매하지 않잖아." 레지 경관은 당연한 말을 했다. 레지 경관의 대답이 빈정거림인지 유머인지, 혹은 경찰들이 그렇게 하는 근본 이유를 내가 확실히 이해하기를 바라서인지 알 수가 없었다. "사람들을 죽여가면서 수백만 달러를 벌어들이고 있진 않잖아. 때로 우리는 그 친구들의 차를 빼앗기도 해."

"그 차를 가지고 뭘 하려고요?" 마약상들이 모두 '수백만 달러를 번다'고는 믿지 않지만 그들 중 일부는 레지 경관을 속상하게 만들 만큼 경찰의 수입보다도 더 많다는 것이다.

"대개는 경찰 경매에서 팔아 그 수익금을 자선 단체로 보내지. 그게 저 멍청이들에게 복수하는 방법이야."

나는 예전에 몇 번 갱 단원들과 함께 차를 타고 가다가, 경찰이 차를 세워 모두 내리게 하더니 즉시 견인을 요청하는 장면을 본 일이 있었다. 또 다른 몇 번의 경우에는, 경찰이 차를 가져가지는 않았지만 갱 단원들의 보석과 현금을 전부 털어 갔다. 가장 이상한 일은, 갱 단원들이 전혀 항의를 하지 않았다는 점이다. 그들은 실물 크기의 보드게임을 하고 있는 듯 마치 이런 상황에서는 규칙이 확고하게 정해져 있어, 단지 주사위를 잘못 굴리고 있는 것처럼 보였다.

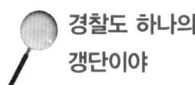

## 경찰도 하나의 갱단이야

몇 주 후, 레지 경관이 흑인 경찰관들이 자주 드나드는 사우스 사이드의 한 술집에 가보자고 했다. "우리 일의 진정한 일면을 알게 될 걸세." 그가 말했다.

나는 레지 경관의 제의에 적이 놀랐다. 그는 말수가 적은 편으로, 다른 경관들이 곁에 서 있어도 나를 소개하지 않았던 것이다. 나와 이야기를 나눌 때면 흔히 베일리 부인의 사무실이나 청소년 클럽 안, 또는 자신의 차 안에서 문을 닫아두고 하기를 좋아했다.

우리는 토요일 오후 술집에서 만났다. 술집은 경찰 관할 구역과 로버트 테일러에서 몇 구획 떨어진 곳에 있었다. 바깥에서 보면 별 특징이 없어, "Beer(맥주)"라고 쓰인 네온 간판만 덜렁 내걸려 있었다. 가게 양쪽으로 패스트푸드 식당과 주류 판매점, 수표 환전 업소가 있었다. 레지 경관도 그 술집의 실제 이름을 알지 못했다. "여기 드나든 지 한 15년은 됐지. 일부러 물어보지도 않았어."

레지 경관이나 다른 경찰관들은 그 술집을 그냥 '휴게실'이라고 불렀다. 나무로 된 긴 카운터, 탁자 몇 개, 어슴푸레한 불빛, 비어스 앤드 불스의 광고 포스터 몇 장 등 실내 장식도 단조로웠다. 마치 평범한 노동자 계급 가정의 내부 같은 느낌이었다. 단골손님은 모두 흑인들로 최소 연령이 30대였으며 오후에 맥주 한 잔을 홀짝거리는 노인들도 몇 명 섞여 있었다.

레지 경관은 탁자에 앉더니 비번인 동료 셋에게 나를 소개했다. 처음에는 다들 자기네 업무에 대해 언급하는 것을 조심스러워했다. 나 또한 낯선 사람과 친해지기 전까지는 이것저것 물어보는 것을 좋아하지 않는 성격이라, 대화는 건조하고 짧게 끝났다.

우리는 잠시 내 출신 민족과 시카고 베어스, 하이드 파크 대학가 사람들의 이상한 신념 따위에 대해 이야기를 나누었다. 대부분의 노동자 계급 시카고 시민들이 그렇듯, 경찰들 또한 나를 포함해, 하이드 파크의 자유주의자들은 특히 '인종 차별 폐지' 관점에서 현실을 바라보는 시선이 변덕스럽고 비현실적이라고 여겼다. 이들에게 하이드 파크는 '어째서 모두가 사이좋게 지낼 수 없는가?' 하는 의문을 불러일으키는 곳이었다.

제리라는 경관이 내내 나를 뚫어지게 쳐다보고 있었다. 예전에 그 경관을 본 일이 있는 듯했다. 제리 경관은 조용히 맥주를 마시는 사이 위스키를 들이켰다. 이따금 그는 "그래서 자네는 갱단에 대해 많이 안다고 생각하나?" 또는 "교수님, 무엇에 대해 쓰고 계신가요?" 같은 질문을 내뱉었다. 제리 경관이 나를 '교수님'으로 부르자 나는 약간 불안한 느낌이 들었다. 그 호칭은 제이티 구역 내 건물 사람들이 쓰는 것이었기 때문이다. 우연의 일치일까?

제리 경관은 술을 마실수록 점점 호전적이 되었다. "자네같이 대학물 먹은 지식층은 자기가 얼마나 많이 알고 있는지 떠벌리길 좋아한다지? 이 모든 문제를 어떻게 해결할 것인지 지껄여대길 좋아해, 그렇지 않아?"

레지 경관이 뭐라고 변명이라도 해보라는 듯 나를 힐끗 쳐다보았다. "글쎄요, 제가 뭘 모른다고 생각하신다면 한 수 가르쳐주시는 건 어때요?" 내가 말했다. 이때쯤 나도 맥주를 몇 잔 마셨던 터라, 어쩌면 이 말은 내가 의도한 것보다 더 공격적으로 들렸을 수도 있었다.

"망할 자식!" 제리 경관의 몸이 내 쪽으로 기우뚱 쏠렸다. "네가 누군지 내가 모를 것 같아? 네가 뭘 하고 다니는지 우리 모두가 모른다고 생각하지? 우리하고 놀고 싶으면 조심하는 게 좋을걸. 감시하는 거 즐기다간 네놈이 걸려들지도 모른다구."

제리 경관의 '감시한다'는 표현에 나는 순간 몸이 떨렸다. 이제 제리 경관을 어디서 봤는지 정확히 기억이 났다. 제이티의 건물에서 제리 경관은 아주 유명했다. 내가 보기에도 그는 악질 경찰이었다. 몇 개월 전, 나는 계단통에 앉아 매춘부와 포주 몇 명을 인터뷰하고 있었다. 그때 감방복도에서 술렁거리는 소리가 들렸다. 계단통의 문이 약간 열려 있어서 밖이 내다보였다. 경찰관 셋이 한 아파트의 현관문을 벌컥 열어젖혔다. 그들 가운데 두 사람, 흑인 하나와 백인 하나가 아파트 안으로 뛰어들었다. 흑인인 세 번째 경관은 문을 지키며 밖에 서 있었다. 그는 우리를 알아보지 못한 듯했다.

잠시 후 경찰들이 남자 하나와 10대 소년 하나를 끌고 나왔다. 둘 다 저항은커녕 놀란 것 같지도 않아 보였다. 수갑을 채운 소년을 경찰관들이 바닥으로 떠다밀었다. 소년의 어머니는 아기를 팔에 안은 채 비명을 질렀다.

그때 네 번째 경찰관이 나타나 거들먹거리듯 복도로 걸어왔다. 바로 제리 경관이었다. 그는 검은색 바지에 검푸른 양털 재킷을 입고 방탄조끼를 걸치고 있었다. 제리 경관은 소년의 아버지를 난폭하게 걷어차고 때리기 시작했다. "돈 어디 있어, 자식아!" 제리 경관이 소리쳤다. "돈 어디 있냐구!"

충격적인 장면이었다. 문득 나는 계단통에서 함께 대화를 나누고 있던 사람들을 흘긋 살펴보았다. 그들은 예전에도 이런 일을 겪었던 듯 담담했지만 그들 또한 화가 난 것 같았다. 경찰들이 다음번에 자기를 덮치러 오지 않기만을 빌며 그들은 조용히 앉아 있었다.

마침내 소년의 아버지가 바닥에 널브러졌다. 쓰러진 그는 피를 흘렸다. "오븐 안에…… 오븐 안에 있어."

제리 경관이 곧장 안으로 뛰어 들어가더니 커다란 갈색 가방을 가지고 나왔다. "우리를 화나게 하지 마." 제리 경관이 소년의 아버지에게 말했다. "알아들었어?"

소년의 아버지는 넋이 나간 표정으로 앉아 있었다. 다른 경찰관들이 수갑을 벗기고 소년을 아파트 안으로 들여보냈다.

제리 경관이 자리를 뜨려던 참에 내 옆에 앉아 있던 한 포주가 실수로 맥주병을 놓쳤다. 제리 경관이 휙 돌아서더니 감방복도의 우리를 똑바로 내려다보았다. 나는 얼른 뒤로 물러났지만 제리 경관이 계단통으로 우당탕하고 들이닥쳤다. 그러고는 우리를 쓰윽 훑어보았다. "꺼져!" 그는 나를 주시하며 마치 벼룩보다 하찮은 존재인 양 히죽히죽 웃었다.

그가 사라진 후, 포주인 티모시에게 제리 경관에 대해 물어보았다. "저 자식은 원할 때마다 이 건물에 와서 한몫 빼앗아 가지." 티모시는 방금 제리 경관이 때린 소니가 생계를 위해 차를 훔쳤는데 아마도 제리 경관에게 정기적으로 바치는 보호세를 내지 않은 것 같다고 말했다. "우리는 항상 농담 삼아, 제리 경관은 돈 떨어지면 여기 와서 누군가를 흠씬 두들겨 패 놓고 간다고 하지. 작년에 한 번은 나한테 왔었어. 200달러를 털어 가고, 내 밑에서 일하는 여자가 저놈 거시기를 빨아줘야 했지. 더러운 새끼."

그 후로 몇 개월, 나는 제리 경관이 이 건물에서 악명 높은 존재임을 알게 되었다. 제리 경관한테서 온갖 형태의 괴롭힘과 폭행, 갈취를 당했다는 수많은 주민들의 제보가 이어졌다. 그들의 제보를 다 확증하기는 어려웠지만 내가 직접 목격한 것만 미루어보아도 주민들의 이야기는 충분히 신빙성이 있었다. 경찰 신분을 남용하는 제리 경관의 행위에 대한 소문의 진위 여부는 사실 중요하지 않았다. 이 주택단지에서 '악질 경찰' 이야기는, 경찰 인원이 절대적으로 부족하고 최악의 상태로 방치된 범죄율 높은 지역에 살고 있다는 좌절감에서 주민들이 별 근거 없이 마음 내키는 대로 퍼뜨리는 이야기였다.

이렇듯 '휴게실'에서 제리 경관과 탁자를 마주하고 앉자 불안이 몰려왔다. 만약 이 모든 사건이 내 필기장에 기록되어 있다는 사실을 제리 경관이 알면 어쩌지?

제리 경관은 격분해서 씩씩거리며 탁자를 흔들어댔다. 나는 도움의 손길을 기대하며 레지 경관을 바라보았다.

"제리, 이 친구는 내버려둬." 레지 경관이 맥주잔을 만지작거리며 조용히 말했다. "이 친구는 괜찮아."

"괜찮다고? 놀리는 거야? 자네는 저 망할 아랍 놈을 믿어?" 제리 경관이 위스키를 밀치며 맥주를 그러쥐었다. 그 병을 나한테 집어던질지도 모른다고 생각했다. 제리 경관이 음흉하게 웃었다. "저 자식에게 내일에 참견하지 말라고만 전해."

"저는 다만 경관님이 하는 일을 좀 더 잘 이해하려 노력하고 있습니다. 제가 하고 있는 조사에 대해 이야기를 좀 나눌 수 있을까요?"

"빌어먹을!" 제리 경관이 나를 노려보았다. "넌 무언가를 기록하고 있고 난 네 꿍무니를 쫓을 거야. 알아들어? 너하고 얘기하는 것은 물론, 네가 다른 누구하고 이야기하는 것도 원치 않아. 이 망할 놈의 주택단지에서 네놈을 보고 싶지 않다구. 난 네가 누군지 알아, 망할 자식. 네가 뭘 하고 있는지 내가 모를 거라 생각해?"

레지 경관이 내 팔을 붙잡고는 탁자 위에 20달러짜리 지폐를 던졌다. "가자구."

차에 올라타 시동을 걸고서 레지 경관은 잠시 침묵을 지켰다. 그는 조용하고도 단호한 목소리로 말했다. 그의 음성은 마치 우리 아버지 같았다. "수디르, 여기 친구들이 자네가 누군지, 그리고 무얼 하려고 하는지 알고 싶어 해서 오늘 자네를 여기로 데려온 거라네. 자네가 불안해할 것 같아서 미리 말하지 않았지. 저 친구들은 자네가 지켜보고 있다는 걸, 자네가 그 건물에서 자신들을 보았다는 걸 알고 있어. 자네가 어떤 글을 쓸 거라는 사실도 알아. 아무튼 자네가 좋은 사람이라고 말해두었네. 제리가 너무 취했더군. 미안하네."

레지 경관은 분주한 거리를 내다보며 잠시 입을 다물었다.

"이제 결정을 내려야 하지 않겠나, 수디르. 자네를 위해 내가 대신 해줄 수는 없잖은가. 난 자네가 뭘 쓰고 있는지 확실히 묻지 않았어. 자네가 청소년 클럽을 돕고 있다고 생각했지. 지난주에 오트리가 자네는 주택단지의 생활상에 대해 쓰고 있다고 전해주더군. 자네와 난 많은 것들을 이야기했지. 하지만 내가 말한 내용들을 쓸 것인지 어쩔 것인지 우리는 의논한 적이 없네. 어쨌든 난 원치 않네. 만일 쓸 거라면 지금 이 자리에서 말해주면 좋겠군. 실은 그건 문제될 게 없네. 난 내가 하는 일에 있어서나 현재의 나에 대해 두려울 게 없으니까."

지금까지 레지 경관은 내가 학위 연구를 위해 로버트 테일러의 가구들과 다른 사람들을 인터뷰하고 있는 것으로 알았다. 몇 개월 후 우리는 내 학위 논문에 대해 좀 더 이야기를 나누면서 결론을 지었다. 레지 경관은 자신이 말한 내용들을 포함시켜도 좋다고 허락했다. 다만 그의 신분이 드러나지 않게끔 이름을 바꾸기로 합의했다.

정말로 걱정되는 건 동료 경찰관들의 반응이었다. "경관님, 제가 경찰에 대해 글을 쓰고 있다면 걱정해야 할 만한 일인가요?"

"경찰은 자네 같은 사람들에게 많은 이야기를 해주진 않아. 제리가 그렇듯이 말이야. 그 친구는 사람들이 자기가 하는 일을 지켜보는 걸 원치 않아해. 그가 어리석은 짓을 하는 장면을 자네가 봤다는 사실을 알아. 또한 어리석은 짓을 하는 많은 사람들을 자네가 봤다는 사실도 알지. 하지만 결정을 내려야 하네. 어디에다 쓰려고 그가 하는 일을 글로 적는 겐가? 여기서 일을 하고 싶으면 목적을 밝혀야 할 게야."

그날 저녁, 결국 나는 레지 경관에게 내가 무엇을 할지 알려주지 않았다. 레지 경관이 하고 있는 선량하고 뜻있는 일과 감동적인 경찰 활동에 대해 글을 쓰고 싶다면 경찰권의 남용에 대해서도 써야 한다고 생각했기 때문이다.

일주일 뒤, 나는 오트리에게 내가 처한 이 난감한 딜레마를 털어놓았다. 오트리가 아내와 아이들과 살고 있는 사우스쇼어의 아파트에서 우리는 맥주를 마셨다. 사우스쇼어는 오트리 같은 저소득층이 살 만한 아파트들이 자리한 건전한 동네였다. 오트리는 아이들이 거리의 갱단을 가까이 하지 않도록 이곳으로 이사했다.

오트리는 내가 경찰에 대해 써서는 안 된다고 말했다. 그의 설명은 의미심장했다. "이 주택단지에는 두 종류의 갱단이 있다는 걸 알아야 해. 경찰도 하나의 갱단이야. 그들은 실질적인 힘을 가지고 있어. 여기 갱단 친구들도 돈과 차를 가지고 돌아다니지만 경찰은 언제고 그들을 거리에서 잡아들일 수 있어. 경찰은 자네에 대해 알아. 경찰은 나하고 줄곧 대화를 해왔지. 난 그들에게 자네가 괜찮은 친구라고 말했지만 그들은 자네가 뭘 찾으려는 건지 알고 싶어 하더군."

"왜 지금까지 나한테 말 안 했어요?"

"괜히 걱정시키고 싶지 않았네. 더군다나 자네는 나쁜 짓 한 게 없으니까. 하지만 내가 시키는 대로 해. 절대로, 절대로, 절대로 경찰을 화나게 하면 안 돼."

내가 이 문제를 따지고 들자 오트리는 단호한 어조로 "경찰에 대해서는 쓰지 마"라는 충고만 되풀이할 뿐 더는 말을 하지 않았다.

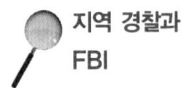
### 지역 경찰과 FBI

2주 후, 내 차에 누군가 침입한 흔적이 있었다. 차는 청소년 클럽 길 건너편에 주차되어 있었다. 이상하게도 자물쇠나 유리창에는 아무런 이상이 없었다. 다만 전문적인 솜씨에 의해 잠금장치가 따진 것 같았다. 내 배낭과 자동차 공구함을 샅샅이 뒤졌는지 필기구와 종이, 캔디바 두 개, 그리고 체육복 등이 여기저기 흩어져 있었다. 없어진 것은 전혀 없는 듯했다. 가끔씩 배낭에 공책 몇 권을 넣어두기는 했지만 이때에는 그러지 않았다.

아이들을 위한 크리스마스 파티가 한창 진행 중인 청소년 클럽에서 우리는 레지 경관을 기다리고 있었다. 근처 몇몇 가게들이 주민 가구들에게 음식을 기부해서 크리스마스는 한결 즐거운 분위기였다.

레지 경관은 산타 모자를 쓰고 왔다. 경찰관들이 기부한 장난감들을 나눠주느라 또 다른 크리스마스 파티에 다녀온 모양이었다. 레지 경관은 내 차를 살펴보려고 고개를 숙이다가 오트리를 쳐다보았다.

"이 친구하고 얘기했나?" 레지 경관이 오트리에게 물었다.

"응. 고집이 세어서 말을 안 듣더군."

나는 어리둥절했다.

"수디르, 자네가 언제 여기에 들를 건지 내게 알려줄 수 없나?" 레지 경관이 물었다. "아니면 사람을 보내어 내게 메시지를 남겨줘도 좋고."

"무슨 말씀이세요. 전 여기를 거의 매일 들러요! 무슨 일인지 얘기해 주시겠어요?"

"잠시 걷지." 레지 경관이 내 팔을 잡았다.

날씨는 몹시 추웠고 바람이 강했다. 우리는 주택단지 건물 주변을 걸었다. 새로 내린 눈으로 인해 고층 건물들은 땅 위로 솟은 묘비처럼 보였다.

"수디르, 자네는 참견 말아야 할 것을 쓸데없이 파고들고 있어." 레지 경관이 말했다. "갱단을 급습한 기사 읽었지?"

그렇다고 나는 대답했다. 신문들은 최근 시카고 최고의 마약상들을 체포했다고 보도했다. 이번 검거는 분명, 코카인을 수입하는 멕시코계 미국인 갱단과 농축 코카인을 파는 흑인 갱 단원들 사이의 거래를 막기 위함이었다.

이번 일의 배후에 FBI와 다른 연방 기관들이 관여했다는 소문이 돌았다. 블랙 킹스에서 더 큰 직책을 맡게 된 제이티는 여전히 업무 시스템을 다지느라 바빴다. 제이티와 연락이 닿지 않았지만 연방 정부의 개입이 갱단들에게 위협적이라고 예전에 그가 말한 적이 있었다. "일단 FBI 수사관들이 등장하게 되면 바짝 긴장을 해야 해. 지역 경찰 따위는 걱정 안 해. 바보 같은 짓만 하지 않으면 괜찮거든."

최근 체포된 이들 가운데는 제이티보다 지위가 높은 갱단 지도부가 포함되어 있었다. 제이티의 구역에서 체포된 사람은 없었지만 그는 으레 연방 수사관들이 서서히 자기를 옥죄어올 거라고 걱정했다. 더욱이 FBI 수사관들이 블랙 킹스가 시카고에서 가장 순조롭게 마약 사업을 운영하고 있다고 여겨, 가능한 특히 블랙 킹스를 표적으로 삼을 거라고 예상했다.

레지 경관은 실제로 FBI 수사관들이 시카고에서 발빠르게 움직이고 있다고 말했다. 그들은 마약 판매 갱단들을 강력한 부정부패 조직범죄 방지법RICO Act에 따라 기소하고 싶어 했다. 이 법은 돈세탁, 도박, 노동조합 흔들기와 관련된 마피아 및 다른 범죄 조직들과 싸우기 위해 1970년에 제정되었다. 이 법안으로 이탈리아, 아일랜드, 유대인 범죄 갱단을 소탕하는 데 성공한 FBI 수사관들은 이제 거리의 갱단 또한 조직범죄 사업을 하고 있다고 주장하며 그들을 추적 중이었다.

레지 경관은 거리의 경찰관들이 대개 그렇듯, 연방 정부 요원이 이곳에 오는 것이 싫다고 말했다. 그들은 사람들의 주의를 끄는 기소 사건에는 광적이어서 지역 경찰의 비리 행위에 대한 진술을 볼모로 갱단에 관한 정보를 넘겨주도록 지역 경찰에 압력을 가하곤 했다. 이는 차례로, 레지 같은 경찰관들이 지역 사회에서 공들여 쌓아온 관계들을 붕괴시켰다.

"이 모든 게 경관님에겐 무엇을 의미하는 거죠?" 내가 물었다. "그리고 저한테는요?"

"나한테는, 모든 걸 규칙대로 해야 한다는 걸 뜻하고 자네한텐 아주, 아주 조심해야 한다는 뜻이지. 베일리 부인에게서, 자네가 우리에 대해 많은 사람들에게 묻고 다닌다고 들었네. 전에 말했듯이 걱정하게 만들지 말아주게. 내가 일하는 곳의 많은 사람들이 자네가 자기네를 급습하려 한다고 생각하더군, 알아듣겠나?"

"그 사람들을 급습한다고요?"

"그들은 자네가 흠집을 찾아다니고 있다고 생각해. 자기네에게 악의를 품고서 뭔가를 찾기 위해 조사하러 다닌다는 거지. 자네 차는 걱정말게. 날 믿게나. 다신 그런 일이 없을 테니."

레지 경관의 이야기를 듣고 나자 나는 예전에 제이티와 갱단들이 그러했던 것보다 경찰이 더 두렵게 느껴졌다. 오트리는 진짜 힘을 가진 건 경찰이라고 했다. 경찰은 대놓고 갱단이 어디서 어떻게 일하는지 감시했고 내키면 어느 누구라도 감옥에 집어넣을 수 있었다.

게다가 오트리와 제이티가 말한 것처럼, 경찰은 갱단 지도부들은 거의 건드리지 않았다. 자기네가 모르는 갱단 지도부나, 훨씬 더 나쁘게는 힘의 공백 상태에 대처하는 것보다는 잘 아는 누군가를 관리하는 쪽이 더 편했기 때문이다. 레지 경관에게 그게 정말 사실이냐고 물었을 때 그는 고개를 숙인 채 그 문제에 대해서는 그만두자고 말했다. 그의 반응은 시인을 의미하는 듯했다.

로버트 테일러의 모든 경찰이 부패하거나 경찰권을 남용하지는 않겠지만 나는 경찰의 미움을 받고 있다는 점이 슬슬 불안했다. 혹여 얻어맞거나 정기적으로 시달림을 당하고 싶지는 않았다. 나는 경찰이란 일이 잘못되었을 때 도와주는, 믿을 만한 영웅들이라고 생각하면서 자랐다. 그런데 여기서는 평범한 시민인 내게도 그렇게 대하지 않았다. 갱단 보스와 친구가 되면서 이 주택단지로 온 데다 생계를 위해 불법적인 일을 하는 많은 주민들과 어울렸으니 경찰이 나를 고깝게 볼 것은 뻔했다.

돌이켜보면, 경찰 시각에서 그 지역 이야기를 좀 더 많이 들어보는 편이 나았을 것 같다. 하지만 쉽지 않았을 것이다. 대부분 주민들은 내가 멀게라도 경찰과 연결되어 있다고 생각되면 나와 대화를 나누기를 그만두었을 터이다. 기자들이 종종 이 주택단지에 대해 빤한 기사밖에 쓰지 못하는 이유는 대체로 경찰 측 정보에만 의존한 탓이 크다. 그것이 주민들을 등 돌리게 만든 원인으로 작용했다.

당시 상황에서 내가 취할 수 있는 최선의 방법은 레지 경관 같은 경찰관에게서 좀 더 많은 이야기를 전해 듣는 것이었다. 로버트 테일러 일부 주민들이 그들만의 생존법을 찾아냈듯, 레지 경관 역시 경찰로서 자신이 하는 일에 대해 창조적 접근법을 보여주었다. 갱단 전쟁으로 인해 죄 없는 시민이 목숨을 잃지 않도록 갱 단원들과 정보를 공유하는 것 등이 그러했다.

레지 경관을 비롯해 경찰들은 젊은 갱 단원들을 체포하기보다는 '겁을 줘서 나쁜 짓을 못하게 하는' 전술을 이용해 이들의 거래를 막고자 했다. 또한 경찰이 불법 경제 활동을 하는 사람들 간의 싸움을 중재하는 장면도 나는 여러 번 보았다. 경찰이 로버트 테일러 주민들의 가정 폭력 신고 전화에 항상 응하는 것은 아니었지만 가해자들이 다시는 주택단지에 얼씬거리지 못하도록 베일리 부인이 엄포를 놓을 때 많은 경찰들이 이에 협조했다.

내 차에 누군가 침입한 후 몇 달 지나지 않아, 레지 경관은 그것이 경찰의 짓이란 사실을 확인했다. 제리 경관과 그의 친구 몇몇이 내 기록일지의 내용에 관심이 있었고 그것을 찾고 싶어 한 모양이었다. 나와 친구가 된 로버트 테일러 출신의 청년 배드 벅이 경찰들에게 내가 공책을 차에 두었다고 찌른 것이었다. 벅은 최근 1,000달러 상당의 코카인을 가지고 있다가 경찰에 붙잡혔는데 감옥에 안 가는 조건으로 내 공책에 대한 정보를 넘겨주었다고 레지 경관이 말해주었다.

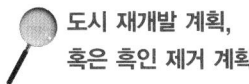
### 도시 재개발 계획, 혹은 흑인 제거 계획

1995년 초에 신문들은 로버트 테일러 주민들에게 큰 의미를 갖는 또 다른 기사를 보도했다. 연방 정부의 마약 갱단 급습보다 훨씬 중대한 문제였다. 국회 의원들과 클린턴 행정부는 공영 주택단지를 철거할 작정으로 전국의 시장들과 진지한 논의를 시작했다. 주택 도시 개발부 장관인 헨리 시스너러스는 '고층 건물들은 실패'라고 선언했다. 주택 도시 개발부는 공영 주택단지 주민들이 '다른 소득층의 사람들과 서로 교류하는' 곳에서 살도록 하기 위해 이들 '빈곤의 섬'을 없애자고 주장했다.

시스너러스 장관은 시카고의 주택단지들을 "의문의 여지 없이 오늘날 미국에서 가장 최악의 공영 주택"으로 꼽았다. 로버트 테일러 홈스는 철거 대상 1순위에 올라 있으며, 이 주택단지 대신 '레전드사우스'라고 불리는 상류 계층의 도시 저택 타운 하우스가 개발될 계획이라고 전했다. 여기에 공영 주택은 겨우 몇백 가구만이 포함될 예정이었다.

나와 이야기를 나눈 주민 대다수는 이 소식을 미심쩍어했다. 정치인들에게 정말로 수만 명의 흑인 빈민들을 이주시킬 의지와 힘이 있을까?

'이 주택단지는 영원히 여기에 있을 것'이라는 근거 없는 믿음이 주민들에게 잇따라 퍼져 나갔다. 대체로 나이 지긋한 주민만이 철거가 실제로 이루어질 수도 있다고 보았다. 그들은 이미 정부가 도시 재개발 계획, 혹은 그들 말로는 '흑인 제거 계획'을 이용하여 시카고의 수십만 흑인을 이주시키고 그들의 집과 일터 대신 고속 도로, 운동 경기장, 대학, 그리고 물론 거대한 면적의 공영 주택을 짓는 것을 목격한 경험이 있었다.

도시 재개발 계획은 처음부터 실패의 씨앗을 품고 있었다. 백인 정치 지도자들은 백인 주거 지역에다 흑인들을 위한 주택을 짓지 못하게 가로막았다. 더욱이 빈민가의 형편없는 저층 건물들이 로버트 테일러 홈스 같은 고층 건물들로 바뀌어도 주택의 질은 그리 나아지지 않았다. 만약 전국의 주택공사들에, 이 새로운 건물들을 지속적으로 보수 관리하는 데 필요한 자금이 있었다면 상황은 달라졌을지 모른다. 한때 도시 재개발의 희망이었던 그 건물들은 40년 만에 벌써 다시 철거를 준비하고 있었다.

### 제이티의 승진

아무것도 예측할 수 없는 상황 속에서 이윽고 제이티의 소식을 들었다. 제이티는 전화를 걸어 자신의 승진이 공식화되었다며 즐거워했다. 그러고는 여전히 시카고 전역의 블랙 킹스 지도부들과의 모임에 같이 가고 싶냐고 물어보았다.

"그 사람들 너하고 이야기하는 데 흥미 있어 하던걸." 제이티는 의외라는 듯 말했다. "자신들의 이야기, 그러니까 감옥과 자기네 삶에 대해 들어줄 사람이 있었으면 하는 거지. 요즘 갱단 체포 때문에 대화를 원하지 않을 거라고 생각했거든. 그런데 너와 이야기를 나누고 싶은 마음이 있나 봐."

나는 현장 답사 연구를 마무리하고 논문을 끝내는 것에 대해 지도 교수들과 의논 중이라고 제이티에게 말했다. 나는 들어야 할 수업을 모두 이수했고 모든 시험을 통과했으며, 이제는 빈민 지역 사람들이 근근이 생계를 이어가는 복잡다단한 방법에 대한 논문을 쓰는 데만 집중하고 있었다.

빌 윌슨 교수는 내가 가르칠 만한 자리가 나기를 기대하면서 내 연구를 여러 학회에서 발표할 기회를 마련해주었다. 나의 학술 연구 경력은 어찌 보면 제이티를 만난 그날부터 시작되었지만 기성 사회학자들의 배려에 의해 이제야 출발선에 선 느낌이었다. 캐친은 법과 대학원에 지원했고 우리는 둘 다 곧 시카고를 떠나게 될 예정이었다.

여기에는 다른 요인들도 있었다. 로버트 테일러의 많은 주민들이 내게서 배신감을 느꼈고 경찰은 내게 그들과 어울리지 말 것을 경고했으며 이제 곧 주택단지는 철거될 운명이었다. 이 모든 상황이 합쳐져 내가 더는 로버트 테일러 홈스에서 지낼 수 없으리라는 점이 더욱 분명해졌다.

제이티는 벌써 떠날 생각은 하지 말라며 시큰둥하게 반응했다. "우리는 오랫동안 함께해왔어. 정말로 내 조직에 대해 알고 싶으면 무슨 일이 일어나는지를 지켜봐야 해. 우리는 아주 바쁘고 규모가 계속 커지고 있어. 이걸 네가 봐야 해."

제이티는 싫다는 대답을 용납하지 않을 것 같았다. 거기에는 누군가에게 자기를 버리지 말아달라고 간청하는 어린아이의 고집이 묻어 있었다. 제이티는 웃으면서 블랙 킹스의 미래와 자신의 직위 상승, 그리고 내가 언젠가 자신의 삶에 대해 쓰게 될 '위대한 책'에 대해 쾌활한 목소리로 수다를 떨었다.

 나는 이 모든 상황을 이해하려고 애썼지만 더 이상 적절한 문장이 만들어지지 않았다. 제이티가 숨을 내쉴 때마다 나는 전화기에 귀를 댄 채 그저 "음" 하는 소리만 뱉어냈다. 그동안 마음속으로 생각해오던 것들을 고백할 때가 된 게다. 최근 몇 년간 내가 해온 일이란 바로 로버트 테일러에 가서 직접 보고 나서 남을 속여 내 이익을 차린 것뿐이라는 점을 말이다. 제이티는 내가 당장 떠나는 것을 인정하지 않았지만 나는 이미 마음의 준비를 하고 있었다.

 교묘하게 지역 주민들을 속이고 내 이익을 차렸다는 점을 인정한다고 해서 내 속이 편해지는 것은 아니었다. 그간 로버트 테일러 홈스에서 한 모든 내 행동에 대해 불안감이 가득 밀려들었다. 내가 자신의 전기를 쓰고 있다는 제이티의 믿음을 부정하지 않음으로써 나는 제이티에게 적극적으로 오해하게끔 만들었다. 조사 초기에는 눈치 빠른 처신이었을지 모르지만 이제 와 돌아보면, 제이티에게 내 논문이 실제로 무엇에 관한 것인지 고백하지 않으려고 한, 순전히 내 이기심에서 비롯한 것이었다. 나는 상대와 대립각을 세울 때에는 항상 뒤로 물러서는 경향이 있었다. 이런 성격은 정보를 얻어내는 데 유리했다. 하지만 로버트 테일러에서의 시간이 끝나가면서 나의 이런 회피적인 태도 이면에는 좀 더 음흉한 이기심이 깃들어 있음을 알았다.

 지금까지 나는 주민들에 대해 객관적인 사회학자 노릇을 했다고 자부했으나 이런 학문적 오만함은 진실로 옳지 못했다. 어쩌면 그것은 불가능했다. 물론 내 연구 목적에 대해 거짓말을 했다고는 할 수 없을 것이다. 나는 항상 사람들에게 논문에 들어갈 조사 결과를 기록하고 있다고 미리 허락을 구했다. 하지만 거기에는 분명 유동적인 의미가 있었고 주민들이 속았음은 부인할 수 없었다.

그래도 나는 선택권이 있어서 로버트 테일러 홈스에서의 생활을 그만둘 수 있었지만 그곳 주민들은 선택의 여지가 없었다. 내가 빈곤 문제 연구를 끝내고 나서 오랜 후에도 그곳 주민들 대부분은 여전히 가난한 미국인으로 살아가야 할 것이었다.

*Gang Leader for a Day*

**8**

**콘크리트 위에 핀 꽃**

1995년 7월 어느 날, 나는 시카고 사우스사이드의 고속 도로 맞은편 지역인 캘류멧 하이츠로 차를 몰았다. 그렇지 않았으면 노동자 계급이 사는 황폐한 지역이었을 이곳에서, 자신들의 주택 외관에 대단히 자부심을 느끼는 많은 중상류층 흑인 가정들이 사는 캘류멧 하이츠는 한눈에 띄었다.

블랙 킹스의 제리 틸먼과 브라이언 잭슨을 포함해, 중서부에서 가장 세력이 강한 몇몇 갱단 보스들의 집도 이 지역에 있었다. 갱단 보스들의 관행이 그렇듯, 제리와 브라이언은 각자 어머니를 위해 교외 지역에다 커다란 저택을 구입하여 상당한 시간을 그곳에서 보냈다.

오늘 그들은 브라이언의 집에서 블랙 킹스 수영장 파티를 열기로 되어 있었다. 제리가 음식과 맥주를 제공할 터였다. 브라이언은 프랭크 로이드 라이트* 스타일로 지어진 대초원 양식**의 기다랗고 하얀 저택에서 살았다.

잔디밭에는 블랙 킹스 고위 지도부의 고급 스포츠카 10여 대가 세워져 있었고, 그보다 적은 수의 하위 지도부의 스포츠카들은 차도와 인도 사이의 연석을 따라 주차되어 있었다. 한 무리의 청년이 햇빛으로부터 눈을 가리는 야구 모자를 쓰고 하릴없이 잔디밭에 우두커니 서 있었다. 이들은 보스들의 차를 지키는 블랙 킹스 행동대원이었다.

나는 연석 쪽에 낡은 커틀래스를 주차하고 집 쪽으로 다가갔다. 제이티의 자주색 말리부 옆에 서 있는 행동대원 배리를 알아보았다. 배리는 턱짓으로 저택 뒤쪽 현관을 알려주었다.

제이티는 나를 이 파티에 초대하기 전에 한동안 시카고 블랙 킹스의 고위 지도부들과 정기적 만남을 가져왔다. 나는 흥분에 들떠, 수영장 가에 앉은 반나체의 여자들과, 다들 마리화나 담배와 차가운 맥주를 돌리는 동안 보스들이 자외선 차단제를 문질러 바르는 모습을 상상하고 있었다.

실제는 기대 이하였다. 지극히 상투적이게도, 거기에는 10여 개의 스피커를 통해 랩 음악을 쏟아내는 고급 스테레오 전축과 커다란 크리스털 야수 조각상 몇 점이 전부였다. 실제로 마리화나 담배를 말고 있는 사람은 겨우 몇 명뿐이었다. 전체적으로 그곳은 옛날 남학생들의 클럽하우스만큼이나 낡아 보였다. 가죽 소파들은 몹시 더러웠고 카펫도 마찬가지였다. 나중에 들은 얘기로는, 이 교외 지역에 사는 브라이언과 제

---

■ Frank Lloyd Wright. 뉴욕 구겐하임 미술관을 설계한 건축가.
■■ 19세기 말~20세기 초까지 미국 중서부 지역에서 가장 일반적이던 건축 양식으로 수평적인 선, 편평하거나 넓은 처마가 돌출한 모임지붕, 옆으로 줄줄이 난 창, 풍경과의 통합, 견고한 구조, 장인적인 솜씨, 장식 사용의 억제 등이 특징이다.

리의 어머니들이 외로움을 느껴 아들들에게 친구들하고 빈민가에서 사는 게 더 좋다고 말했다고 한다.

반나체의 여자는 커녕 여자라고는 눈 씻고 찾아봐도 없었다. 그 파티는 갱 단원들만 참석하는 것이었고 빈틈없이 계획된 업무의 일환인 듯했다. 제이티는 이런 모임이 몇 주마다, 그리고 긴급하게 논의해야 할 문제가 있을 경우에는 좀 더 자주 열린다고 했다. 이는 대체로 사교 모임이었지만 갱단 지도부들은 으레 그렇듯, 어느 도매업자가 질 좋고 값싼 코카인을 대주는지, 인근의 어느 갱단이 못된 짓을 하고 있으며 징계가 필요한지 등의 사업 이야기로 그날 저녁을 마무리했다.

나는 우연히 주방에서 나오는 제이티와 마주쳤다. 우리는 악수를 나누고 세게 포옹을 했다. 제이티는 기분이 좋아 보였다. 남자들이 몇 명씩 주방, 식당, 거실에 모여 있었다. 안쪽의 어느 방에서 왁자한 컴퓨터 게임 소리가 들려왔다. 모두가 긴장을 푼 채 편안해 보였다.

제이티가 한 무리의 사람들에게 나를 데리고 가서 '교수'라고 소개했다. 이 말에 모두가 웃음을 터뜨렸다. 그 남자들 대부분은 덩치가 컸고, 어쩌면 그들의 올챙이배는 방종의 정도를 보여주는 최적의 증거였을 것이다. 모두가 문신을 했고 화려한 금은 장신구를 걸치고 있었다. 뒤에 알게 된 바로는, 그들 모두가 적어도 한 번은 중범죄로 감옥에 다녀온 이력이 있었다.

제이티가 나에 대해 자신의 동료들과 윗사람들에게 어떻게 설명했는지는 정확히 말해주지 않았다. 그저 제이티를 믿는 수밖에 없었다. 아무도 나를 겁주는 것 같지 않았지만 그렇다고 해서 녹음기를 들고 돌아다니거나 주제 넘게 참견하는 듯한 질문을 할 수는 없었다. 사실 그럴 필요도 없었다. 그들은 편안하게 내게 다가와 자신들에 대해, 특히 블랙 킹스의 역사에 대해 이야기를 꺼냈다.

"1960년대에는 갱단들이 흑인 혁명을 이끌었지." 그들 중 한 사람이 말했다. "우리도 같은 일을 하려고 해." 또 다른 사람이 제이티가 여러 번 내게 했던 말들을 그대로 흉내내어 반복했다. "블랙 킹스는 갱단이 아니라는 점을 알아야 해. 우리는 사람들의 요구에 부응하는 지역 사회 단체라고."

그들 중 하나가 내게 따뜻하게 팔을 두르더니 식당으로 데려갔다. 포커 판이 열리고 있었다. 탁자 위에 놓인 지폐는 어림짐작으로 3만~4만 달러는 되어 보였다. 나를 안내한 사람은 자신을 클리프라고 소개했다. 클리프는 40대 후반의 블랙 킹스 고위급으로, 블랙 킹스에서 일종의 상담역으로 활동하면서 유망한 갱단 지도부들에게 자문을 해주었다.

"좋아, 다들 내 말 좀 들어봐!" 클리프가 사람들의 주의를 모았다. 포커를 하던 사람들이 잠시 흘긋 쳐다보았다 "이 사람이 우리의 새 언론 담당이야. 우리가 언론을 통해 이야기하는 걸 이 교수가 도와줄 거야. 이 집을 나서기 전에 모두 교수하고 이야기를 나누도록."

나는 몸이 떨렸다. 제이티는 손에 맥주를 들고 소파에 앉아 있었다. 그는 씩 웃으면서 어깨를 으쓱할 뿐이었다. 두 가지 생각이 뇌리를 스쳤다. 제이티가 그런 높은 자리에 추천할 만큼 나를 신뢰한다는 사실이 한편으로는 감동이었다. 하지만 마음 한구석에서는 내가 터무니없는 농담의 대상이 되고 있는 듯한 느낌이 들었다. 이 사람들은 그저 나의 용기를 시험하고 있는 걸까? 다른 한편, 이들이 조직적인 범죄 사업을 운영한다는 걸 내게 알림으로써 결코 나를 벗어날 수 없는 함정에 얽어 넣는 건 아닌지 더럭 겁이 났다.

나는 항상 의식적으로 갱단으로부터 거리를 두려고 했다. 혹은 적어도 나의 중립성을 주장했다. 그렇지만 몇 년 전 제이티가 내게 했던 경고가 오늘은 더욱 절실하게 다가왔다. "내 편이거나 다른 쪽 편이거나, 하나만 선택해야 해." 사회학의 교훈이 다른 식으로 말해주고 있는 것만큼이나 이 세계에 중립은 없었다.

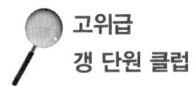
고위급
갱 단원 클럽

나는 이들 블랙 킹스 고위급 모임에 몇 차례 더 참석했다. 정식 인터뷰를 하지는 않았지만 겨우 몇 개월 만에 그들과 어울리는 것만으로도 갱단 지도부와 그들이 하는 일에 대해 상당히 많은 것을 알게 되었다. 시간이 갈수록 그들은 내가 거기에 있다는 것조차 잊어버리는 것 같았다. 아니 어쩌면 나를 아랑곳하지 않는 듯했다.

그들이 어느 마약 공급자의 죽음이나 분말 코카인의 가격 변동을 언급하는 것 이상으로, 마약에 대해 공공연하게 이야기하는 일은 드물었다. 그들이 나누는 이야기는 대부분 어떻게 '꼬마'들이 규칙을 지키도록 할 것인지, 주민 대표와 경찰관들을 매수하는 가장 좋은 방법은 무엇인지, 어떤 가게들이 흔쾌히 돈세탁을 해주는지 등의 관리 차원에서의 걱정거리에 관한 것들이었다.

나는 언젠가 블랙 킹스를 대표해 언론 발표나 대중 매체 인터뷰를 해달라는 요구를 받게 될지 모른다는 약간의 두려움이 늘 있었다. 그렇다고 제이티가 초대하는 많은 파티와 포커 판에 참석하는 것을 그만둘 만큼 두려움이 큰 건 아니었다. 가끔씩 나는 정말로 그들을 도울 만한 어떤 기술이나 무언가를 가지고 있지 않아서 유감이라며, 제이티 윗사람들과 농담을 주고받곤 했다. 그들은 정식으로 나를 언론 담당자로 지목하지도 제의하지도 않았다. 실은 그런 역할이 존재하지 않는다는 것을 짐작할 뿐이었다.

제이티는 최근에 승진한 최연소 지도부답게 대체로 조용히 입을 다물고 있었다. 나하고도 그다지 말을 많이 하지 않았다. 하지만 나라는 존재가 제이티에게 어떤 가치를 부여해주는 것 같았다. 다른 사람들에게, 제이티가 지도력과 더불어 훌륭한 인적 자원을 가지고 있음을 보여주었다. 바꿔 말하면, 제이티가 일류 대학 출신 학생과의 건전한 유대를 통해 세상 사람들에게 갱단의 이미지를 쇄신하고 있다는 것이었다. 그로 인해 갱단 지도부는 계속 나에게 다가와 갱단의 역사와 그들의 '공동체 건설' 노력에 대해 이야기했다. 나는 이러한 주장들이 자기중심적일 뿐 아니라 몹시 과장되어 있다고 여겨, 대부분 반신반의하며 들었다.

제이티가 이 고위층 클럽에 미치는 영향력을 지켜보면서 나는 제이티에 대해 자부심을 느끼지 않을 수 없었다. 제이티와 어울려 지낸 지 6년이 넘어가고 있었다. 제이티가 어느 정도 업적을 인정받고 있다는 사실이 나는 기뻤다. 이런 생각에는, 내가 마약 판매 갱 단원의 출세에 같이 큰 기쁨을 느낀다는 것에 대해 불안감이 항상 따라붙었다.

블랙 킹스 지도부로 승진한 제이티는 갱단 생활에 따른 기본적인 위험, 즉 체포와 투옥, 상해와 사망에 대해 더한층 큰 걱정거리를 떠안게 되었다. 프라이스가 차량 총격으로 부상을 입은 후 이 같은 불안감은 더 커져갔다. 제이티는 자신의 전기에 들어갈 상세한 내용을 하나도 놓치지 않도록 매년 자신의 삶을 잘 관찰하라고 내게 부탁했다. 이때쯤 내 논문은 제이티와는 거의 관련이 없었다. 나는 솔직하게 말하는 것을 망설였지만 제이티는 이미 그 사실을 알고 있었을 것으로 믿어진다.

여전히 자기 갱 단원들의 체포는 제이티를 불안하게 했다. 제이티는 내가 자신의 삶에서 일어나는 사건들을 충실히 기록하고 있는지 확인하고 싶어 했다. 또한 만약의 경우를 대비해 어머니와 아이들을 위해 돈을 모아두어야 한다는 초조감에 사로잡혀 있었다. 심지어 그는 자신의 차와 값비싼 보석들을 팔아치우기 시작했다.

그와 동시에 제이티는 승진한 덕분에 더 많은 돈을 벌었다. 뿐만 아니라 자신이 세를 받을 수 있는 블랙 킹스 마약 판매 팀도 더 늘어났다. 투자 은행이나 법률 회사의 연합처럼, 제이티는 또한 마약 판매, 강탈, 징세에서 나오는 블랙 킹스 전체 수입에서 한몫을 챙길 수 있었다. 아마 적어도 1년에 현금 20만 달러는 족히 벌고 있었을 것이다.

제이티의 승진은 부수적인 위험을 가져왔다. 내가 참석한 교외 지역 모임에서 지도부는 어떤 갱단 보스 이름이 연방 정부 기소장에 올랐는지, 그리고 누가 가장 당국에 협조할 가능성이 높은지에 대해 걱정스럽게 말했다. 당국에 밀고를 한 것으로 의심받은 한 어린 갱 단원이 보스에 의해 심하게 얻어터진 일화에 대해서도 들었다.

맥주를 마시고 노름을 하는, 이런 흥청대는 파티의 기저에는 또한 강한 불신감이 흘렀다. 내게는 퍽 기묘한 경험이었다. 블랙 킹스 지도부가 자신들의 두려움을 내게 사적으로 털어놓기 시작했던 것이다. 내가 그들의 사업 사정에 밝으면서도 그들을 해칠 힘은 없는, 마치 고해 신부라도 되는 것처럼……. 웨스트사이트에서 블랙 킹스 사업을 운영하는 45세의 보스 콜드 맨은 밖에 나가서 담배나 한 대 피우자며 나를 불러냈다.

콜드 맨은 먼 미래를 걱정하고 있었다. "우리는 이 전쟁 시기를 조심해야 해." 콜드 맨은 블랙 킹스 내에서 변절자가 나올 가능성과 최근의 체포 상황에 대해 넌지시 비쳤다. "아무도 믿지 말아야 해. 특히 친구들을 말이야. 난 여기 있는 사람들을 사랑하네. 그들은 내 가족이지. 하지만 지금은 부드럽게 나갈 때가 아니야."

최근 제이티와 함께 승진한, 30세의 영리한 지도부인 푸치는 어느 날 밤 내게 자기 차에서 이야기를 좀 나누자고 했다. "난 이 일을 영원히 하진 않을 생각이야. 여기서 돈을 벌어서 나가려고 해."

"그런 다음에는 뭘 하려고?"

"난 댄서야. 탭댄스, 재즈, 모두 다 잘 추지. 교습소를 차려서 학생들을 가르치고 싶어."

순간 나는 웃음이 터져나왔다. 푸치는 얼굴이 붉어지며 몹시 부끄러워했다. "아, 미안해!" 내가 말했다. "웃으려고 한 건 아닌데 하지만 놀랐어."

"우리 아버지는 춤을 추었고 어머니는 가수였지. 난 학교를 그만두었지만(내가 한 일 가운데 가장 어리석은 짓이었지) 사업 감각을 익혔어. 몇십만 달러는 모을 수 있겠지. 그리고 난 체포되지 않을 거야. 그러면 안 되지. 난 더 큰 일을 해야 해. 여기 교도소 출신들하고는 달라. 난 경영자라구."

나는 '교도소 출신들'과 푸치의 차이란 '경영자'가 가장 중요한 요소임을 알았다. 블랙 킹스 내부의 지도부는 두 종류로 뚜렷이 갈렸다. 첫

번째 종류의 지도부는 체포 위협이 사방에 도사린, 최근과 같은 어려운 시절을 함께 견디며 연대를 다지는 데 힘을 쏟았다. 이들은 '교도소 출신들'로 알려져 있었다. 힘을 모으고 신의를 지키지 않으면 살아남지 못한다는 것을 감옥에서 배웠던 까닭이다. 이들은 대체로 30대 후반에서 40대 후반의 나이 지긋한 층으로, 블랙 킹스의 '사업'이 아니라 블랙 킹스 '가족'에 대해 더 많이 이야기하는 경향이 있었다.

반면 '경영자들'은 푸치나 제이티처럼 좀 더 기업가형에 가까웠다. 이들은 대체로 젊은 층이었고 갱단을 하나의 기업체로 보았다. 제이티는 이제 막 30대로 들어선 젊은 경영자층에 속했다. 제이티는 확실히 존경받는 '지역 사회 인사'가 되고 싶어 했지만 그 동기는 관념적이 아닌, 그보다 훨씬 현실적이었다.

어느 날 밤, 제이티와 함께 교외 지역에서 열렸던 포커 판에서 돌아오던 길이었다. 사우스사이드로 돌아오는 차 안에서 나는 말없이 어둠 속에 앉아 있었다. 제이티는 침울해 보였다. 내 아파트 건물에 다다랐을 때 그는 연방 정부의 기소가 그들 모두를 미칠 지경으로 몰아가고 있다고 말했다. "아무도 다른 사람을 믿지 않아. 그들은 재미 삼아 널 쏴죽일 수도 있어." 제이티는 고개를 가로저었다. "난 주택단지에 있을 때는 난 내가 얼마나 편한지 몰랐어. 저들은 내가 경찰하고 내통한다고 의심이 들면 당장 나를 죽일 거야. 가끔씩 큰돈을 벌면 여길 떠야겠다는 생각이 들곤 해."

순간 나는 속으로 '자료를 가지고 곧바로 떠나는 게 낫겠다!' 하고 생각했다. 하지만 실행에 옮기지는 않았다. 나는 계속해서 블랙 킹스 모임에 참석했다. 일단은 블랙 킹스의 최고위급들과 이야기를 나누면서, 이들 무리를 빠져나갈 방법을 신중히 선택하는 게 낫겠다고 판단했다. 다들 신경과민 상태에 있는 만큼 지금은 갑작스럽게 움직일 때가 아닌 것 같았다.

### 갱단의 회계 장부

제이티의 생활은 로버트 테일러 홈스의 철거 가능성으로 인해 더욱 복잡해졌다. 제이티는 영리해서 자신의 성공이 상당 부분 지리적 이점에 기인한 것임을 잘 알았다. 로버트 테일러 주변에는 유동 인구가 몰려 있었고 위치도 최적인 데다가 근처에 잘 발달된 교통망과 고속 도로가 연결되어 있어 고객층을 충분히 확보하게 해주었다. 제이티가 유능한 사업가일지는 모르지만 시카고의 모든 마약상들 또한 로버트 테일러가 이 도시에서 최적의 마약 판매 장소라는 사실을 알아차렸다.

그의 어린 갱 단원들은 대부분 이 로버트 테일러에서 살고 있었고, 만약에 주택단지가 철거되면 자연히 제이티는 많은 갱 단원들뿐 아니라 고객들마저 잃을 판이었다.

제이티는 주민들 중 누구보다도 철거를 걱정했다. 그는 빈민 가정들이 이 주택단지의 운명을 바꿀 수 있다고 생각하는 건 어리석은 짓이라고 여겼다. 나와 함께 있을 때 제이티는 이따금 혼자 떨어져 앉아 "계획이 있어야 해, 계획이. 뭘 할지를 고민해야 해……"라고 중얼거렸다.

제이티는 또 자신이 거느린 상급 갱 단원인 프라이스와 티본을 계속 데리고 있을지에 대해서도 고민했다. 두 사람 또한 불안해하고 있었다.

그 둘에게 최고의 성공은, 사실 그들이 갱단에 머무는 가장 큰 동기는 보스가 되는 기회에 있었다. 만약 로버트 테일러가 철거된다면 아마도 제이티의 평판이 떨어질 테고 그들의 운명 또한 동반추락할 형편이었다.

내가 자신의 미래를 어떻게 보느냐고 묻자 티본은 제이티의 부관으로서 자신의 취약성을 냉정하리 만큼 담담하게 설명했다. "난 보호받지 못해. 그게 나의 가장 큰 문제지. 아무것도 가진 게 없으니 몸을 사려야지. 난 돈을 모아서 엄마에게 줘. 말했듯이, 난 학위를 받고 내 인생을 바칠 만한 뭔가 다른 일을 해보고 싶어. 어쩌면 사업을 시작할 수도 있겠지. 하지만 언제 경찰들이 들이닥칠지 모르니까 조심해야지. 감옥에 가는 건 나 같은 하수들이니까. 윗대가리들은 항상 거래를 하거든."

만약 갑자기 갱단을 떠나면 윗사람들이 그가 경찰에 협력할 거라고 의심하지 않겠냐고 티본에게 물었다.

"맞아." 티본은 웃으면서 말했다. "내가 갱단을 떠나면 그들은 날 쫓아와 죽여버릴걸. 하지만 내가 계속 갱단에 남아 있으면 경찰이 날 30년 동안 감옥에 처넣을 테고. 인생이란 그런 게지……."

티본이 말꼬리를 흐리자 나도 그만 울고 싶어졌다. 나는 티본을 좋아했다. 가끔은 그가 갱 단원임을 잊을 때도 있었다. 그 순간, 티본은 열심히 공부하고 나서 시험에 통과하는 것을 불안해하는, 착실한 청년처럼 느껴졌다.

얼마 후, 티본의 여자 친구에게서 해질 무렵 고속 도로 근처 주차장에서 만나자는 전갈을 받았다. 나는 그곳으로 가서 티본을 만났다. "넌 언제나 우리가 어떻게 일하는지 흥미로워했잖아." 티본이 말했다. "그래서 널 여기에 오라고 한 거야." 티본은 블랙 킹스의 재정 상황이 자세하게 적힌, 용수철로 묶인 장부를 건네주었다. 티본은 양심의 가책을 느끼는지 불안해하는 모습이었다. 티본은 만약 자신이 '합법적으로 살았다면' 인생이 어떻게 되었을까 하고 큰소리치듯 물었다. 인생의 뒤끝이 좋지 않을 것임을 예상하고 있다는 듯이 말이다.

장부의 페이지들은 닳아 있었고 군데군데 알아보기 힘든 글자들이 적혀 있었다. 그 생생한 정보는 매우 흥미로웠다. 지난 4년 동안 티본은 마약 판매, 강탈, 기타 다른 데에서 나오는 갱단의 수입과 지출 비용을 충실히 기록해왔다. 지출 내역에는 도매로 구입하는 코카인과 무기 관련 비용, 경찰에 건넨 뇌물, 장례비, 그리고 갱 단원 전체의 급여가 포함되어 있었다.

이런 정보를 외부로 유출하는 건 티본에게 아주 위험한 일이었다. 갱단의 규약을 공개적으로 위반하는 행위로 만일 잡히면 심각한 처벌을 받게 될 것이었다. 티본은 내가 갱단의 경제 구조에 관심을 가지고 있다는 것을 알고 있었다. 아주 유명한 책의 초판본인 양 장부를 만지작거리며 기뻐하는 나를 티본은 잘 이해했다.

나는 이 장부를 법적 강제에 따라 어느 누구에게도 공개한 적이 없다. 경제학자 스티븐 레빗을 만날 때까지 몇 년 동안 이 장부를 치워두었다. 우리는 이 풍부한 원본 자료를 바탕으로 몇 가지 논문을 발표했다. 갱단의 재정 상황에 대한 우리의 분석은, 분명 내가 쓴 모든 글과 책 들 가운데 가장 유명세를 치렀을 것이다. 티본은 아마도 내가 호평을 받으리라곤 예상 못했겠지만, 자신이 내게 넘겨준 자료가 일찍이 다른 학계 사람이나 일반 사람들이 보지 못했던 귀중한 것임을 분명하게 알고 있었다.

돌이켜보건대, 티본은 나를 도와주고 싶어 했던 것 같다. 아마도 티본은 자신의 앞날에 어떤 나쁜 일이 닥치기 전에 뭔가 좋은 일을 하고 싶었을 것이라고 나는 믿는다. 책과 교육에 대한 그의 애착을 고려할 때, 티본이 세상 사람들이 암흑가 구조를 더 잘 이해할 수 있게 이 장부가 도움이 되기를 바랐으리라는 추측은 터무니없지 않았다.

티본의 장부에서 가장 놀라운 사실은, 가장 더럽고 위험한 일을 하는, 즉 거리에서 마약을 파는 어린 갱 단원들에게 지급되는 급여가 믿을 수 없게 낮다는 점이었다. 티본의 기록에 따르면, 그들은 거의 최소한의 급여만 받았다. 세련된 옷과 자동차에 돈을 쓰는 또래들 사이에서 받는 압박감은 말할 것도 없고, 그들의 온갖 허풍으로 인해 이들 어린 갱 단원들이 역경을 딛고 상급직으로 승진하지 않는 한 제대로 된 월급을 받을 가망성은 거의 없었다. 하지만 프라이스와 티본도 1년에 약 3만 달러밖에 벌지 못했다. 그제야 나는 왜 일부 어린 블랙 킹스 단원들이 맥도널드에서 합법적 아르바이트를 하거나 세차를 해서 수입을 보충하는지 이해할 만했다.

그래서 제이티 같은 갱단 보스는, 어린 친구들이 낮은 급여와 가망 없는 승진의 기회에도 불구하고 위험을 감수해가며 마약을 팔 수 있도록 동기 부여하는 데 힘을 쏟았던 것이다. 블랙 킹스의 가르침이 깊이 뿌리내려 있고 마약 거래 규모로 볼 때 사업 상황이 아주 견실해 보이는 로버트 테일러 홈스에서는 마약 판매 팀들에게 동기를 부여하는 것이 그의 주된 업무이기도 했다. 아예 처음부터 다른 지역에서 사업을 시작하는 것은 훨씬 더 힘이 들었다.

실제로 나는 그것이 쉽지 않은 일임을 직접 보게 되었다. 어느 날 저녁 제이티, 프라이스, 티본과 함께 사우스사이드 저편, 주로 흑인들이 사는 웨스트풀먼 지역에 갔다. 웨스트풀먼에도 빈민 지역이 있었지만 갱단 활동을 거의 하지 않는 건실한 노동자 계급이 사는 지역도 있었다. 제이티, 프라이스, 티본은 이곳에 새로이 블랙 킹스의 마약 독점 판매권을 확보하려고 애쓰고 있었다.

제이티는 고등학교를 중퇴한 아이들과 일부 나이가 좀 더 많은 10대들이 섞인 대략 20명이 넘는 청소년들과의 만남을 준비했다. 이들 대부분은 그저 어슬렁거리고 다니면서 대부분의 시간을 소일했다. 제이티는 이들에게 '흑인 사업가'가 되도록 돕고 싶다고 말했다.

이들은 근처의 작은 공원 귀퉁이에 있는 나무로 만든 긴 의자에 앉아 있었다. 대부분 앳된 얼굴이었다. 일부는 순진해 보였고 일부는 따분해 했으며 일부는 소년 야구 리그 팀의 첫 모임에 참석한 것처럼 열성적이었다. 제이티는 코치처럼 이들 앞에 서서 '전국적인 규모의 블랙 킹스 가족이 되는' 경우 얻게 되는 이점들을 침이 마르게 늘어놓았다. 제이티는 마약 파는 일을 열심히 할 때 누릴 수 있는 것들의 실례로, 자신의 최신형 자동차 미츠비시 3000GT를 가리켰다.

이들 가운데 몇몇이 마약 거래의 상세한 부분을 물어왔다. 마약을 직접 제조해야 하는지, 아니면 완성된 제품을 공급받는 것인지, 우량 고객들에게는 외상으로 줄 수 있는지, 아니면 철저히 현금 사업인지?

"우리 고모가 자기도 마약 판매를 할 수 있는지 물어보랬어요." 한 10대가 말했다. "고모는 경험이 많대요."

제이티가 그의 말을 잘랐다. "너희 고모? 어이, 장난하냐? 여자는 이 일을 할 수 없어."

"우리 고모는 예전에 마약 파는 일에 관심이 있었대요." 그 10대가 말을 계속했다. "고모가 전화 좀 넣어달래요. 사업을 어떻게 운영할지 가르쳐줄 수 있다고요."

"좋아. 그 얘기는 나중에 하자구." 제이티가 말했다. 그러더니 그는 돌아서서 나머지 어린 친구들에게 말했다. "자, 들어봐! 우리가 너희의 수준을 완전히 바꿔놓을 수 있다는 걸 알아야 해. 어슬렁거리기나 하면서 여자나 사냥하는 따위를 말하는 게 아니야. 너희가 원하는 여자는 얼마든지 얻을 수 있어. 지금 너희는 자신에 대해 자부심을 가져야 해. 자기 자신을 위해, 그리고 가족들을 위해 뭔가를 할 수 있다는 걸 말이야. 자, 이제 너희는 여기서 누구도 공급을 하게 두어선 안 돼. 그러니까 실수요가 있어서……."

"뭘 공급하는데요?" 예의 10대가 끼어들었다.

제이티는 그를 무시했다. "지금 말한 대로, 너희는 아무도 수요에 응하게 해서는 안 돼. 우리는 너희 모두와 같이 일하고 싶어. 우리는 사업을 시작할 거야."

"무슨 교육을 하나요?" 뒤에서 부드럽고 맑은 목소리가 물었다. "거기 가면 돈도 주나요? 난 월요일과 화요일에는 화이트 캐슬*에 가야 해요. 우리 엄만 거기서 잘리면 집에서 쫓겨날 줄 알라고 했거든요."

"화이트 캐슬?" 제이티는 믿을 수 없다는 표정으로 티본, 프라이스, 그리고 나를 쳐다보았다. "이봐, 난 네 인생을 좌우할 중요한 이야기를 하고 있어. 화이트 캐슬이 널 위해 뭘 해주었지? 이해가 안 가는군."

"전 자전거를 사려고 돈을 모으고 있어요." 그 소년이 대답했다.

---

■ White Castle. 햄버거 체인점.

그 말을 들은 제이티는 프라이스에게 몸짓으로 아이들과의 간담회를 끝내도록 지시하고 자동차로 향했다.

"모두 연락할게." 프라이스가 단호하게 말했다. "당장은 우리가 이곳을 접수했다는 걸 알아둬. 만약 다른 사람이 와서 너희에게 같이 일하고 싶다고 하면 너희는 '난 블랙 킹스야'라고 말하는 거야. 알았어?"

프라이스가 10대들에게 이야기하는 동안 나는 제이티에게 다가가 이런 모임은 늘 이런 식이냐고 물었다.

"짜증나는군." 제이티가 차에 있던 소다수를 집어들면서 말했다. "실제로 아이들이 아무것도 안 하는 곳이 많아. 어딘가에 소속된다는 게 무슨 뜻인지 전혀 모르는 거지."

"그럼 왜 이런 일을 해?"

"선택의 여지가 없어. 달리 우리 판매 구역으로 접수할 곳이 남아 있지도 않고." 이 도시의 대부분 지역은 이미 다른 갱단 보스들이 권리를 주장하고 있다고 제이티는 설명했다. 그 보스가 죽거나 감옥에 가지 않는 한, 이미 자리를 굳힌 갱단 조직의 영역을 병합하기란 불가능에 가까웠다. 그런 경우에도 대개 카리스마와 세력을 가진 인근의 인물들이 끼어들었다.

제이티가 진출할 수 있는 곳은, 근처의 '패거리'라곤 어슬렁거리며 다니면서 말썽이나 일으키는 10대들뿐인 노동자 계급과 중산층이 사는 이들 지역뿐이었다. 오늘 모임으로만 미루어보면, 그런 10대 '패거리'는 블랙 킹스 단원이 될 만한 이상적인 후보자들이 아니었다.

"내가 이런 짓을 하고 있다니 믿을 수 없군." 제이티가 자동차 주변을 걷다가 흙 속의 돌을 걷어차며 말했다. 양쪽에서 위협해오는 체포와 철거 사이에 끼어, 제이티는 자신의 운이 기울지도 모른다는 불안에 사로잡혀 있는 듯했다.

## 철거

철거 위협에 불안해하는 사람들은 블랙 킹스만이 아니었다. 철거 소식에 로버트 테일러의 전 주민이 대응을 하러 나섰다. 철거는 적어도 2년 동안 유예 기간을 거칠 예정이지만 모두가 어느 건물이 제일 먼저 철거될지, 자신들은 대체 어디에 살게 될지 서로 앞 다투어 알고자 했다.

클린턴 대통령과 리처드 데일리 시카고 시장을 포함한 정치인들은 주민들이 좋은 학교, 안전한 거리, 그리고 직업을 얻을 수 있는 기회가 있는 중산층 지역으로 이주하게 될 것이라고 약속했다. 하지만 믿을 만한 정보를 얻기가 어려웠다. 흑인 빈민가 바깥에 주택을 보장해주는 것은 그리 쉬운 일이 아니었기 때문이다. 이 주택단지는 대부분 40년 전에 지어졌는데 그 동기는 백인 시카고 시민들이 흑인 이웃을 원치 않아서였다. 대부분 로버트 테일러 주민들은 이 같은 사정이 그다지 바뀌지 않았다고 생각했다.

시카고 주택공사는 주민들의 궁금증을 풀어주기 위해 공청회를 열었다. 시카고 주택공사 당국자는 이주 시기가 되면 모든 가구가 지원을 받을 것이라면서 참을성을 가지고 기다려달라고 간청했다. 사람들의 불신에는 그럴만한 이유가 있었다. 미국에서 가장 부적절하고 부패한 주택 기관이 직접 나서서 시카고 도처에 살고 있는, 철거를 비난하는 약 200

여 개 건물에 사는 15만 명의 주민들을 이주시키는 일을 맡았으니 말이다.

로버트 테일러는 소도시 규모급으로 가장 큰 주택단지에 속했다. 시카고 주택공사는 점점 좁아지는 시카고의 부동산 시장으로 인해 더 큰 시련에 부딪치고 있었다. 도시가 고급화될수록 저소득 가구들이 남부럽잖은 적당한 주택을 구입할 수 있는 지역은 점점 더 줄어들었다.

서로 상반되는 많은 정보들이 새어 나왔다. 시카고 주택공사는 한 모임에서 로버트 테일러의 전 주민이 다른 주택단지에 재정착하게 될 것이라고 밝혔다. 이러한 전망은 많은 사람들을 깜짝 놀라게 했는데 이는 갱단의 경계를 넘는 것을 의미했기 때문이다. 다른 모임에서 시카고 주택공사는 민간 주택 시장에서 집을 구할 때 집세를 보상해주기 위해 일부 가구들에게 주택 바우처를 지급할 것이라고 했다. 하지만 또 다른 모임에서는 대부분 가구들이 쪼개지게 될 것이라고 공표했다. 임대차 계약에 올라 있지 않은 친인척이나 조부모는 스스로 살 길을 찾아야 했다.

혼란이 만연한 가운데 주민들은 풍문에 의지했다. 정치적 음모에 관한 이야기도 있었다. 음모론에 따르면 강력한 백인 정치인들이 흑인 표를 줄이기 위해 도시 주변으로 시카고 시민들이 퍼져나가게 하여 로버트 테일러를 해체하려 한다는 것이었다. 심지어 나에 대한 소문도 있었다. 내가 CIA를 위해 일하며 철거를 촉진하기 위한 비밀 정보들을 모으고 있다는 거였다. 이런 소문은 내가 청소년 클럽을 위해 법무부의 보조금을 받으려고 신청서를 작성한 데서 나온 것이리라 짐작했지만 확실히 알 수는 없었다.

그러나 상당수 주민들은 여전히 철거가 이루어지지 않을 거라는, 혹은 적어도 한동안은 이루어지지 않을 거라고 믿고 있었다. 어쨌든 철거 시기에 대한 믿음과는 상관없이, 시카고 주택공사가 주민들을 제대로 이주해주리라고 믿는 사람은 단 한 명도 없었다. 일부 사람들은 우선권을 갖기 위해 건물 대표에게 당연히 뇌물을 먹일 거라고 단언했다. 또 다른 사람들은 자신들의 집을 철거하는 정부 시책에 분통을 터뜨리며 철거 저지 시위를 벌이겠다고 말하기도 했다.

또한 선출된 주민 대표들이 자신들의 잇속을 챙길 거라는 불신이 주민들 사이에 팽배했다. 상의를 하려는 절망에 찬 주민들이 베일리 부인과 다른 건물 대표들을 겹겹이 둘러쌌다.

어느 날 베일리 부인이 상황 설명을 위해 오기로 한 시카고 주택공사의 고위 관리를 기다리고 있었다. 나도 부인의 사무실에 앉아 있었다. 몇몇 다른 주민 대표들 또한 바깥쪽 방에서 대기 중이었다. 베일리 부인은 나머지 주민 대표들과 마찬가지로, 건물을 보존하려 애쓰기보다는 철거를 지지하는 데 동의했다는 사실을 굳이 감추려 하지 않았다.

"시카고 주택공사가 우리에게 현 상황이 어떤지를 아주 명확하게 밝혀주더군." 부인이 설명했다. "이 건물들은 철거될 거야." 부인은 내가 마치 시 정치에 대해서는 전혀 모르는 다섯 살짜리 꼬마인 것처럼 말했다. "물론, 철거를 저지할 수 있다고 믿는 몇몇 사람들도 있지. 난 그 사람들에게 '당신 가족들 생각만 해. 그리고 떠날 수 있을 때 떠나'라고 말해줘. 나도 내 생각만 할 수밖에 없는 거고."

"그게 무슨 말이죠?"

"나와 이 건물 사람들을 위해 내가 시카고 주택공사에게서 챙길 기회는 단 한 번뿐이야. 시카고 주택공사는 돈이 없어, 수디르! 그들은 우리에게 그 점을 분명히 했어. 하지만 그들은 우리를 여기서 내보내고 싶어 해. 여기서 나도 뭔가를 챙겨야지."

"예를 들면?"

"난 이미 그들에게 사우스쇼어에 있는 방 다섯 개짜리 집이 필요하다고 말했어." 부인은 크게 웃으면서 말했다. 그러고는 건물 대표들이 시카고 주택공사에 개인적으로 어떤 요구들을 했는지 말해주었다. "대니얼스 부인은 시카고 주택공사에서 자기 아들 건설 회사에 건물 철거 도급을 줬으면 했고 윌슨 부인은 새 아파트에 필요한 물품 목록을 만들어 제출했지. 데니 부인은 새로운 일을 시작할 건데 시카고 주택공사가 그 여잘 고용해서 가구들을 이주시키는 일을 돕게 할 계획이야."

"부인은 시카고 주택공사가 실제로 이런 요구들을 받아줄 거라고 생각하세요?" 베일리 부인은 앉은 채로 나를 뚫어지게 쳐다보았다. 다시 한 번 내 순진함이 드러난 모양이었다.

나는 다시 물었다. "이미 그들이 받아들였군요, 그렇죠?"

부인은 다시 침묵했다.

"오늘 만남은 그래서인가요?" 나는 다른 건물 대표들이 기다리고 있는 바깥쪽 방을 향해 손짓했다. "그게 시카고 주택공사 사람들이 오는 이유인가요?"

"아니야." 부인이 말했다. "거기에 대해선 이미 논의를 다 끝냈어. 오늘은 가구들에 대한 얘기를 나눌 예정이야. 이 과정이 어떻게 진행될지 잘 들어봐. 결과를 말하기엔 섣부르지만 그 사람들은 이미 웨스트사이드에 있는 주택단지들을 철거하고 있어. 그러니 더 이상 의문의 여지가 없는 거지."

웨스트사이드에 있는 헨리 호너 주택단지는 시카고 불스와 시카고 블랙호크스, 그리고 마침내는 1996년 민주당 전당 대회를 수용할 새 경기장인 유나이티드 센터에 자리를 내주기 위해 철거되고 있었다. "우리는 목록을 만들 거야. 그럼 그들이 목록에 오른 사람들을 책임지고 돌봐줄 거야."

"목록이라니오?"

"이미 시카고 주택공사가 돈이 없다고 했잖아, 수디르! 이해 안 되나?" 기운이 넘치던 부인은 갑자기 침울하게 가라앉았다. "그 사람들은 모두를 도와줄 수가 없어. 그리고 말이야, 옛날에 그랬던 것처럼 멍청한 짓들을 벌일 거야. 모든 사람이 보살핌을 받을 수는 없을 거라는 거지……."

베일리 부인은 주택단지에 있는 가구의 4분의 1만이 무사히 이주하도록 도울 수 있을 거라고 말했다. 더 큰 일은 남은 4분의 3 가구들에게 이런 현실을 어떻게 이해시키냐였다. 시카고 주택공사는 철거 비용의 대부분을 주민들 이주가 아닌, 건물을 철거하는 데 쓰려고 계획하고 있다고 부인은 말했다.

베일리 부인과 다른 건물 대표들은 집세 바우처를 받거나 아파트, 무료 가구, 물품 등을 얻는 데서 우선권을 받을 가구들의 명단을 작성했다. 이 목록에는, 알고 보면 꼭 가장 어려운 형편의 가구들이 빠져 있었다. 그보다는 건물 대표들 본인의 친구나 그들에게 얼마 안 되는 뇌물을 건넨 주민들이 포함되어 있었다.

나는 베일리 부인이 얻는 게 어느 정도인지를 물었다.

"수디르, 자네에겐 솔직하게 말하지." 부인이 싱긋 웃었다. "우리 주민 대표들은 시카고 주택공사가 책임지고 돌봐줄 거야. 하지만 자네 책에다 시카고 주택공사도 자기들 몫을 받는다는 사실을 써넣는 걸 잊지 말게. 우린 모두 여기서 서로의 피 묻은 손을 씻어주고 있는 게지."

별 다를 바 없는 양쪽 세계에서 진행되고 있는 이 시나리오를 읽고 있노라면 기분이 썩 유쾌하지 못했다. 대중 매체에서는 주민들이 더 나은 생활을 할 수 있도록 정치인들이 시카고 주택공사를 돕기로 약속했다고 보도했다.

그러는 사이 현장에서는 인색하고 태만한 시 기관과, 주민들을 도와야 할 위치에서 오히려 끊임없이 부정 이득을 챙기려 드는 소수 사람들 때문에 사회에서 최하위의 계층은 훨씬 더 열악한 처지로 밀려났다. 그 후로 몇 개월 동안 다들 저마다 이웃을 희생하고서라도 자신의 사회 복지 혜택을 보장받으려고 하는 필사적인 사람들로 인해 이곳은 거의 피난민 수용소를 방불케 했다.

하지만 모든 사람이 다 이기적이거나 숙명론적이지는 않았다. 어떤 주민들에게 철거는 좀 더 안전한 지역의 더 나은 아파트에서 새롭게 출발하는 기회를 의미하기도 했다. 선출된 주민 대표들이 주로 자기 생각에만 골몰해 있는 동안에 이 같은 목표를 위해 함께 노력하는 주민들을 지켜보는 것은 특히 고무적이었다.

그런 낙천주의자 중 한 사람이 도로시 배티 아주머니였다. 도로시 아주머니는 45세로, 여섯 자녀를 두고 있었으며 거의 평생을 공영 주택단지에서 보냈다. 그녀는 제이티 구역에서 몇 구획 떨어진 건물에서 살았다. 키는 땅딸막하고 신앙심이 깊었으며, 주택단지에 살면서 온갖 일을 다 겪었음에도 언제나 긍정적인 태도를 잃지 않았다.

아주머니의 아버지와 조카들 몇 명은 이러저러한 갱단의 총격전으로 희생되었다. 도로시 아주머니 자신이 마약 중독과 싸워 헤어났으며, 그 뒤로는 다른 중독자들이 갱생 시설에 들어가는 것을 도왔다. 아주머니의 자녀들 중 일부는 대학에 다녔고 그중 하나는 블랙 킹스 갱단의 보스였다.

도로시 아주머니는 선출된 주민 대표는 아니었지만 수많은 가정들에게 자칭 대모로 통했다. 아주머니는 무단 입주자들이 거처할 곳을 찾도록 도와주었고, 형편이 나빠 굶주리는 주민들에게는 먹을 것을 가져다 주었으며, 많은 아이들을 맡아 돌봐주었다. 그 아이들 중 일부는 아주머니의 피붙이였지만 나머지는 관계가 없었다.

철거로 상황이 다급해진 아주머니는, 새로 이사 가는 지역에서 서로 가까이 붙어살기로 결정한 몇몇 가정들을 위해 일종의 이주 상담역으로 활동하기 시작했다. 그들은 함께 붙어사는 것만이 생존을 위한 최선책, 아마도 유일한 방법이라고 판단했던 것이다. 이들 가정은 비공식적으로 '함께하는 패'로 알려지게 되었고 이 패의 보스는 두말할 나위 없이 도로시 아주머니였다.

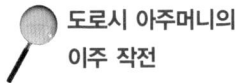

### 도로시 아주머니의 이주 작전

어느 날, 나는 도로시 아주머니와 함께 거실에서 아주머니가 제일 돕고 싶어 하는 가정들의 목록을 훑어보고 있었다.

"어디 보자." 아주머니가 말했다. "체리, 아이 셋. 캔디, 아이 둘. 마너, 아들 하나에 딸 하나. 프린세스, 아이 셋. 캐리, 어린 딸 둘. 그리고 아마도 몇이 더 있을 거야." 이 젊은 여성들은 모두 아기 돌보는 일, 자동차 및 요리를 공유하는 친구들이었다. 이제 그들이 할 일은 도로시 아주머니의 도움을 받아 자신들의 네트워크를 그대로 유지하면서 살 만한 장소를 찾는 것이었다.

"이게 문제야." 도로시 아주머니가 설명했다. "민간 주택 시장이 어떤 곳인지 난 알거든. 결국 주변에 아무도 없는, 도와줄 사람 하나 없는 아파트를 얻게 되겠지. 그러면 겁을 먹게 돼. 적어도 몇 사람이 함께 이사해서 산다면 서로를 도울 수 있을 거야. 거기 사는 사람들은 대부분 우리를 싫어해. 우리는 공영 주택단지 출신이니까. 우리가 도와달라고 문을 두드려도 그들은 대꾸조차 안 할걸. 친구들이 냉대 속에 고생하지 않도록 뭔가를 도와야 할 텐데."

체리는 네트워크가 형성된 안정된 가정에서 출발하는 게 중요하다고 말했다. 체리는 패스트푸드 식당 출납원으로 일주일에 30시간을 일하면서 야간 학교에 다녔다. 도로시 아주머니의 계획은 체리가 먼저 좋은 지역의 아파트를 구한 뒤 다른 가구들을 데려오는 것이었다.

계획은 간단해 보였지만 도로시 아주머니는 성공을 장담할 수 없다고 말했다. "뭐든 계획대로 돌아가진 않거든." 도로시 아주머니가 퉁명스럽게 말했다. "왜냐하면 가난한 사람들이니까."

도로시 아주머니의 첫번째 장애물은, 정식으로 선출된 주민 대표는 아니지만 시카고 주택공사와 경찰에 큰 영향력을 미치고 있는 림즈 부인이었다. 림즈 부인은 도로시 아주머니가 사는 건물에서 권력을 쥐고 있는 인물이었다. 베일리 부인과 마찬가지로, 림즈 부인은 이주 과정을 원활하게 해주는 대가로, 그곳 가구들로부터 50~200달러의 사례금을 받고 싶어 했다. 도로시 아주머니가 여러 가구들을 돕는다는 것은, 따라서 림즈 부인에게는 뇌물을 얻을 기회가 줄어듦을 의미했다. 그 건물은 아직 철거 대상에 오르지도 않았지만 림즈 부인은 이미 집세 바우처나 이주를 위한 지원을 받고 싶어 하는 가정들로부터 '보증금'을 받고 있었다.

"그 여자는 내가 자기한테 한몫 떼어줬으면 하지." 도로시 아주머니가 말했다. "난 돈을 받지 않고 이 사람들을 돕고 있다고 그 여편네에게 말해줬어! 그러니 썩 꺼지라고 말이야. 그 여자는 아주 이기적이야."

도로시 아주머니 말에 따르면, 림즈 부인은 아주머니가 뇌물 흥정을 거절하자 발끈해서 아주머니를 지속적으로 괴롭히는 작전을 썼다. 우선 림즈 부인은 시카고 주택공사에 도로시 아주머니를 부당하게 일러바쳤다. 일주일이 안 되어, 모두 성장하여 같은 건물에 살고 있는 도로시 아주머니의 두 딸은 집세 지불이 늦었다는 이유로 퇴거 통지를 받았다. 이는 특히 놀라운 일이었다. 두 딸 가운데 하나는 수입이 전혀 없었고, 그래서 집세 지불을 면제받았기 때문이다. 도로시 아주머니는 용케 퇴거 통보를 백지화시켰다.

그다음에는 시카고 주택공사의 수위가 도로시 아주머니 아파트의 전기를 끊어버렸다. 하지만 아주머니는 무단 입주자에게 돈을 주고 복구시켰다. 그 뒤 림즈 부인은 도로시 아주머니의 아들이 고위급 갱단 보스인 줄 모르고서 갱 단원들에게 도로시 아주머니를 괴롭히게 했다. 아주머니의 아들이 친히 방문하자 림즈 부인은 포기하고 말았다.

도로시 아주머니는 《시카고 선타임스》에 실린 광고를 통해 약 3킬로미터 떨어진 곳으로 하이드 파크와 대학 근처에 있는 가난하지만 안정된 지역인 우드론에 체리 가족이 살 방 두 개짜리 아파트를 구했다. 도로시 아주머니가 시카고 주택공사 쪽의 연줄로 한 달에 500달러씩 집세 바우처를 받을 수 있도록 도와준 덕분에 체리는 한 달에 150달러만 내면 되었다.

체리가 아이들과 아이들을 돌봐줄 도우미 한 사람과 이사를 한 직후, 도로시 아주머니는 프린세스와 그녀의 세 아이를 위해 그 근처에다 큰 아파트를 구했다. 유일한 문제는 프린세스의 오빠와 삼촌이 이 이야기를 듣고 자기들도 이곳으로 이사를 오겠다고 한 것이었다. 만일 두 남자가 거기에 사는 게 발각되면 프린세스는 불법 임차라는 이유로 집세 바우처를 놓치게 될 것이었다.

하지만 더욱 나쁜 것은, 프린세스의 오빠와 삼촌이 마약을 팔고 프린세스의 아파트를 새로운 사업 기반으로 이용하고 싶어 한다는 점이었다. "프린세스가 너무 오랫동안 저 두 멍청이들을 참고 사는 바람에 자기 아이들에게 고통을 주고 있어." 도로시 아주머니가 내게 말했다. "프린세스가 다시 새 삶을 시작했으면 했는데 오빠와 삼촌이 다 망쳐놓게 생겼군."

도로시 아주머니는 프린세스를 끌고 그들이 출입하는 근처 술집으로 두 사내를 만나러 갔다. 프린세스는 둘 다 코카인을 하고 걸핏하면 폭력을 휘두른다며 아주머니를 만류했지만 도로시 아주머니가 겁낼 자는 세상에 아무도 없었다. 프린세스가 나중에 한 이야기에 따르면, 도로시 아주머니는 술집으로 달려 들어가, 대뜸 두 남자에게 프린세스 집에 들어오면 자기가 가만두지 않겠노라며 큰소리쳤다고 한다. 두 사내는 도로시 아주머니에게 본때를 보여주겠다며 으르렁대고는 나가버렸다.

그들은 시카고 주택공사 공무원으로 가장해 새 집주인에게 전화를 걸어 프린세스가 갱 단원이니 조심하라고 경고했다. 보기 좋게 앙갚음을 한 것이다. 집주인은 곧바로 도로시에게 전화를 했다. 집주인은 프린세스가 갱 단원이라고 믿기지는 않지만 혹시 모르는 일 아니냐며, 결국 프린세스의 임대차 계약은 파기되고 말았다. 도로시 아주머니는 프린세스에게 또 다른 아파트를 구해주었지만 더 작고 비쌀뿐더러 체리네 아파트에서 수 킬로미터나 떨어져 있었다.

얼마 후 남자 친구를 찌른 혐의로 마녀가 6개월 동안 교도소에 갈 처지가 되었다. 도로시 아주머니는 사회사업가들이 마녀의 아이들을 찾아내어 양부모에게 보내지 못하도록 아이들을 이 아파트 저 아파트로 옮겨 숨겼다.

그 무렵, 도로시 아주머니는 캔디의 집세를 보조해주고 있었다. 그런데 캔디가 제이티에게 블랙 킹스의 총과 마약을 자기 새 아파트에 숨겨주기로 했다는 소리를 들었다. 제이티가 대가로 캔디에게 돈을 주기로 해서 도로시 아주머니는 끝내 캔디를 설득할 수 없었다. 그러나 1년이 못 되어 집주인이 캔디의 아파트에 수상쩍은 사람들이 수시로 드나드는 것을 보고 경찰에 신고를 하는 통에 캔디는 임대차 계약과 집세 보조금을 상실하게 되었다.

도로시 아주머니에 관한 가장 놀라운 이야기, 물론 내가 결코 독자적으로 증명할 수 없는 이야기지만, 그것 역시 경찰과 관련이 있었다. 도로시 아주머니는 림즈 부인이 악질 경찰 제리 경관을 끌어들였다고 했다. 제리 경관은 도로시 아주머니를 로비에서 붙잡아 빈 아파트로 끌고

가, 아주머니 몸에 마약을 뿌리고는 림즈 부인과의 경쟁을 그만두지 않으면 마약 소지 혐의로 체포하겠다고 협박했다.

도로시 아주머니가 거절하자 제리 경관이 포박했다. 하지만 아주머니는 레지 경관과 다른 경관들의 도움으로 곧 풀려났다. 아주머니의 말에 따르면, 제리 경관은 2주 후에 다시 와서 도로시 아주머니에게, 림즈 부인한테 '아주머니 몫'의 일부를 주기로 하면 간섭하지 않겠다고 했다. 물론 도로시 아주머니는 그런 몫 따위는 없다고 주장했다.

마침내 도로시 아주머니 목록에는 '함께하는 패'에 열두 가구가 선정되었다. 아주머니의 끈질긴 노력에도 불구하고 이들 중 네 가구만이 우드론과 사우스쇼어에 있는 근처 아파트로 함께 이사를 나오도록 도울 수 있었다.

그 뒤 10년간 나는 로버트 테일러 홈스의 옛 주민들이 공영 주택단지를 벗어나 어떻게 적응하며 살아가는지 추적하는 데 많은 시간을 썼다. 결과에서 드러나듯, 도로시 아주머니의 이주 성공률은, 분명 시카고 주택공사와 계약을 맺어 수십만 달러를 지원받으면서 아주머니와 같은 일을 해낸 여러 사회 복지 사업 기관의 성공률과 비슷했다. 도로시 아주머니 자신은 로버트 테일러가 철거되는 마지막까지 그곳에 남아 살았고 그 후 범죄율이 높고 흑인들이 주로 사는 지역으로, 몇 킬로미터 떨어진 잉글우드에서 딸 리리와 함께 살았다.

도로시 아주머니가 딸 리리의 집으로 옮겨간 것은 불행히도, 로버트 테일러와 다른 시카고 공영 주택단지를 떠난 많은 주민들에게서 보이는 전형적인 결과였다. 철거의 목적은 그곳 가정들을 좀 더 안전하고 인종차별이 없는 지역으로 이주시키는 것이었지만 시카고 주택공사의 졸속

행정으로 이주 주민의 무려 90퍼센트가 다시 흑인 빈민 지역에서 살게 되었다. 이런 빈민 지역에서의 그들의 삶은 예전에 공영 주택단지만큼이나 아니, 어쩌면 그보다 더 극심할 정도로 비참했다.

주택단지가 있던 자리에, 시카고 시는 방대한 규모의 구역에 의해 격리된 16층 높이의 고층 건물 대신 아늑한 3층짜리 구조의, 시장 시세에 따른 분양 아파트와 도시 저택 타운 하우스를 짓기 시작했다. 로버트 테일러 주민들은 일단 공사가 완료되면 이 지역으로 다시 돌아올 수 있는 권리를 확답받았지만 시카고 주택공사가 공영 주택 가구들을 위해 남겨둔 주택은 전체 가구의 10퍼센트 미만이었다.

분별 있는 시카고 시민이라면 새로 개선된 저소득층 주택이 지어지기는커녕, 실은 토지 수탈을 위해 공영 주택단지들이 해체되었다고 생각했다. 이는 그리 놀라운 일도 아니었다. 데일리 시장은 시 당국 및 부동산과 강력한 이해 관계를 갖고 있었던 것이다. 이 글을 쓰고 있는 현재 이곳은 대부분 중산층과 상류층 가정들을 위한 새 아파트들이 들어서 있다.

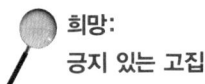

## 희망:
### 긍지 있는 고집

티본이 블랙 킹스의 회계 장부를 내게 건네준 지 몇 달 후, 베일리 부인은 나를 자기 건물 아이들을 위한 신학기 파티에 초대했다. 제이티는 베일리 부인에게 1,000달러를 주며, 파티를 열어 아이들에게 운동화, 옷, 학용품을 사주라고 일렀다.

이 파티가 열리기 전까지 나는 몇 달째 제이티 건물 주변에 자주 들르지 못했었다. 대개 도서관에 들어박혀서 논문을 써야 했다. 논문 주제로, 나는 빈곤 가구들이 어떻게 빈곤을 극복하는지, 특히 공영 주택단지 주민들이 정부나 자선 단체의 손길로부터 소외된 채로 어떻게 자체적으로 문제를 해결하고 함께 공동체를 유지해나가는지 살펴보기로 지도 교수들과 합의했다.

파티 장소에 도착하자 수년 전 처음 이곳에 왔을 때가 떠올랐다. 농구장 주변에는 터질 듯이 랩 음악을 틀어놓은 차들이 주차되어 있었다. 아이들은 이리저리 뛰어다니고 무단 입주자들은 푼돈이라도 벌고자 햄버거와 핫도그를 굽고 있었다. 제이티와 고참 갱 단원들은 맥주를 마시면서 전체 풍경을 바라보고 있었다.

제이티, 메이 부인, 베일리 부인, 그리고 일부 주민들이 처음 이곳에 드나들 때 내게 보여준 예의 그 느긋한 태도로 나를 맞아주었다. 여전히 아이들을 돌보느라 여념 없는 베일리 부인과 나이 지긋한 다른 아주머니들을 보니 아련한 향수가 밀려왔다. 아마도 나처럼, 그들도 모두 조금씩 나이가 더 들고 조금 더 지쳐 보였다.

나는 곁눈으로 뭔가를 발견하고는 멈칫했다. 연한 주홍빛과 붉은 자주빛 제라늄이 핀 작은 정원이었다. 깨진 병 조각과 사용한 콘돔, 빈 코카인 병이 뒹굴고 있는 콘크리트 바닥과 누더기 같은 잔디로 덮인 이 드넓은 공터에서 그 정원은 오아시스였다. 나는 혼자 빙긋 웃었다. 왜 예전에는 알아차리지 못했을까? 갱단과 정치적 궤변, 빈곤한 삶에만 열중한 나머지 내 눈앞에 펼쳐진 이 아름다운 꽃들을 놓친 게다. 남몰래 정보를 캐내려는 끝없는 내 욕심에 나는 또 다른 무언가를 놓친 건 아닐까?

나는 로버트 테일러에도 꽃이 있다는 사실을 알게 된 때를 돌아보았다. 일 년도 훨씬 넘은 일이었다. 주민들은 빌 클린턴 대통령의 방문을 준비하고 있었다. 다들 굉장히 흥분해 있으면서도 한편으로 낙담해 있었다. 대통령의 방문은 시카고 공영주택 내 갱단의 폭력 수준에 스포트라이트를 비추는 효과를 가져왔다. 클린턴은 시카고 경찰국이 갱단 및 마약 문제와 싸우기 위해 이용하는 '급습', 즉 영장 없는 수사를 지지했다.

미국자유인권협회ACLU와 다른 시민단체들이 '급습'을 헌법의 권리를 무시한 폭력으로 비난한 데 반해, 클린턴은 '공포로부터의 자유'에 대한 권리가 더 중요하다고 역설했다. 클린턴은 자신이 믿는 것처럼, 도심의 저소득층 주민들도 거리 갱단이라는 재앙에 특별한 대책이 필요하다고 믿기를 원했다. 대통령의 로버트 테일러 방문은 주민들을 직접 설득하는 기회이기도 했다.

클린턴의 방문이 있기 전 몇 주에 걸쳐 이 주택단지는 발칵 뒤집어졌었다. 경찰은 평소보다 한층 더 잦은 '급습'을 감행했고 때때로 아파트들을 마구잡이로 샅샅이 뒤졌다. 또한 건물 로비에서 임의로 불시검문을 하여, 마약거래와 아무런 상관도 없는 많은 청년들을 포함해 마약 판매가 의심되는 대단히 많은 혐의자들을 체포했다.

제이티는 마약 판매를 중단하지는 않았지만 더욱 신중해졌고 어떤 때에는 판매원들에게 고객과 거리에서 접촉하지 말고 아파트 안으로 데리고 들어가 물건을 넘기게 했다. 제이티는 또 근처 상점들을 상대로 하던 강탈을 멈추었다. 그 때문에 체포될 수도 있음을 염려해서였다. 그리고 이 지역 일대가 잠잠해질 때까지 돈을 세탁하고 쓰레기봉투에 현금을 감추어두는 일도 중단했다.

거리에서는 시의 견인차가 버려진 차뿐 아니라 버려진 것으로 보일지 모르지만 실은 그저 오래되고 낡았을 뿐인 많은 자동차들을 끌어갔다. 이런 모든 무질서에 더하여 날씨는 지독하게 덥고 끈적였다.

빌 클린턴은 아프리카계 미국인들 사이에 압도적인 인기를 얻고 있어서 사람들은 여전히 막연한 희망을 갖고 있었다. 차를 견인당한 사람들을 포함해 냉소적인 주민들조차 대통령의 방문에 흥분해마지 않았다. 주민 대표들은 건물의 로비, 복도, 운동장을 단장하는 운동을 벌였다. 주민 순찰대는 집집마다 돌아다니면서 거실을 정돈하고 화장실을 청소했는지 물었다. 한 건물에서는 어떤 세대로부터 뱀과 이상한 애완동물들을 압수해 갔다. 그리고 전 주택단지에서 갑자기 오래 묵은 화단을 활발하게 가꾸기 시작했다.

로버트 테일러가 지어진 지 얼마 안 되었던 초기에 각 건물들은 화원과 환경 미화 계획들을 서로 다투듯 겨루었었다. 잠자고 있던 오래전 관습이 대통령의 방문에 대한 기대감으로 다시 부활한 것이다. 대통령은 분명 로버트 테일러의 28개동 건물 모두를 방문할 수 없을 테고, 어쩌면 단 한 군데밖에 들를 시간이 없을지도 몰랐다. 하지만 이 때문에 경쟁이 더욱 가열되었다. 몇몇 주민 대표들은 자기네 건물이 대통령의 방문 목록에 오르게 하려고 시 공무원들에게 청탁 전화를 넣었고 일부는 마약 판매 갱 단원들을 경찰에 신고하여 특별히 아첨을 떨었다.

그중에서도 로버트 테일러 남쪽 저편에 있는 5011번지 건물이 유난히 열성적이었다. 5011번지 옆에서 벌어지고 있는 신축 공사가 실은 대통령 연설대를 세우기 위함이라는 근거 없는 믿음에 자극받은 것이었다. 이 건물의 주민 대표는 대규모 복구 사업을 위한 자금을 마련하려고 지역 갱단에게 2,500달러의 세를 부과했다.

이 건물의 아이들은 새 옷과 새 신발을 받았다. 건물 1층을 따라 아프리카계 미국인들 중 역사적인 인물들의 벽화가 그려졌다. 공명심에 겨운 몇몇 주민은 심지어 대통령이 자기에게 연설대에 오르도록 요청할 경우를 대비해 미리 연설문을 작성해두기도 했다. 그리고 이 건물의 가정들은 수년 동안 쓰레기밖에 보이지 않던 정원에다 줄줄이 꽃을 심었다.

1994년 6월 17일 클린턴 대통령이 방문하던 날, 5011번지의 주민들은 완벽하게 준비를 마쳤다. 그런데 측근이 대통령을 재촉하는 바람에 클린턴은 손도 흔들지 않은 채 서둘러 이 건물을 지나치고 말았다. 대통령은 로버트 테일러의 다른 곳에서 연설을 했다. 5011번지의 몇몇 주민들은 서운함을 감추지 않았다. 하지만 적어도 대통령이 모습을 나타낸 것만으로도 그들은 만족해하는 눈치였다. 부모들은 소다수와 맥주를 준비하고 아이들도 들뜬 분위기에 전염되어 잔치를 열었다.

실망은 하였지만 아무도 악의에 찬 말을 입 밖에 내지 않았다. 적어도 한동안은, 이 지역 사람들이 함께 힘을 모아 노력했다는 데 큰 의미를 나누어 가졌다. 지난 몇십 년 동안 이렇게 단결된 모습을 보인 예는 한 번도 없었다고 주민들은 거듭 힘주어 말했다.

이제 1년이 지난 후, 제이티 건물의 바깥에 있는 화단은 그와 비슷한 희망의 표지, 그리고 주택단지 철거가 임박해 있음을 고려할 때 긍지 있는 고집의 표지로서 서 있었다.

신학기 파티가 한창이었다. 어른 아이 할 것 없이 접시에 음식을 마구 담아다 날랐다. 소프트볼 경기가 시작되자 다들 우르르 모여 경기를 관전했다. 나는 한동안 소원했던 많은 사람들에게 인사를 하며 돌아다녔다.

그때 총소리가 공기를 갈랐다. 사람들은 모두 숨을 곳을 찾아 달려갔다. 권총으로 여겨지는 것에서 연속으로 네다섯 발이 발포되었다. 부모들은 아이들을 붙들고 자동차 뒤로 몸을 숨기거나 로비로 달려갔다. 쾅쾅 울리는 음악 소리 위로, 여자들이 아이들을 향해 질러대는 고함 소리가 들렸다. 제이티가 모두 몸을 숙이라고 소리쳤다.

나는 건물 근처에 주차된 자동차 뒤에 몸을 웅크렸다. 나 말고도 제이티의 행동대원 몇 명이 있었다. 내가 거의 모르는 어린 친구들이었다. 나는 어디서 총을 쏘는 거냐고 물었다. 그들은 곧바로 건물 위층을 가리켰다.

"마약에 취한 것 같아요." 그들 가운데 하나가 속삭였다. "아니면 미키 코브라가 몰래 건물로 잠입했거나요. 여긴 우리가 인수하기 전에 미키 코브라 건물이었거든요."

그때 상당히 먼 거리에서, 여위고 피부가 까무잡잡한 한 여자가 건물 앞 풀로 덮인 넓은 공터를 지나 우리 쪽으로 비틀거리며 오고 있는 것이 보였다. 여자는 옷이 너절했고 아마도 술이나 마약에 취해 사실상 거꾸러지고 있었다. 여자가 가까이 다가올수록 혼자 중얼거리는 말소리가 또렷해졌다. 하지만 대개 횡설수설이었다.

사람들이 여자를 향해 몸을 숨기라고 외쳤다. 제이티의 몇몇 부하들이 여자를 향해 고약한 이름들을 불러대며 맥주병을 던졌다. 대개 마약 판매 갱 단원들이 마약 사용자를 다룰 때 거드름을 피우는 건 예사였다. 그들은 사회에서 가장 쓸모없는 사람들에게서 돈을 번다며 자신들이 하는 일을 정당화하곤 했다.

건물 위쪽에서 몇 번의 사격이 더 있었다. 총탄이 여자로부터 몇 발자국 앞에 먼지 구름을 일으켰다.

"미키 코브라스가 우리를 향해 총을 쏘는 게 아니군." 내 옆의 행동대원이 말했다. "어떤 놈이 약 때문에 맛이 가서 말썽을 부리는 것 같아."

마침내 좀 더 나이 든 부하들이 달려나가 비틀거리는 여자를 붙잡아 로비로 떠밀었다. 총격이 멈추고 약 10분이 지난 후 사람들은 대부분 안전하다고 느끼고 숨은 곳에서 나왔다. 부모들과 아이들은 파티를 포기하고 건물로 뛰어 들어갔다. 반면, 무단 입주자들과 부정 수익자들은 음식이 차려진 곳으로 다시 돌아가 음악을 들었다. 나는 한동안 계속 심장이 벌렁거렸다. 하지만 이제 나도, 아무도 성가시게 경찰을 부르지 않는다는 사실에 놀라지 않았다.

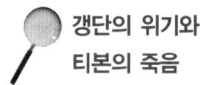
### 갱단의 위기와 티본의 죽음

1996년 봄, 나는 하버드 대학의 특별 연구원 협회로부터 후진 연구 지원금을 받게 되었다. 나는 너무도 기뻤다. 그것은 3년간 월급을 받을 수 있는 연구직으로 꽤나 인기가 높은 자리였다. 이 소식도 전할 겸 나는 제이티를 찾아갔다. 시카고에서의 인연을 계속 이어가겠지만 곧 이곳을 떠나게 되었다는 이야기도 함께 전할 참이었다.

집 안으로 들어서자 메이 부인의 요리 냄새가 코를 자극했다. 푸성귀인 콜라드 잎, 옥수수빵, 그리고 찐 닭고기였다. "넌 여전히 때를 잘도 맞춰 오는군." 제이티가 웃으며 말했다.

나는 우선 교외 지역에서 열리는 블랙 킹스 모임에 몇 차례 참석하지 못한 것을 사과했다.

"그 사람들은 여전히 널 언론 담당으로 믿고 있어." 제이티가 다시 웃으면서, 그러나 이번엔 나 대신 텔레비전을 보며 말했다. "같이 가고 싶으면 다음주 수요일에 또 모임이 있어."

"물론이지." 나는 꼭 그러고 싶다는 듯 말했다. "아주 잘됐네." 나는 내가 최근에 왜 그렇게 바빴는지 설명했다. 하버드 대학의 연구원 자리를 얻기 전까지, 나는 뉴욕의 컬럼비아 대학을 포함해서 학생들을 가르치는 자리를 구하려고 전국의 대학에 이력서를 내고 있었다.

제이티가 내 말 중에 불쑥 끼어들었다. "그 키 크고 까무잡잡하던 커티스라는 친구 기억나? 전에 만난 적 있잖아." 제이티는 벌떡 일어나 앉더니 갑자기 떠들어대기 시작했다. "커티스가 뉴저지 출신이던가? 아무튼 거기서 일하고 있어. 헤이, 나하고 거기 가보는 건 어때? 그 친구들이 어떻게 일하는지 보고 싶었거든. 커티스와 내기를 걸었어. 그 친구가 자기네 주택단지 여자들이 더 섹시하다고 하길래. 후후. 내가 와서 봐야 한다나?"

뉴어크의 주택단지에서 일하던 범생이 같은 마약 판매원 커티스라, 당연히 기억했다. 1년 전, 커티스가 제이티를 찾아왔을 때 우리는 기껏 몇 마디밖에 나누지 못했다.

"아무래도……" 나는 고마움을 표현하려고 애썼다. "그다지 좋은 생각은 아닌 것 같은데."

"어쩌면 네 말이 맞을지도 모르겠어. 온갖 일이 벌어지고 있는 상황에서 당장 떠나기엔 때가 아닐지 몰라. 넌 내가 하는 일을 지켜봐야 하잖아." 제이티는 곰곰이 생각에 잠겼다. "다음주에 큰 모임이 둘 있는데 네가 오고 싶어 할지도 모르겠군."

내가 그 모임에 대해 물어보기도 전에 제이티는 이미 다른 생각으로 넘어가 있었다. "이봐. 전국 갱단들이 얼마나 서로 다른지 얘기했던 거 기억나?"

나는 예전에 제이티에게 뉴욕과 보스턴 갱단이, 도시 전체 갱단 조직에 속해 있지 않고 인근 지역에 뿌리박고 있는 시카고 갱단들보다 훨씬 더 규모가 작더라는 말을 했었다. 하지만 아무도 여러 도시들의 거리 갱단에 대해 면밀한 연구 논문을 쓸 생각들을 하지 않는다고 아쉬워했었다.

"네가 많은 도시의 갱단들을 만나도록 내가 주선해줄 수 있어." 제이티가 말을 이었다. 제이티는 냉장고에서 맥주를 꺼내려고 일어섰다. "우리는 로스앤젤레스, 라스베이거스, 세인트루이스에도 아는 사람들이 있거든. 블랙 킹스는 전국적이잖아! 너하고 나는 전반적으로 일이 어떻게 돌아가는지 알 수 있을 거야."

"그러니까 네가 내 연구 조교가 되는 게로군!" 나는 웃으면서 말했다. 제이티가 무슨 말을 하고 싶은 건지 분명하지 않았다.

"아니, 아니야! 넌 여전히 나에 대해 쓰는 거야. 그 책은 여전히 나에 관한 거야. 하지만 거기에다 새로운 차원을 더하는 거지."

"그래, 내용이 더 풍부해질 테지. 하지만 지도 교수들하고 상의를 해봐야 해. 일단 내가 움직이면 일이 어떻게 될지 장담 못하니까……."

제이티는 곧 신중한 어조가 되었다. "흠, 이해해. 네가 생각할 게 많다는 거 알아. 난 다만 널 도울 수 있다는 얘길 하려는 거야. 하지만 그래, 먼저 네 교수들하고 이야기를 해야겠지. 별것 아니야……."

우리는 텔레비전에 눈길을 둔 채 말없이 앉아 있었다. 메이 부인이 그 침묵을 깨고 저녁 먹으러 오라고 불러주기를 바랐지만 기대에만 그쳤다. 예전에 내 관심사가 바뀌고 있음을 제이티가 감지할 때면 언제나 그러했듯, 나는 제이티의 사업이나 생활에 대해 이것저것 물어보곤 했었다. 그러나 지금은 질문거리를 생각해낼 에너지조차 남아 있지 않았다. 결국 TV에서 중계되는 대학 농구 경기에서 질러대는 관중과 치어리더들의 응원 소리가 우리 사이의 침묵을 몰아냈다.

로버트 테일러의 철거를 1년 안에 시작하는 것으로 공식 일정이 정해지면서 제이티 구역 건물의 마약 경제는 벌써부터 주춤거렸다. 제이티의 최고 고객들 중 일부는 주민들이 차지하고 있었는데 그들이 이사를 나가기 시작했다. 아직 자기 어머니와 함께 살고 있는 블랙 킹스의 많은 행동대원들도 집을 알아보았다. 제이티는 자기 어머니에게 몇 개 지역 중 한 곳에다 집을 빌리게 했다. 메이 부인은 몇 군데를 살펴보았지만 결국 로버트 테일러에서 몇백 미터 떨어진 사촌 집으로 가기로 했다. 로버트 테일러 전역은 토건업자, 기술자, 도시 설계가, 그리고 대규모 철거를 계획하고 있는 정부 관료들을 보호하려고 출동한 경찰들로 북적였다.

마약 수요의 감소와 더불어 제이티의 일반 갱 단원들이 하는 일도 줄었다. 이 어린 갱 단원들이 새로운 갱단에 들어갈 수 있도록 제이티가 자리를 알아봐줘야 했다. 실은 제이티 자신에게도 그 편이 이로웠다. 장차 그들의 도움을 필요로 하는 날이 올지도 몰랐다. 제이티가 블랙 킹스에서 차지하는 위치를 고려할 때 도시 전역에 있는 다른 블랙 킹스 분파들에 자신의 행동대원들을 집어넣는 것쯤은 충분히 가능한 일이었다. 하지만 한 번에 약간 명씩, 그리고 전부해서 수십 명밖에 집어넣을 수가 없었다. 더 걱정스러운 건, 이 전략이 장기적으로는 실패하기 쉽다는 점이었다. 대개의 경우, 이들을 받아준 갱단은 새 갱 단원들을 완전히 인정하지는 않았다.

제이티의 갱단에는 30, 40사십대의 나이든 단원들도 많았다. 이들은 갱단 이동을 받아들이려 하지 않았다. 그렇게 되면 으레 연공 순위에서 밀려나, 수입도 자연히 줄기 때문이었다. 그래서 일부는 시카고 주변의 다른 갱단, 경우에 따라 제이티로서는 퍽 불쾌할 법한 경쟁 갱단에서 지위를 보장받으려고 함께 무리 지어 제이티 밑을 떠나기도 했다.

새로 사업을 시작하고자 제이티의 부하 몇이 아이오와까지 다녀왔다. 나는 다른 주로 마약 판매상을 모집하러 가는 출장에 따라나선 적이 없었다. 하지만 이들 블랙 킹스 '전도사'들이 낙담한 채 시카고로 돌아온 것으로 보아, 계획대로 잘 풀리지 않은 모양이었다.

제이티는 사태를 수습하려 애썼지만 새로운 경제 상황에 처하면서 곤경에 빠지고 말았다. 제이티는 블랙 킹스 가족들로부터 버려진 듯한 느낌을 받았다. 그는 고립되어갔다. 불신감은 한층 심해졌다. 나를 만날 때마다 제이티는 곧바로 블랙 킹스의 고위급 배신자들이, 블랙 킹스가 어디에 총과 마약을 비축해두는지, 어느 경관이 뇌물을 좋아하는지, 어떤 지역 상인들이 돈세탁을 해주는지 등 블랙 킹스의 기밀을 경쟁 조직에 누설하고 있는 것 같다는 이야기를 꺼냈다.

　게다가 여러 갱 단원들이 체포되었다. 다른 지역 갱단들을 해체하기 시작한 연방 정부의 기소 작전이 이제 블랙 킹스에까지 손을 뻗치고 있었다. 최근 제이티의 두 젊은 갱 단원인 배리와 오티스가 체포되었다. 이제는 제이티도 얼마나 오랫동안 자유의 몸으로 지낼 수 있을지 의문이었다. 어느 날 밤 교외 지역의 갱단 모임에서 돌아오는 길에 제이티는, 교도소가 실은 최선의 선택일지도 모른다며 생각에 잠겼다. 오랫동안 체포를 모면한 경우 흔히 밀고자로 의심받았고 실제로 거리에서 위험에 처하게 되곤 했다.

　이런 이야기를 나누던 끝에 나는 티본이 체포되었다는 소식을 들었다. 티본은 결국 마약 밀매로 유죄가 입증되어 10년 이상의 징역형을 선고받았다. 티본이 다른 주에 있는 교도소로 즉시 이송되자 형량을 줄이기 위해 동료들에게 불리한 증언을 내놓을 것이라는 추측이 돌았다. 나는 생각할 수 있는 모든 방법을 시도했지만 티본과 연락이 닿지 않았다. 결국 티본이 교도소에서 죽었다는 소식을 듣게 되었다. 경찰에 협조해 동료 갱 단원들을 팔아넘기지 않은 티본은 죽어서 칭송을 들었다.

　한동안 우리 각자 둘의 세계가 서로 멀어지더라도 제이티와 나는 절친한 사이로 남으리라고 나는 믿었다. "걱정 마." 제이티에게 말했다. "난 언제나 다시 올 테니." 하지만 하버드 대학의 특별 연구원직에 집중하면서 시카고를 찾는 일은 점점 드물어갔다. 그리고 제이티와 나의 대화를 재개하는 것도 어색해졌다. 제이티는 처음 우리가 함께했던 시절을 그리워했다. 심지어 약간 집착하는 모습을 띠기도 했다. 제이티가 내게 의지하고 있음을 알게 되었다. 제이티는 누군가에게 주목받고 자기 존재를 확인받고 싶어 했다.

그러는 동안 나는 모종의 죄의식으로 자꾸만 움츠러들었다. 하버드 대학에서 몇 개월 되지 않아, 나는 거리 갱단의 내부 업무에 관한 이야기로 학계에서 유명해지기 시작했다. 나는 이 이야기가 빈곤 문제에 관한 국가적 논의에 도움이 되기를 바랐다. 엄밀히 말해 내 연구 작업이 제이티나, 혹은 그동안 내게 많은 것을 가르쳐준 시카고 주택단지 출신의 주민 가정들에게 이익이 되리라고 믿을 만큼 나도 어리석지는 않았다.

철거가 현실화되고 제이티의 갱단이 계속 무너지면서 우리 관계도 흐릿해져갔다. 내가 하버드 대학 특별 연구원직을 마치는 대로 컬럼비아 대학에서 사회학을 가르치게 되었다고 전했다. 그러자 제이티는 시카고에서 가르치는 게 뭐가 어때서 그러냐고 물었다. "고등학교는 어때? 그 사람들도 교육이 필요하잖아, 안 그래?"

갱단의 붕괴는 베일리 부인에게도 심각한 영향을 미쳤다. 갱단이 돈을 벌지 못하게 되자 베일리 부인 역시 큰 수익을 얻지 못했다. 게다가 철거가 코앞에 닥치면서 베일리 부인은 도움이 필요한 주민들을 위해 보조금이 필요해졌다. 베일리 부인이 보육료를 지불해줘서 혼자 아이를 키우는 엄마들은 새 아파트를 구하러 다닐 수 있었다. 베일리 부인은 차를 빌려 운행하게 하여 집을 알아보러 다니는 주민들을 실어다주었다. 또한 전기 요금이 밀린 사람들에게 해결책을 보조해주어 덕분에 그들은 일찌감치 민간 주택 시장에서 집을 구할 수 있었다.

돈이 바닥나자, 일부 주민들은 베일리 부인에게 맞서 대항하기 시작했다. 시카고 주택공사가 이주 지원을 해주기로 되어 있었지만 수수료를 받고 그것을 대행한 사람은 베일리 부인이었다. 이제 비난받는 것은 부인의 몫이었다. 베일리 부인은 갱단의 돈을 주민들을 위해 쓰지 않고 착복했다며 많은 사람들로부터 비난을 샀다.

나는 베일리 부인이 우는 걸 한 번도 본 일이 없었다. 베일리 부인이 내게 비난의 소리를 호소하는 지금 이 순간까지는 말이다. "난 여기서 한평생을 살았어, 수디르." 베일리 부인이 애처롭게 울먹였다.

우리는 어느 무더운 봄날 부인의 사무실에 앉아 있었다. 예전에 북적거리던 사무실의 모습은 사라진 지 오래였다. 가난한 주민들이 끊이지 않고 찾아오는 바람에 그녀와 앉아 이야기를 나눌 수 있는 시간은 고작 10분도 되지 않았었다. 이제는 한 시간이 훌쩍 넘기도록 이야기꽃을 피우고 있었다.

"부인은 전에 갱단과 서로 밀접하게 일하고 있다고 했어요. 지금 왜 그게 부인을 괴롭히는 거죠?"

"저 사람들에게는 아무도 없어." 부인이 말했다. "그들은 자기네 힘으로 뭔가를 할 수 있다고 믿고 있지만······." 베일리 부인은 애를 썼지만 말을 맺지 못했다.

나는 뭔가 위로의 말을 해주고 싶었지만 아무런 문장도 떠오르지 않았다. "그 사람들은······ 그 사람들은 괜찮을 거예요." 나는 서둘러 내뱉었다. "에잇, 그들은 이 주택단지에서도 잘 견뎌냈는데요, 뭐."

"하지만 수디르, 나도 알고 자네도 알지만 그 사람들은 때때로 잊어버리지. 내가 여러 번 말했잖아. 자네는 겁내지 않을 일을 그들은 두려워한다고. 새 가게에 가거나 옛날에 가본 적 없는 지역에서 버스를 기다리며 정류장에 서 있어야 할 때 그들은 두려움을 느껴. 난 그들이 안심할 수 있도록 돕고 싶었어. 그들이 날 필요로 할 때 그들 곁에 있을 수 없다니……."

"부인은 여전히 일을 하실 수 있어요." 그렇게 입을 떼었다가 나는 도로 다물어버렸다. 부인의 얼굴은 고통으로 일그러져 있었고 그녀를 위로할 만한 적절한 말이 없을 듯했다. 나는 커피를 다 마실 때까지 그저 부인과 조용히 앉아 있었다.

몇 번 더 베일리 부인을 만났지만 예전 같지 않았다. 건강상의 이유로, 부인은 주택단지에서 약 3킬로미터 떨어진 흑인 빈민 지역인 웨스트잉글우드에 있는 조카 집으로 옮겨갔다. 나는 그곳으로 부인을 찾아갔다. 부인은 몇 가지 병을 앓고 있었지만 그 병들을 구분해내기가 어렵다고 말했다. "병원에 다니는 걸 그만뒀어. 검사 하나 더 하고 약 하나 더 먹고 뭘 하나 더 하려고 해도 돈을 내야 하거든. 뭣 때문에? 여기서 살려고?"

베일리 부인은 조카 집 주변의 수 킬로미터에 달하는 빈민 지역을 가리키며 손을 흔들었다. 그곳에서는 더 이상 부인의 옛 고층 건물 출신 사람들, 곧 한때 부인에게 삶의 의미를 부여했던 사람들을 찾아볼 수 없었다.

### 마지막 인사

시카고의 겨울은 일찍 찾아왔고 혹독했다. 냉기가 몰아치면 예상한 것보다 더 오래 몸서리를 치게 된다. 처음 호수에서 불어오는, 온몸이 오싹 얼어붙을 듯이 거센 바람은 적대적 느낌마저 주었다.

1998년 11월 일요일 늦은 아침, 나는 마지막으로 제이티의 건물 바깥에서 기다리고 있었다. 이미 예닐곱 동의 로버트 테일러 건물이 철거를 끝냈고 제이티의 건물은 1년 안에 철거될 예정이었다. 인근 상점들도 문을 닫기 시작해, 그곳 일대는 유령도시 같은 느낌이었다. 나 역시 달라졌다. 홀치기염색을 한 셔츠와 뒤로 한데 묶은 말총머리는 사라지고 신경이 날카로운 젊은 아이비리그 교수에게 어울릴 법한 복장으로 바뀌어 있었다. 가죽으로 만든 서류 가방도 그런 분위기를 한몫 거들었다.

차에 기대어 서서 제이티를 기다리는 동안 나는 체온을 유지하려고 발을 동동 굴렀다. 제이티의 말리부가 페더럴가로 들어서는 것을 본 것은 내 차 안으로 들어가 막 히터를 켜려던 참이었다.

제이티는 전날 밤 전화를 걸어와 만나자고 했다. 특유의 분명치 않은 방식대로, 자세한 이야기는 없었다. 다만 제이티는 좀 흥분해 있는 것 같았다. 아마도 연방 정부의 기소가 끝났고 자신은 체포되지 않을 거라고 제이티가 말했다. 나는 어떻게, 왜 제이티가 체포를 모면할 수 있었는지 물어보고 싶었지만 용기가 나지 않았다. 제이티는 항상 경찰 연줄에 대해서는 숨기는 경향이 있었다. 제이티는 내가 뉴욕에서 하게 될 연구에 대해 몇 가지를 물어보았다. 나는 몇 가지 가능한 구상에 대해 말했지만 기껏 막연한 것들뿐이었다.

우리는 서로 악수를 나누고 미소로 인사했다. 나는 제이티에게 살이 좀 찐 것 같다고 말했다. 제이티는 그렇다면서, 자신의 일과 자라나는 아이들의 요구 사이에 치어 운동할 시간을 낼 수 없었다고 했다. 제이티가 호주머니에서 조그마한 종잇조각을 꺼내어 내게 건넸다. 거기에는 제이티의 휘갈긴 필체로 이름과 전화번호 몇 개가 씌어 있었다. 이름들 중에는, 예전에 우리가 이야기 나눈 적이 있는 뉴어크의 갱 보스 커티스의 것도 있었다.

"이 사람들에게 전화해야 해." 제이티가 말했다. "커티스에게 네가 그곳 갱단이 어떤 구조로 돌아가는지 알고 싶어 한다고 말해 뒀어. 그 친구가 널 돌봐줄 거야. 하지만 빌리 조야말로 뉴욕에서 실제로 무슨 일이 일어나고 있는지를 아는 유일한 사람이지. 여기, 이걸 그 친구한테 줘."

가끔씩 제이티는 뉴욕에서 마약 판매 조직을 운영하는 친구 이야기를 꺼냈다. 하지만 연방 정부의 기소, 로버트 테일러의 철거, 그리고 나 자신의 전직으로 인해 나는 그것들을 거의 까맣게 잊고 있었다. 이제 내가 제이티의 전기를 쓰지 않을 거라는 점은 명백했다. 또한 결국 나와 제이티에게 분명한 변화들을 생각할 때마다 제이티가 일부러 동부에 있는 자신의 지인들과 연결시켜주는 것은 놀라웠다. 제이티는 꼭꼭 네 번 접힌 또 다른 종잇장을 꺼냈다. 한동안 호주머니에 넣어 다닌 듯, 접힌 자리가 약간 해져 있었다. 제이티가 종이를 펼치자 시린 그의 두 손이 덜덜 떨렸다. 종이를 건네고는 입으로 손을 호호 불었다.

"자아, 읽어봐, 어서. 추워!"

나는 읽기 시작했다. 빌리 조 앞으로 보내는 편지였다. '빌리, 수디르가 네게 갈 거야. 이 친구를 돌봐줘……' 편지를 훑어보다가 내 눈은 중간쯤에 있는 한 문구에 붙들렸다. '이 친구는 내 사람이거든.'

나는 갑자기 입을 크게 벌리고 웃는 나 자신이 느껴졌다. 제이티가 차로 가서 맥주 두 개를 꺼내 왔다.

"지금 당장은 확실하게 준비된 다른 연구 계획은 없어." 내가 말했다.

"그러냐?" 제이티가 맥주 하나를 건네며 말했다. "그럼 다른 무슨 일을 할 예정이야? 넌 아무것도 못 고치고 평생 하루도 일한 적이 없잖아.

네가 할 줄 아는 거라곤 우리 같은 깜둥이들하고 어울리는 거지."

제이티가 내 능력을 아주 간결하게, 정확하게 요약하는 바람에 나는 맥주를 마시다가 거의 숨이 막힐 뻔했다.

제이티는 우리 앞의 고층 건물을 올려다보며 차에 기대어 섰다. "넌 깜둥이들이 저기서 살아남으리라고 생각해?" 제이티가 물었다. "그들이 여길 떠나서 무사할 거라고 생각해?"

"모르겠어. 아마도, 모든 건 바뀌니까. 각오를 다져야 할 거야."

"배고파?"

"응, 몹시."

"그럼 75번가로 가자. 거기 새 흑인 음식 전문점이 생겼어."

"괜찮겠군." 나는 맥주를 단숨에 들이켜며 말했다. "네가 운전할래?"

"그래." 제이티가 차에 뛰어오르며 말했다. "맥주 네 것 한 병 더 있어! 네가 나라면 어떻게 할래? 자기네가 모든 걸 다 안다고 건방을 떠는 녀석들을 새로 맡았거든……."

제이티는 최근 로즈랜드에서 운영하는 갱단을 관리하면서 생겨난 고민을 토로했다. 로즈랜드는 로버트 테일러의 많은 가구들이 새로 이주한 지역이었다. 제이티가 이야기하는 동안 나는 그의 목소리에 빠져들었다. 진지하면서도 자신 있는 목소리로 혼자 떠들어대는 그의 말소리에 마음이 편안해졌다. 어쨌든 비록 모든 것이 변했다 하더라도 나는 잠시, 마치 바뀐 거라곤 아무것도 없는 것처럼 느껴졌다.

제이티는 랩 음악을 켜고 맥주를 또 하나 따면서 이야기를 계속했다. 차는 주차장에서 나오면서 끼이익 소리를 냈다. 제이티는 추위 속에 유모차를 밀고 가는 몇몇 여자들에게 손을 흔들었고 우리는 페더럴가를 질주했다.

1년이 못 돼, 제이티는 갱단 운영에 염증을 냈다. 제이티는 사촌의 세탁 사업을 관리했고 이발소를 시작했으나 실패로 끝났다. 그러나 부동산과 현금으로 충분히 저축을 해둔 덕분에 줄어든 수입을 보충할 수 있었다. 때로 제이티는 시 전역의 마약 경제에 대한 지배력을 되살리려고 애쓰는 블랙 킹스 고위층을 위한 상담역을 맡았다. 이러한 노력도 결국 결실을 맺지 못해 농축 코카인 시장은 점점 심각한 수준으로 축소되어, 일부 지역에서는 갱단 활동이 극히 저조해지면서 시카고 암흑가는 해체된 거나 다름없었다.

나는 여전히 시카고에 가면 가끔 제이티를 만난다. 솔직하게 터놓고 이야기를 나눠보지는 않았지만, 내가 학자로서 성공한 걸 제이티가 꺼린다고 생각지 않으며, 자기 삶에 대해 씁쓸해하는 것 같지도 않다. "이봐, 교도소에 가지 않고 숨을 쉬고 있는 한 난 매일매일이 즐거워." 제이티는 이렇게 말했다. 우리 사이를 친구라고 말하기는 어려울 것이다. 때때로 나는 우리가 일찍이 친구였던가 하고 의아해지기도 한다.

분명 제이티는 내 인생에서 커다란 부분을 차지한다. 내가 관습을 깨고 규칙을 조롱하면서 괴짜 사회학자가 되어가는 동안 일찍이 내가 했던 가장 파격적인 일이라면, 사회학계와는 동떨어진 한 사람의 입장에서 아주 많은 것을 배우고, 아주 많은 교훈들을 받아들이고, 아주 많은 경험들을 얻을 수 있으리라고 생각한 것이었다.

나는 파리 교외나 뉴욕의 빈민가와 같이 시카고에서 멀리 떨어진 어느 거리를 돌아다니거나 거기서 이야기를 들은 사람들을 만날 때면 여전히 문득, 제이티의 목소리를 듣고는 한다.

감
사
의
말

　남아시아 이민자의 경험에 따르면, 한 가지 진리가 있다. "부모님 말씀에 따라라." 그러나 대학 3학년 때 부모님께 사회학을 공부하고 싶다고 말씀드렸을 때 이 진리는 시험에 처하게 되었다. 어머니는 잘 모르겠다는 입장이었고 결정을 내리는 쪽은 아버지였다. 아버지는 계속 생물공학 학위 과정을 밟았으면 좋겠다고 말씀했다. 나는 과학에 흥미가 없었고, 몇 차례 이야기를 더 나눈 뒤, 우리는 이론 수학이라는 절충안에 이르렀다. 나를 지지해주는 아버지에 대한 믿음이 확고했고 나는 아버지의 결정이 그럴만하다고 이해했다. 우리는 연줄도 재산도 없는 이민자들이었기에 신중해야 했다. 적어도 수학 학위가 있으면 직업을 가질 수 있으리란 것은 확실해 보였다.
　1년 후, 사회학 대학원에 지원하고 싶다고 말씀드리자 아버지는 나를 계속 지지해주면서 지금 내가 내 학생들에게 하고 있는 충고를 해주었다. 아버지의 조언은 종종 우화 형식을 취했고 아버지가 성공하거나 실패했다고 보는 인물들을 예로 많이 들었다. 아버지가 내게 한 이야기를 전하려면, 어머니가 해주는 요리와 와인을 계속해서 비우며 저녁 내내 들어야 할지도 모른다. 하지만 핵심은 언제나 분명했다. 매일매일 글을 쓰고 제대로 갖춰진 질문을 가지고 교수들을 찾아가라. 그리고 항상 교수가 요구하는 책들뿐만 아니라 추천받은 책들도 모두 읽어라.

아버지는 또한 입 다물고 지도 교수들 이야기를 잘 들으라고 가르쳤다. 대부분 사람들은 현대 미국의 고등 교육 기관에서 어쩌다 이런 예스러운 가르침을 발견하면 아주 질색을 했다. '학생'이 '고객'이 되면서 이런 생각은 구시대의 유물처럼 비쳐졌다. 하지만 아버지는 미국 교육제도의 팬이 아니어서 귀 기울여 듣는 데 많은 시간을 들일 것을 강조했다. 아버지가 일찍이 알고 계신 것보다 더 많은 빚을 당신께 졌다. 인생, 사랑, 일에 있어서 아버지의 지혜는 무엇보다 귀중했다.

시카고 대학에 도착하고 몇 주 되지 않아 도시 빈곤 문제에 관한 저명한 학자 윌리엄 줄리어스 윌슨 교수님을 만난 것은 실로 행운이었다. 이 교수님은 내게 영원히 잊지 못할 인상을 남겼다. 빌은 말을 조심스럽게 고르는 사려 깊은 분이었다. 내가 귀 기울이기만 한다면 많은 것을 배울 수 있으리라 확신했다. 아버지의 충고가 머릿속에서 메아리쳤다. 빌 교수님의 말씀 잘 듣고 그분 충고에 따라 항상 네가 해야 할 것들보다 더 열심히 공부해라.

대학원 연구 과정 내내, 내가 장애에 부딪힐 때마다 빌 교수님은 옆에서 늘 좋은 조언을 주었다. 나는 많은 대학원생들에게 전형적인 딜레마나 좀 덜 전형적인 딜레마를 가지고 빌 교수님을 찾았다. 즉 "시험을 어떻게 준비해야 하는가?" 혹은 "갱단의 살인 계획을 알게 된다면 누구에게 말해야 하는가?" 나는 몇 번이고 빌 교수님의 인내심을 시험해야 했으며 교수님은 또한 몇 번이고 상황이 가라앉을 때까지 조사 현장에 가지 말라고 만류했다. 나는 빌 윌슨 교수님으로부터 지도를 받기 위해 줄을 길게 늘어선 수혜 입은 학생들 중의 하나였다. 윌슨 교수님의 인내심 있는 지도에 여전히 감사한다.

무엇보다 어머니가 내 인생과 이력에서 차지한 역할을 감소시킬 만한 것은 아무것도 없다. 어머니는 일찍이 내가 아는 사람들 중에서 가장 상냥하고 사려 깊은 분이다. 장애물을 이겨내야 할 때마다 내 머릿속에서는 항상 어머니의 음성이 울렸다. 고마워요, 엄마.

이 책을 쓰기로 계약했을 때 여동생 우르밀라와 처음 나눈 대화를 기억한다. 나는 불안해했지만 우르밀라는 몹시 기뻐했다. 우르밀라는 항상 나의 글쓰기로부터 아무것도 이익을 얻을 게 없는 불행한 사람들을 잊지 않고 그들에게 정직하게 쓰라고 독려했다.

시카고 대학과 컬럼비아 대학에 있는 피터 베어먼, 진 코마로프, 존 코마로프, 허버트 갠스, 에드워드 로먼, 니콜 마웰, 그리고 모이시 포스톤 교수는 내가 거친 물살을 헤치고 나아가도록 인도했다. 캐친 로크, 서닐 가그, 데션 마이컬리, 어맨더 밀너페어뱅크스, 데이비드 서스먼, 벤저민 민츠, 매튜 맥과이어, 배런 피네더는 유머로든, 충고로든, 포도주 한 잔으로든 항상 나에게 격려를 아끼지 않았다. 패러 그리핀의 글은 내가 계획대로 밀고 나갈 수 있도록 영감을 주었고 더그 거트리는 유서 깊은 공식 사회학의 길을 따르도록 나를 격려했다. 에바 로젠은 내 초고를 열심히 읽어주었다. 에바는 정말 뛰어난 사회학자가 될 것이다.

무엇보다도 내 현장 답사 연구에 관심을 가진 경제학자 스티븐 레빗을 만나지 않았더라면 결코 이 책을 쓸 엄두를 못 냈을 것이다. 어느 날 밤, 하버드 대학 특별 연구원 협회에서 열린 만찬 내내, 스티븐과 나는 경제학계와 사회학계를 연결해보려고 애썼다. 오늘날까지도 스티븐은 가까운 협력자이자 친구로 남아 있다. 나는 그의 격려 없이는 이런 오만한 짓을 저질러볼 꿈도 못 꾸었을 것이다.

이 책을 쓰면서, 절친한 친구인 너대니얼 도이치의 지적 재능과 감성적 자양분에 의지했다. 스티븐 더브너에게는 이루 말할 수 없는 빚을 졌다. 스티븐은 내 생각을 종이에 옮기는 가장 골치 아픈 일을 맡아주었다. 내 과거를 찾아가는 것은 언제나 쉬운 일이 아니었다. 스티븐은 적절한 비평과 의견을 제시하면서 나의 두서없는 이야기를 참을성 있게 들어주었다. 스티븐이 자신을 교사로 여기는지 알 수 없지만 그는 내게 최고의 교사였다.

특히 나를 자신들의 아파트와 삶 속으로 들여준 데 대하여, 로버트 테일러 홈스 주민들에게 감사를 드린다. 도로시 배티 아주머니는 절친한 친구 사이였고 뷰티 터너와 《레지던츠 저널》 직원들은 아낌없이 시간을 내줬다.

나는 여전히 당시 제이티에게 내가 자신의 전기를 쓸 것이라고 생각하게 만든 데 죄책감을 느낀다. 아무튼, 제이티가 언젠가는 이 책을 읽게 되기를 바란다. 이것은 많은 부분 나의 이야기지만, 분명 제이티 없이는 생겨날 수 없었을 것이다. 제이티는 내가 기대할 아무런 이유도 없을 정도로 신뢰를 보이며 나를 새로운 세계로 들여보내 주었다. 나는 이 책이 제이티의 삶과 그의 일을 충실히 표현했기를 바랄 뿐이다.

옮긴이의 말

 미국 최악의 빈민가로 손꼽히는 로버트 테일러 홈스. 이 고층 공영 주택단지는 시카고 도심에 자리하고 있지만 유독성이 있기라도 한 듯 방대한 공터에 의해 도시의 나머지 부분으로부터 격리되어 있다. 도시 속 '빈곤의 섬'. 이곳에는 경찰도 구급차도 불러도 오지 않고, 사람들은 수준 이하의 물적 토대 위에서 그저 생존을 위해 매일매일 고군분투를 벌인다.
 기성 사회학의 방법론에서 살짝 '삐딱선'을 탄 야심찬 청년 사회학자 벤카테시는 이곳에 우연히 설문 조사를 하러 왔다가 마약 판매 갱단 블랙 킹스의 보스인 제이티를 만나고, 이후 10여 년 동안 빈민가 주민들 및 갱 단원들과 어울려 지내게 된다.
 빈곤은 개인의 책임일까, 사회 문제일까. 갱단 보스 제이티에 이어 이 빈민가의 2인자라 할 만한 주민 대표 베일리 부인은 벤카테시에게 이렇게 말한다. "우릴 희생자로 만들진 마. 우린 우리가 어찌해볼 수 있는 것에 대해서는 책임을 질 거니까. 모든 게 우리가 어찌해볼 수 있는 건 아니거든."

벤카테시가 그려내는 빈민들의 모습은, 베일리 부인의 말처럼 그저 눈에 보이지 않는 힘에 떠밀리는 꼭두각시가 아니다. 이들은 사실상 도시의 전쟁 지역이나 다를 바 없는 곳에서 살아남기 위해 마약상, 매춘부, 장물아비, 집에서 음식을 팔거나 옷을 만들거나 결혼 상담을 해주거나 아이를 돌봐주거나 길거리에서 자동차를 수리해주는 등 장부에 기장되지 않는 영업을 하는 주민들을 비롯한 온갖 부정 수익자들이 참여하는 나름의 지하 경제망을 가동시키고, 물자의 부족을 메우기 위한 거대한 교환 네트워크를 만들어낸다.

많은 주민들이 이 교환 네트워크에 참여해서 서로 물자를 빌리고 교환하고 공동 관리하는데, 가령 어떤 여성들이 다른 여성들의 아이들을 돌봐주면, 다른 여성들은 차를 가지고 있어서 사람들이 식료품점에 물건을 사러 갈 때 데려다주는 데 도움을 주고, 또 다른 여성들은 많은 가정들을 위해 교대로 요리를 해주는 식이다. 게다가 40년 된 건물의 설비들이 노후화된 데다 이를 보수하려면 부패한 시카고 주택공사 건물 관리자에게 뇌물을 집어줘야 하기에(이들 빈민 가정은 이런 뇌물조차 감당하기 버거워 공동 출자해야 한다), 이들 네트워크는 각자의 아파트들을 공유하기도 한다. 각각 뜨거운 물, 레인지, 냉장고, 냉방 장치를 사용할 수 있는 아파트들이 네트워크에 참여해서 모두가 한 아파트에서 샤워를 하고, 다른 아파트에서는 요리를 하고, 또 다른 아파트에 음식을 보관하고, 냉방 장치가 돌아가는 또 다른 아파트에서 함께 텔레비전을 보는 것이다.

갱단 보스 제이티와 주민 대표 베일리 부인은 누구보다도 입체적으로 그려진다. 제이티는 싸구려 농축 코카인을 밀매하는 범죄자인 동시에 이곳의 입법자이다. '검은 왕들(블랙 킹스)'은 시카고 경찰 이상으로 적극적으로 이곳의 치안을 유지하고 주민들을 통제한다. 물론 이는 블랙 킹스가 항상 말하는 것처럼 이 지역 사회를 돕기 위함이라기보다는, 이곳을 들락거리는 마약 중독자들, 남을 등쳐먹는 온갖 꾼들, 그리고 상상도 못할 적은 보수를 받으면서 실질적으로 거리 모퉁이나 공원에서 마약을 파는 나이 어린 갱 단원들이 말썽을 일으켜 경찰이나 지역 사회의 주목을 끌어서 코카인 판매에 방해가 되지 않도록 하기 위함이다(10대 중후반에서 20대 초반에 이르는 나이 어린 갱 단원들은 딱히 돌아갈 곳이 없어 추운 밤을 보낼 만한 따뜻하고 안전한 장소를 얻기 위해 겨울이면 종종 50대인 베일리 부인을 포함한 나이 많은 여자들과 잠을 자기도 한다). 하지만 이곳 사람들은 최악의 상태로 방치된 치안 상황에서 그나마 제이티와 그의 갱단 덕분에 안전하게 지낼 수 있다고 생각한다.

제이티는 대학을 나오고 한때 주류 사회에서 직장 생활을 했으나 흑인 차별에 분격해 출신지인 이 빈민가와 갱단 생활로 돌아온 인물. 돈벌이와 사업을 도전해볼 만한 일로 여기는 그는 마약 판매 갱단을 범죄 조직이라기보다는 사업체로 여기고 자신이 CEO라는 생각으로 운영한다. 그래서 다른 갱단과의 충돌이 있을 때 다른 보스들처럼 총격전으로 해결하기보다 타협과 협상을 중시한다. 하지만 자신의 수입이 줄어들게 하는 일에는 가차 없고, 아이들에게 먹일 것을 얻기 위해 섹스를 화폐 대용으로 사용해야 하는 매춘부들과 몇 푼 안 되는 벌이를 하는 다양한 부정 수익자들로부터 무자비하게 세를 거둬들인다. 서로 속한 세계가 너무도 다른 두 청년 벤카테시와 제이티는 10여 년을 함께하면서 복잡 미묘한 우정을 나눈다.

　베일리 부인은 주변 상점들로부터 기부를 받아 굶는 아이들을 거둬 먹이고 빈민 가정들이 겨울을 나는 데 필요한 외투나 난방 기구, 각종 소형 가전제품들을 조달해준다. 한편으로 마약 중독자들이나 갱 단원들의 구타와 강간으로부터 여자들을 보호하기 위해 민병대를 구성해서 자경自警주의적 정의를 실현하기도 한다. 하지만 그녀 역시 불러도 오지 않는 시카고 주택공사 사람들을 움직여 주민들이 서비스를 받게 해주는 대가로 뒷돈을 받고 다양한 부정 수익자들로부터 세를 거둬들인다. 게다가 이곳 여성들은 필요한 경우 애인이나 남편을 베일리 부인과 자게 해주어야 한다. 그녀는 제이티와 이곳의 주도권을 놓고 긴장하면서도 권력 유지를 위해 제이티와 상호 의존 관계를 유지한다.

　그 밖에 천방지축인 어린 갱 단원들의 군기 반장 격으로 투표의 미덕과 책임 있는 마약 판매 방식을 동시에 설교하는 전직 갱 단원 출신, 갱단 사이의 전쟁을 중재하는 종교 지도자, 또 하나의 갱단에 다름없는 악질 경찰 등 다양한 군상이 등장한다.

　벤카테시는 이곳 빈민들에 대해 섣부른 동정도 미화도 비판도 하지 않는다. 다만 자신들이 처한 상황에서 살아남기 위해 최선을 다하는 이들의 모습을 보여줄 뿐이다. 자신은 10여 년을 보낸 후 자신의 선택에 따라 이곳을 벗어날 수 있으나, 이곳 주민들 대부분은 앞으로도 여전히 가난한 미국인으로 살아가야 할 것 같다는 말에서는 애잔한 슬픔이 묻어난다.